서울사회학

서울의 공간, 일상 그리고 사람들

나남
nanam

나남신서 1915

서울사회학

서울의 공간, 일상 그리고 사람들

2017년 3월 15일 발행
2018년 12월 15일 2쇄

엮은이 서우석 · 변미리 · 김백영 · 김지영
발행자 趙相浩
발행처 (주) 나남
주소 10881 경기도 파주시 회동길 193
전화 (031) 955-4601 (代)
FAX (031) 955-4555
등록 제 1-71호 (1979.5.12)
홈페이지 http://www.nanam.net
전자우편 post@nanam.net

ISBN 978-89-300-8915-9
ISBN 978-89-300-8001-9 (세트)

책값은 뒤표지에 있습니다.

나남신서 1915

서울사회학

서울의 공간, 일상 그리고 사람들

서우석 · 변미리 · 김백영 · 김지영 엮음

나남
nanam

Sociology of Seoul

People, Space and Everyday Life

edited by

Seo, U-Seok
BYUN, Miree
Kim, Baek Yung
KIM, JiYoung

nanam

프롤로그

《서울사회학》을 만들며

이 책은 서울에 관한 사회학의 논의를 일반 대중에게 소개하려는 의도로 기획되었다. 서양에서 시작된 사회학이 이 땅에 들어와 대학에 편제되어 60년을 맞이하고, 서울이 대한민국의 수도이자 중추도시로서 지대한 영향을 행사하였음에도 서울을 대상으로 삼는 사회학의 기획은 그 선례를 찾기 어려웠다. 서울을 도시연구나 실천 프로그램의 맥락에서 논의한 서적들은 적잖게 있었지만 사회학의 기여는 그동안 제한적이었다. 개별 사회학 연구들이 서울의 현실을 다룬 경우들은 있어도, 서울을 주제로 집약되어 독립적인 틀에서 제시된 경우는 없었다.

서울에 관한 사회학적 기획이 드물었던 이유 중 하나는 사회학의 공간적 준거가 통상 민족국가였다는 사실에 있는 것으로 생각된다. 국가를 중심으로 정치공간과 시민사회가 구성되며 국가 단위로 경험적 자료가 생산되는 상황에서 사회학의 분석이 '한국사회'를 단위로 삼는 것은 당연한 전제였고, 우리에게 익숙한 사회학은 기본적으로 '한국사회학'이었다.

민족국가 단위의 사회학을 당연시하는 접근방식과는 구별되는 흐름으로서 이 책이 기획된 배경에는, 전지구화의 과정에서 민족국가의 의미가 상대화됨과 동시에 로컬리티가 차지하는 중요성이 증가한 사실이 있다. 로컬리티가 생성되는 단위를 바탕으로 한 사회학의 필요성은 특히 1990년대 중반 도입된 지방자치제도가 가지는 중요성에 따라서 더 이상 미룰 수 없는 과제가 되었다. 또한 서울이 근래 겪고 있는 엄청난 변화가 서울에 관한 사회학을 기획하면서 고려한 중요한 요소이다. 서울의 역사는 개항 이후 항상 빠른 변화를 겪어 왔으나, 최근의 변화는 과거와는 여러모로 다른 성격을 갖고 있다. 가장 큰 변화는, 과거에는 변화를 해석함에 있어 다른 서구의 산업도시나 제 3세계 도시들의 사례를 참고할 수 있었다면, 이제 서울이 겪고 있는 변화를 이해하거나 당면한 문제들을 해결함에 있어 외국의 사례들이 가지는 의의가 상당히 제한적이라는 점이다.

서울에 사는 시민들은 서울을 단위로 삼는 담론을 특정한 사건이 났거나, 교통이나 도시계획과 같은 이슈가 발생했거나 혹은 선거철이나 되어서야 접한다. 오늘날 서울이 당면한 문제는 과거와 같은 '불도저' 시장의 역할로 해결할 수 없다. 또한 일방적인 통치가 아니라 협치의 중요성을 강조하는 도시 거버넌스의 실현은 일부 전문가집단의 계획만으로 성취할 수 있는 것도 아니다. 도시발전의 잠재적 가능성의 확대와 도시문제의 창의적 해결은, 많은 시민이 서울이 처한 현실을 깊이 이해하고, 서울이 지닌 문제의 복잡하고 다층적인 성격을 이해하는 데에서 출발해야 한다. 이와 같은 서울의 특성을 사회학적으로 포착하여, 학술 공동체 구성원은 물론 서울의 현실에 관심을 가지는 모든 독자가 읽을 수 있도록 이 책을 기획했다.

또 다른 기획 의도는, 앞서 제시한 의도의 연장선상에서 서울에 관한 사회학 연구를 활성화시키고 서울의 발전과 문제해결을 위한 담론의 장에서 사회학의 적극적 기여를 유도하는 것이다. 서울과 사회학의 관계는 역설적인 모습을 보인다. 조선이 도읍을 한양으로 정한 이후 서울은 정치와 경제는 물론 사상과 문화, 종교와 같은 정신세계에 이르기까지 모든 부문에서 중추 기능의 역할을 도맡았다. 이러한 서울의 위상은 법적으로 '특별시'로 지정된 사실에서 잘 드러난다. 서울에 있는 많은 대학과 연구기관은 많은 사회학 연구자들의 활동공간이다. 그 덕분에 서울에 관한 자료와 사례를 부분적으로라도 포함한 연구는 적지 않다. 하지만 서울이라는 공간이 가지는 조건을 주제로서 깊이 있게 고민하고, 서울을 단위로 문제의식을 명료화하는 경우는 많지 않다. 오히려 서울 바깥의 지역에 있는 사회학자들이 해당지역의 현황과 발전방향에 관한 논의에 더 활발히 참여하는 듯하다. 이와 같은 현실은 분명 개선할 필요가 있다. 도시에 관한 담론들이 변화하는 과정에서 사회학적 성찰이 많이 요구된다. 이에 서울의 변화상과 서울에 관한 담론에 사회학 연구자들이 좀더 적극적으로 참여할 수 있는 계기를 마련하고 싶었다.

이 기획은 서울연구원의 제안을 한국사회학회가 적극적으로 수용하면서 이루어졌다. 하지만 길지 않은 기간에 주제에 부합하는 학술적 담론을 생산하면서도 대중적으로 소개하려는 기획을 현실화하는 것은 쉬운 일이 아니었다. 이를 위해서 비교적 최근 서울의 현실을 다룬 연구들을 찾았고, 그러한 연구들과 같은 흐름의 주제를 연구한 사회학자들을 대상으로 참여의사를 타진하였다. 다행히 많은 사회학자들이 이에 공감하였다. 그 결과 이 책에는 이전에 전문학술지에 실려 제한된 독자만을 대상으로 하였던 글을 대중들이 읽고 이해할 수 있도록 다듬어 고쳐 실은 글들도 있고, 책의 목적에 맞게 새로 연구해 작성한 글들도 있다. 그리고 한국사회학회에서의 발표와 워크숍, 전문가 논평의 작업이 진행되어 오늘의 결과를 내놓게 되었다.

서울에 대한 사회학의 진단을 담은 이 책은 서울의 다양한 현실을 담기 위해서 4개의 큰 주제로 나누어 구성되었다. 먼저 1부에서는 서울의 현실에서 불평등이 나타나고 작용하는 다양한 양상을 제시하였고, 2부에서는 도시공간과 일상생활의 관계를 다루었으며, 3부에서는 도시경제의 변화하는 다양한 측면들을 다루었고, 끝으로 4부에서는 소수자의 문제들을 다루었다.

1부에서는 "격차사회의 불평등과 삶의 질"을 주제로 삼고, 격차사회의 기본 틀을 만드는 요인인 인구에서부터, 전통적인 사회학의 주제인 노동과 사회계층의 문제를 거쳐, 건강과 같이 삶의 질과 밀접한 문제를 다룬 후, 종교의 문제까지 사회불평등의 지평에서 폭넓게 다루었다.

조영태는 "서울의 인구"에서 과거로부터 서울의 인구가 변화된 양상과 그 요인들에 관한 방대한 내용의 정보들을 간결하게 소개함으로써 인구학의 전문가가 아니라도 현재의 상황을 이해하고 미래의 변화를 예측할 수 있도록 도움을 주고 있다. 또한 흥미롭게도 서울이 성장하던 시기와 달리 이제 격차는 서울에 진입할 수 있는 사람과 그렇지 못한 사람들 사이의 차이로 나타나며, 서울의 인구가 지속적으로 감소하지 않을 가능성을 제시했다. 지방의 노령화가 심각해지고 지방경제가 위축되면 젊은이들의 서울 유입이 오히려 늘고, 서울의 높은 부동산 가격과 생활비로 인해 서울이 결혼과 출산을 하지 않는 '젊은이의 블랙홀'이 될 수 있음을 제시하였다.

한준과 신인철은 "서울의 노동, 사회의 불평등"에서 통계청의 인구주택총조사 자료를 이용하여 1990년부터 2010년까지 20년 동안 나타난 사회불평등의 변화를 제시하였다. 이 기간 동안 서울 이외의 지역에서 중층이 줄고 하층이 늘어난 반면, 서울은 상층과 중층이 모두 줄고 하층이 늘어남으로써 서울에서 소득계층의 불평등이 다른 지역보다 더 심화되었음을 알 수 있었다. 또한 서울 시민들이 다른 지역에 비해 객관적 현실보다 자신의 주관적 계층을 더 낮게 인식하고, 상승이동의 가능성에 대해서 더 비관적이고 부정적으로 인식하는 것으로 나타났다. 아울러 강남권에 해당되는 서울의 동남권에서 상층의 비율이 예상과 달리 높지 않다는 점을 제시하였다.

심재만은 "서울 어느 동네 누가 건강할까?"에서 서울 내 불균등의 공간적 분포가 시민들의 건강생활에 미치는 영향이 얼마나 다차원적이고 복합적인지를 제시하였다. 먼저 서울 시내 자치구별 건강 수준의 차이를 확인한 결과, 그 차이가 상당히 큰 수준이었고 심지어 전국적으로 광역지자체들 간 차이의 폭보다 더 크게 나타났다. 이와 같은 건강 수준의 차이는 녹지 만족도와 문화환경 만족도, 운동장소 유무 여부와 같이 거주지역의 물리적·사회적 환경에 의해 영향을 받았고, 거주지 내 의료자원에 의해서도 영향을 받았다. 또한 흥미로운 점은 이러한 환경이나 자원이 주민 모두에게 같은 정도로 영향을 미치는 것이 아니라 집단별로 차이가 나타난다는 사실이다. 예컨대 녹지 만족도와 문화환경 만족도, 또는 종합병원 병상 수가 가지는 긍정적 효과는 특히 고령자층에서 더 크게 나타났다.

변미리와 오세일은 "청년세대, 피안은 어디인가?: 행복, 종교, 세대의 관계성 탐색"에서 서울에 거주하는 청년집단의 종교를 격차사회의 맥락에서 분석하였다. 전반적으로 종교의 영향이 감소하는 탈종교 현상이 청년층에서 뚜렷하게 나타나는 가운데, 청년층의 유종교 비율이 중산층 거주지역에서 높게 나타났다. 종교를 가진 청년의 사회적 지원망이 종교를 갖지 않은 청년에 비해 더 두터웠으나, 종교별로 비교해 보면, 청년세대에서 가장 높은 비율을 차지하는 그리스도교가 다른 종교에 비해서 일상생활의 지원망 역할을 수행하지 못한다는 점이 나타났다. 또한 탈종교의 상황에서도 종교는 청년세대의 감정적인 영역에서 긍정적으로 기여하는 측면이 있다는 점을 제시하였다.

2부에서는 "도시공간과 일상생활의 변화"를 주제로 하여 광장과 같은 공적 성격이 강한 공간에서부터 러브호텔과 같이 매우 내밀한 욕망의 공간까지 다양한 주제들을 다루었다.

김백영은 "서울의 광장문화, 오래된 것과 새로운 것"에서, 광장이 서구의 도시 형성에서 민주주의와 시장의 발달에 중요한 역할을 담당하였으나 동양의 도시에서는 그렇지 못했다는 인식을 넘어, 우리 역사 속에서 광장문화가 어떻게 배태되어 이어져 왔는지를 제시하였다. 조선시대 광화문 육조거리 등에서 펼쳐진 '국장과 능행의 정치학'에서부터 1980년대 서울의 도심지에서 전개된 '가두시위의 공간쟁탈전'까지 이어진 광장문화의 사회학적 계보학은, 최근에 서울의 주요 공간에서 펼쳐지는 광장정치를 이해하고 해석하는 데 중요한 준거를 제공한다.

한신갑은 "금 긋기의 곤혹스러움: 서울의 문화지리, 그 윤곽과 경계"에서 일상 문화가 만들어 내는 서울 공간의 분할 현상을 다루면서, 서울의 공간적 구분이 통상적인 용법보다 얼마나 더 어려운 일인가를 밝힌다. 문화·여가활동이나 라이프스타일 등의 기준을 가지고 서울의 공간을 구분하는 과정에서 나타난 혼재성, 유동성, 불확정성, 불일치성은 통상 거론되는 강남과 강북의 구분이 얼마나 경험적으로 취약한 근거를 가지고 제기되는 것인가를 보여 준다. 서울의 공간 구분은 확정적인 것과는 거리가 멀고 지속적인 구조화 과정 속에 있으며, 그 과정에서 공간적 구분을 통해 오히려 로버트 머튼의 자기실현적 예언과 같은 효과가 생길 수 있음을 시사하고 있다.

전상인과 최설아는 "편의점으로 읽는 서울의 공간과 일상"에서 풍부한 자료의 활용과 함께 편의점에 대한 사회학적 해석을 제시하였다. 공간분석에서는 편의점의 공간 분포가 가지는 특성을 통해 편의점의 확산에 영향을 미친 요인들을 유추하였고, 일상연구에서는 편의점이 보여 주는 서울의 일상적 특성을 소비주의 문화, 대도시 심성, 신노마드, 글로벌리제이션, 사회양극화 등의 키워드를 바탕으로 분석하였다. 또한 소비공간으로서 편의점이 가지는 다층적이고 복합적인 성격과, 그것이 더 큰 도시공간과 가지는 관계성에 대한 논의는 오늘날 소비사회학과 도시연구의 관계가 가지는 중요성을 확인시켜 준다.

이나영은 "욕망의 문화사회사, 한국의 러브호텔"에서 여인숙에서부터 러브호텔까지 욕망 충족의 공간이 가져온 변화에 대한 문화사적 고찰과 함께 섹슈얼리티 관점에서의 분석을 제시하였다. 우선 공창제가 폐지되면서 성매매의 장소가 이전의 대합과 대좌부업에서 여관으로 바뀌는 과정을 밝히고, 가부장 가족구도 밖으로 추방된 섹슈얼리티를 실천 가능케 하였던 도심의 남성 하위문화로서의 여관의 기능을 분석했다. 1980년대 아시안게임과 올림픽을 기점으로 나타난 숙박시설의 근대화, 1990년대 등장한 러브호텔, 2000년대 중반에 등장한 부티크 모텔의 성격도 분석했다. 이러한 공간들의 시공간적 특수성에 대한 분석과 함께, 그 과정에서 나타나는 젠더 관계의 현상이 가지는 의미도 다루었다.

3부에서는 "도시경제와 소비문화"를 주제로 하여 서울의 경제변화의 중요한 축인 강남에 대한 분석과 한류에 영향을 받아 유입된 관광객들로 인해 나타나는 서울의 공간과 문화의 변화를 다루고, 서울의 도시경제의 변화가 공간과 소비문화 차원에서 집약된 호텔에 대한 분석을 제시하였다.

서우석과 변미리는 "강남 문화경제의 사회학: 문화산업과 뷰티산업의 결합"에서 강남에 대한 소비 중심적인 사회학적 논의를 넘어 생산공간으로서 강남이 가지는 중요성을 강조하면서 문화산업과 뷰티산업의 결합이 나타난 공간적 양상과 포스트포디즘적 생산의 성격을 분석하였다. 이 결합과정을 바탕으로 진행되는 강남이라는 장소의 생산이 가지는 의미와 기능을 분석하면서, 셀러브리티, 부동산, 소비・유흥

공간이 수행하는 역할을 제시하고, 강남 문화경제가 진화되는 모습을 논의하였다.

장원호는 "서울의 한류 씬"에서 도시 내의 특정 장소에서 같은 부류의 문화적 특징들이 집중적으로 나타나는 현상을 뜻하는 도시 씬(*urban scene*)의 개념을 바탕으로, 한류의 영향을 받아서 서울에 찾아오는 외국인관광객들로 인해 나타나는 서울의 한류 씬이 가지는 다양성을 제시하였다. 서울의 한류 씬을 K-POP 한류 씬, 드라마 한류 씬, 화장품 한류 씬, 음식 한류 씬, 패션 한류 씬, 메디컬 한류 씬으로 구분하여 각 현장에서 관찰한 결과들을 제시하였다. 이를 통해서 한류가 이미 서울의 공간소비를 결정하는 중요한 요인이 되었다는 점을 확인하고, 서울의 한류 씬이 초국적 문화교류를 바탕으로 문화공동체 형성에 기여할 수 있다는 가능성을 제시하였다.

김미영은 "서울, 호텔로 말하다"에서 도시경제 발전이나 세계화의 지표로서 인식되는 호텔이 서울에서 어떠한 변화를 겪었는지를 설명하고, 경제적 기능을 넘어서 다양한 사회·문화적 기능을 수행하는 공간이 되었음을 제시하였다. 1960년대 이후 도시화와 산업화 과정에서 서울 시내에 나타난 호텔들을 럭셔리형 호텔로 이해하면서 서울에 설립된 호텔의 전형으로 보고, 그 전형에서 변형된 형태의 호텔로 몰링형 호텔, 스테이형 호텔, 스토리형 호텔을 구분하였다. 이와 같이 다양하게 변형된 호텔들을 바탕으로 호텔은 구별 짓기의 공간으로서 '있어빌리티'의 소비공간, 낯섦과 특별함을 제공하는 '비일상' 놀이공간, 지역사회 교류와 사교의 기능을 담당하는 지역사회 생활공간 등의 다양한 소비공간들을 서울에 낳았다. 이를 통해서 호텔이 도시경제의 중요한 기반임과 동시에 서울의 소비문화의 변화를 드러내는 중요한 공간 사례이며 상징이라는 사실을 제시하였다.

4부에서는 "소수자들의 생활세계"를 주제로 성장시대 이후 등장한 소수자인 노숙인, 조선족, 탈북자들의 현실을 다루면서 서울이 다양한 소수자들이 어울려 사는 공간임을 밝혔다.

이상직과 한신갑은 "서울의 노숙인, 노숙인의 서울"에서 2010년대 초반 서울에서 노숙하던 남성들의 생애를 중심으로 서울에 상경한 노숙인들의 다양한 경로와 특성을 분석하였다. 전국의 노숙인이 서울에 70%가량 집중되어 있는 상황에서 서울의 노숙인을 상경경로와 노숙경로로 구분하여 살펴보고, 쉼터와 같이 이들이 지내는 공간의 의미를 노숙인의 시각에서 분석하였다. 이를 통해서 노숙인이 사회로 돌아오는 과정이 왜 어려운지를 보여주고 있다. 또한 세대와 같은 개인 속성별 차이를 밝힘으로써 노숙인집단의 다양성과 행위 동기를 이해하는 데 도움을 주고 있다.

박우는 "'초국적 상경'과 서울의 조선족"에서 만주드림과 코리아드림에 모두 영향을 받은 조선족들이 서울에 와서 정착하는 과정이 가지는 복합성을 '초국적 상경'으로 개념화하여 분석하였다. 서울에 정착한 조선족은 국경을 넘어 이주한 집단이지만, 동시에 고국의 수도에 입성한 '상경'의 의미를 가진다. 이 글은 이와 같은 해석과 함께 조선족이 중국의 개혁과정과 한국의 법제 개정에 영향을 받아서 한국에 대규모 정착하게 된 과정을 설명하고, 그들이 서울로 와서 이룬 공동체의 성격을 보여 준다. 또한 서울 남서부 지역에 밀집 거주하는 조선족의 생산활동, 주거양상, 소비지역 등에 대한 정보와 함께 '사회주의적

인간'으로서 서울 생활에 적응하는 어려움의 양상을 제시하였다.

윤여상은 "이방인 아닌 이방인, 탈북자"에서 탈북자들이 서울의 특정지역에 집중해 거주하고 있음을 제시하며, 이러한 현상이 임대주택 배정 중심으로 거주지가 결정되는 상황에 따른 결과임을 설명하였다. 사회학적으로는 이들이 북한에서 평양에 대해 가졌던 인식이 한국으로 이주한 후에도 서울에 대한 인식에 작용하지만 결국 대개 실망으로 이어지는 과정에 대한 분석이 흥미롭다. 또한 이 글에서는 탈북자들이 외국인 노동자나 조선족 이주자들에 비해 특혜를 받지만 정착금과 다양한 특혜성 지원에도 불구하고 정착이 잘 이루어지지 않고 있으며, 사회적 통합도 잘 이루어지지 않고 있음을 제시하고 있다. 시민과 함께하는 새로운 통합 모델의 필요성이 제기된다.

끝으로 한국사회학회장을 역임한 조성남은 "에필로그: 서울사회, 《서울사회학》, 그리고 지평 넓히기"에서, '살기 좋은 도시'(*livable city*)로서의 시민 친화적 커뮤니티 모델을 찾는 데 기여하는 기초연구와 심층분석으로서 서울사회학의 지평이 확대되어야 할 필요성을 제기했다.

사회학의 성격은 '다중패러다임의 학문'이라 할 만큼 다양하다. 이 책에는 수치자료의 통계분석을 바탕으로 삼은 글도 있고, 역사적 분석에 기반을 둔 글도 있다. 이 책에는 이러한 다양한 성격의 글이 혼재되어 있다. 읽는 이에게 혼란을 줄 수도 있으나, 이러한 다양한 성격의 글쓰기가 사회학의 다양성이라 이를 그대로 드러내었다. 또한 한 권의 단행본을 만들기 위해 각 글의 필자들은 자신이 담고 싶은 내용이나 논의의 수준을 일정한 길이와 대중적 글쓰기의 틀에 맞추는 제약을 감수했음을 밝히고자 한다.

이 책을 통해 서울의 다양한 현상들을 설명하려 했지만, 사실 더 큰 기대는 이 책을 계기로 많은 질문이 새로 제기되고 서울에 대한 사회학적 연구와 공공담론이 활성화되기를 바랐다는 것이다. 앞으로도 서울에 대한 사회학적 연구가 계속 진행되기를 바란다. 아울러 다른 도시, 다른 지역에도 비슷한 집단적 연구사례가 나와 우리가 사는 지역에 대한 사회학 연구와 담론이 활성화되기를 기대한다.

《서울사회학》을 만드는 과정에서 도움을 주셨던 서울연구원과 한국사회학회의 모든 분들에게 감사드리고, 완성도를 높여서 책을 만들어 주신 나남 여러분들의 노고에 깊이 감사드린다.

2017년 2월

저자들을 대신하여

편집자 서우석 · 변미리 · 김백영 · 김지영

나남신서 1915

서울사회학

서울의 공간, 일상 그리고 사람들

차 례

제 2 부 도시공간과 일상생활의 변화

제 11 장 서울, 호텔로 말하다 김미영

제 4 부 소수자들의 생활세계

제 12 장 서울의 노숙인, 노숙인의 서울 이상직 · 한신갑

제 13 장 '초국적 상경'과 서울의 조선족 박 우

제1부

격차사회의 불평등과 삶의 질

01

서울의 인구

조영태

1. 들어가며

서울은 우리나라의 수도이면서 경제, 정치, 교육, 문화 등 거의 모든 사회구조의 중심이다. 인구 역시 다름없는데, 2015년 인구주택총조사에 따르면 우리나라의 인구는 약 5,100만 명이고, 이 중 거의 1/5에 달하는 약 990만 명이 서울에 산다.[1] 약 1천만 명이 서울에 산다는 것인데, 낮 시간에 서울에 있는 직장과 학교로 출퇴근하거나 통학하는 사람들을 모두 합하면 우리나라 인구의 거의 1/4이 서울을 중심으로 하루하루를 살아간다고 해도 과언이 아닐 것이다. 서울의 물리적인 크기가 고작 동서로 약 38킬로미터, 남북으로 약 30킬로미터에 지나지 않기 때문에(국토교통부, 2016) 1천만이 넘는 인구가 여러 가지 활

1 이 글에 소개된 모든 통계 수치는 통계청의 국가통계포털을 통해 얻은 것임을 밝힌다.

동을 하기 위해 돌아다닌다면 서울은 그야말로 과밀한 인구를 가진 대도시임에 틀림없다. 정부에서는 초저출산 때문에 곧 인구가 줄어들 것이라고 이야기하지만, 사실 오늘날 서울의 모습을 보면 서울의 인구가 저출산 때문에 줄어들 것이라고 느끼는 사람보다 서울의 인구는 '과하다 싶을 정도'로 많다고 느끼는 사람이 더욱 많을 것이다.

그럼 과연 우리는 서울의 인구에 대해 얼마나 알고 있을까? 많은 사람이 느끼듯 서울의 인구는 과밀한 것이 맞는가? 아니면 지난 15년간 지속된 저출산 현상 때문에 서울의 인구는 줄어들기 시작했는가?

이 글은 수많은 이들의 삶의 터전인 서울의 인구에 대해 조금 더 자세히 알아보는 것을 목표로 한다. 비록 많은 이들이 서울에서 살고 또 활동하지만 아직까지 서울의 인구에 대해 아는 것은 그저 위에서 언급한 인구 크기 혹은 매일매일의 삶에서 느끼는 복잡함 정도에 지나지 않는 것이 일반적이다. 오늘날 서울의 인구는 과거에 비해 크게 바뀌었는데, 그와 동시에 서울을 중심으로 사는 사람들의 삶도 함께 바뀌었다. 인과관계를 명확히 할 수는 없지만 사람들 개개인의 삶과 인구변동은 매우 밀접한 관계를 가져 왔음은 틀림없다. 그러므로 서울의 인구변동을 이해한다는 것은 그만큼 서울에 사는 사람들 개개인의 삶을 이해하는 데 도움이 된다. 나아가 오늘이 아닌 미래에 서울 인구가 어떻게 변화되어 갈지를 알 수 있다면 미래의 서울을 살아갈 사람들의 삶에 대한 예측 역시 가능하다.

우리가 아는 서울의 인구특성은 무엇인가? 우리가 잘 몰랐지만 서울사람들의 삶에 큰 영향을 준 특성들은 어떠한 것들이 있을까? 이 특성들은 과거에 비해 얼마나 변화된 것인가? 또 앞으로는 어떻게 변화

될까? 이 질문들에 대한 답을 이 장을 통해 알아보자.

2. 서울, 서울로: 이촌향(移村向) 서울!

2015년 인구주택총조사에 따르면 서울의 인구는 약 990만 명으로, 한국전쟁 이후 인구가 계속 증가했다. 서울의 인구변동에 약간의 관심이 있는 독자라면 이 수치가 다소 의아할 수 있다. 왜냐하면 2016년 6월, 서울의 인구가 1988년 1천만 명을 돌파하여 2015년까지 1천만 명대를 유지하다가 2016년 5월부터 1천만 명 밑으로 줄어들었다는 기사가 언론을 통해 크게 소개되었기 때문이다. 여기서 통계와 관련하여 한 가지 명확히 해야 할 점이 있는데, 인구주택총조사는 실제 거주하는 사람 수를 나타내는 통계이고, 언론에 의해 소개된 통계는 주민등록통계로서 거주와 관계없이 주민등록을 서울시에 둔 사람 수를 나타내는 통계라는 점이 그것이다. 우리가 서울의 일상에서 마주치는 사람들은 서울에 적(籍)을 둔 사람들이라기보다는 실제 사는 사람들이기 때문에 서울의 실제 인구를 이야기할 때는 인구주택총조사가 집계한 약 990만 명을 사용하는 것이 더 현실적이라고 볼 수 있다. 하지만 어떠한 통계를 따르더라도 서울의 인구는 약 1천만 명으로 우리나라 전체 인구의 1/5을 차지할 정도로 비중이 높다는 사실에는 변함이 없다.

그럼 서울의 인구는 원래부터 그렇게 많았고 전체 인구에서 차지하는 비중도 그렇게 컸나? 전혀 그렇지 않다. 우리나라의 인구는 한국전쟁 직후인 1960년 약 2,100만 명으로 시작하여 경제발전이 본격화된

1980년 약 3,700만 명, 그리고 2015년 현재 약 5,100만 명으로 증가했다. 약 60여 년 동안 2배 이상 증가한 셈이다. 그런데 서울의 인구는 같은 기간 약 160만 명, 840만 명, 그리고 990만 명으로 거의 6배 정도 증가하였다. 이처럼 전체 인구에서 서울 인구가 차지하는 비중은 전쟁 직후에는 약 7.6%에 불과했지만, 이후 산업화가 진행되면서 크게 증가하여 20년 만(1980년)에 약 22.7%가 되었다. 2015년 서울의 인구비중은 약 19.5% 수준으로 20여 년 전에 비해 축소되었지만 서울과 함께 수도권을 형성하는 경기도와 인천에 살면서 서울에서 주된 생활을 영위하는 사람들을 고려하면 서울의 인구가 우리나라 전체에서 차지하는 실질적 비중은 계속 증가했다는 점을 인지하는 것은 어려운 일이 아니다.

우리나라 인구가 약 2배 증가할 동안 서울의 인구는 어떻게 6배 증가하였을까? 한 지역의 인구크기 변화는 출생아 수, 사망자 수, 그리고 그 지역으로 이주해 오는 사람들 수와 그 지역에서 다른 지역으로 이주해 나가는 사람들 수 차이에 의해 결정된다. 우리나라는 이주해 오는 사람도, 다른 나라로 이주해 가는 사람도 많지 않았기 때문에 이주보다는 출생아 수와 사망자 수에 의해 인구변동이 주로 결정됐다. 즉, 1960년에서 2015년까지 약 반 세기를 조금 넘는 기간 동안 우리나라에서는 사망한 사람들보다는 태어난 사람들 수가 훨씬 많았다는 것이다. 물론 서울이 도시적 특성으로 다른 지역에 비해 출산율과 사망률이 다소 낮았겠지만, 출생과 사망에 의한 인구변동은 전반적으로 우리나라 전체와 비슷한 경향을 보였다. 결국 서울의 인구증가 속도가 우리나라 전체에 비해 매우 빨랐던 것은 다른 지역으로부터 대규모의 사람들이 서울로 이주해 온 데에 기인한 것이고, 이 이촌향(移村向) '서울' 현상은 이미 잘 알려진 사실이다(박세훈, 2013).

그런데 이촌향 '서울' 현상과 관련하여 우리가 잘 인지하지 못하는 사실이 있다. 바로 서울의 급속한 인구증가가 1960년부터 지금까지 지속적으로 진행되어 온 현상이 아니라 1960년대에 집중적으로 일어난 현상이라는 것이다. 앞에서 적시한 바와 같이, 전체 인구에서 서울이 차지하는 비중은 1960년에 약 7.6%에 지나지 않았다. 놀랍게도 이 통계가 1970년에 17.5%로 증가하였는데, 10년 동안 2.5배 가까이 늘어난 것이다. 그 이후 수도권을 포함하지 않은 서울만의 인구비중이 1980년에는 22.7%였으므로 이촌향 '서울' 현상은 1960년대에 집중적으로 일어났음을 알 수 있다. 물론 1970년대에도 이촌향 '수도권' 현상은 지속되었다. 하지만 이 책이 다루는 대상인 서울만을 고려한다면, 지방을 떠난 인구가 서울로 집중된 것은 1960년대에 발생된 현상이고, 1970년대에는 서울을 둘러싼 경기도 및 인천 등의 위성도시로 지방 인구가 유입된 것으로 볼 수 있다.

이후 인구비중의 측면에서 서울의 인구는 안정적인 모습을 보였다. 하지만 경기도와 인천의 위성도시를 발판으로 삼아 다시 서울로 들어오는 사람들은 계속 증가했는데, 1990년 서울에는 현재보다도 많은 약 1,100만 명의 사람들이 살았고, 전체 인구에서 차지하는 비중이 약 24.4%에 달했다.

3. 서울에서 수도권으로

한정된 지역에 사람들 수가 급증하면 과밀현상이 나타날 수밖에 없다. 사람들의 숫자가 그 지역의 기본적인 인프라 혹은 자원이 충족할 수 있는 수준을 넘어서면 전반적인 삶의 질이 떨어지는 것도 당연하다. 그렇게 되면 당연히 사람들은 주거지 이동을 통해서라도 삶의 질을 높이고 싶은 마음을 갖게 되는데, 그렇다고 해서 직장이나 학교 혹은 문화생활과 같은 현재의 생활공간을 멀리 떠나고 싶은 생각은 없다. 바로 1980년대 말과 1990년대 초반 서울의 모습이 그러하였다. 여기에, 기존에 이미 많은 사람들이 거주하는 서울보다는 사는 사람이 거의 없는 지역을 새로운 택지로 개발하여 개발이익을 극대화하려는 부동산 및 건설자본의 이해관계가 결부되면서 등장한 것이 바로 분당과 일산으로부터 시작된 경기도 신도시 개발사업이다.

주로 대규모 아파트단지를 가진 베드타운으로 개발된 분당과 일산 신도시는 1991년 입주를 시작으로 약 30~40만 명의 인구를 수용하는 거대한 계획주거지로 조성되었다(권용우, 2008). 분당과 일산 신도시를 시작으로 이후 서울과 인접해 있거나 서울과의 교통 편의환경이 나쁘지 않은 곳에 수많은 신도시들이 마련되었다. 물론 신도시가 조성되기 이전에도 서울과 멀지 않은 곳에 위성도시들이 자리 잡았는데, 위성도시와 신도시는 기능과 특성 면에서 많이 차별되었다. 위성도시들이 산업화 시기 서울에 몰려 있던 제조업 중심 공장들을 서울 밖으로 이동시키면서 만들어졌다면, 신도시들은 베드타운의 기능을 수행하기 위해 만들어졌다. 어디에서나 그렇듯이 제조업 공장이 밀집된 지역은 양질의 거주공간을 제공하기 어렵다. 그 때문에 위성도시에는 주로 공단에 종사하는 사람들이나 농촌에서 서울로의 이주를 꾀했지만 서울의 높은 거주비용을 감당하기 어려운 사람들이 모여들었다. 반면에 신도시는 서울의 인구를 흡수하기 위한 대규모 베드타운으로 개발되었기 때문에 서울 못지않거나 서울보다 더 쾌적한 거주공간을 제공하도록 설계되었고, 실제로 중산층이 서울에서의 경제활동은 유지한 채 주거지만 신도시로 대거 이전하였다.

이후 분당과 일산 이외에도 용인, 남양주, 김포 등 수많은 신도시들이 서울을 둘러싼 경기도 일대에 조성되었다. 그런데 궁극적으로 이 신도시들은 분당과 일산만큼 서울 인구를 흡수하지 못했다. 여러 가지 이유가 있겠지만, 이 도시들은 분당과 일산처럼 서울의 인구분산을 위한 국가계획에 따라 만들어졌다기보다는 두 신도시의 성공사례를 보면서 부동산 및 택지개발을 통한 이익을 추구하고자 한 건설업계의 이해관계가 더 컸던 것이 주된 이유라 할 수 있다. 실제로 서울로부터 경기도 지역으로 전입·전출한 사람들의 차이를 나타내는 순이동자 수를 보면, 분당과 일산 등 신도시로의 이동이 본격화된 1995년에 서울로부터 경기도 지역으로 약 34만 명이 빠져나갔으며, 이 순이동자 수는 이후 점차 감소하여 2014년에는 약 8만 3천 명으로까지 줄었다.

이와 같은 변화와 더불어 흥미로운 사실은 1990년대 신도시로 이동한 서울사람들과 최근 경기도와 인천을 포함한 수도권 지역으로 이동한 사람들의 연령구조가 매우 다르다는 점이다. 〈표 1-1〉은 1995년부터 2015년까지 서울로부터 경기도로 이주한 사람들의 연령분포를

표 1-1 **서울로부터 경기도로의 전출자 연령별 시계열 분포(%)**

연령	1995	2000	2005	2010	2015
0~19세	27.5	24.2	20.0	18.7	16.3
20대	25.0	23.7	23.5	19.0	17.4
30대	24.4	25.6	26.5	27.4	25.9
40대	10.1	11.6	12.8	14.1	14.5
50대	6.7	7.2	8.2	10.5	12.2
60세 이상	6.4	7.7	9.0	10.3	13.7
총 전출자(명)	599,411	435,573	414,621	410,735	359,337

자료: 통계청, 국내인구이동통계.

보여 준다. 이 표는 경기도로의 전출 전체를 보여 주기 때문에 반드시 신도시로의 이주만을 나타내는 것은 아니다. 하지만 앞에서 적시한 바와 같이 1990년대 이후 신도시로의 이주가 서울로부터 경기도로 움직이는 주된 경로였던 점을 고려하면 서울 인구가 경기도 지역에 조성된 신도시로 이주하는 경향성에 대해 유추하는 데는 큰 무리가 없다.

먼저, 과거에서 최근으로 오면서 서울에서 경기도로 전출하는 사람들의 절대적인 수가 크게 줄어들었다. 그런데 연령대별 전출을 살펴보면, 0~19세 그리고 20대 인구가 서울로부터 경기로 이주한 사람들에서 차지하는 비중이 과거에 비해 최근에 크게 줄어들었다. 반면 50대 이상 연령대는 오히려 그 비중이 점차 커졌다. 앞서 언급한 바와 같이 신도시가 개발되면서 서울보다 상대적으로 더 나은 주거환경을 제공하고 부동산의 가치가 서울의 주요 지역과 비교하여 절대로 낮지 않았기 때문에 신도시는 서울의 중산층들을 흡수하였다. 1990년대의 중산층들은 주로 중년 부부와 어린 자녀들로 구성된 것이 통상적이었기 때문에 영유아, 청소년들의 상대적인 비중이 컸다. 특히 신도시 지역의 교육환경이 서울의 웬만한 지역보다 더욱 좋았던 것이 자녀를 둔 중산층들의 이주를 촉발했고, 이들이 모이면서 학군의 수준이 더욱 높아져 다시 자녀를 둔 중산층의 이주를 촉진하는 결과로 이어졌다. 하지만 최근 들어 이 연령대가 전체 이주 인구에서 차지하는 비중은 크게 줄어든 반면 50대 이상의 장년층이 차지하는 비중은 매우 커졌다. 30대와 40대의 경우 비율은 다소 높아졌지만, 절대수를 보면 오히려 감소하였다. 50대 이상 장/노년층의 서울로부터 경기도로의 이주가 늘어난 것은 서울에서 자녀들이 모두 성장한 후 생활비 및 주거비가 상대적으로 낮은 곳을 찾아가는 현상에서 그 이유를 찾을 수 있다.

4. 서울에서 태어나기

앞에서는 최근 서울에서 경기도를 비롯한 수도권 지역으로 이주하는 사람들의 수가 과거에 비해 크게 줄어들었음을 알아봤다. 그런데 최근 언론들은 서울의 인구가 1천만 명 밑으로 줄었다고 보도하고 있다. 예컨대 2015년 인구주택총조사 결과가 발표된 직후 많은 언론들은 서울의 인구가 등록외국인을 포함하여 990만 명으로, 2000년 조사결과인 1,006만 명에 비해 16만 명이 줄었다고 보도하였다. 또 최근에는 주민등록인구 역시 2016년 10월에 995만 명으로, 1천만 명 밑으로 줄었다는 보도도 나왔다.

과거에 비해 서울 인구의 순유출이 크게 줄었음에도 불구하고 주민등록인구는 물론 실제 거주하는 인구의 크기가 줄고 있다는 것은 결국 서울에서 출생아 수가 줄어들었거나, 사망자 수가 늘어났다는 것을 의미한다. 사망에 대해서는 뒤에서 더욱 자세히 살펴보겠지만, 지난 15년 동안 서울에서 사망한 사람들 수는 고령자 인구가 많아지면서 2000년 약 3만 9천 명에서 2005년에는 약 4만 3천 명으로 다소 증가하였다. 이처럼 매년 조금씩이지만 사망자 수가 증가한 것이 서울시 인구감소에 기여했음은 분명하다. 하지만 사망자 수만으로는 감소분에 못 미친다. 여기에 매년 줄어드는 출생아 수가 서울의 인구감소에 함께 기여한 것이다.

서울은 우리나라가 산업화되면서 출산할 수 있는 젊은 인구가 가장 많이 유입되었고 또 동시에 많이 살아 온 곳이다. 그러므로 서울의 출생아 수는 매년 다른 시도(市道)를 능가했다. 하지만 그렇다고 해서 서울이 여성 1명당 평균적으로 출산하는 자녀 수를 나타내는 합계출산율도 다른 지역에 비해 언제나 높았던 것은 아니다. 대도시라는 특성, 젊은 여성들의 높은 교육 수준, 높은 생활비, 주거비, 교육비 등에 의한 높은 자녀 양육비용 등이 서울의 낮은 합계출산율에 기여하였다(민연경 · 이명석, 2013). 〈그림 1-1〉은 우리나라와 서울의 합계출산율의 시계열 추이를 보여 준다. 1993년에 우리나라 여성들은 가임기 동안 평균 1.65명의 자녀를 출산하였는데, 서울시 여성들은 그보다 낮은 1.56명을 출산하였다. 약 0.09명 정도의 차이였다. 이후 전국은 물론 서울시의 합계출산율은 변동을 거듭하며 점차 낮아졌다. 그런데 전국과 서울시의 합계출산율 차이는 점점 커졌다. 가장 최근인 2015년의 합계출산율은 전국 1.24, 서울시는 1.00으로, 그 차이가 0.24명에 이르렀다. 1993년에 비해 그 차이가 무려 2배 이상으로

커진 것이다. 또한 2005년 서울시 합계출산율은 0.92로, 당시 가임기 여성은 평균적으로 1명의 자녀도 출산하지 않았다. 이러한 통계는 결국 우리나라에서 자녀를 낳고 키우기가 과거에 비해 매우 어려워졌는데, 이 어려움이 서울시에서는 더욱 커졌다는 것을 의미한다.

낮은 출산율은 출생아 수의 감소로 이어졌다. 〈표 1-2〉는 전국, 서울시 그리고 수도권의 출생아 수 변화 추이를 보여 준다. 1993년에 전국적으로 약 71만 6천 명이 출생하였는데, 서울에서는 그 가운데 약 1/4인 17만 6천 명이 출생하였다. 당시 경기도 출생아 수는 약 14만

그림 1-1 **서울시와 전국의 합계출산율 변화 추이**

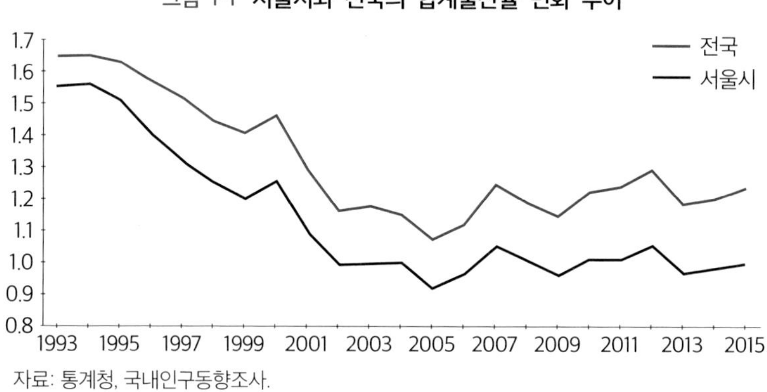

자료: 통계청, 국내인구동향조사.

표 1-2 **서울시 및 수도권의 출산아 수 변화 추이**

시도별	1993	2000	2005	2010	2015
전국	715,826	634,501	435,031	470,171	438,420
서울시	175,827	131,935	89,489	93,268	83,005
인천시	41,778	34,143	22,825	25,752	25,491
경기도	135,178	140,492	108,576	121,751	113,495

자료: 통계청, 국내인구동향조사.

명이었다. 이후 출생아 수가 줄어들었는데, 특히 2002년부터 시작된 초저출산 현상을 반영하면서 2005년 이후 전국적으로 매년 40만 명대의 아이들이 태어났다. 서울시 출생아 수의 감소폭은 전국보다 더욱 커서, 2005년에 약 8만 9천여 명이 출생하였고 2015년에 다시 8만 3천 명으로 감소하였다. 한편 경기도에서 출생한 아이들의 감소폭은 서울과 비교하면 거의 없었던 수준으로, 1993년 13만 5천 명에서 2015년 11만 3천 명으로 변화하였다. 전국적으로 출생아 수가 크게 줄었던 2005년에는 서울은 물론 경기도의 출생아 수도 크게 줄었다. 하지만 이후 서울은 회복이 되지 않은 반면 경기도는 다시 출생아 수가 증가하였다.

이상과 같은 출산율과 출생아 수의 변화는 최근 들어 서울에서 자녀를 출산하기가, 혹은 아이가 태어나기가 얼마나 힘들어졌는가를 명확하게 보여 준다. 일반적으로 대도시의 높은 생활비와 주거비는 자녀 출산의 걸림돌임에 틀림없다. 하지만 대도시가 제공하는 양질의 교육환경은 자녀 출산 혹은 양육을 촉진한다. 서울시는 1990년대까지는 후자의 촉진효과가 상대적으로 더 컸다. 하지만 2000년대 이후 장애요인이 촉진요인보다 출산에 더 크게 작용했고, 그 결과 출생아 수는 물론 출산율도 전국 시도들 가운데 가장 낮은 수준이 되어 버렸다. 최근 정부 정책이 부동산 가격 안정화보다는 고가화(高價化)를 위하여 투자수요를 유인하고 있는데, 이는 자녀 출산 및 양육에 있어 명확한 장애요인이다. 그 때문에 앞으로도 서울시의 출산율과 출생아 수가 반등할 가능성은 매우 낮고, 전국 평균과 비교해도 그 차이가 더 커질 것으로 예상된다.

5. 서울에서 결혼하기

1990년대 초반만 해도 부산, 대구, 광주 등 지방 대도시에는 명문대학들이 있었고 그 대학들은 서울의 웬만한 명문대학과 비교해도 떨어짐이 없었던 것을 기억하는 독자들이 있을 것이다. 예컨대 부산 및 경남지역에서는 서울대학교에 진학하지 못할 경우 서울에 있는 사립 명문대학에 유학 갈지 아니면 국립 부산대학교에 진학할지 쉽지 않은 결정을 내려야만 했다. 서울로의 유학은 비용을 수반할 뿐만 아니라 지방 대학들이 제공하는 학문의 수준과 가치가 서울 대학들에 비해 절대로 열등하지 않았기 때문이다. 하지만 경제는 물론 문화·정치 등 사회 전반에 걸쳐 서울의 우월성이 커지면서 젊은 연령의 서울로의 집중현상이 두드러졌다. 지방 명문대학도 단순히 '지방대학'이 되어 갔고, 반면 서울에 있는 모든 대학이 '서울대학'이라고 불릴 정도로 서울은 전국 거의 모든 젊은이들의 도착지(*destination*)가 되어 버렸다. 당연히 지방에서 대학을 졸업한 사람들도 일자리를 찾기 위해 혹은 상대적으로 수월한 문화생활을 향유하기 위해 서울을 선호하는 현상이 두드러졌다. 원래 적지 않은 수에 더해 이처럼 전국의 젊은이들이 몰리면서 서울에 사는 젊은 인구가 증가하였다.

젊은이들의 수가 늘어난다는 것은 또한 그만큼 서울에서 배우자를 만날 수 있는 가능성이 높아짐을 의미한다. 실제로 전국의 모든 혼인건수 중에서 서울시에서 등록된 혼인건수가 차지하는 비중이 매우 높았다. 〈표 1-3〉은 전국과 서울시의 전체 연령과 주요 혼인 연령별 초혼건수가 어떻게 변화했는지 보여 주는데, 전체 연령 혼인의 경우 서

표 1-3 **서울시 연령별 초혼건수 변화 추이**

	연령별	1990		1995		2000		2005		2010		2015	
		남편	아내	남편	아내	남편	아내	남편	아내	남편	아내	남편	아내
전국	모든 연령	365,964	371,159	355,988	355,824	288,178	283,357	252,508	245,226	272,972	268,541	256,372	249,978
	25~29세	231,142	141,749	212,801	159,657	159,535	156,846	105,301	139,329	95,425	142,014	65,912	106,107
	30~34세	65,179	15,600	78,881	18,422	81,519	26,286	96,483	43,475	111,457	70,913	117,335	88,695
	35~39세	6,326	2,915	12,575	4,397	15,293	5,104	24,018	7,152	39,730	14,171	43,045	20,756
서울시 (%)	모든 연령	95,226 (26.0)	87,759 (23.6)	89,306 (25.1)	85,253 (24.0)	70,226 (24.4)	68,395 (24.1)	59,849 (23.7)	56,387 (23.0)	61,728 (22.6)	61,089 (22.7)	57,189 (22.3)	57,961 (23.2)
	25~29세	59,451 (25.7)	40,920 (28.9)	53,384 (25.1)	43,908 (27.5)	38,665 (24.2)	41,886 (26.7)	23,542 (22.4)	33,884 (24.3)	19,236 (20.2)	32,171 (22.7)	12,309 (18.7)	23,269 (21.9)
	30~34세	20,593 (31.6)	5,407 (34.7)	22,495 (28.5)	5,841 (31.7)	22,541 (27.7)	8,253 (31.4)	26,077 (27.0)	12,869 (29.6)	28,215 (25.3)	19,923 (28.1)	29,047 (24.8)	24,090 (27.2)
	35~39세	2,109 (33.3)	962 (33.0)	3,437 (27.3)	1,391 (31.6)	3,854 (25.2)	1,547 (30.3)	5,689 (23.7)	1,949 (27.3)	9,897 (24.9)	3,987 (28.1)	10,556 (24.5)	5,817 (28.0)

자료: 통계청, 국내인구동향조사.

울시의 비중은 1990년 남성과 여성 각각 26%와 23.6%였다. 당시 주요 혼인 연령이라 할 수 있는 25~29세 남성의 25.7% 여성의 28.9%가 서울에서 결혼했다. 이보다 높은 연령대의 경우 서울이 차지하는 비중은 남녀 모두 30%를 훌쩍 넘었다. 서울에 몰린 젊은이들의 수가 많았기 때문에 이처럼 높은 서울의 초혼건수 비중은 당연한 결과였다.

서울에 젊은 인구가 집중되어 있지만 전국적으로 줄어드는 혼인 경향은 서울에도 그대로 반영되었다. 아니, 남성의 경우 오히려 혼인 감소현상이 서울에서 더욱 두드러졌다. 1990년과 2015년을 비교해 보면, 25년 동안 전국적으로 혼인건수가 남자는 약 10만 건, 여자는 약 12만 건 줄었고, 이는 각각 30%, 33%가 줄어든 수치였다. 서울의 경우 남자는 약 3만 8천 건, 여자는 약 3만 건 줄었고, 이는 각각 40%, 34% 줄어든 것이다. 한마디로 서울에 젊은 인구가 몰려 있지만, 과거에 비해 최근에 결혼하기가 더욱 힘들어졌으며, 특히 남자들의 경우 더욱 그렇다는 것이다.

일반적으로 학력이 높거나 직업적 지위가 높을 때 결혼연령은 늦어지게 마련이다. 서울 젊은이들의 상대적으로 높은 학력과 직업적 지위는 당연히 전국에서 가장 높은 초혼연령으로 나타났다. 2015년 전국 평균 초혼연령을 보면, 여성은 29.96세, 남성은 32.57세였으며 서울시의 경우 이는 각각 30.80세와 32.95세였다(통계청 인구동향조사, 2016). 앞서 서울의 출산율이 전국에서 가장 낮은 수준이라고 소개하였는데, 이는 결혼하지 않고서는 출산이 어려운 우리나라의 정서와 전국에서 가장 높은 초혼연령이 만들어 낸 당연한 결과이다.

한편, 흥미로운 점은 서울시 25개 구별 초혼연령의 차이이다. 최근 결혼의 주요 조건 중 하나가 경제력이고, 경제력에 따라 같은 연령이라도 결혼할 수 있는 가능성에 차이가 있다는 이야기를 흔히 들을 수 있다. 본인 혹은 부모의 경제력이 충분하지 않으면 경제적 조건을 만들기 위해 자꾸 결혼을 늦추게 되므로, 경제력이 낮을수록 혼인연령도 늦춰진다는 설명이다. 만일 그렇다면 서울시에서 가장 경제적으로 부유한 사람이 많다고 알려진 강남 3구(강남구, 서초구, 송파구)의 초혼연령이 다른 구에 비해 낮아야 하고, 반대로 재정자립도가 가장 낮은 강북구, 금천구 등의 혼인연령은 상대적으로 더 높아야 한다. 그런데 실제로 각 구별 초혼연령을 살펴보면 이와는 정반대 상황이 전개되고 있다. 2015년 서울시에서 가장 높은 초혼연령을 보인 구는 남녀 모두 강남구로, 남자는 33.28세, 여자는 31.10세로 나타났다. 반대로 경제적 조건이 열악한 금천구는 남녀 모두 서울시에서 가장 낮은 수준의 초혼연령(남자 32.7세, 여자 30.3세)을 보였다. 결국 개인이 서울에서 결혼할 때 개인의 경제적 수준과 거주지역의 경제적 수준은 서로 다른 방향으로 작용한다고 볼 수 있는데, 만일 누군가 경제력이 높지 않은데 부동산 가격과 생활비가 높은 강남구에 살고 있다면 안타깝게도 이 사람은 서울에서 결혼하지 못할 가능성이 높다.

6. 서울의 가구원 수

출산율과 출생아 수가 줄고 혼인건수도 줄어들고 있다는 사실은 당연히 한집에서 함께 사는 가구원 혹은 식구 수도 줄어들고 있다는 것을 의미한다. 10여 년 전만 해도 서울에서 누군가에게 식구가 몇 명이냐고 물어보면 3명 혹은 4명이라고 답하는 사람들이 혼자 살거나 2명만 살고 있다고 답하는 사람들보다 훨씬 많았다. 실제로 2000년에 서울시에는 약 300만의 일반가구가 있었는데, 그중 3인 가구가 약 67만, 4인 가구가 약 99만 가구로 55% 정도를 차지하였다(정희주 · 오동훈, 2014). 이에 비해 혼자 살거나 2명이 사는 가구는 각각 50만과 52만 가구에 그쳤다. 그런데 2000년대 들어 두드러진 저출산, 비혼, 만혼, 고령화 등 인구변동의 결과로 가구 역시 크게 변화하였다. 전반적으로 가구원 수가 축소된 것이다. 2015년 서울시의 가구 수는 약 380만으로 15년 전에 비해 그 수가 늘어났다. 그런데 4인 가구 수는 오히려 약 70만으로 줄었다. 2000년에 약 55%를 차지하던 3, 4인 가구의 비중이 15년 뒤에 40%가 된 것이다. 또한 통계청이 2013년에 발표한 장래가구추계에 따르면 서울시 3, 4인 가구의 비중은 앞으로 더 줄어들 것인데, 2025년이 되면 3인 가구는 약 90만, 4인 가구는 약 57만으로 줄어 비중은 37%로 변화할 것으로 예상된다. 당연히 혼자 살거나 2인으로 구성된 가구가 차지하는 비중은 앞으로 더욱 증가할 것이 분명하다. 실제로 통계청은 2025년이 되면 서울시의 1인 가구는 전체 가구의 30%, 2인 가구는 29%에 달할 것으로 예상한다. 2000년만 해도 3, 4인 가구가 전체 가구의 절반 이상이었다면 2025년에는 전체 가구의 60%가 1, 2인 가구가 될 것이라는 전망이다.

서울시의 1, 2인 가구 비중이 빠르게 증가한다는 사실은 앞으로 가구를 바탕으로 하는 많은 구조적 변화들이 서울시 앞에 놓여 있다는 것을 의미한다. 예컨대 이 책의 다른 장에서도 다루어지지만, 부동산과 관련된 구조에 큰 변화가 있을 것이 분명하다. 서울시에는 2000년대 들어 많은 곳에 재개발이라는 이름으로 대규모 아파트 단지가 새롭게 조성되거나 기존에 있던 아파트들이 고층 아파트로 재건축되었다. 그 결과 부동산 가격이 일반 서민들의 소득으로는 도저히 구매하기 어려울 정도로 높아졌다. 그런데 이 재개발과 재건축 과정에서 주로 3, 4인 가구를 대상으로 한 중대형 아파트들이 선호되었다. 이유는 간단하다. 재건축과 재개발을 시행한 건축계에서는 아무래도 작은 아파트보다 큰 아파트의 이윤율이 높다. 조합 입장에서는 본인들의 자산규모를 키울 수 있는 기회이기 때문에 거절할 이유가 없다. 실수요자 입장에서는 2000년 당시 3, 4인 가구가 서울시 가구의 이른바 '대세'였기 때문에 혹시 집을 팔더라도 수요자가 많을 것이 분명했다. 실제 2000년에서 2010년 사이에 중대형 아파트 공급은 200%를 넘어섰다.

문제는 앞으로 3, 4인 가구 수가 줄어들면 중대형 아파트 수요가 급감할 것이고, 아파트는 수십 년 가는 내구재이기 때문에 수요가 없어졌다고 쉽게 없애거나 바꿀 수 없다는 데 있다. 2000년대 초반만 해도 공급에 비해 수요가 훨씬 많았지만, 20여 년 만에 공급이 수요를 초과할 것이고, 그렇게 되면 아파트 가격이 하락할 것임은 어렵지 않게 짐작할 수 있다. 소비행태나 가전제품 선호도 등도 서울시의 가구규모 축소와 함께 변화할 후보들이다.

7. 서울에서 사망하기

구조적인 인프라가 잘 갖추어진 도시지역이 그렇지 못한 농촌에 비해 평균수명이 높은 것은 일반적인 현상이다. 물론 개인적으로 보면 전라도 순창과 같은 마을에 100세를 사시는 어르신들이 많기도 하지만 지역 단위로 살펴보면 도시가 농촌에 비해 평균수명이 더 높다. 사람들이 사망하는 주된 원인이 급성질환이나 전염성질환이 아니라 고혈압, 당뇨병, 뇌졸중 등과 같은 만성질환인 사회에서는 도시의 평균수명이 농촌에 비해 더 높을 수밖에 없는데, 만성질환은 지속적인 의료서비스를 필요로 하고 도시가 농촌에 비해 더욱 좋은 의료시설을 갖추고 있기 때문이다. 그렇다면 서울은 어떠할까?

구조적 인프라의 양과 수준에 있어서 서울이 다른 그 어떤 시도보다 우월한 것은 주지의 사실이다. 특히 보건의료 인프라는 말할 것도 없다. 게다가 서울 시민들의 전반적인 교육 수준과 소득 수준은 다른 어떤 지역보다 높다. 이러한 특성은 서울시의 평균수명에 고스란히 반영되었다. 통계청의 계산에 따르면 2014년 서울시의 평균수명은 남자가 80.58세, 여자가 86.32세였다. 같은 해, 전국 평균은 남자가 78.99세, 여자가 85.48세였다. 평균수명은 그해에 태어난 아이가 평균적으로 살 수 있는 연수를 의미하는 개념이기 때문에, 서울시에서 2014년에 태어난 영아가 전국 평균보다 남자아이는 1.59년, 여자아이는 0.84년 더 살 것으로 예상되었다. 서울의 평균수명이 전국에서 가장 높은 수준인 것은 단지 최근의 일이 아니라 과거에도 마찬가지였다.

그러나 서울의 평균수명이 높다는 것이 서울에 사는 모든 사람들이 오래 살 수 있다는 것을 의미하지는 않는다. 여기서 말하는 차이는 개인 간의 차이가 아니라 서울시 내 어느 구에 사느냐에 따라서 얼마나 오래 사는지가 다르다는 것을 의미한다. 통계청은 서울시의 평균수명을 구하여 발표하지만 각 구별로는 발표하지는 않는다. 하지만 최근 발표된 한 연구는 서울시 25개 구에 대하여 2008년 0세 출생 시 기대수명을 남녀별로 각각 구하여 보고하였는데, 이에 따르면 서초구가 남녀 모두 가장 높은 기대수명을 보였다(Kim et al., 2015). 당시 서초구의 기대수명은 남자 83.1세, 여자 88.1세였다. 반면 가장 낮은 기대수명을 보인 구는 남자는 강북구, 여자는 중랑구로서 각각 77.8세와 84.3세였다. 우리가 일반적으로 잘사는 구라고 생각하는 지역들, 예컨대 강남 3구는 예상대로 기대수명도 다른 지역에 비해 높은 편이었고 잘못산다고 생각하는 구들은 역시 예상대로 낮은 기대수명을 보였다.

앞서 서울이 다른 시도에 비해 높은 평균수명을 보이는 이유에 대해 서울 시민 개개인의 상대적으로 높은 사회경제적 지위와 서울시가 지닌 양질의 보건의료 인프라를 함께 지적하였다. 잘사는 구들이 그렇지 못한 구들에 비해 평균수명이 높은 이유 역시 같은 맥락에서 설명이 가능할 것이다. 그런데 서울시가 대규모 종합병원과 같이 양질의 의료서비스를 제공하는 곳이 많아서 다른 시도에 비해 더 좋은 인프라를 갖추고 있다는 것은 쉽게 이해가 되지만, 서울시 내부에서 대규모 종합병원이 내가 사는 구에 있는 것 혹은 그렇지 않은 것이 내가 아플 때 찾을 수 있는 의료서비스 수준에 차이를 가져올 것이라 생각하기는 쉽지 않다. 왜냐하면 서울 시내에서의 물리적인 거리가 종합병원 이용에 걸림돌이 될 가능성은 그리 크지 않기 때문이다. 결국 서울 25개 구들 간의 평균수명 차이는 각 구들 간의 보건의료 인프라 차이 때문이라기보다는 잘 사는 구에 교육 수준과 경제적인 수준이 높은 사람들이 더 많이 몰려 살기 때문으로 보는 것이 더욱 타당한 설명이다(Kim et al., 2015).

한편 통계청의 사망원인통계에서 서울 시민들이 사망하는 주된 원인을 살펴보면 2014년에 남자는 암, 심장질환, 뇌혈관질환, 자살, 그리고 폐렴의 순, 여자는 암, 뇌혈관질환, 심장질환, 폐렴, 그리고 자살 순으로 나타났다. 전국의 사망 주요 원인과 비교하면 서울 남자는 각각의 질환에 대한 연령보정 사망률은 낮지만 순서는 동일하였다. 여자의 경우 사망의 5대 주요 원인이 전국 수준에서는 당뇨병인데 서울시는 자살이었다. 전반적인 사망률 수준은 남자와 마찬가지로 서울시가 더 낮았다. 남녀 모두 사망의 1~3대 주요 원인이 암, 뇌혈관질환, 심장질환이었고, 사망률도 다른 질병에 비해 압도적으로 높았기 때문에 많은 서울 시민들이 만성질환으로 사망에 이르는 것을 알 수 있었다. 그런데 남녀 모두 급성질환인 폐렴이 사망의 주된 5가지 원인에 포함되어 있다는 것은 그만큼 폐렴에 노출될 수 있는 겨울에 사망하는 사람이 많다는 것을 의미하고, 특히 고령 서울 시민에 대한 독감 관리가 더욱 강화될 필요가 있다는 것을 시사한다.

8. 나가며

이 글은 서울의 과거와 현재 인구에 대해 그동안 많이 알려진 내용들과 함께 '정말 서울 인구가 그런 특성을 지니고 있나?' 하는 생각이 들 만한 인구변동도 함께 소개하였다. 우리는 서울시 인구가 크기도 크고 밀도도 매우 높다는 것을 익히 알고 있었다. 산업화 시기에 많은 사람들이 더 나은 삶의 질과 기회를 찾아 지방을 떠나 서울로 왔다는 것, 1990년대 경기도에 신도시가 조성되면서 많은 사람들이 서울을 벗어나 분당과 일산 같은 신도시로 이주했다는 것, 국가가 저출산이니 서울시도 막연히 저출산이라는 것, 서울의 평균수명이 다른 시도에 비해 높다는 것 등이 바로 우리가 익히 알고 있던 인구 관련 사실들이다. 하지만 이 글을 통해 우리는 서울시 인구가 한국전쟁 직후에 160만 명에 불과하였다는 것, 1990년대 신도시로의 인구 이동과 2000년대 이후 경기도에 조성된 소규모 신도시로의 이동이 연령구조 및 경제적인 조건에 있어 매우 다른 특성을 지니고 있다는 것, 서울시의 저출산이 매우 심각한 수준이라는 것, 앞으로 인구만 고령화되는 것이 아니라 가구의 고령화도 매우 심각하게 전개되리라는 것, 서울의 25개 구별 평균수명 차이가 이미 간과하기 어려운 수준에 와 있다는 것, 그리고 폐렴과 자살이 사망의 5대 주요 원인이 되었다는 것 등을 새롭게 알 수 있었다.

앞으로 서울의 인구는 계속 변화할 것으로 보인다. 특히 가임기에 접어들 여성의 수가 크게 줄어들고 있기 때문에 매년 서울에서 태어나는 아이들의 수가 계속 감소할 것이 확실시되고, 고령인구를 위한 보건의료는 물론 다양한 편의시설이 서울에 집중되어 있기 때문에 서울에서 고령이 된 인구들이 서울을 떠나기보다는 머무는 경향이 심화될 것도 명약관화한 사실이 되었다. 비록 최근 서울의 인구가 줄어드는 추세를 보이지만 앞으로는 그 추세가 더 심화되기보다는 완화되거나 반대로 다시 서울의 인구가 늘어날 가능성이 크다. 지방의 인구고령화가 매우 심각하고, 이로 인해 지방경제가 빠르게 악화되면서 젊은 사람들이 지방을 떠나 마치 산업화 시기에 그랬던 것처럼 서울로 유입될 수 있기 때문이다. 문제는 서울이 비록 지방에 비해 기회를 더 제공할 수는 있겠지만 서울의 높은 부동산 가격이나 생활비는 젊은이들로 하여금 결혼을 하고 출산을 하여 인구를 재생산하는 것을 꺼리거나 아예 포기하게 만들 수 있다는 것이다. 만일 이 우려가 현실이 되면 서울은 전국의 젊은이들을 흡수하여 가족을 이루고 후속세대를 만들지 못하게 하는, 그야말로 젊은 인구 블랙홀이 될 것이다. 그러한 일이 발생하면 서울은 물론이고 우리나라는 최소한 인구 측면에서는 더 이상 회복이 불가능한 수준에 다다를 것이다.

지금까지 서울시는 우리나라의 수도로서 사회의 모든 측면에서 우월성을 견지해 왔다. 그것이 산업화 시대에 우리가 잘살 수 있었던 동력이었을 수도 있다. 하지만 앞으로 서울이 이 우월성만을 유지하고자 한다면 서울 내부는 물론이고 대표 도시로서 전국에 미치게 될 악영향은 상상을 초월할 수 있다. 더 늦기 전에 서울시청은 물론이고 서울에 사는 우리 모두가 미래에 영향을 미치게 될 오늘의 인구변동에 보다 많은 관심을 기울일 필요가 있다.

참고문헌

국토교통부 (2016). 온나라 부동산 종합포털.

권용우 (2008). 주거문화와 삶의 질 측면에서 본 신도시의 주거공간. 〈건축〉, 52권 1호, 30~32.

민연경 · 이명석 (2013). 지방자치단체 특성이 출산율에 미치는 영향에 관한 연구. 〈GRI 연구논총〉, 15권 3호, 365~386.

박세훈 (2013). 1990년대 이후 도시인구변동의 특성과 정책방향. 〈한국행정학회 하계학술발표논문집〉, 2013호, 731~749.

정희주 · 오동훈 (2014). 청년세대 1 · 2인 가구의 주택점유형태에 영향을 미치는 요인에 관한 연구. 〈국토계획〉, 49권 2호, 95~113.

Kim, S., Yi, S., Kim, M., Kim, B., Lee, H., Jeon, T., & Cho, Y. (2015). Unequal geographic distribution of life expectancy in Seoul. *Asia-Pacific Journal of Public Health*, *27*(2), NP1002-NP1012.

통계청 국가통계포털 http://kosis.kr

통계청 국내인구동향조사 http://kosis.kr/statisticsList/statisticsList_01List.jsp?vwcd=MT_ZTITLE&parentId=A

02

서울의 노동, 사회의 불평등

한준 · 신인철

1. 들어가며

사람들이 어떤 일에 종사하고, 어느 정도의 경제적 소득을 얻으며, 일과 소득에서의 격차가 얼마나 큰가라는 문제는 사회 전체를 이해하는 데에도 중요하지만 어느 특정한 지역사회를 이해하는 데에도 매우 중요하다. 지역사회 내부의 격차 및 불평등과 아울러 다른 지역과 해당 지역의 격차를 이해하는 것 역시 중요하기 때문이다. 어느 사회에나 불균형과 불균등은 존재한다. 하지만 특히 한국의 경우 그것들은 사회경제적 발전과정에서 기본적 전략의 일부였고, 최근 들어 계속 심화되는 양상을 보인다. 서울은 이러한 변화의 대표적인 상징적 공간이다. 한국의 사회 · 경제구조 변화는 서울에서도 마찬가지의 구조 변화를 가져오며, 때로는 더욱 두드러진 모습으로 변화가 나타나기도 한다. 하지만 때로는 다른 지역과 구별되는 서울만의 독특한 격차와 불평등이 나타나기도 한다. 따라서 서울의 불평등을 살펴보는 것은 한국이란 사회 전체의 현재와 과거를 이해하는 데 중요한 동시에 서울이란 특정 지역공간의 현재와 과거를 이해하는 데에도 중요하다.

우리는 여기에서 서울의 불평등을 전체 한국사회와 서울의 비교를 통해서, 그리고 서울 내부의 지역 간 비교를 통해서 살펴본다. 불평등은 크게 일과 소득에서의 불평등, 그리고 이러한 불평등 경험에 대한 의식을 모두 포괄한다. 일에서의 불평등은 분업을 통해 나누어 맡은 일들이, 어떤 것은 더 중요하고 힘을 가지며 많은 보상을 받는 반면 다른 일들은 덜 중요하고 힘도 약하며 보상도 적기 때문에 발생한다. 또한 일을 통해 버는 소득이 경제적 수입의 상당한 비중을 차지하는 현대사회에서 일에서의 불평등은 경제적 불평등과도 밀접하게 관련된다. 그렇기 때문에 사회적, 지역적 분업의 변화에 영향을 미치는 변화는 불평등에서의 변화를 가져올 수밖에 없다. 우리가 여기에서 보고자 하는 불평등의 시기적 배경은 1990년대부터 최근까지를 포괄한다. 이 시기 한국에서는 자본주의 시장경제가 빠르게 확대되면서 외환위기를 거쳤다. 또한 신자유주의로 대변되는 시장에서의 부의 집중이 높아지는 동시에 경제의 지식정보화, 서비스화, 금융화도 빠르게 진전되었다. 이러한 변화가 서울의 불평등에 어떻게 반영되는가를 살펴볼 필요가 있다.

하지만 사람들이 느끼는 불평등 수준은 객관적인 일과 소득격차에 의해서만 전적으로 결정되지는 않는다. 사회적 불평등을 느끼는 중요한 배경의 하나는 사람들 간의 비교이다. 다양한 사람들이 어울려 사는 사회에서 나보다 더 좋은 것, 많은 것을 가진 사람들을 자주 접하거나 만나다 보면 더 많은 불평등을 느끼게 마련이다. 왜냐하면 현재 개인이

맺고 있는 사회적 관계는 그것에 연결된 사람들이 누구냐에 따라 제 3자로 하여금 한 개인의 위치를 구분하고 판별하게 하는 분광기(*prism*)로서의 역할을 하기도 하고(Podolny, 2001), 거울(*mirror*)처럼 자신의 모습을 비추어 주는 역할을 하기도 하기 때문이다(한준 외, 2014). 이러한 상대적 박탈감은 종종 객관적 현실보다 주관적 인식에 더욱 강한 영향을 미치기도 한다. 한국의 문화에 대한 연구결과를 보면 한국 사람들은 다른 사회에 비해 집단주의성향과 함께 비교성향이 높다. 이는 다른 사람들과의 비교를 통해 자신의 현재 상태를 평가하거나 만족감에 영향을 받는 정도가 높다는 것을 의미한다. 사회적 비교는 많은 사람들이 밀집해 사는 서울 같은 대도시와 덜 밀집된 지방 간에 차이가 존재한다. 하지만 2000년대 이후 정보화된 세상에 살면서, 특히 2010년 이후 SNS와 같은 모바일 미디어가 확산되면서, 지역공간에서 벗어나 다른 사람들의 삶의 모습을 간접적으로 살펴보거나 접할 기회는 더욱 늘고 있다. 따라서 객관적 일과 소득의 불평등 못지않게 사람들이 불평등에 대해서 어떻게 생각하고 느끼는가를 살펴볼 필요가 있다.

2. 일에서의 불평등

일에서의 불평등은 현대사회에서는 곧 직업의 불평등이자 고용상 지위의 불평등이다. '직업에 귀천이 없다'는 옛말은 현실보다는 이상에 해당된다. 직업과 고용상 지위에 따라 경제적 수입이 높고 안정적이며 존경을 받는 경우와 그렇지 못한 경우가 나뉜다. 그렇기 때문에 현대사회에서 불평등의 주요한 차원으로서 계급적으로 불평등한 지위를 나눌 때 직업과 고용상 지위가 중요한 기준이 된다. 계급을 나누는 방식은 다양하게 제시되었지만 우리는 여기에서 한국의 계급을 일관된 이론적, 현실적 근거에 바탕해서 나눈 홍두승(1988; 1989)의 기준에 따라 노동자계급과 구중산층, 신중산층, 자본가로 나누는 방식을 택했다. 노동자계급은 이른바 블루칼라로 분류되는 생산직과 판매서비스직 피고용자, 구중산층은 여러 분야의 자영업주, 신중산층은 화이트칼라로 분류되는 사무직과 일부 전문관리직 피고용자, 자본가는 여러 분야의 고용주 및 고위 전문관리직을 포함한다.

먼저, 우리는 〈그림 2-1〉과 같이 우리 사회의 계급분포가 두드러지게 변화되어 왔다는 것을 확인할 수 있다. 서울을 제외하고 전국적으로 1990년에서 2010년 사이에 자본가의 비율이 조금 늘어났으며, 그와 함께 노동자계급의 비중도 다소 늘었다. 하지만 보다 큰 변화를 보인 것은 중산층이다. 전체 중산층의 비율은 56.7%에서 51.9%로 줄었지만 그보다 더 주목할 점은 구중산층이 15%p 줄어든 반면 신중산층은 10%p가량 늘어났다는 점이다. 이러한 변화는 다음과 같이 설명할 수 있다. 자본주의 시장경제가 확대된 결과 구중산층이 줄어들고 자본가와 노동자가 늘었으며, 특히 자본주의의 지식정보화 및 금융화로 신중산층이 빠르게 늘었다.

서울을 다른 지역들과 비교하면 다음과 같은 사실을 발견할 수 있다. 서울은 자본가의 비율이 언제나 다른 지역보다 높았지만 다른 지역과 달리 큰 변화를 보이지 않았다. 한편 노동자계급은 다른 지역들과 달리 늘어나지 않고 오히려 줄어드는 추세이다. 그 결과 1990년에

그림 2-1 서울과 전국의 계급 분포 비교

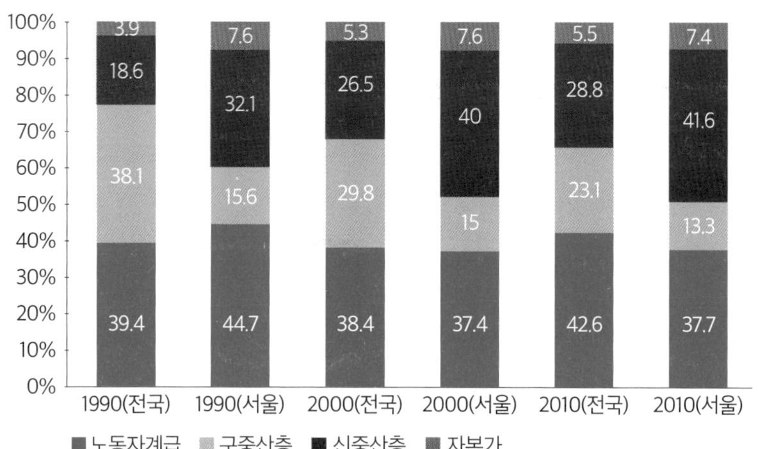

자료: 통계청, 인구주택총조사 2% 표본자료, 각 연도.

는 서울이 다른 지역에 비해 노동자계급 비율이 5%p 더 많았지만 2010년에는 5%p 더 적게 되었다. 구중산층 비율은 이미 1990년에도 다른 지역에 비해 서울이 매우 낮은 수준이었는데, 그동안 서울을 제외한 지역에서 구중산층이 빠르게 감소한 데 비해 서울에서는 미약하게 줄어들었다. 한편 다른 지역에서 신중산층이 늘어난 것과 마찬가지로 서울에서도 중산층이 성장해서 2000년 이후로는 노동자계급의 비중을 앞서기 시작했다.

2010년 현재 서울에서 가장 큰 비중을 차지하는 계급은 신중산층이고, 다른 지역에서는 노동자계급이 가장 많다. 이러한 변화는 노동자를 필요로 하는 생산공장들이 그동안 지방으로 분산되면서 물질적 생산과 관련된 일자리들이 지방으로 이동하고, 반대로 지식정보 생산이나 금융활동과 관련된 일자리들은 서울을 중심으로 성장한 결과라고 할 수 있다. 요컨대 자본주의 시장경제의 확대와 재편이 분업의 공간적 변화를 가져온 것이다.

그럼 서울 안에서의 계급분포의 공간적 변화를 살펴보자.[1] 〈그림 2-2〉는 직업과 고용상 지위를 기준으로 자본가, 구중산층, 신중산층, 노동자계급으로 분류해서 이들 계급의 분포가 연도별로 서울 내 거주지역에 따라 어떻게 변화되어 왔는가를 나타낸다. 지역은 구별로 나눌 경우 너무 세분화되어 강남과 강북을 다섯 권역으로 나누어 비교했다.

서울시의 각 권역 내에서 자본가(타인을 고용한 고용주)와 신중산층(전문직, 행정관리직 또는 사무직에 종사하는 임금근로자) 비율의 변화를 살펴보자. 1970년대 이후 본격적으로 진행된 강남 개발의 결과 1990년에는 서초, 강남, 송파 그리고 강동구를 아우르는 동남권 내 취업자의 약 53%가 자본가 및 신중산층이었다. 이 권역은 자본가와 신중산층이 구중산층과 노동자층을 앞서는 유일한 지역이며, 자본가와 신중산층이 30~40% 수준에 그치는 타 권역과 상당히 큰 차이를 보였다.

20년이 지난 2010년 서울의 권역별 계급 분포에서는 변화를 발견할 수 있다. 앞서 살펴본 바와 같이 전체적으로 서울의 구중산층과 노동자 비율은 감소했는데, 특히 도심권은 1990년 대비 12.9%p 감소하였다. 반면, 여전히 동남권의 자본가 및 신중산층 비율은 타 지역에 비해 높았다. 자본가와 신중산층 비율이 절반을 넘는 지역은 강남, 서초, 송파를 중심으로 한 동남권이 유일하지만, 서울시 전체적으로 신중산

1 이를 위해 통계청의 1990년, 2000년, 2010년 인구주택총조사의 2% 표본조사 자료를 이용하였다.

층이 확대해 이들의 비율이 약 10%p 가깝게 증가하였고, 그 결과 다른 지역과의 차이는 줄어들었다. 구중산층 비율이 크게 변화하지 않은 것에 비해 노동자 비율이 크게 감소한 것은 서울의 권역별 계급분포 변화에 큰 영향을 미쳤는데, 특히 1990년까지 노동자들이 주로 많이 거주한 관악, 구로, 강서 중심의 서남권과 도봉, 강북 중심의 동북권에

그림 2-2 서울시 계급 분포 변화(1990~2010년)

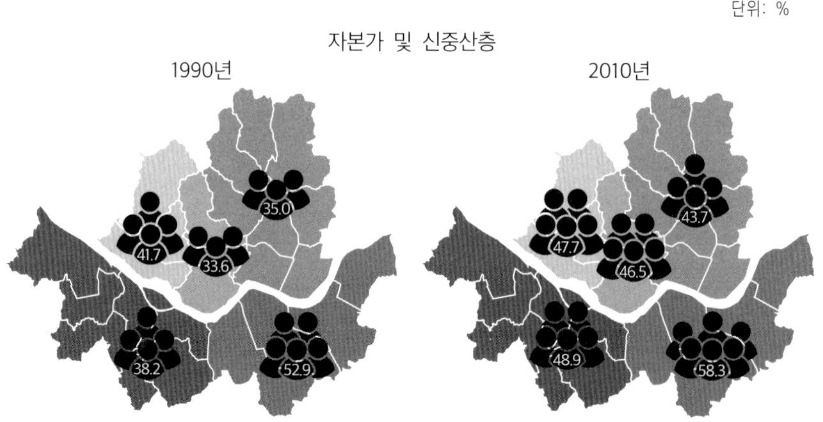

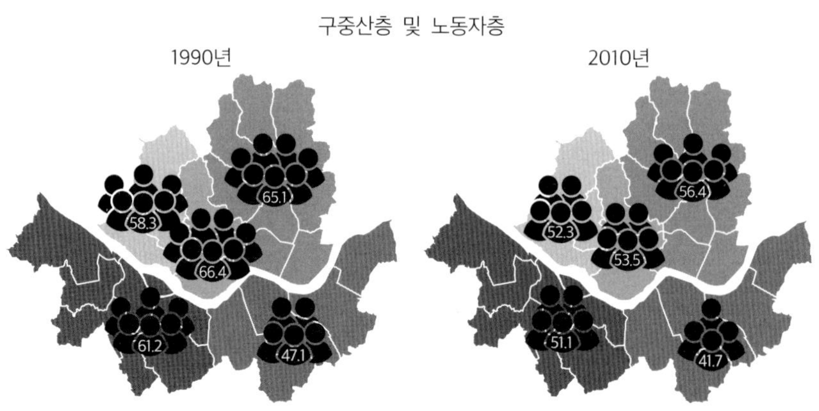

자료: 통계청, 인구주택총조사 2% 표본자료. 각 연도.

서 변화가 두드러지게 나타난다. 이와 함께 중구, 종로, 용산을 중심으로 한 도심권에서 자본가와 신중산층의 성장이 두드러지는데, 이러한 변화는 도심을 중심으로 한 재개발의 효과라고 할 수 있을 것이다. 2000년대 이후 때로는 정부 주도로, 때로는 민간 중심으로 진행된 재개발 붐은 서울지역 전반에 걸쳐 거주비용의 상승을 가져왔으며, 강남, 서초, 송파 중심의 동남권은 여전히 그 선두에 있었다. 하지만 동남권의 거주비용 상승으로 인해 신중산층의 다른 지역으로의 분산이 일어난 것도 주목할 만한 현상이다.

이러한 변화 내용을 요약해 설명하자면, 경제활동에서의 분업의 변화는 1990년에서 2010년 사이 노동자계급의 비율을 낮추고 신중산층 비율은 높임으로써, 또 부동산 가격의 변화는 신중산층을 분산시킴으로써 서울 내 권역 간 격차를 줄이는 방향으로 작용했다고 할 수 있다.

3. 경제적 소득의 불평등

일에서의 불평등은 경제적 소득의 불평등과 직결된다. 양극화라는 극단적 표현까지 필요하지는 않지만 1990년부터 현재에 이르기까지 경제적 소득의 불평등이 지속적으로 악화됐다는 점에는 대부분의 학자들이 동의한다. 문제는 어느 정도로 나빠졌으며 얼마나 빠른 속도로 악화되었는가이다. 우리는 경제적 소득의 불평등을 지니계수를 이용한 단일 지표로 측정하는 방법과 달리 소득계층별 비율의 변화를 살펴보는 방법으로 서울의 소득 불평등 실태와 변화를 살펴보고자 한다.

그림 2-3 **서울과 전국의 소득계층 분포 비교**

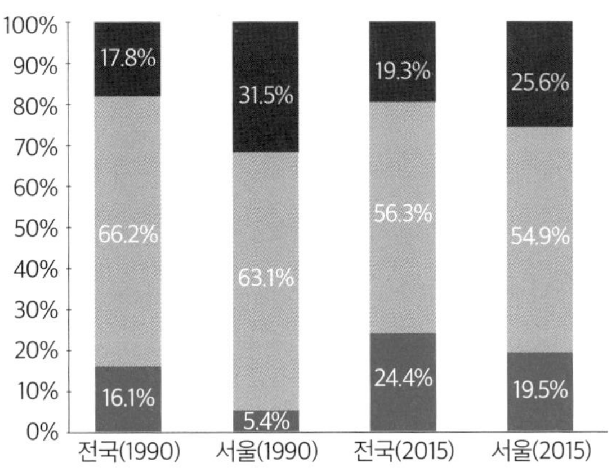

자료: 통계청, 사회조사, 각 연도.

소득계층의 구분방법으로 가장 일반적으로 사용되는 것은 OECD에서 사용하는 방법으로, 전체 가구소득 분포에서 중위소득의 50%(경우에 따라서는 75%)에 미달하는 경우를 하층으로, 150%를 초과하는 경우를 상층으로, 그리고 50%(혹은 75%)에서 150% 사이에 해당하는 경우를 중층으로 나누는 것이다. 이때 가구소득은 가구원 수로 균등화한 소득을 사용한다. 중위소득을 기준으로 사용하는 이유는 소득분포가 정규분포가 아닌 치우친 분포를 보이고 있어서 중간에 해당하는 값을 대표하는 것으로 평균보다 중위소득이 더 의미가 있기 때문이다. 중위소득의 50%와 150%를 기준으로 소득계층의 하층, 중층, 상층을 나누어 전국과 서울의 1990년과 2015년의 분포를 비교한 것이 〈그림 2-3〉이다.

이 그래프를 보면 전반적으로 1990년에서 2015년 사이에 중층의 비중이 줄어든 반면 상층과 하층은 늘어나 소득 불평등이 악화되었다는 것을 알 수 있다. 1990년에는 서울을 제외한 전국의 중층이 66.2%이고, 2015년에는 9.9%p가 줄어든 56.3%이다. 서울 역시도 1990년 63.1%에서 2015년에는 8.2%p가 줄어든 54.9%가 되었다. 1990년에는 서울이 다른 지역에 비해 하층은 10%p 넘게 적고, 상층은 13.7%p 더 많아서 서울과 다른 지역 간의 격차가 크게 나타났다. 반면 2015년에는 격차가 다소 줄어 하층은 5%p가량 적고 상층은 6.3%p 많았다. 하지만 서울이 하층에 비해 상층 비율이 더 높은 반면, 그 밖의 지역은 하층이 상층보다 많아 서울의 지역적 특수성을 여실히 보여 주고 있다.

1990년에서 2015년 사이 소득계층 분포의 변화를 보면 서울은 상층과 중층은 줄고 하층이 크게 늘었다. 한편 서울 이외의 지역은 상층에 큰 변화가 없고 중층은 크게 줄어들었으며 하층은 늘어난 것을 알 수 있다. 전국적으로는 중층의 하강이동이 늘어난 것으로, 또 서울지역에서는 상층의 중층으로의 하강이동도 꽤 있었을 것으로 추정된다. 이러한 사실은 서울에서 다른 지역들에 비해 소득계층의 불평등이 더 심화되고 있음을 암시한다고 할 수 있다.

그러면 서울 안에서의 소득계층 분포는 지역별로 어떤 차이를 보일 것인가? 〈그림 2-4〉는 가구 균등화소득을 기준으로 150%를 넘는 상층, 50%에 못 미치는 하층, 그리고 그 중간인 중층으로 나누어 각 권역별로 소득계층의 비율을 제시한 것이다. 다만 이 그래프에서의 평균비율과 앞의 〈그림 2-3〉의 비율이 다소 차이를 보이는데, 이것은 앞의 그림이 전국 다른 지역과의 비교를 위해 다른 자료를 이용했기 때문이다. 이 그림에서 주목할 점은 서초, 강남, 송파 등이 속한 동남권이 하층의 비율이 8.3%로 가장 낮고 중층 이상이 92%로 타 지역에 비해 높다는 것이다. 반면 하층의 비율이 가장 높은 지역은 서북권으로 14.4%이며 이 지역은 상층의 비율도 11.9%로 가장 낮다. 다소 의외인 것은 일반적으로 가장 부유한 지역으로 알려져 상층의 비율이

그림 2-4 **소득계층의 권역별 분포 (2015)**

단위: %

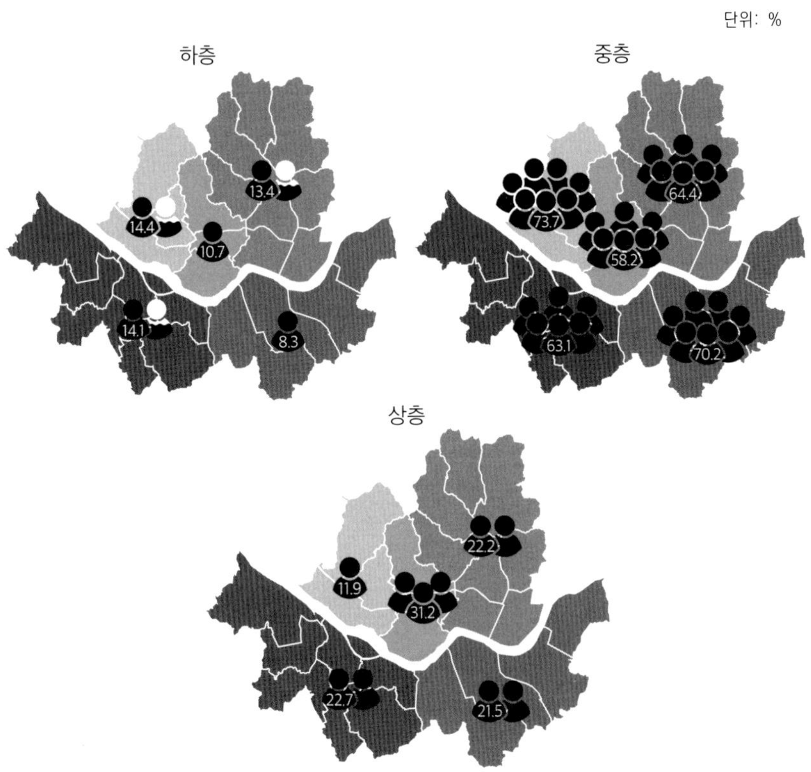

* 중산층은 통계청 2015 가계동향조사 도시가구 균등화 가처분소득의 중위값을 기준으로 50~150%로 설정. 하층은 중위소득 50% 미만, 상층은 150% 이상인 가구임.
* 월평균가구소득은 서울연구원 2015 서울서베이 도시정책지표조사 가구주 자료의 범주형 월평균 가구소득(가처분소득)의 중간값을 이용함(예를 들어, 100~150만 원은 125만 원으로 처리).
* 자료: 서울연구원 (2016). 2015 서울서베이 도시정책지표조사.

높을 것으로 생각하는 동남권이 실제로는 상층의 비율이 높지 않다는 사실이다. 동남권이 평균적으로 거주비용 면에서는 가장 높다고 할 수 있는데 거주자들의 소득분포가 그에 따르지 않는 이유로는 다음과 같은 몇 가지를 생각해 볼 수 있다. 우선 이 지역 응답자들이 소득에 대해 과소응답했거나 고소득자들이 과소표집되었을 가능성이다. 하지만 조사과정에 문제가 있었다면 그 문제가 이 지역에만 특별히 적용된다고 보기는 쉽지 않다. 다른 이유로 생각해 볼 수 있는 것은 이 지역 안에도 부촌과 빈촌이 섞여 있을 가능성이다. 실제로 강남구 대치동과 도곡동의 주상복합 지역 바로 옆에 무허가 주택이 즐비한 개포동 구룡마을이 나란히 있다는 것이 대표적인 예이다. 이것은 경제적 소득 수준에 따른 거주의 공간적 분리(*segregation*)가 큰 단위보다는 작은 단위에서 이루어질 가능성을 함의한다. 하지만 또 다른 설명도 가능하다. 동남권의 거주비용이 높음에도 불구하고 상층이 아닌 가구들이 강남의 학군과 사교육시설의 밀집 때문에 강남에 일시적으로 세를 들어 거주하기 때문이다. 그런데 이런 설명에서 알 수 있는 것은 동남권에서 얻은 의외의 결과가 서울의 불평등이 일반적으로 생각하는 것보다 낮기 때문에 나타난 것은 아니라는 점이다.

4. 불평등에 대한 인식

앞서 우리는 서울이 다른 지역에 비해 직업계급이나 소득계층의 분포에서 나타난 불평등의 변화가 더 두드러지고 내부적으로도 상당한 격

그림 2-5 **서울과 전국의 주관적 계층귀속 분포의 변화**

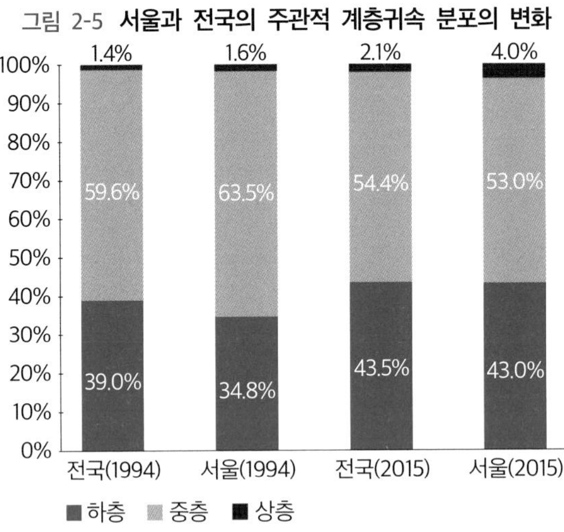

자료: 통계청, 사회조사, 각 연도.

차가 나타난다는 것을 살펴보았다. 그렇다면 우리는 다음과 같은 질문들을 던질 수 있을 것이다. 이러한 불평등의 변화와 심화에 대해 사람들은 어떻게 받아들이고 어떤 의식을 갖고 있을까? 사람들이 주관적으로 생각한 지위의 분포는 앞서 살펴본 계급과 계층의 분포와 비교해서 얼마나 비슷하고 얼마나 차이를 보일까? 사람들은 자신의 현재의 지위로부터 상승이동을 할 수 있는 가능성에 대해 얼마나 낙관적이고 긍정적인 인식을 할까?

먼저 주관적 계층귀속을 살펴보자. 통계청에서 매년 실시하는 사회조사에서는 1990년대 초반부터 계층위계 속에서 주관적으로 자신의 위치가 어디에 속한다고 생각하는지를 질문했다. 자료이용이 가능한 1994년과 가장 최근의 2015년 조사결과를 비교한 결과가 〈그림 2-5〉에 제시되어 있다. 조사에서는 응답자들로 하여금 상상, 상하, 중상, 중하, 하상, 하하의 6개 범주 중에서 하나를 선택하도록 했다. 비교를 편하게 하기 위해, 또 앞의 객관적 소득계층 분포와 비교하기 위해 상, 중, 하의 세 집단으로 재분류하여 제시하였다.

앞서 살펴본 직업에 따른 계급과 소득에 따른 계층의 분포에 비해 주관적 계층귀속의 분포는 몇 가지 특징적인 차이를 보인다.

첫째, 상층의 비율은 직업구분에 따른 자본가에 비해서나 소득계층에 비해서나 적게 나타나는 반면, 하층은 직업구분에 따른 노동자에 비해서든 소득계층에 따른 하층에 비해서든 더 많게 나타난다. 주관적 중층의 비율은 소득계층의 중층 비율과 대체로 비슷하다. 이러한 현상은 많은 사람들이 계층귀속 기준을 높게 잡아서 자신의 주관적 계층귀속을 하향화하기 때문이라고 할 수 있다. 즉, 객관적으로 상층에 속하는 사람 상당수가 자신을 중층 혹은 하층으로 생각하고, 객관적으로 중층에 속하는 사람 상당수가 자신을 하층이라고 생각하는 것이다. 이것은 서울이나 다른 지역 구분 없이 마찬가지이다.

둘째, 1994년에 비해 2015년에는 상층은 미약하게 늘어나고 중층은 줄어든 반면 하층은 늘었다. 주관적으로도 계층귀속의 격차가 심화되어 주관적 인식의 불평등도 높아졌음을 알 수 있다. 이러한 변화의 방향은 서울이나 다른 지역 모두 마찬가지인데, 변화의 정도에서는 차이가 있다. 서울에서 상층과 하층의 증가, 중층의 감소의 정도가 더 크게 나타난다. 서울의 중층이 10%p 정도 줄어든 데 비해 다른 지역은 5%p가량 줄었다.

셋째, 객관적 직업계급이나 소득계층에서는 서울과 다른 지역이 상당한 차이를 보였는데 주관적 계층귀속에서는 그만큼 차이를 보이지 않는다. 직업계급에서 서울은 다른 지역 전체에 비해 자본가와 신중산층이 더 많고, 구중산층과 노동자가 더 적었다. 또한 소득계층에서 서울은 다른 지역에 비해 상층이 더 많고 하층과 중층이 더 적어 불평등이 심하게 나타났다. 하지만 주관적 계층귀속의 분포는 1994년이나 2015년이나 서울과 다른 지역 간에 큰 차이를 보이지는 않았다. 1994년에 서울의 중층이 다소 더 많고 하층이 더 적었지만, 2015년에는 그 차이도 거의 없어졌다.

앞의 두 특징에 비해 세 번째 특징은 좀더 논의할 필요가 있다. 서울이 다른 지역에 비해 물질적으로 더 나은 편에 속하고 불평등의 정도는 더 심한데 왜 주관적 계층귀속은 거의 비슷한가? 그것은 주관적 계층귀속이 주변 사람과의 비교에 많이 의존한다는 점과 관련이 깊다. 서울의 일반적 생활수준이 높더라도 그만큼 비교의 기준도 높아지기 때문에 객관적 하층은 더 적더라도 주관적 하층은 비슷하게 나타나는 것은 아닐까? 일상적 표현으로 '노는 물'에 따라 자신의 위치를 다르게 잡는다는 것이다. 서울이 다른 지역에 비해 주관적 계층귀속을 낮게 할 가능성이 높다는 것은 그만큼 자신의 처지를 비관적으로 본다는 것을 의미한다.

이러한 인식의 특성은 계층의 상향이동 가능성에 대한 인식에서도 나타난다. 〈그림 2-6〉은 사회계층의 상향이동 가능성에 대한 인식 분포를 1994년과 2015년 자료를 통해 비교한 것이다. 1994년에는 세대 내 이동과 세대 간 이동을 구분하지 않고 물은 반면, 2015년에는 둘을 구분해서 물었다. 또한 1994년에는 '보통이다' 선택지가 있었고, 2015년에는 그 대신 '모르겠다' 선택지가 있었다. 따라서 엄밀한 비교는 어

그림 2-6 **서울과 전국의 이동가능성 인식의 변화**

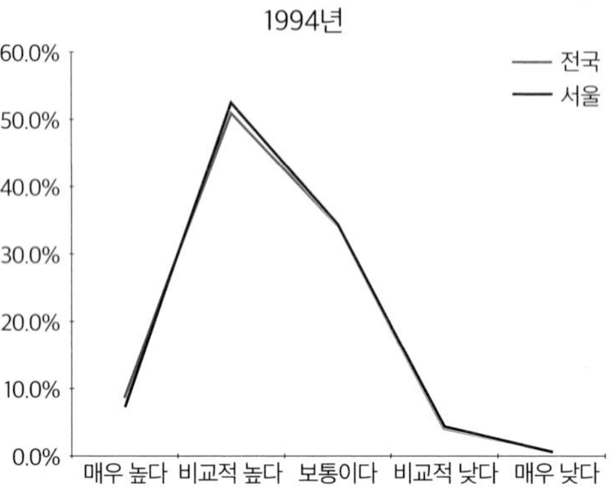

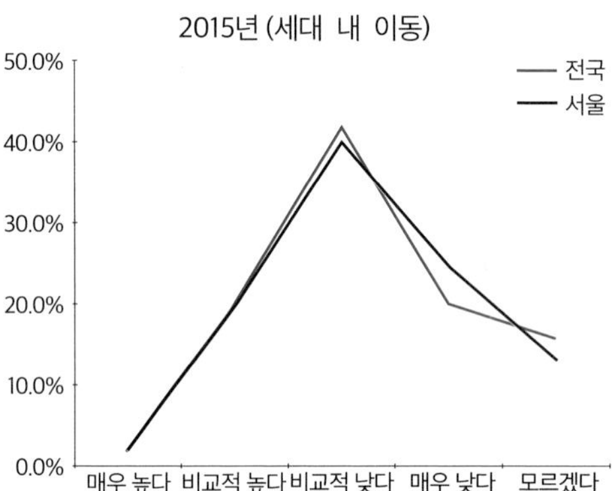

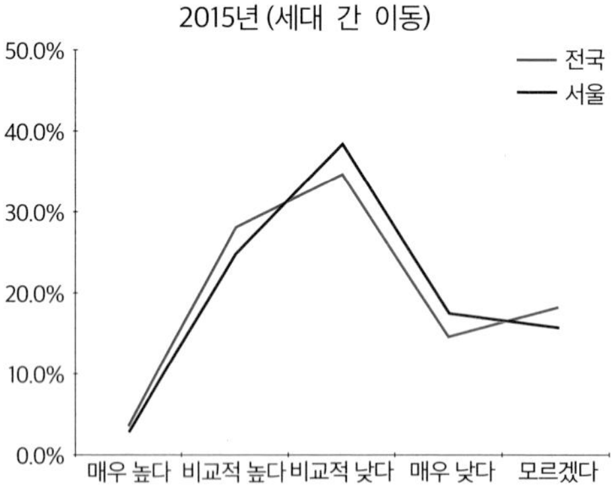

자료: 통계청, 사회조사, 각 연도.

렵다. 하지만 전반적인 변화 양상은 볼 수 있다.

이 그림에서 우리는 크게 두 가지를 확인할 수 있다.

첫째, 1994년에는 긍정적 인식이 60%를 넘어서 상승이동 가능성을 상당히 높게 보았던 반면, 2015년에는 부정적 인식이 세대 내 이동은 60%를 넘고 세대 간 이동도 50~60%에 달해서 상승이동 가능성을 매우 낮게 보았다는 점이다. 20년 동안 상승이동에 대한 가능성이 긍정에서 부정으로 바뀌었다고 할 수 있다.

둘째, 1994년에는 이동가능성에 대한 인식에서 서울과 기타 전국의 차이가 거의 없었던 반면, 2015년에는 서울과 기타 전국 사이에 차이가 보인다. 차이의 내용은 세대 내 이동이 '매우 낮다'는 비율이 다른 지역에 비해 서울이 더 높고, 세대 간 이동에 대해서도 '비교적 낮다'와 '매우 낮다'고 응답한 비율이 서울이 다른 지역에 비해 높다는 것이다. 요컨대 20년 동안 유독 서울지역에서 이동가능성에 대한 부정적 인식이 다른 지역보다 더 빠르게 증가하였다.

서울에 거주하는 사람들이 객관적 현실에 비해 자신의 주관적 계층을 더 낮다고 인식하고, 상승이동의 가능성에 대해서도 더 비관적이고 부정적으로 인식한 것은 주목할 만한 점이다. 그만큼 서울 사람들이 불평등에 대해 민감하게 느낀다고 할 수도 있고, 상향적 비교, 즉 자신보다 나은 처지의 사람들과 비교해 박탈감을 더 느꼈기 때문일 수도 있다. 앞서 우리는 서울과 같은 대도시에서 더 밀집되어 살면서 더 높은 비교성향을 가질 수 있다고 하였다. 여기에 덧붙여 2000년대 이후 서울의 생산시설들이 대거 지방으로 분산되면서 서울이 생산보다 금융과 소비의 중심으로서의 중요성이 더욱 부각되었다는 점도 감안할 필요가 있다. 이른바 '강남스타일'로 불리는 화려한 삶의 모습 이면에는 이에 동참하지 못하는 많은 사람들의 박탈감이 자라고 있는 것이다.

다음으로는 서울에서 지역별로 주관적 계층의식과 계층의 상향이동 가능성 인식을 비교해 보았다. 〈그림 2-7〉은 20대 이상 서울 시민들의 계층의식을 구별로 평균값을 제시한 것으로, 서울시에서 실시하는 서울서베이에서 10개의 계층 중 자신이 어느 층에 속한다고 생각하는지 응답한 평균을 구별로 표시한 것이다. 또한 〈그림 2-8〉에는 자녀

그림 2-7 **서울시 구별 주관적 계층의식 평균값**

단위: 점

전체

20대

50대 이상

자료: 서울시 (2015). 2015 서울서베이 도시정책지표조사.

세대들이 향후 보다 높은 계층으로 이동할 가능성을 5점 척도로 물은 것에 대한 응답을 구별로 평균한 값이 제시되어 있다.

〈그림 2-7〉에 나타난 주관적 계층귀속의 분포에서 흥미로운 점은 중산층에 가까운 6 정도라고 생각하는 경향이 모든 지역에서 나타난다는 점이다. 계층(직업) 및 소득과 주관적 의식이 조응한다면 상대적으로 상층이 많이 거주하는 지역은 계층의식 역시 평균적으로 높고, 하층이 주로 거주하는 지역은 낮은 계층의식을 보일 것이다. 하지만

그림 2-8 **서울시 구별 자녀세대의 계층이동 가능성 인식 평균값**

단위: 점

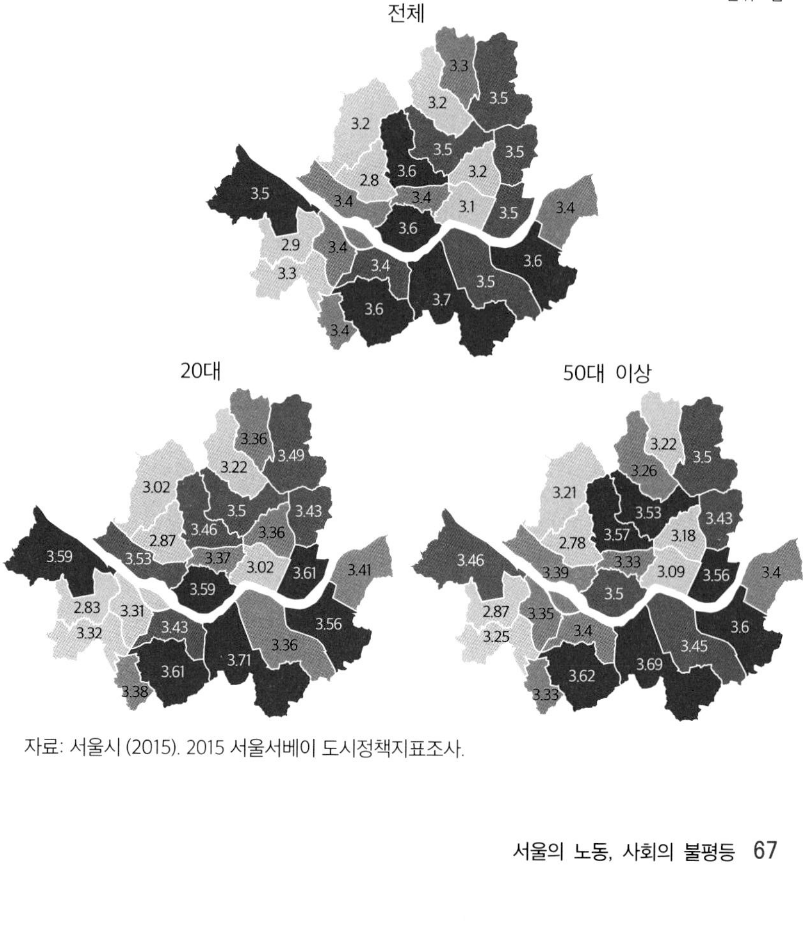

자료: 서울시 (2015). 2015 서울서베이 도시정책지표조사.

앞서 서울과 다른 지역의 비교에서와 마찬가지로 이러한 객관적 현실과 주관적 인식의 조응은 서울 내에서의 지역 간 비교에서도 나타나지 않는다. 이것은 결국 주관적 인식의 비교 준거의 범위가 상당히 좁다는 것을 의미한다. 계층이동 가능성 인식을 보여 준 〈그림 2-8〉에서도 유사하게 5점 만점에 평균적으로 보통 이상이지만 다소 높은 편은 아니라는 비율이 대부분의 구에서 나타난다. 굳이 비교하자면 서대문구나 양천구의 주민들은 자녀의 상향이동 가능성에 대해 부정적인 태도를 가진 것으로 나타났으며, 이는 20대 젊은이들뿐만 아니라 50대 이상의 부모세대들도 마찬가지로 나타났다.

5. 나가며

한국은 급격한 산업화를 거쳤지만 1990년대 말까지만 해도 경제적 분배의 형평성이 유지되는 나라로 여겨졌다. 하지만 1998년 외환위기 이후 경제적 불평등이 가속화되고 2008년 세계금융위기를 거치면서 심화되어 2016년 현재 OECD 국가 중 4번째로 소득 불평등이 심각한 나라가 되어 버렸다(김영미 · 한준, 2007). 따라서 경제적 불평등을 살펴보는 것은 우리 사회의 민낯을 여실히 보여 주는 것이며 가장 아픈 환부를 건드리는 것이지만, 우리의 모습을 이해하는 데 있어 중요한 테마이기도 하다. 이에 우리는 한편으로는 한국사회 불평등의 현주소가 어디에 위치하는가를 보여 주는 상징적 공간으로서, 또 다른 한편으로는 다른 지역과 구별되는 독특한 장소로서 서울이 어떠한 모습인가를 탐색하고자 하였다. 이를 위해 일과 소득에서의 불평등, 그리고 이러한 불평등에 대한 의식을 전체 한국사회와 서울의 비교를 통해 서로 빗대어 보았다.

먼저 약 20년간 직업계층의 변화를 탐색했다. 강남-강북이라는 이분법적 통념과는 달리 경제활동에서의 분업의 변화가 노동자계급의 비율을 낮추고 신중산층 비율을 높였으며, 부동산 가격의 변화가 신중산층의 분산을 이끌어 서울 내 권역 간 격차를 줄이는 방향으로 작용하였음을 볼 수 있었다. 또한 1990년부터 현재까지의 소득계층 변화를 보면, 서울 이외의 지역은 상층에 큰 변화가 없지만 중층은 크게 줄어들고 하층은 늘어났으며, 서울은 상층과 중층은 줄고 하층이 크게 늘어났다. 즉, 서울이 타 지역들에 비해 소득계층의 불평등이 더 심화되고 내부적으로도 상당한 격차를 보였다. 이처럼 옛날에 비해 소득 수준은 높아졌지만 과거와는 달리 보다 가까이에서 자신보다 잘나가는 사람을 쉽게 접할 수 있게 되면서, 서울 시민들은 자신의 주관적 계층귀속 의식을 낮게 인식하고 세대 내 이동이나 세대 간 이동에 대해서도 부정적인 견해를 강하게 가지게 되었다.

문제는 이러한 불평등의 심화가 개인의 삶의 질에 직접적인 영향을 준다는 데 있다. 주관적 삶의 질은 소득과 같은 물질적인 측면뿐만 아니라 타인과의 관계 속에서 형성되는 비물질적인 측면에도 크게 영향을 받는다. 소득격차는 점점 더 심해지는데 타인과 비교하면서 못산다고 자신을 자책하는 사람은 결코 행복하지 않을 것이다. 일부에서는 그 불행함의 원인을 사회의 탓으로 표출하기도 한다. 1960~1970년대 배고픈 사회(*hungry society*)였던 한국사회가 2000년대 이후 분노한 사회(*angry society*)로 바뀐 데에는(전상인, 2008), 불평등의 심화와 현실에서의 상대적 박탈감, 그리고 미래에 대한 불확실성과 불안이 큰 몫을 차지한다. 따라서 행복한 서울을 만들기 위해 불평등의 문제를 불편한 것으로 치부하기보다는 우리 모두가 극복해야 할 공공의 과제로 여겨 해결책과 대응방안을 함께 모색해 나가야 할 것이다.

참고문헌

김영미·한준(2007). 금융위기 이후 한국 소득 불평등 구조의 변화. 〈한국사회학〉, 41집 5호, 35~63.

전상인(2008.01.02). "'앵그리 사회'의 경제 살리기". 〈동아일보〉.

한준·김석호·하상응·신인철(2014). 사회적 관계의 양면성과 삶의 만족. 〈한국사회학〉, 48집 5호, 1~24.

홍두승(1988). 직업과 계급: 집락분석을 통한 계급분류. 〈한국사회학〉, 22권 4호, 23~45.

______(1989). 계급구조와 계층의식: 사회조사자료를 통하여 본 현실과 전망. 〈사회과학과 정책연구〉, 11권 1호, 123~153.

Podolny, J. (2001). Networks as the pipes and prisms of the market, *American Journal of Sociology*, *107*(1), 33~60.

03

서울 어느 동네 누가 건강할까?

심재만

1. 들어가며

원자력발전소 주변 지역 거주민의 갑상선암 발병률이 높은 것을 두고 암 발병과 원전 간 인과관계에 대한 논쟁이 심각하다(〈한국일보〉, 2015. 05. 06). 2011년부터 시행된 〈석면피해구제법〉은 과거 석면광산 지역 거주민이나 관련 산업 입지지역 거주민을 상대로 건강영향조사를 하도록 제도화함으로써 거주환경이 유발하는 건강피해를 최소화하고자 하고 있다. 1차 검진명을 근거로 산출한 폐암발생률에 따르면 충청 지역 거주민의 발암률이 다른 시·도에 비해 높다. 특정하기는 어렵지만, 화력발전소 입지, 중국발 미세먼지 등이 원인으로 여겨지고 있다(〈헬스조선〉, 2016. 08). 미국의 경험을 보면(*County Health Rankings*), 거주지역의 물리적 환경 외에 의료자원을 포함하는 일상적인 사회경제적 환경이 건강에 미치는 영향력 역시 보편적으로 드러나고 있다. 또 영국의 저명한 의료사회학자에 따르면, 스코틀랜드의 글래스고에서는 교외지역 주민과 도심지역 주민의 평균수명 차이가 40년이 넘는 것으로 조사되었다. 장수국가 일본과 아프리카 빈국 말라위의 평균수명 차이가 40년 정도이다. 서울의 거주환경은 어떻고 서울 시민들의 건강은 어떤가?

이 장은 서울 시민의 건강을 25개 거주 자치구별로 살펴봄으로써 이에 대한 답을 제시한다. 먼저, 자치구별로 건강 수준 차이가 상당하다는 점을 볼 것이다. 다음으로, 이러한 차이는 어디에서 비롯하는지 살펴볼 것이다. 각 자치구별로 주민의 사회경제적 특성이 다르기 때문이라는 점(유유상종 효과)과 거주지의 물리적·사회적 환경 및 의료자원 분포가 다르기 때문이라는 점〔지역(자치구) 효과〕이 드러날 것이다. 특히, 주민 개인의 사회경제적 특성이 같은 경우에도 사는 곳이 어디인지에 따라 건강 차이가 존재한다는 점을 강조한다. 마지막으로, 자치구 특성이 건강 수준에 미치는 이와 같은 효과는 성별, 연령, 직업지위, 소득 수준 등에서 구분되는 사회집단 간에 차별적으로 나타난다는 점을 볼 것이다.

이상의 결과가 서울 시민의 건강증진을 위한 노력에 시사하는 바는 두 가지이다. 첫째, 거주 자치구 내 물리적·사회적 환경 및 의료자원에 대한 관심이 필요하다는 것이다. 이들로부터 얻는 건강증진 효과가 있기 때문이다. 둘째, 좋은 자치구 환경이 가져오는 건강증진 효과는 사회집단별로 차별적이므로, 자치구 환경에 대한 관심은 사회집단 간 형평성에 대한 관심과 어우러져야 한다는 점이다.

2. '시민'의 건강, '구민'의 건강

무엇을 '건강'으로 정의할 것인지부터 보자. 사회적 구조와 심리적 동기를 아우르는 통합이론을 꾀했던 미국 사회학자 파슨스(T. Parsons)에 따르면, 건강은 개인에게 부여된 — 혹은 개인이 인지한 — 사회적 기능을 수행할 수 있는 물리적·심리적 정상상태로 정의된다. 정상과 비정상에 대한 정의가 선행한다는 점, 물리적 상태는 물론 심리적 상태가 포함된다는 점을 강조함으로써, 건강 수준을 측정하는 사회학적 작업이 객관적 지표뿐 아니라 주관적 지표에도 관심을 기울여야 함을 시사한다. 어느 지표에 따르더라도 인구집단 내 건강 수준 분포는 균등하지 않다는 점이 수십 년 동안 국내외 의료사회학 연구가 밝혀낸 흥미로운 사실이다.

대표적인 객관적 건강지표인 평균수명(특정 연도에 태어난 개인들이 누릴 것으로 기대되는 평균생존연수. 0세 기대여명이라 불리기도 함)을 기준으로 볼 때, 서울의 평균수명은 2014년 현재 83.6세로 전국 17개 광역시·도 중 가장 높다. 가장 낮은 두 곳인 울산광역시(81.3세)와 강원도(81.4세)에 비해 각각 2.3세, 2.2세 높다(통계청 생명표 자료). 그런데 서울시 내 자치구별 차이는 이보다 크다는 점이 놀랍다. 자치구별 평균수명 비교가 가능한 2012년 자료에 따르면, 서초구가 83.1세로 가장 높고 금천구가 80.3세로 가장 낮다. 차이는 2.8세이다(서울시·공공보건의료지원단, 2014). 다른 광역시·도에 비해 서울 시민의 건강은 상대적으로 높은 수준이지만 내부적으로는 상당한 차이가 존재하는 것이다.

건강에 대한 주관적 지표에서도 비슷한 경향이 보인다. 주관적 지표로는 최근 주관적 건강상태(*self-rated health status*) 지표(스스로 생각하는 본인의 건강상태)가 많이 사용된다(Shim et al., 2013). 현대의학의 발전에 힘입어 급성질환에 따른 사망과 질병의 위험에서는 사람들이 비교적 자유로워지는 한편, 만성질환과 삶의 질이 개인의 건강을 규정하는 데에 더욱 중요해지는 점을 반영하고자 하는 지표이다. 또 주관적 건강지표가 객관적 건강지표를 예측하고 추정하는 데에 적합한 포괄적 건강지표라는 점 역시 사회과학자들 사이에서 받아들여진 지 오래이다. 국내외 사회조사에서 주관적 건강을 측정하는 전형적인 서베이 질문은 '현재 당신의 건강상태는 어떻습니까?'이다. 응답은 보통 ① 매우 건강하지 못하다, ② 건강하지 못하다, ③ 보통이다, ④ 건강하다, ⑤ 매우 건강하다 등 5가지 범주 중 하나를 선택하는 형식으로 이뤄진다. 마찬가지 방식으로 2014년 서울서베이는 '귀하는 자신의 건강상태에 대해 행복하십니까?'라는 질문을 던졌다. 응답자들은 자신의 건강상태에 대한 행복 정도를 '0점'(가장 불행한 상태)부터 '10점'(가장 행복한 상태)까지의 척도 중 한 점수로 답하였다.

서울서베이 응답자 개개인의 응답을 구 단위에서 평균 낸 점수, 즉 구민 평균 건강상태 행복도를 구해 〈그림 3-1〉의 X축에 반영하였다. 주관적 건강 수준에서 최솟값은 6.52점(금천구)이고 최댓값은 7.87점(강남구)이다. 평균수명과 마찬가지로 자치구별로 적지 않은 차이가 존재한다. 더욱이 이 주관적 건강지표와 서울시 25개 구 구민 평균수명 간 관계를 그려 보면 놀라울 만한 상관성이 존재한다. 주관적 건강 수준이 높은 자치구(서초구, 강남구)는 평균수명 역시 높다. 주관적 건

그림 3-1 **25개 구의 주관적 건강 수준(2014년 서울서베이)과 평균수명(2012년) 간 관계**

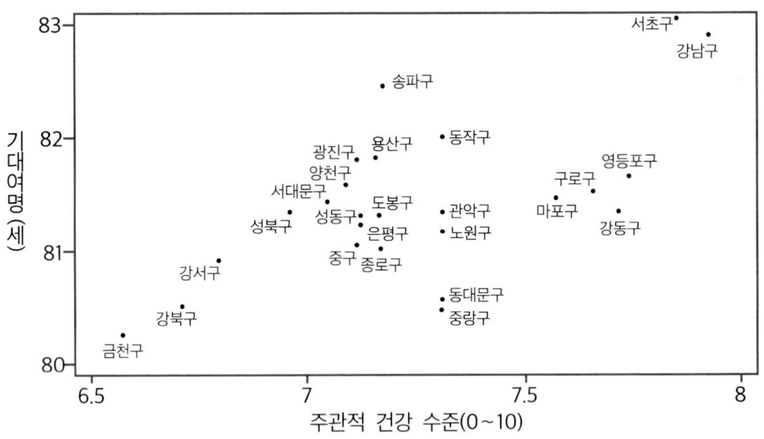

강 수준이 낮은 자치구(금천구, 강북구, 강서구)는 평균수명 역시 낮다.

이와 같은 자치구별 주관적 건강 차이를 보다 직접적으로 시각화한 그림(부록 1 참고)을 보면 자치구별 차이는 더욱 뚜렷하다. 건강 수준이 가장 낮은 5개 구는 금천구, 강북구, 강서구, 성북구, 서대문구이고, 가장 높은 5개 구는 구로구, 강동구, 영등포구, 서초구, 강남구이다. 이와 같은 자치구 간 건강 차이는 어디에서 오는 것일까?

3. 유유상종 효과 및 그 너머

도시공간에 위치한 개인들의 행위 차이(가령, 건강 차이)가 거주지역 단위의 차이로 집단화되어 나타나는 현상에 대해 사회학은 일반적으로 두 가지 설명을 제시한다. 이론의 발전 과정을 보자면, 애초 서로 경쟁하는 이론들로 제기되었다가 차츰 서로의 설명력을 수용하는 방향으로 발전하면서 최근에는 상호보완적인 이론들로 받아들여진다.

먼저, 유유상종의 결과라는 설명이다. 가령 금천구와 강남구 간 건강 수준 차이는, 금천구에는 건강하지 못한 사람들이 모여 사는 반면 강남구에는 건강한 사람들이 모여 살아 나타나는 현상이라는 것이다. 최근 관심을 끄는 생의학적(*biomedical*) 모델에 따르자면, 금천구에는 유전적으로 건강하지 못한 사람들이, 강남구에는 유전적으로 건강한 사람들이 모여 산다고 설명할 수도 있겠다. 서울시 두 자치구 사이에서 유전학적 형질 차이가 크게 나타나지는 않을 것이라는 회의론은 차치하고라도, 당장 금천구민과 강남구민 각각의 유전학적 특성을 알아내기도 쉽지 않다.

대신 사회학적 모델에 따르면, 유전적 특성 외에 사회경제적 지위가 우월할수록 개인은 건강하다는 사실이 수십 년의 실증연구를 통해 확인되었다. 더 나아가 건강에 유의미한 영향을 미치는 유전적 특질이 실제 여러 가지 건강상태로 발현하는 데에도 사회경제적 요인이 개입한다는 점이 유전자-사회 상호작용 모델로 밝혀지기도 했다(Freese & Shostak, 2009). 이러한 사회학적 관점에 따르면, 교육, 직업, 소득 등의 사회경제적 지위에서 상대적으로 유리한 위치에 있는 사람들이 보다 건강하다. 실제 강남구민들이 금천구민들에 비해 사회경제적으로 우월한 위치에 있는 게 사실이다. 따라서 두 자치구 간 건강 차이는 거주 구민들의 사회경제적 지위상 유불리에 따른 것으로 설명될 수 있겠다. 가령 월평균 가구소득이 400만 원 이상인 개인들이 많은 자치구일수록 건강 수준이 높게 나타난다(〈그림 3-2〉).

그림 3-2 **개인 소득 수준과 주관적 건강 수준 간 관계**

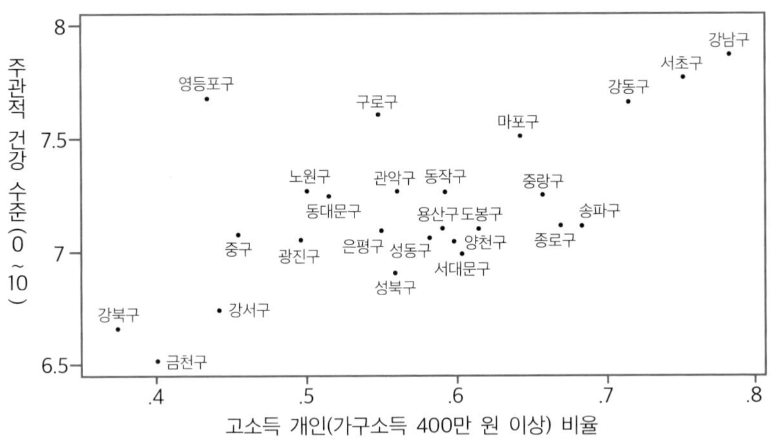

유유상종의 결과라는 설명, 즉 사회경제적 지위가 유리한 사람들이 건강하다는 설명은 개별 자치구 내 개인 간 건강 차이가 소득 수준에 따라 차별적으로 나타난다는 점에서도 예증된다. 금천구(〈그림 3-3〉 왼쪽 그래프)에서 가구소득 수준이 높은 사람들(월 500만 원 이상)이 소득 수준이 낮은 사람들(월 100만 원 이하)에 비해 더 건강하다고 답하였다. 강남구에서도 마찬가지이다(〈그림 3-3〉 오른쪽 그래프). 사회경제적 지위가 비슷한 사람들끼리 모여 사는 까닭은 주거비, 도시 어메니티(*amenity*) 접근비용 등 다양한 요인들로 설명된다. 서울 시내 주거비가 지역별로 다르고 교육 · 문화 · 소비 환경 등 도시 어메니티가 지역별로 다르다는 점, 그리고 이러한 공적 · 사적 재화와 서비스에 접근하는 데에는 비용이 따른다는 점 때문에 사회경제적 지위가 상이한 개인들이 서로 다른 거주지역으로 분화돼 배치된다는 점은 익히 알려진 바이다. 그 결과 주거지 내 개인 간 사회경제적 지위 차이는 상대적으로 작아진

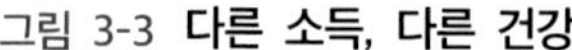

그림 3-3 **다른 소득, 다른 건강**

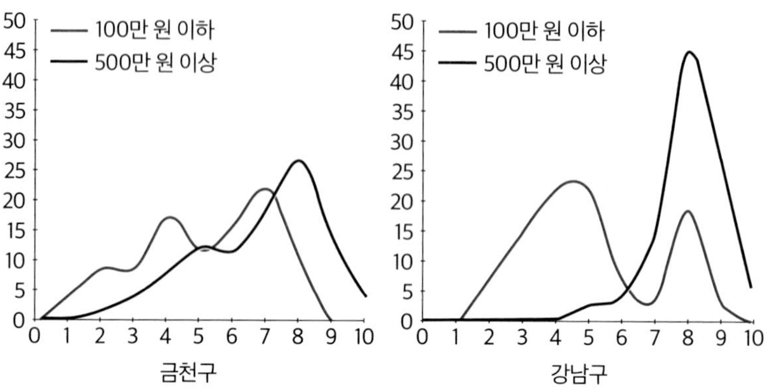

가로축은 주관적 건강 수준(0~10), 세로축은 응답자 비율(%).

다. 유유상종의 한 모습이다.

일단 지역 환경에 이끌려 모여 살기 시작한 개인들은 어느 순간부터는 새로운 지역 환경을 구성해 내기도 한다. 그 전에는 없었던 교육시설을 요구하면서 새로운 시설이 생겨나기도 하고, 있었던 소비시설에 대한 수요가 줄어들면서 그 시설이 사라지기도 한다. 지역 환경이 역동적으로 재구성되는 것이다. 거주민과 거주지역 환경 간 상호작용은 여기에 국한되지 않는다. 이제는 지역 환경이 거꾸로 거주민의 행위에 영향을 미친다는 점을 간과할 수 없다. 지역 내에 교육시설이 있고 없음에 따라 거주민의 학업성취나 노동시장 숙련도가 영향 받는다. 지역 내 소비시설의 증감은 거주민의 소비활동에 직접적 영향을 미친다. 도시공간에 위치한 개인들의 행위 차이가 거주지역 단위의 차이로 집단화되어 나타나는 현상에 대한 두 번째 사회학적 설명은, 이와 같이 지역적 특성이 개인행위에 영향을 미치는 점에 주목한다. 바로 지역효과이다.

그림 3-4 **같은 소득, 다른 건강**

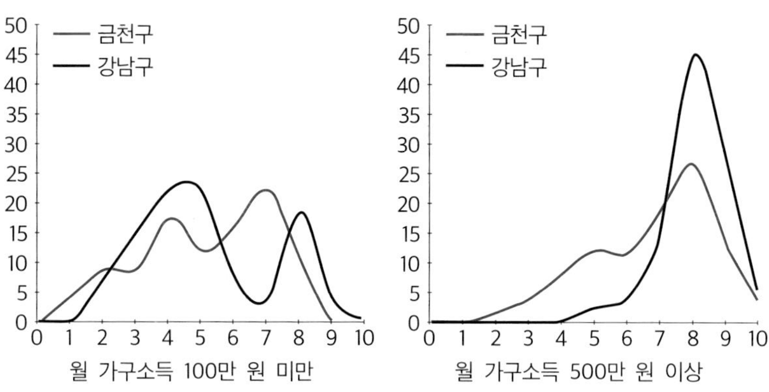

가로축은 주관적 건강 수준(0~10), 세로축은 응답자 비율(%).

지역효과에 관심을 가져야 하는 이유는 다음과 같은 맥락에서 명백하다. 〈그림 3-2〉에서 고소득자 비율이 비슷한 구로구, 관악구, 은평구, 성북구 등 4개 자치구에서 주관적 건강 수준은 상이하게 관찰되었다. 양극단의 두 자치구를 자세히 보면, 금천구의 부유한 계층(월 가구소득 500만 원 이상)과 강남구의 부유한 계층의 건강 수준이 서로 다르다(〈그림 3-4〉 오른쪽 그래프). 빈곤계층(월 가구소득 100만 원 미만)이 보이는 건강 수준도 두 자치구 사이에서 달리 나타난다(〈그림 3-4〉 왼쪽 그래프). 무엇 때문인가? 금천구와 강남구라는 자치구 수준의 지역 환경의 차이는 없는지, 그와 같은 지역 환경의 차이가 건강 차이로 이어지는 것은 아닌지 살펴야 할 이유이다.

4. 어떤 자치구 효과가 존재하는가?

개인 행위에 영향을 미치는 개인 수준의 특성들을 고려하면서도 동시에 개인 수준을 넘어서는 지역 특성(혹은 보다 일반적인 집합적 맥락 특성)의 효과를 분석하는 데 적합하도록 개발된 것이 다수준(*multi-level*) 회귀분석 모형이다. 가령, 서울 소재 중학교 재학생들의 성취도 차이를 설명하고자 할 때, 학생 개인의 특성(예: 성별) 뿐 아니라 소속된 학급의 특성(예: 담임교사 특성) 및 소속 학교의 특성(예: 교장 특성)과 같은 집합적 맥락의 특성을 살필 수 있도록 이 분석기법이 고안됐다.

서울 시민의 건강 수준 차이를 살피는 현재 논의에서는 교육 수준, 직업 지위, 소득 수준, 성별, 연령 등이 개인 수준의 특성 변수들로 측정되었다. 자료는 2014년 서울서베이를 통해 수집됐다. 다음으로, 개인 수준을 넘어서는 자치구 특성의 집합적 맥락 효과를 살피기 위해 자치구의 특성을 반영하는 변수들을 수집하였다. 관련 연구들을 참고해 몇 가지 중요 변수들을 정하였는데, 그 과정에서는 자료의 가용성 역시 고려되었다. 그 결과 '서울 열린 데이터 광장'(http://data.seoul.go.kr)에 공개된 25개 자치구 수준의 특성 변수들 중 8개를 자치구 특성을 측정하는 변수로 사용하였다. 또 2014년 서울서베이에서 응답자가 지각한 거주지역 환경의 특성과 관련한 변수 3개를 자치구 특성 변수들에 추가하였다. 자치구의 물리적 환경, 사회적 환경, 그리고 의료자원 분포 특성이 미치는 영향력을 다각도로 확인하기 위해서이다. 다음엔 이상 11개 변수로 대변되는 자치구 효과에 대해 자세히 살펴보기로 한다. 서울 시민의 건강에 자치구 효과는 어떤 모습으로 나타나는가?

1) 물리적 환경의 효과

먼저 '녹지 만족도'는 거주민의 입장에서 지각된 거주지역 녹지환경으로 측정되었다. 이는 '귀하가 거주하는 지역의 녹지(공원, 숲 등)에 대해 얼마나 만족하십니까?'라는 질문에 대한 응답을 불만족, 보통, 만족 등 3가지 범주로 정리해 측정되었다. 녹지 만족도가 높을수록 건강 수준이 더 높은 것으로 나타났다. 다수준 회귀분석 결과, 이와 같은 패턴은 기타 개인 수준 변수들의 효과를 제외한 이후에도 여전히 유효한 것으로 나타났다(이하에서는 그래프로 확인되는 패턴이 다수준 회귀분석 결과에서 지지되지 못하는 경우에만 이를 상술하기로 한다. 그래프의 패턴이 지지되는 경우는 따로 회귀분석 결과를 논하지 않았다).

두 번째, '문화환경 만족도'는 거주민의 입장에서 지각된 거주지역 문화환경을 의미한다. '귀하는 거주지 주변의 전반적인 문화환경(문화시설, 문화프로그램, 비용 등)에 대해서 얼마나 만족하십니까?'라는 질문에 대한 응답을 불만족, 보통, 만족 등 3가지 응답범주로 측정하였다. 녹지 만족도와 마찬가지로 만족한다고 답한 이들이 불만족한다고 답한 이들에 비해 건강한 것으로 나타났다. 거주지역의 문화환경이 정서적 만족감 및 심리적 웰빙에 기여함으로써 보다 나은 주관적 건강 상태로 이어진다고 볼 수 있겠다(김욱진 · 김태연, 2013). 마지막으로, '운동장소 없음'은 규칙적인 운동 실천 여부를 묻는 문항들 중 하나로 '운동할 만한 장소가 없다'고 응답한 이들(운동장소 없음)과 그렇지 않은 이들(운동장소 있음)의 건강 수준을 비교하였다. 주변에 운동할 만한 장소가 없을 경우, 건강 수준이 더 낮았다.

그림 3-5 **건강에 미치는 자치구 효과 예시**

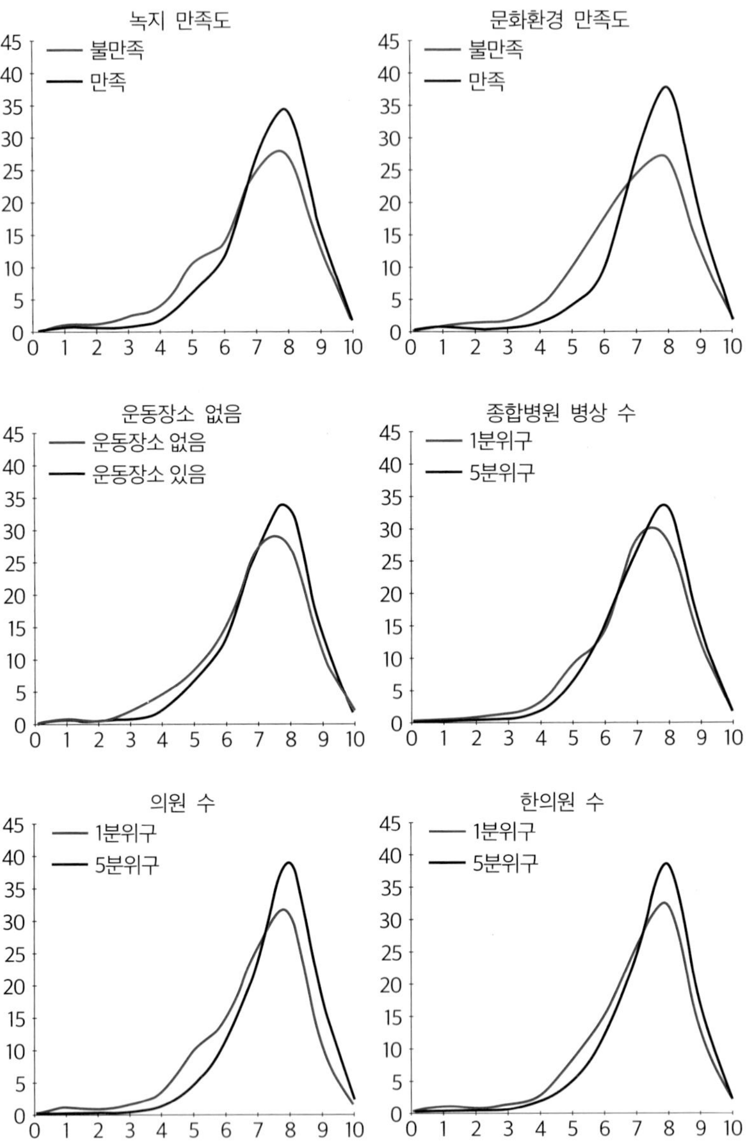

가로축은 주관적 건강 수준(0~10), 세로축은 응답자 비율(%).

2) 사회적 환경의 효과

다음으로, 거주 자치구 내 사회적 환경의 특성이 거주민의 건강 수준과 어떻게 연관되어 있는지를 분석하였다. 우선 자원봉사자의 효과를 보았다. 자원봉사자 수는 자치구별 인구 1천 명당 구청에 등록된 자원봉사자 수를 가리킨다. 개인이 주변인들과 맺는 사회적 관계로부터 얻을 수 있는 물질적·정서적 자원, 즉 사회자본이 건강 등 개인 행위에 영향을 미친다는 시각을 반영해(김형용, 2010), 자치구 수준 사회자본을 가리키는 지표 중 하나로 자치구 내 자원봉사자 수를 살펴본 것이다. 등록된 자원봉사자 수가 많고 적음에 따라 25개를 5개 집단으로 나눈 후, 가장 수가 적은 1분위에 속하는 5개 구(1분위구)와 가장 수가 많은 5분위에 속하는 5개 구(5분위구) 간 건강 수준 차이를 분석해 보았다. 그 결과, 두 집단 간에 큰 차이가 없는 것으로 나타났다. 사회자본 측정방법에 따라 그 효과가 있는 것으로 혹은 없는 것으로 나타난다고 하는 기존 연구들의 결과에 비추어, 자원봉사자 수는 크게 영향력이 있는 요인으로 보이지 않는다는 결론을 내릴 수 있겠다.

3) 의료자원의 효과

자치구가 갖춘 사회적 환경 중 의료자원 분포를 보여 주는 지표들 7개, 즉 거주인구 1천 명당 자치구 내 종합병원 병상 수, 병원 병상 수, 의원 수, 한의원 수, 약국 수, 의사 수, 한의사 수 등은 거주민의 건강 수준에 모두 긍정적으로 연관되어 있는 것으로 분석되었다. 각 지표에서 최하위인 1분위에 속하는 구들(1분위구)에 비해 최상위인 5분위에 속하는 구들(5분위구)에서 주민의 건강 수준은 더 높은 것으로 나타났다. 거주지 내 의료자원의 중요성은 종류와 특성을 막론하고 거주민의 건강과 직접적으로 관련되어 있음을 보여 주는 결과이다.

5. 자치구 효과는 자치구 내 모든 사회집단에서 고르게 나타나는가?

이상에서 자치구의 물리적 환경과 사회적 환경이 주민 건강에 미치는 영향력을 확인하였다. 그렇다면, 과연 이와 같은 자치구 효과는 모든 사회집단에서 고르게 경험되는 것일까? 특정 사회집단은 다른 사회집단에 비해 자치구 효과에 더욱 큰 영향을 받지는 않는가? 이에 답하기 위해 자치구 효과의 사회집단 간 차별성에 대해 분석하였다. 서울서베이에서 조사된 성별, 연령, 직업 지위, 소득 수준 등 4가지 측면에서 사회집단 간 차이를 살펴본다.

먼저, 물리적 환경과 사회적 환경의 효과가 남녀 사이에 차별적으로 나타나는지 살펴보자. 녹지 만족도의 경우, 녹지환경에 불만족하는 경우의 분포도와 만족하는 경우의 분포도 간 차이가 남성보다 여성에게서 더 크게 나타났다. 녹지 만족도의 효과가 여성에게서 더 크게 나타난다고 추측할 수 있는 지점이다. 하지만 기타 개인 수준의 변수들(예: 연령, 교육, 직업 지위, 소득 수준, 혼인상태 등)에서의 차이를 제외한 이후에도 이와 같은 여성과 남성 간 차이가 나타나는지를 분석한 회귀분석 결과, 여성과 남성 간 녹지 만족도의 차별적 효과는 통계적으로 유의미하지는 않은 것으로 드러났다. 마찬가지로 문화환경 만족도, 자원봉사자 수, 종합병원 병상 수, 약국 수, 의사 수 등에서도 자치구 효과는 남

그림 3-6 건강에 미치는 자치구 효과의 사회집단 간 차별성 예시

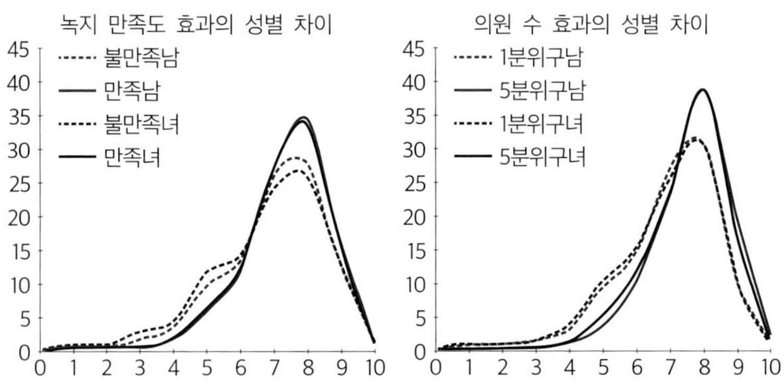

가로축은 주관적 건강 수준(0~10), 세로축은 응답자 비율(%).

녀 간에서 차별적이지 않은 것으로 분석되었다.

흥미로운 것은, 운동장소가 건강 수준에 미치는 긍정적 효과는 여성에게서 더 크게 나타난 점과 병원 병상 수, 의원 수, 한의원 수, 한의사 수 등이 건강 수준에 미치는 긍정적 효과는 여성에게서 더 작게 나타난 점이다. 남성에 비해 여성이 자치구 내 운동장소의 효과는 더 크게 누리는 반면 의료자원의 효과는 더 작게 누리고 있다는 결과이다. 여성이 남성에 비해 운동장소는 더 적극적으로 활용하는 데 반해 의료자원은 덜 활용하기 때문이라는 추측이 우선 가능하겠다. 물리적·사회적 환경의 활용도 차이에 주목하는 설명인 셈이다. 만약 이와 같은 활용도 차이가 사실일 경우, 왜 그러한 차이가 나는지에 대한 추가적인 설명이 향후 더 필요하겠다. 자치구 환경 활용도 차이에 주목하는 대신, 여성의 건강관리 소요(*needs*)와 남성의 건강관리 소요가 다르기 때문일 것이라는 추측도 가능하다. 여성의 건강관리 소요상 특징(가령, 남성에 비해 장기적·일상적 건강관리 필요)으로 자치구 의료

자원보다는 일상적인 운동장소가 더욱 중요한 것은 아닐지 추론이 가능하다. 만약 이것이 사실일 경우, 그와 같은 건강관리 소요상 차이는 어디에서 비롯되는지를 살피는 것이 향후에 필요하겠다.

연령대별 자치구 효과의 차이 분석에서도 흥미로운 점들이 발견된다. 먼저 녹지 만족도와 문화환경 만족도가 갖는 긍정적 효과는 고령층에서 더 크게 나타난다. 고령층이 거주지역 내 물리적 환경에 좀더 의존적이거나 이를 더 적극적으로 활용한다는 추론이 가능하다. 지역 내 의료자원의 효과를 누리는 정도에서는 또 다른 모습이 보인다. 자치구 내 종합병원 병상 수의 긍정적 효과는 고령층에서 더 큰 데 반해, 기타 보다 일상적인 하급 의료자원의 효과는 청장년층에 비해 더 작게 나타나는 것으로 보인다. 고령층에서 나타나는 상대적으로 높은 지역 의존성과 건강관리 소요상 특성(가령, 고령에 따른 복합적 질환 관리 소요)이 결합되어 나타난 결과로 추측된다.

직업 지위별 자치구 효과 차이 분석에서는, 모든 지표들에서 관리직·전문직 종사자들이 사무직이나 육체노동직에 비해 자치구 특성의 긍정적 효과를 더 누리는 것으로 나타났다. 사무직과 육체노동직을 비교할 경우에도, 사무직 종사자가 육체노동직 종사자보다 긍정적 효과를 좀더 누리는 것으로 나타났다. 관리직·전문직, 사무직, 육체노동직 등의 순으로 직업 지위가 유리할수록 자치구 특성이 가져오는 긍정적 효과가 더 크게 나타난 결과이다. 앞서 살펴본 바와 마찬가지로, 직업 지위에 따라 지역 환경을 활용하는 정도가 달라서이거나 직업별로 건강관리 소요가 다른 터에 지역 환경이 이 소요를 충족시키는 정도가 달라지는 데에서 비롯되지 않았나 추론할 수 있겠다.

마지막으로, 가구소득 수준별 분석에서 녹지 만족도, 문화환경 만족도, 운동장소 등의 물리적 환경에서는 소득 수준별로 차이가 없거나 월 가구소득 100만 원 미만 집단에서 긍정적 효과가 더 큰 것으로 나타났다. 저소득층에서 자치구 특성의 긍정적 효과가 더 큰 것이다. 또한 대부분의 의료자원의 긍정적 효과는 소득 수준별로 차별화되지 않는 것으로 나타났다. 다만 의원 및 한의사 수가 건강 수준에 미치는 긍정적 효과는 월 가구소득 100만 원 미만 계층에서 더 작아지는 것으로 나타났다. 역시나 소득 수준별로 지역 환경을 활용할 수 있는 정도나 건강관리 소요가 달라서 생기는 차이라고 추론할 수 있다.

6. 나가며

개인의 행위 및 행태적 결과는 여러 집합적 환경과 맥락에 의해 구성된다. 서울과 같은 대도시공간에 적용할 경우, 집합적 맥락 효과에 대한 관심은 지역 효과에 대한 관심으로 종종 구체화되어 왔다. 다만 지역의 실재를 동네, 행정동, 자치구 중 어느 수준에서 확인해야 하는지 이견이 없지 않다. 이 연구는 자료의 가용성을 고려해 자치구 수준에서 지역의 실재를 구성하고 그 효과를 살펴보았다. 다음으로 개인의 행태적 결과로 건강을 살펴보았는데, 특히 사회조사를 통해 파악되는 주관적 건강 수준을 들여다보았다. 관점에 따라 한계점으로 이해할 수 있는 지점들이다. 이와 같은 한계를 감안하더라도 이 연구는 두 가지 재미있는 사실을 보여 준다. 첫째, 자치구의 물리적·사회적 환경이 서울 시민의 건강 수준과 유의미한 관계를 맺는다는 점이다. 둘째, 이와 같이 자치구의 환경이 보이는 효과는 사회집단 간에 차별적으로 드러난다는 점이다. 사회집단별 차이가 드러나는 이유에 대해서는 여러 가지 추론을 제시하였다. 서울이라는 도시공간에서 각각의 사회집단에 속하는 개인들이 과연 그와 같은 행태적 특징을 드러내는지 보다 미시적인 관점에서 좀더 들여다볼 필요가 있다는 점도 제언하였다. 도시공간정책을 통해 시민의 건강증진을 도모하는 정책적 관심에 대해서는 공간정책의 효과가 사회집단별로 상이할 수 있다는 점을 강조하고 싶다. '시민'과 '구민'을 대상으로 하는 공간정책적 관심이 주요한 사회학적 범주들(예: 성별, 연령, 소득, 직업)에 대한 관심과 잘 조화되어야 하는 이유가 여기에 있다. 물리적 · 사회적 · 경제적으로 유리한 거주환경이 주민 건강에 긍정적으로 이어지는 것은 분명하지만, 그 효과는 사회집단별로 불균등하게 나타난다는 것이다. 거주환경에 대한 공간정책적 개입은 사회집단에 대한 사회정책적 개입과 병행되어야 한다고 제언한다.

참고문헌

김욱진 · 김태연 (2013). 지역의 물리적 · 사회적 환경과 개인의 건강에 관한 연구. 〈한국지역사회복지학〉, 46권, 23~47.

김형용 (2010). 지역사회 건강불평등에 대한 고찰. 〈한국사회학〉, 44권, 59~92.

서울시 · 공공보건의료지원단 (2014). 2014 서울시 건강격차 모니터링.

〈한국일보〉 (2015. 05. 06.). "'원전 탓 갑상선암 근거 없다' 의학계 주장, 또 다른 갈등 부르나".

〈헬스조선〉 (2016. 08). "전국 시 · 군 · 구별 암 환자 현황 지도, 내가 사는 동네는 어떨까?".

Freese, J. & Shostak, S. (2009) Genetics and social inquiry. *Annual Review of Sociology*, *35*, 107~128. http://www.annualreviews.org/doi/abs/10.1146/annurev-soc-070308-120040

Shim, J. M., Shin, E., & Johnson, T. P. (2013) Self-rated health assessed by web versus mail modes in a mixed mode survey: The digital divide effect and the genuine survey mode effect. *Medical Care*, *51*, 774~781.

부록1 25개 자치구 간 주관적 건강 차이

주관적 건강 수준이 높아지는 순으로 25개 자치구들을 배열하였다. 각 그래프 하단의 숫자는 주관적 건강 수준의 구 평균과 표준편차(괄호 안)를 기록한 것이다. X축은 주관적 건강상태에 대한 응답값 11개(0점부터 10점)를, Y축은 각 응답값을 답한 응답자의 백분율(%)을 가리킨다. 각 그래프에서 파란 선은 해당 구의 응답분포를, 검은 선은 서울시 전체의 응답분포(평균 7.21, 표준편차 1.45)를 나타낸다.

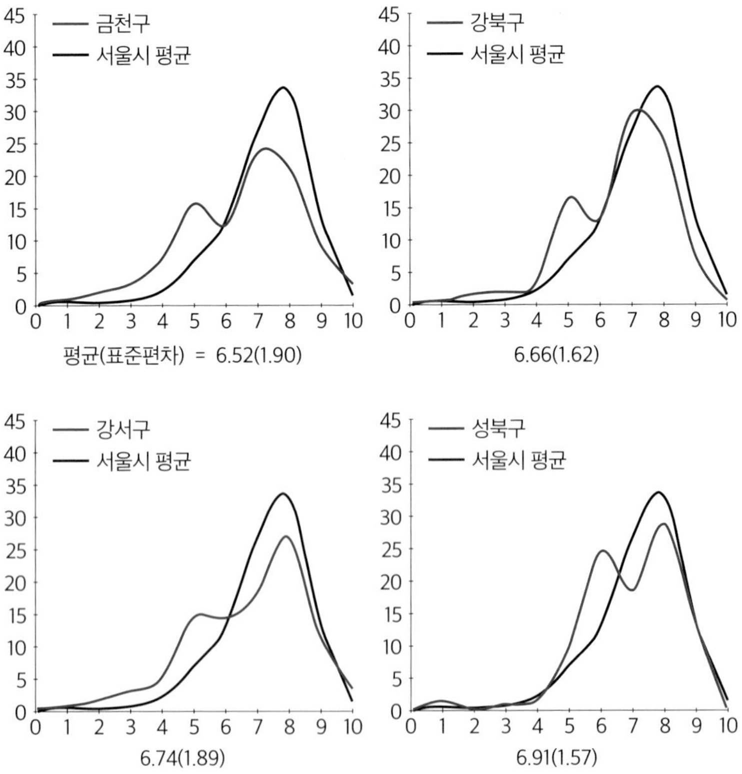

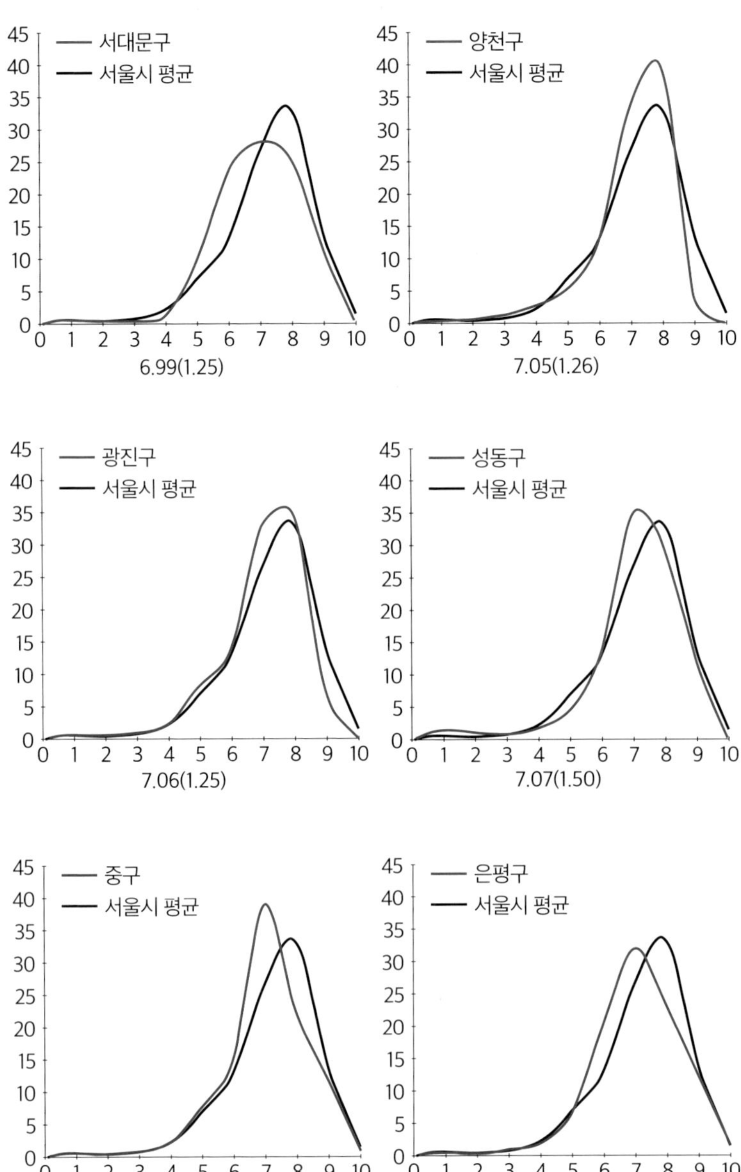
서대문구
서울시 평균
6.99(1.25)
양천구
서울시 평균
7.05(1.26)
광진구
서울시 평균
7.06(1.25)
성동구
서울시 평균
7.07(1.50)
중구
서울시 평균
7.08(1.29)
은평구
서울시 평균
7.09(1.33)

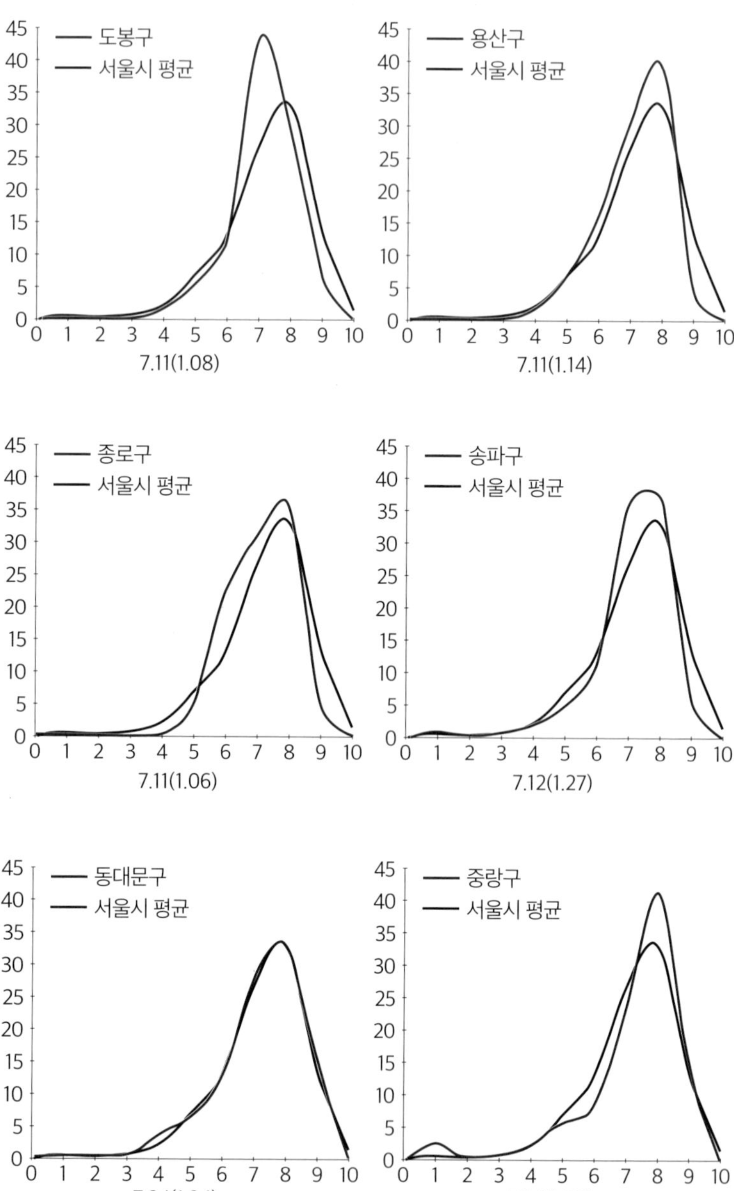
도봉구
서울시 평균
7.11(1.08)
용산구
서울시 평균
7.11(1.14)
종로구
서울시 평균
7.11(1.06)
송파구
서울시 평균
7.12(1.27)
동대문구
서울시 평균
7.24(1.34)
중랑구
서울시 평균
7.24(1.59)

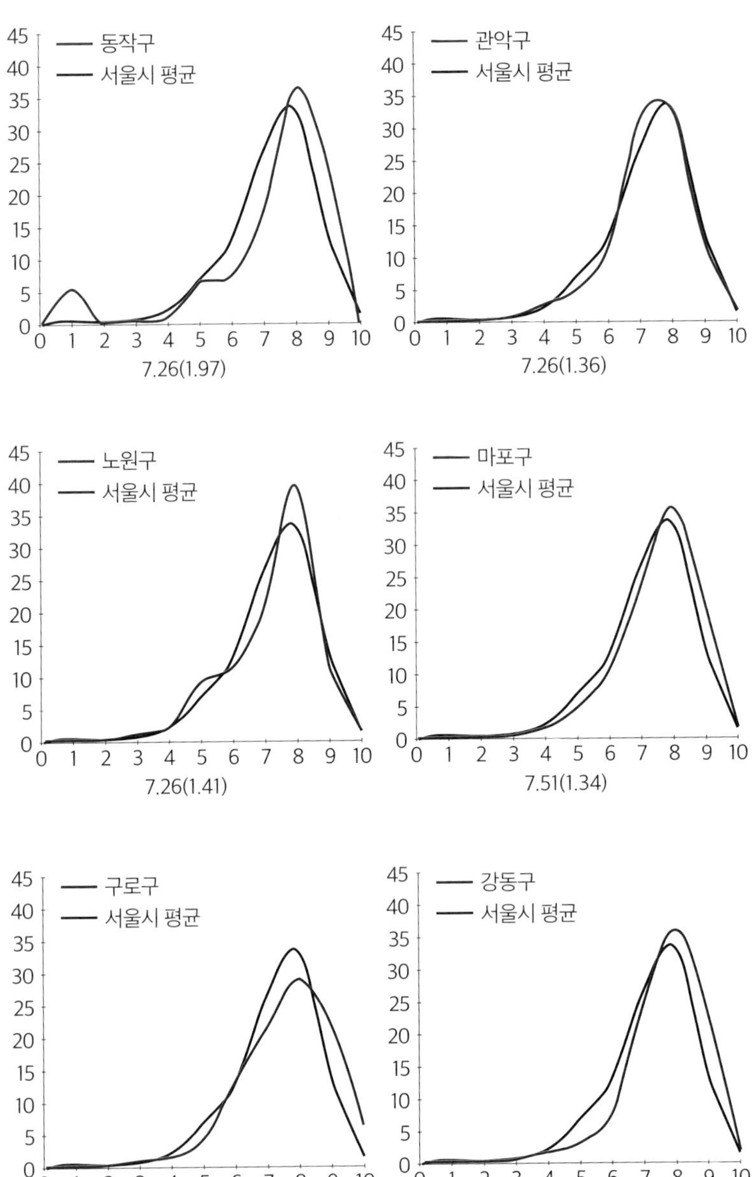

동작구
서울시 평균
7.26(1.97)
관악구
서울시 평균
7.26(1.36)
노원구
서울시 평균
7.26(1.41)
마포구
서울시 평균
7.51(1.34)
구로구
서울시 평균
7.60(1.45)
강동구
서울시 평균
7.66(1.24)

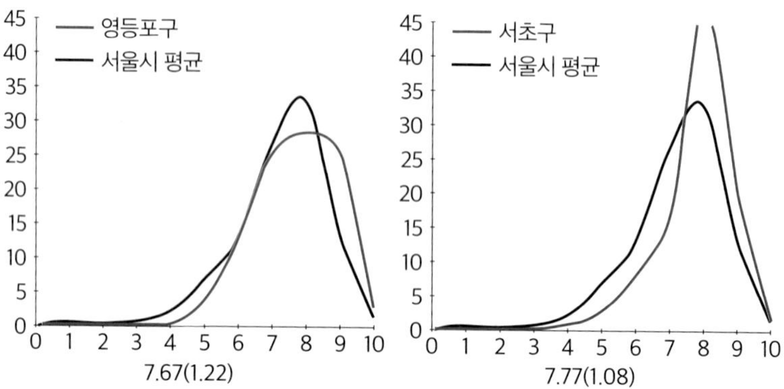
영등포구
서울시 평균
7.67(1.22)
서초구
서울시 평균
7.77(1.08)

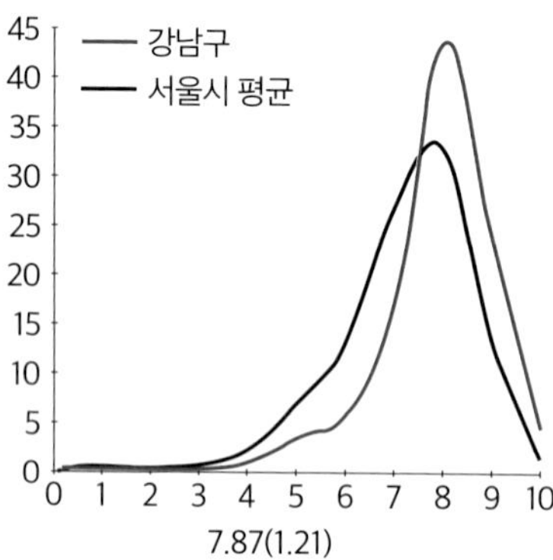
강남구
서울시 평균
7.87(1.21)

부록 2 자치구의 물리적 · 사회적 특성과 주관적 건강 분포

가로축은 자치구 특성을, 세로축은 자치구 평균 주관적 건강 수준을 가리킨다.

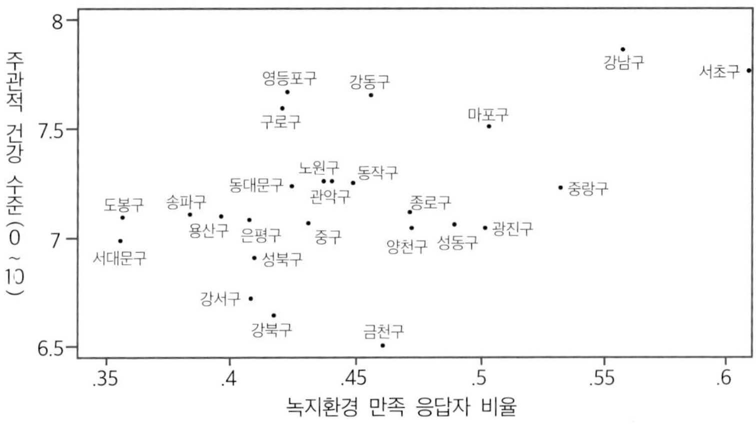

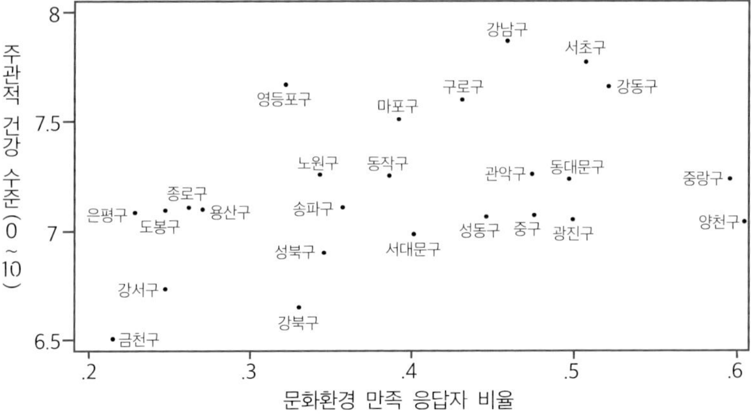

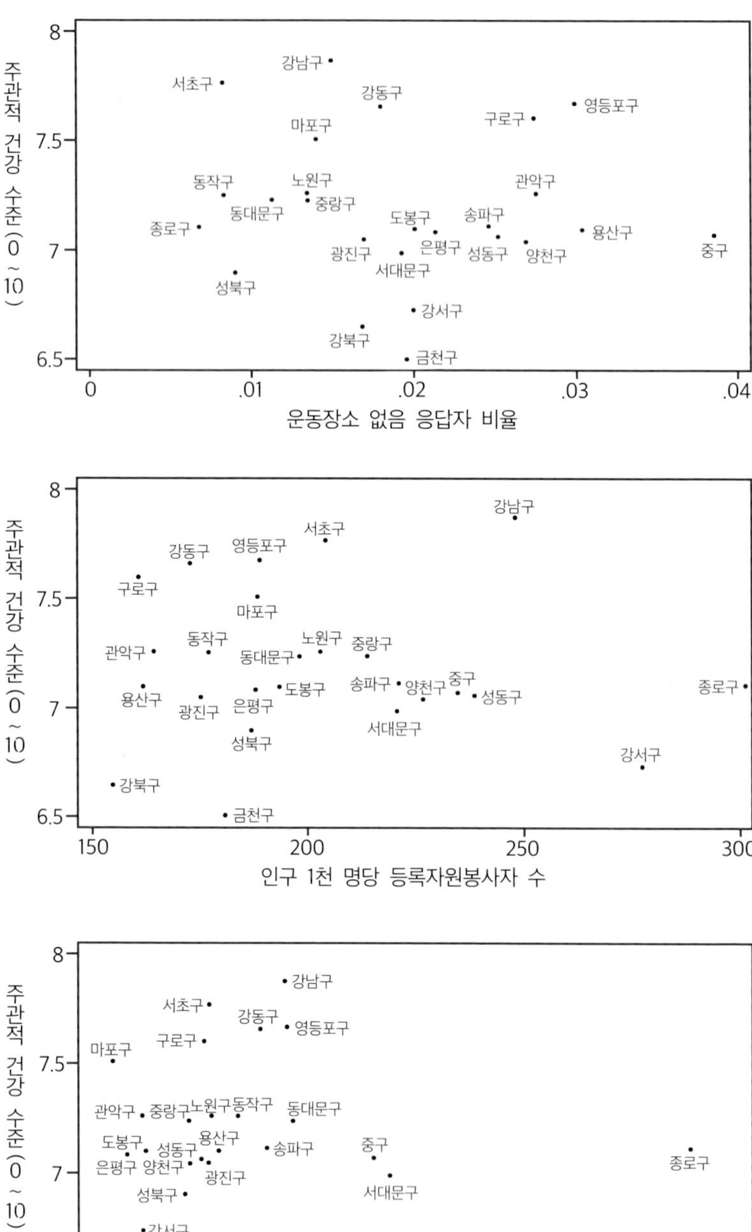

주관적 건강 수준(0 ~ 10)
운동장소 없음 응답자 비율
강남구
서초구
강동구
영등포구
구로구
마포구
동작구
노원구
관악구
동대문구
중랑구
도봉구
송파구
종로구
용산구
중구
광진구
은평구
성동구
양천구
서대문구
성북구
강서구
강북구
금천구
인구 1천 명당 등록자원봉사자 수
인구 1천 명당 종합병원 병상 수

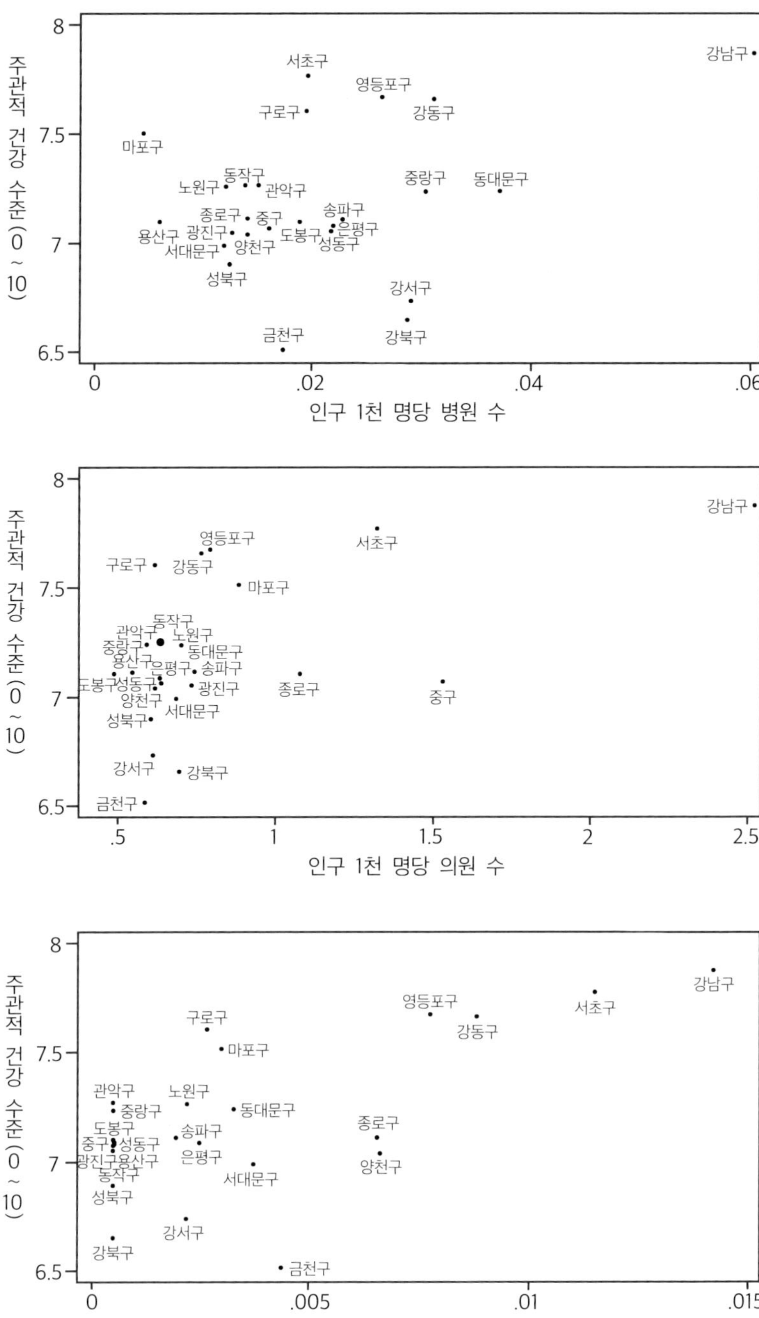
주관적 건강 수준(0~10)
8
7.5
7
6.5
0
.02
.04
.06
인구 1천 명당 병원 수
강남구
서초구
영등포구
강동구
구로구
마포구
동작구
노원구
관악구
중랑구
동대문구
종로구
중구
송파구
은평구
용산구
광진구
도봉구
성동구
서대문구
양천구
성북구
강서구
강북구
금천구
주관적 건강 수준(0~10)
8
7.5
7
6.5
.5
1
1.5
2
2.5
인구 1천 명당 의원 수
강남구
서초구
영등포구
구로구
강동구
마포구
동작구
관악구
노원구
중랑구
동대문구
용산구
은평구
송파구
도봉구
성동구
광진구
종로구
중구
양천구
서대문구
성북구
강서구
강북구
금천구
주관적 건강 수준(0~10)
8
7.5
7
6.5
0
.005
.01
.015
인구 1천 명당 한의원 수
강남구
서초구
영등포구
강동구
구로구
마포구
관악구
노원구
중랑구
동대문구
종로구
도봉구
송파구
중구
성동구
광진구
용산구
은평구
양천구
동작구
서대문구
성북구
강서구
강북구
금천구

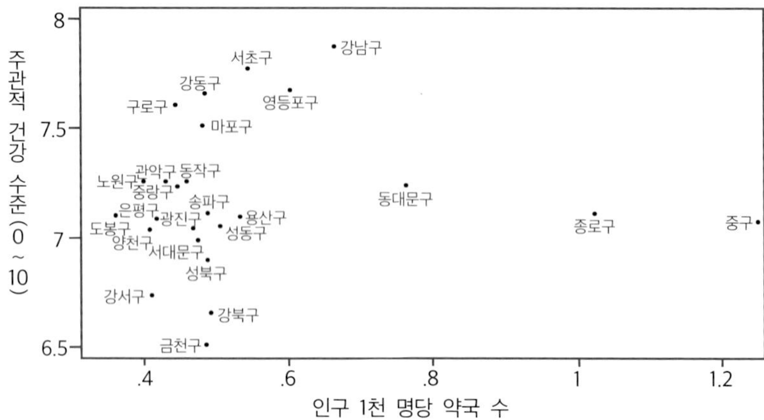
주관적 건강 수준(0~10)
8
7.5
7
6.5
강남구
서초구
강동구
영등포구
구로구
마포구
관악구
동작구
노원구
중랑구
동대문구
송파구
은평구
광진구
용산구
종로구
중구
도봉구
성동구
양천구
서대문구
성북구
강서구
강북구
금천구
.4
.6
.8
1
1.2
인구 1천 명당 약국 수

04

청년세대, 피안은 어디인가?

변미리 · 오세일

행복, 종교, 세대의 관계성 탐색

1. 들어가며

청년세대를 둘러싼 논의가 뜨겁다. 흙수저, 금수저 등 이른바 '수저계층론'과 '헬조선'을 외치는 청년의 불안정한 삶이 어디로부터 기인하는지에 대한 논의는 어떤 프레임에서 출발하느냐에 따라 노동과 일자리, 정체성, 세대갈등, 삶의 질 등 다양한 주제로 전개될 수 있다. 우리는 서울의 청년실업이 10%에 육박하는 이때에 일회성 일자리가 아닌 '좋은 일자리'를 창출하는 것이 가능한지에 주의를 기울일 수 있다. 또한, 청년세대를 위한 사회정책적 개입이 베이비붐세대나 노년세대에게는 불이익을 가져와 세대 간 충돌을 심화시키지는 않는지 살펴볼 수도 있다. 100세 시대를 살아가야 할 현재의 청년세대에게 '청년의 정체성'은 생애주기에서 과연 어느 단계에 해당하는 것인지, 인구절벽을 피하기 위해 '결혼과 출산은 사치'라고 생각하는 3포, 5포세대의 청년에게 가족형성을 지원하는 계몽적인 캠페인성 정책이 과연 효과를 발휘할지 등의 주제도 생각해봄 직하다. 특히 청년세대의 문제는 그것이 오롯이 독립적인 위상을 차지하기보다는 이 시기가 한 개인의 생애주기에서 성년으로의 이행기에 자리한다는 사실, 그리고 그 이행기의 조건은 그다음 단계에 오는 인생 주기의 전제가 된다는 점 등이 청년세대의 문제를 더 복합적이고 복잡하게 만든다.

이 글은 청년세대를 둘러싼 여러 이슈 중, 삶의 충만함이나 주관적 만족 정도를 의미하는 '행복'과 세속화된 현대사회에서의 종교가 청년세대와 어떤 관련을 맺는지에 대한 관심에서 출발한다. 즉, 개인이나 집단이 느끼는 행복감이 종교 유무와 연관이 있는지, 아니면 종교성이나 영성으로 명명되는 범주로 묶이는 것들과 어떤 관련이 있는지, 만일 둘 사이에 연결고리가 있다면 그 관계성은 현실 속에서 어떻게 발현되는지 등에 초점을 둔다. 나아가 그 관계가 청년세대에서 드러난다면 어떤 모습으로 나타나는지, 그리고 청년세대에서 나타나는 행복감과 종교의 관련성이 다른 세대에서 나타나는 것과 어떤 점에서 유사한지 혹은 다른지 등에 대한 답도 구하고자 한다.

우리가 이러한 질문을 제기하는 이유는, 오늘날 우리나라에서 가장 세속화된 도시 서울에 사는 청년세대의 문제를 사회과학적 시각에 근거하면서도 종교라는 내면적이고 궁극적인 차원에서 접근했을 때 청년 문제의 해결을 위한 지평이 확장되리라는 생각에서다. 또 다른 이유는 최근 공공정책에서 개인의 행복도를 높이기 위한 정책적 개입을 향한 관심이 증대되는데, 이러한 맥락에서 개인이나 집합적 인구집단으로서 특정 세대가 느끼고 인지하는 '행복'의 문제를 주관적이고 감정적인 측면뿐 아니라 개인이 살아가는 도시공간의 삶의 질을 높일 수 있는 공적인 주제 영역으로 논의해야 한다는 점을 강조하려는 까닭이다.

사람은 누구나 행복한 삶을 살고자 한다. 대한민국 헌법 제 10조에 명시된 "모든 국민은 인간으로서의 존엄과 가치를 가지며, 행복을 추구할 권리를 가진다"는 점을 새삼 상기하지 않더라도 행복이 삶의 궁극적 지향임은 분명하다. 서울의 청년세대는 지금 얼마나 행복한가, 혹은 얼마나 불행한가? 이들 세대는 어떻게 행복해질 수 있는가? 그럴 가능성이 남아 있기는 한 건가? 삶의 격동기를 거칠 청년세대에게 종교는 행복에 어떤 영향을 미치는 것일까?

2. 종교와 행복의 관련성에 대한 기존의 시각

청년세대와 종교, 행복의 관계를 논하기 전에 종교와 행복의 관련성을 다루는 기존 담론을 살펴보자. 논의의 전개에 앞서 한국사회나 서울 시민의 행복에 영향을 미치는 요인을 분석하는 연구를 살펴보면, 우리는 종교 유무나 종교성 요소가 행복과 관련해 주요하게 등장하지 않았다는 점을 알 수 있다. 사실 한국사회에서는 종교라는 주제를 전면에 등장시키는 것이 일종의 모험일 수 있다. 이는 서울 시민의 반 정도가 종교를 가지지 않았기에 종교 영역을 일반적 논의로 끌어들이는 것 자체를 편향적이라고 생각할 수 있기 때문이다. 한 예로 통계청의 인구주택총조사에서 종교 현황을 조사하는 문항이 있는데, 선택지의 종교유형 순서를 어떻게 배열할지를 두고 종교계에서 다양한 주장이 강하게 제기된다고 한다. 이러한 예만 보더라도 우리 사회에서 종교는 생각보다 예민한 문제임을 알 수 있다.

종교와 행복의 관련성을 둘러싼 기존 논의는 두 요소의 관계에 대해 어떻게 접근했을까? 이미 언급했듯이 우리 사회에서는 이러한 연구가 활발하지 않았으며, 서구에서도 종교 자체에 대한 논의는 많은 데 비해 종교와 삶의 만족도로서의 행복 간의 상관관계를 살펴보려는 시도는 최근에서야 이루어졌다. 여러 연구가 종교 자체는 삶의 만족도에 긍정적 영향을 미친다는 분석결과를 제시한다. 다시 말하면 종교를 가진 사람이 그렇지 않은 사람에 비해, 그리고 종교 활동을 활발하게 하는 사람이 그렇지 않은 사람에 비해 삶에 대한 주관적 만족감이나 행복 정도가 높아, 종교가 삶의 행복도를 높이는 데 긍정적 역할을 한다는 것이다.

임채윤과 퍼트남(Lim & Putnam, 2010)은 사회과학계가 행복이라는 고전적인 주제에 최근에서야 관심을 가진 이유는 '행복의 측정가능성'에서 타당성(*validity*)과 신뢰성(*reliability*)이 증가했기 때문이라는 점[1]을 지적한다. 한편 이들은 행복에 영향을 미치는 여러 범주에 대한 지금까지의 연구에 의하면 종교는 행복과 아주 긴밀하게 연관되었다(Inglehart & Klingemann, 2010). 또한 종교와 행복의 관련성에 관해 발견한 점을 크게 두 가지로 정리하는데, 먼저 종교는 개인적인 행복과 정적 상관관계를 가진다는 것이다. 즉, 종교를 가진 사람이 그렇지

1 행복 측정에는 다양한 방식이 있을 수 있는데, 하나는 '자기측정식'(*self-rating*) 질문이며, 또 다른 하나는 복합지표(경제사회적 지표와 주관적 만족도 등)를 사용한 것이다.

않은 사람에 비해 더 행복하다. 다른 하나는 '유(有) 종교' 변수가 '행복'을 설명하는 정도는 2~6%로 그다지 크지 않다는 점이다. 즉, 건강이나 외로움 등과 같은 변수의 행복도에 대한 설명력이 '유종교' 변수보다 더 크며, 그럼에도 교육 정도, 결혼상태, 사회적 활동, 성, 연령, 계층, 인종 등 다른 인구사회학적 변수에 비해서는 '유종교' 변수의 영향력이 유사하거나 좀더 크다는 것이다. 이들은 기존 논의에서 종교가 개인의 행복감, 특히 종교제례(미사나 예배 등)에 규칙적으로 참여하는 사람의 행복감을 높일 수 있는 이유로, 종교가 개인 간의 연결망을 형성해 주고 이들 연결망을 지지해 줌으로써 사회적 소통을 활성화하는 역할을 한다는 점이 강조된다고 밝힌다. 헬리웰(Helliwell, 2013)은 국가별로 정도의 차이는 있지만 종교적 믿음과 종교 활동은 삶의 만족도를 제고하는 순기능이 있음을 발견했으며, 클라크와 렐크스(Clark & Lelkes, 2006) 역시 신앙심을 가진 사람이 그렇지 않은 사람보다 주관적 삶의 만족도가 높다고 지적했다.

종교와 행복 정도의 관련성에 관한 또 다른 연구 경향은 종교적 소속감(*religious belonging*)보다는 종교적인 믿음이나 의미 그 자체가 개인의 행복에 기여한다는 점을 밝힌다. 잉글하트 등은 종교적 믿음 자체가 삶의 목적성이나 삶의 의미를 분명하게 하면서 개인의 행복감을 높인다는 점을 지적한다(Inglehart & Klingemann, 2010). 이와 함께, 종교와 개인의 행복 간의 관계성을 좀더 분명하게 드러내기 위해서는 종교적 실천(종교의례의 정기적 참석 등)뿐만 아니라 정신적인 경험(*spiritual experience*)이나 신의 현존에 대한 인지(*the sense of closeness to God, feeling God's love*) 등이 구분되어 함께 고려되어야 한다고 주장한다. 이렇게 '종교행위'나 '종교성'에 대한 측정이 세분화되고 다양해져야만 왜 종교 자체가 개인의 행복에 영향을 미치는지 보다 분명하게 알 수 있다는 것이다.

이러한 기존 논의는 서구사회의 경험적 데이터에서 발견한 것이다. 종교 변인과 행복감 간의 관계를 좀더 살펴보자. 몇몇 연구는 종교 변인 중에서 행복과 밀접한 연관을 맺는 것은 '외재적 종교성'보다는 '내재적 종교성'이라고 주장한다(Allport & Ross, 1967; 조발그니·류정희, 2008). 올포트와 로스의 관점에 따르면, 내재적 종교성은 개인의 내면적 차원에서 이루어지는 신앙과 실천의 영역을 의미하는 데 반해서 외재적 종교성은 관계적 차원에서의 종교집단 참여 및 외면적 종교 활동을 뜻한다. 특히 가톨릭 청년신자를 대상으로 한 조발그니와 류정희의 연구에 따르면, 외재적 종교성은 사회적 수용, 실현, 응집력 등을 포괄하는 사회적 차원의 안녕감과는 물론, 자율성, 대인관계, 환경에 대한 통제력, 삶의 목적, 인격적 성장 등을 아우르는 심리적 차원의 안녕감과도 부적 상관관계를 나타낸다. 한편, 노인의 삶의 질을 분석한 한내창(2002)의 연구에 의하면 종교를 가진 사람은 그 삶의 질이 종교를 가지지 않은 사람보다 상대적으로 높지만, 다른 인구사회학적 변인을 같이 고려하면 이 요인들이 노인의 삶의 질을 설명하는 데 종교 요인보다 설명력이 더 높다.

3. 청년세대는 탈종교화 경향을 보인다

청년세대의 행복과 종교 문제로 들어가 보자. 먼저 서울의 종교 현황을 살펴보면, 서울 시민의 반 정도는 종교가 없으며 연령이 높을수록 종교를 가진 사람의 비율이 높다. 청년세대(20~39세)는 43%가 종교를 가졌다(서울서베이, 2014년 기준). 10명의 청년 중 4명 정도는 '유종교' 인구인 것이다. 이는 다른 세대보다 낮은 비율인데, 중년세대는 종교가 있다고 응답한 비율이 46.5%이며, 베이비붐세대의 경우 절반이 넘는 52.5%가 종교를 가진 것으로 나타났다. 서울의 고령세대는 10명 중 6명 정도인 60.5%의 시민이 종교를 가졌다.

유종교 비율이 연령대가 높아짐에 따라 증가하는 이러한 현상은 비단 서울만의 독특한 경우는 아니다. 미국사회의 종교 관련 현황 자료를 살펴보면, 시대가 흐를수록 종교가 개인의 삶에 미치는 영향력이 감소하는 경향이 나타난다. 퓨리서치 조사에 따르면 '종교가 일상생활에 미치는 영향이 줄어드는 추세이다'는 견해에 대해 '그렇다'고 응답한 비율이 2002년 52%에서 2014년 72%로 증가하였으며, 이를 반영하듯 미국인의 '종교적 소속감 있음' 비율이 2007년 83%에서 2014년 77%로 줄어든 반면, '종교적 소속감 없음' 비율은 같은 시기에 16%에서 23%로 늘어난 것으로 나타났다. 더욱이 '종교적 소속감이 없다'고 응답한 사람 중 '신의 존재를 믿는다'는 비율이 2007년에는 70%였으나 2014년에는 61%로 점차 줄고 있다. 더욱이 미국의 청년세대(18~29세)의 '종교 없음' 비율은 35%로, 50~64세의 19%, 65세 이상의 9%와는 대조를 이루었다(Pew Research Center, 2014; 2015). 이러한

표 4-1 서울의 세대별 종교 유무

단위: %

	종교 있음	종교 없음	합계
전체	48.6	51.4	100
청년세대 (20~39)	42.8	57.2	100
중년세대 (40~51)	46.5	53.5	100
베이비붐세대 (52~60)	52.5	47.5	100
고령세대 (61~)	60.5	39.5	100

자료: 서울서베이 (2015) 원자료 분석.

조사결과를 통해 현대사회로 올수록 '종교 없음'의 비율이 늘어나며, 젊은 세대는 점점 '탈종교'화됨을 확인할 수 있다. 또한 종교가 사회에 미치는 영향 자체도 감소했다는 생각을 가진 사람이 점점 늘어남을 알 수 있다.

그렇다면 우리 사회에서 가장 세속화된 서울에서 청년세대가 종교를 가진 비율은 늘어나는가, 줄어드는가? 〈그림 4-1〉은 서울의 지난 10년간의 연령별 '종교 유무' 비율을 보여 준다. 청년세대의 '유종교' 비율 변화를 살펴보면 다른 연령에 비해 '탈종교'화된 비율이 높음을 알 수 있다. 2007년 기준 청년세대의 '종교 있음' 비율은 47.3%였으나, 2015년에는 42.8%로 4.5%나 줄었다. 40~51세의 장년층 역시 '종교 있음'이라고 응답한 비율이 최근 5년 사이에 50% 미만으로 떨어졌다. 고령세대의 경우 '유종교' 비율이 여전히 60%이상으로 높지만, 이들 세대에서도 역시 그 비율은 줄어들었다. 서울 시민의 '탈종교화' 현상은 하나의 흐름이다. 더욱이 청년세대는 이미 10년 전부터 종교를 가진 비율이 50% 미만으로 나타나, 이들에게 탈종교화 현상이 더 빠르게 나타났음을 알 수 있다.

청년세대의 '탈종교화' 현상이 진행되는 가운데 이들이 믿는 종교 유형은 어떻게 나타날까? 청년세대의 26.5%는 개신교 신자이며, 11.3%는 천주교 신자이다. 한편 불교 신자라고 답한 청년세대는 4.8%에 불과하다. 이는 고령세대의 22.7%가 불교 신자라고 응답한

그림 4-1 **종교가 있다고 응답한 연령별* 연도별** 비율**

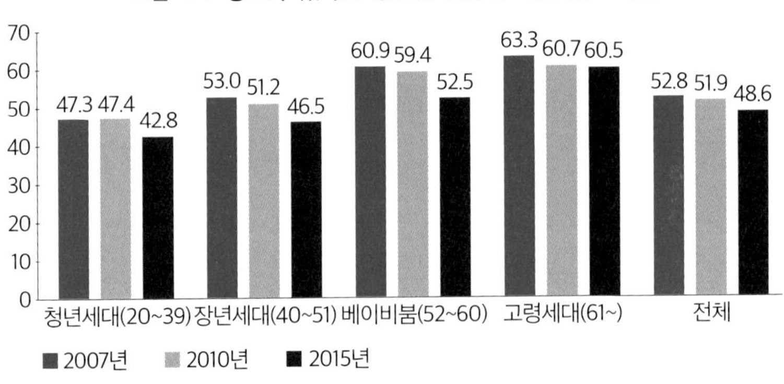

* 세대별 명명은 2015년 자료를 기준으로 하였으며, 2007, 2010년 자료는 이에 맞춰 분석함.

** 2015년 기준 각 5년 단위의 변화를 파악하고자 했으나, 서울서베이는 2007년에 처음으로 종교 유무에 대해 조사를 하였으므로 2007년이 분석대상이 되었음.

자료: 서울서베이 (2007; 2010; 2015) 원자료 분석.

그림 4-2 **연령별 종교유형 비율**

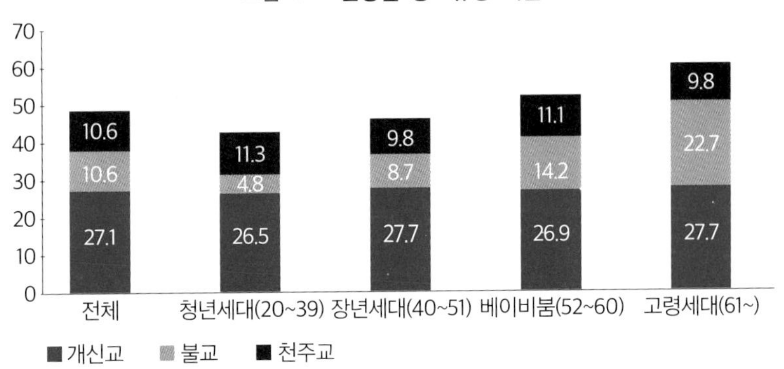

자료: 서울서베이 (2015) 원자료 분석.

것과는 대조적이다. 서울에서 종교를 가진 청년은 대부분 그리스도교(개신교+천주교) 신자라는 것을 알 수 있다.

4. 종교는 강남/서초 등 중상층 거주지역, 여성 청년에게 더 가깝다

이제 종교를 가진 청년층의 지역분포를 살펴보자. 서울 전체에서 유종교 비율이 가장 높은 지역은 강남구로 10명 중 6명이 종교를 가졌다. 송파구, 서초구 등 강남 3구의 청년세대 유종교 비율은 50%를 상회해 다른 지역과는 차이를 보였다. 금천구 38.5%, 관악구 35.2%, 은평구 31.4%, 영등포구 33.3% 등, 강남 3구 외의 지역은 '유종교' 비율이 낮았다. 이러한 현상을 통해 청년층의 '유종교' 비율은 주로 중산층 거주지역에서 높다는 것을 알 수 있다.

그림 4-3 지역별 '유종교' 비율

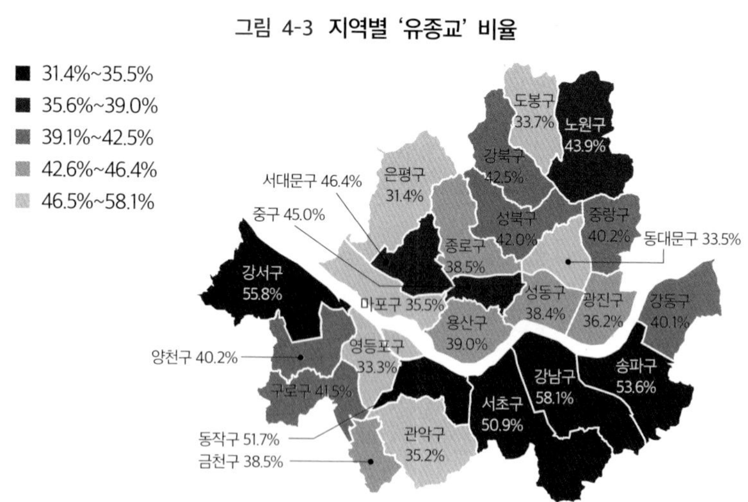

한편 종교유형별 지역분포를 살펴보면 더욱 흥미로운 현상을 발견할 수 있다. 개신교 비율은 동남권에서 32.8%로 압도적으로 높았다. 앞서 중산층 거주지역에서 종교를 가진 청년이 많다는 점을 지적했는데, 이들 중 압도적인 수가 개신교를 믿는다. 이 같은 현상은 대형교회가 밀집한 강남지역의 특성을 일정 부분 반영한다고 볼 수 있다. 천주교는 서남권, 동남권, 동북권 순으로 높게 나타났으나 개신교에 비해 지역별 분포의 차이는 적었다. 불교를 믿는 청년은 그리스도교에 비해 절대적 비율이 낮은 한편 지역별 분포의 차이도 크지 않았다.

그림 4-4 **종교유형별 지역별 분포**

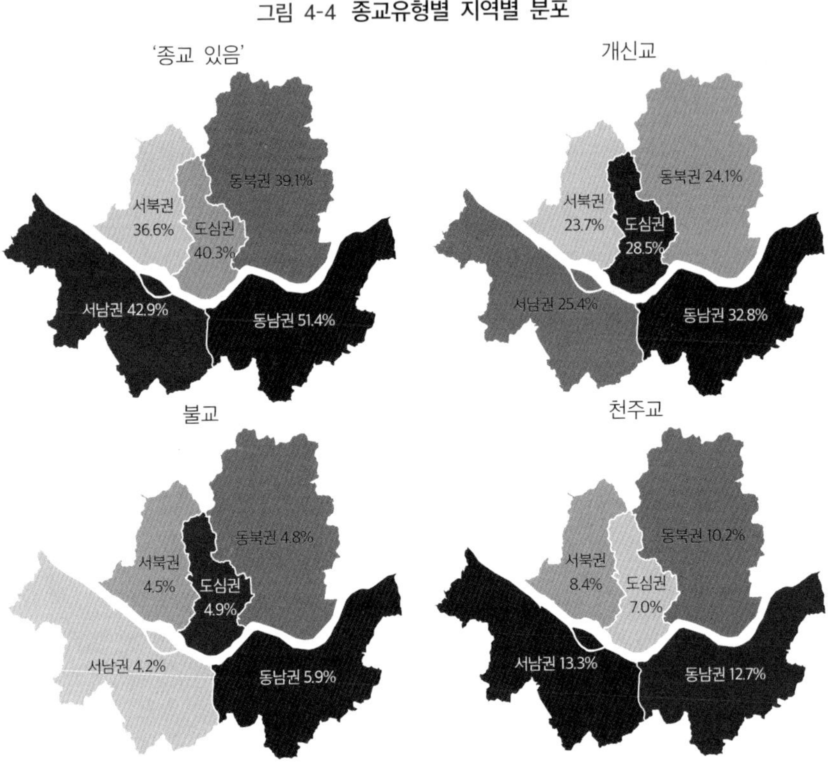

청년세대 종교 현황의 남녀 간 차이를 살펴보면 남성의 39.4%, 여성의 46.2%가 종교가 있어, 청년층 중 남녀의 '유종교' 비율 차이는 6.8%로 나타났다. 중산층 지역에 사는 여성 청년층이 '종교'에 더 친화적이라는 점을 알 수 있다. 직업별로는 전문직, 사무직 등 화이트칼라 종사자 중 '종교가 있다'는 비율이 44~47%로 비교적 높았으며, 직업이 없는 청년세대의 '유종교' 비율은 34%로 더 낮게 나타났다. 또한 '주관적 계층귀속감'이 '상층'인 청년이 종교가 있다고 대답한 비율이 계층귀속감이 '하층'인 집단보다 4% 이상 높았다. 우리는 몇 가지 분석을 통해 서울에 사는 청년세대에게 종교를 믿는 행위조차 경제적 환경과 어떤 형태로든 관련이 있음을 알 수 있었다.

5. 일상생활과 종교의 관련성은 종교유형별로 상이하다

10명 중 4명 정도가 종교를 가졌으며, 그들이 믿는 종교로는 그리스도교가 압도적인 서울의 청년세대. 또한 주로 중산층 지역을 중심으로 청년세대가 종교를 믿는 비율이 높은 서울. 이제 종교가 청년세대의 삶에 미치는 영향을 다각도로 조망해 보자. 종교를 가진 청년은 종교가 없는 청년보다 튼튼한 사회적 지원망을 가졌을까? 흔히 오늘날 종교 공동체는 신앙심보다는 공동체에서 주는 여러 가지 사회적 지원망으로 인해 작동한다는 주장도 제기된다. 이를 확인하기 위해 청년세대의 사회적 지원망, 즉 청년층에게 몸이 아플 때, 금전적 도움이 필요할 때, 그리고 감정적으로 낙심한 상태이거나 우울할 때 도움을 청

표 4-2 **개인의 종교유형에 따른 사회적 지원망 정도**

'있다'고 응답한 비율, 단위: %

	몸이 아플 때*	금전적 도움이 필요할 때**	낙심, 우울할 때
개신교	78.7	61.3	76.4
불교	85.6	66.0	74.2
천주교	82.7	60.8	77.8
종교 없음	78.3	60.6	75.5
전체	79.3	61.1	75.9

자료: 서울서베이 (2015) 원자료 분석.

* $p < .001$, ** $p < .05$.

할 수 있는 관계망이 있는지 파악하였다. 전체적으로 종교가 없는 청년에 비해 종교를 가진 청년의 사회적 지원망이 더 탄탄한 것을 알 수 있다. 종교가 있는 청년이 건강(몸이 아플 때), 물질(금전적 도움이 필요할 때), 감정(낙심하거나 우울할 때) 적 측면에서 지원해 줄 사회적 지원망이 있다고 응답한 비율이 종교가 없는 청년세대보다 높은 것이다. 특히 '건강'과 '물질' 측면에서 집단별 차이가 유의미하게 나타났다. '내가 몸이 아플 때 보살펴 줄 사람이 있는지' 묻는 항목의 경우 흥미로운 결과를 보여 준다. 가장 많은 청년이 속한 개신교집단의 경우 '종교 없음' 집단과 유사한 정도의 지원망 수준을 드러낸 반면, 천주교와 불교집단에서는 건강과 관련한 사회적 지원망이 있다고 응답한 비율이 높았다. 금전적 도움이 필요할 때 도움을 받을 수 있는 지원망에 대해서는 상대적으로 불교를 믿는 집단의 긍정적 응답 비율이 높았고 종교가 없거나 그리스도교를 믿는 집단에서는 그 비율이 낮았다. 이러한 결과는 청년세대가 가장 많이 믿는 개신교나 천주교가 일상생활에서는 지원망 역할을 상대적으로 많이 하지 못함을 보여 준다.

그림 4-5 **서울 청년세대의 종교유형별 주관적 행복감(10점 만점)**

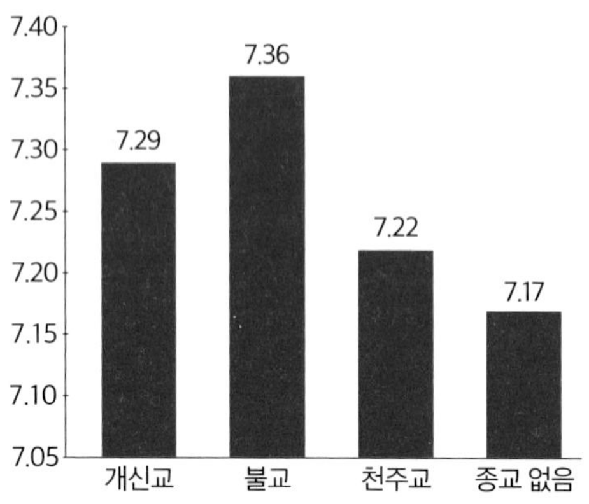

자료: 서울서베이(2015) 원자료 분석.

그런데 흥미로운 점은 그리스도교를 믿는 청년세대의 사회적 지원망 수준이 지역에 따라 다르다는 점이다. 앞서 우리는 전체 서울시 청년세대에서 그리스도교의 사회적 지원망 수준이 불교에 비해서는 낮고 '종교 없음' 집단과는 유사하다는 점을 언급했는데, 지역을 한정하면 이와는 다른 양상을 발견할 수 있다. 우리는 서울시 평균보다 소득수준이 높은 강남/서초 지역의 청년만을 대상으로 동일한 분석을 시행하였다. 그 결과 사회적 지원망의 모든 영역에서 개신교집단의 긍정적 응답 비율이 가장 높게 나타났다. 이는 서울시 전체의 청년세대를 분석하였을 때와는 상이한 결과이다. 이를 통해 우리는 청년세대의 종교와 지역적 특성 사이에 연관성이 있다는 점을 확인할 수 있다.

한편, 청년층에게 주관적 삶의 만족도와 행복감은 종교와 어떤 관련이 있을까? 두 변수 간의 관계를 파악하기 위해 우리는 종교유형별로 청년세대의 평균 행복도와 삶의 여러 측면에서의 만족도를 비교했다. 청년세대의 주관적 행복감 평균점수는 종교가 없는 집단에서 가장 낮았으며(7.17점, 10점 만점), 불교를 믿는 청년세대의 행복점수(7.36점)가 개신교(7.29점)나 천주교(7.22점)를 믿는 집단의 점수에 비해 높았다.

6. 청년세대에게 종교와 믿음은 어떤 의미인가?

세속화되고 경쟁이 치열한 서울에서 청년으로 살아가는 일은 결코 만만하지 않다. 더욱이 청년 중에는 졸업하고도 직장을 찾지 못해 완전한 사회인으로 성장할 수 없거나 불안정한 직업지위로 취업과 비(非)취업 상태 사이를 오가면서 좌절하는 경우도 있다. 청년기는 전체 인생 주기에서도 이행단계에 해당하는 까닭에 그 어느 시기보다 정체성의 혼란이 심하기도 하다. 우리 사회에서 종교를 믿는 가장 큰 이유가 '마음의 평안을 얻기 위해서'라고 할 때(한국갤럽, 2015), 과연 청년세대는 종교를 통해 '마음의 평화와 평안'을 얻고 있을까?

우리는 서울의 청년세대가 삶에서 느끼는 긍정적 감정 정도와 종교 유무가 어떤 관련이 있는지 조사하였다. 이들에게 최근 2주 동안 〈표 4-3〉에서 제시된 긍정적 감정을 얼마나 느꼈는지 묻고, 가장 많이 느낀 경우 10점, 전혀 느끼지 않았을 경우 0점인 11단계 척도로 응답하도록 요청하였다. 그 결과, 청년세대 중 종교를 가진 사람이 종교가 없는 이보다 평균적으로 즐거운 감정, 행복한 감정, 편안한 감정을 약간 더 많이 느끼는 것으로 나타났으나, 유의미한 차이를 보이는 것은

표 4-3 종교 유무별 긍정적 감정 정도

0점에서 10점으로 측정, 단위: 점

	즐거운	행복한*	편안한
종교 있음	7.31	7.14	7.01
종교 없음	7.28	7.06	6.99

자료: 서울서베이 (2015) 원자료 분석.

* p < .01 수준에서 통계적으로 유의미함.

'행복한 감정' 부문이었다(〈표 4-3〉 참조). 다시 말하면 종교를 가진 청년은 지난 2주간 '행복'을 느낀 정도가 평균 7.14점으로 종교가 없는 청년의 행복감 평균점수 7.06점보다 높았다.

우리는 이러한 분석을 통해 청년세대에게 종교는 전반적으로 긍정적인 역할을 하며, 그중 감정적인 영역에서 기여하는 측면이 있음을 알 수 있었다. "'위로와 평안', 이것이 종교를 가진 청년층이 종교를 통해 얻는 것이다"이라고 단순하게 말할 수 있다. 그렇다면 종교의 어떤 요소가 청년세대에게 위안과 평안을 주는 것일까? 우리는 이 점을 좀더 분명하게 알기 위해 '종교'와 관련된 몇 가지 측면을 탐색했다.

우리는 앞선 이론적 논의에서 종교가 청년세대의 행복감과 상관성이 있다고 할 때 이것이 종교적 소속감(*religious belonging*)에서 기인한 것인지 아니면 종교적 믿음이라는 영성적이고 신앙적인 요소가 작용한 것인지 구분하여 파악해야 한다는 점을 지적하였다. 다시 말하면 개인이 갖는 신앙으로서의 믿음체계가 삶의 목적성이나 삶의 의미를 강화한 결과로서 행복감이 증가한다고 보는 것과, 종교행위로서 종교 의례에 정기적으로 참석함에 따라 종교 공동체에서의 사회적 연결망이 형성되고 소통이 활성화되면 이를 통해 개인이 경험하는 행복이 커질 것으로 예상하는 것은 서로 다른 측면을 보여 주기 때문이다.

앞서 우리는 서울의 청년세대 중 종교를 가진 청년이 종교를 갖지 않은 이들에 비해 좀더 행복하고, 일상생활에서의 사회적 지원망도 더 많다는 점을 확인하였다. 이는 세속화된 세상 속에서 만만치 않은 조건이 청년세대 앞에 펼쳐지지만, 적어도 종교를 가진 청년은 종교를 갖지 않은 청년보다 '평화와 안식'을 더 경험한다는 의미이다. 그렇다면 이들 종교를 가진 청년은 어떤 이유로 그러한 안식을 경험할 수 있을까? 우리는 한국갤럽의 종교 조사[2] 데이터를 통해 이 부분을 살펴보고자 한다. 자료를 분석해 보면 전체적으로는 행복감과 믿음 정도, 인생의 의미 간에 비교적 높은 상관성이 나타났다. 즉, 스스로 믿음이 깊다고 생각할수록 행복도도 높고 인생에 의미를 부여하는 수준도 높게 나타났다. 또한 종교를 믿는 이유 중 "죽은 다음의 영원한 삶을 위해"라는 영성적 측면에서 종교를 택한 사람이 다른 이유로 종교를 믿는 사람에 비해 행복감을 많이 느꼈다. 다시 말하면, 흥미롭게도 "(현세에서) 복을 받기 위해(건강, 재물, 성공 등)" 종교를 믿는 사람의 행복도가 상대적으로 낮게 나타나고, 내세를 믿기 때문에 종교를 믿는다는 사람들의 행복도가 높게 나타난 것이다(〈표 4-4〉 참조). 또한 긍정적 종교 체험[3]을 한 사람은 그러한 경험을 하지 못한 사람에 비해서

2 한국갤럽조사연구소는 1984년부터 《한국인의 종교》라는 비교조사 보고서를 발간하고 있다. 1984년 제 1차 조사보고서 발간 이후 1989년, 1997년, 2004년, 2014년 등 지금까지 5차례 보고서가 발간되었다. 이 조사는 우리 사회에서는 유일하게 종교와 연관된 여러 가지 요인을 다루는데, 예를 들어 종교 의식이나 종교적 참여 등 제례적 측면뿐 아니라 종교성이나 영성 등도 조사 내용에 포함된다.

3 긍정적 종교 체험의 예로는 '종교의 힘으로 병이 나은 경험', '다시 태어난 것 같은 느

표 4-4 **'종교 믿는 이유'에 따른 행복도 차이**

종교를 믿는 이유	행복도 평균*
복을 받기 위해(건강, 재물, 성공 등)	2.90
죽은 다음의 영원한 삶을 위해	3.07
마음의 평안을 얻기 위해	2.94
삶의 의미를 찾기 위해	2.97

자료: 한국 갤럽(2015) 원자료 분석.
* 행복도는 4점 만점.

상대적으로 행복도가 높았다.

사실 종교와 개인의 행복감의 관계성을 좀더 분명하게 드러내기 위해서는 종교적 실천(종교의례의 정기적 참석 등)뿐만 아니라 정신적인 경험이나 신의 현존에 대한 인지 등을 구분할 수 있어야 한다(오세일, 2015). 이러한 구분 위에서 우리는 좀더 풍부한 논의를 할 수 있을 것이다. 이는 '종교행위'나 '종교성'에 대한 측정이 다양화, 세분화될 필요가 있다는 의미이다. 우리는 서울 청년세대의 종교와 행복감 간의 관계를 탐색하는 과정에서 이 부분을 더 파악하고자 시도하였으나 실증 자료가 제한되어 논의를 더 깊이 끌어갈 수 없었다.

낌', '절대자 혹은 신의 계시를 받은 체험' 등이 있다.

7. 나가며

지금까지 우리는 서울의 청년세대에게 종교가 갖는 의미, 종교와 주관적 행복 정도의 관련성, 그리고 종교가 삶의 만족도에 대체로 긍정적인 영향을 미친다면 이는 종교의 어떤 측면에 의한 것인지 등에 대해 탐색해 보았다. 먼저 오늘날 세속화된 사회에서 대중은 점점 '탈종교'화된다는 점을 확인할 수 있었다. 특히 청년세대는 이러한 세속화된 세상 속에서 점점 종교를 갖지 않게 되고 종교가 자기 생활에서 차지하는 중요성도 약화된다고 여긴다. 한편 직업에서는 전문사무직 종사자, 지역으로는 중상층 지역 청년, 주관적 계층귀속감은 중상층에 속하는 청년세대가 그렇지 않은 청년층보다 종교를 가진 비율이 높았다. 이 특성을 통해 청년세대에게 종교를 믿는다는 행위마저 경제사회적 환경과 밀접한 관련이 있음을 확인하였다. 청년세대가 종교영역에서 피안을 찾는 행위에서마저 경제적 환경으로부터 제약을 받는다고 주장하면 지나친 비약일까?

그럼에도 불구하고 전체 서울 시민이라는 맥락에서 보면 종교를 가진 사람이 삶에서 느끼는 행복이나 만족도가 그렇지 않은 사람보다 높았다. 청년세대 역시 종교를 가진 젊은이가 종교가 없는 이들에 비해 주관적 삶의 만족도 점수를 높게 매겼음을 알 수 있었다. 더욱이 종교를 가진 청년세대에게는 어려움에 처했을 때 도움을 청할 수 있는 사회적 지원망이 좀더 많았다. 흥미로운 점은 청년세대의 일상생활에서 작동하는 사회적 지원망이 종교유형별로 상이한 수준으로 나타날 뿐 아니라, 서울시 전체와 중상층 거주지역에서 나타나는 각각의 종교유형별 특성이 서로 다르다는 것이다. 서울시 전체에서는 불교를 믿는 집단의 사회적 지원망이 타 집단에서보다 더 강한 역할을 하였지만, 강남/서초 지역에서는 개신교집단의 사회적 지원망이 가장 강력하게 작동하였다. 영성적인 측면에서 종교가 있는 청년은 대부분 '마음의 평안을 얻기 위해서' 종교생활을 하였으며, 결과적으로 '행복한 감정'을 더 많이 느꼈다. 사람들에게 종교가 어떤 의미인지 탐색하는 과정에서, 우리는 '믿음의 정도'와 '인생의 의미', 그리고 '행복감'이라는 세 요소 간에 높은 상관성이 있음을 알 수 있었다.

오늘날 청년세대에서 나타나는 '탈종교화' 현상에 관해서는 주의 깊은 연구가 필요하다. 종교를 가지지 않은 무종교 인구가 절반을 넘어섰으며, 청년세대에서는 60%에 가까운 청년에게 종교가 없다. 또한 '종교를 믿지 않으면 구원을 받을 수 없다'는 의견에 대해 청년층의 71%가 동의할 수 없다고 반응하여, 청년세대에게 미치는 종교의 영향력은 현재뿐 아니라 앞으로도 더욱 약화될 것으로 예측된다. 그럼에도 불구하고 '종교를 믿는 것이 삶의 질 향상에 도움이 된다'는 의견에 청년층의 반수 정도는 동의하였다.[4]

이 글에서 우리는 오늘날 청년세대를 둘러싼 열악한 환경과 종교, 행복 등을 탐구하면서 청년들이 '종교'를 통해 안식과 안녕을 찾았는지 알아보고자 했다. 서울의 청년에게 종교는 지금의 문제 저 너머에 있는 평화와 안식의 영역은 아니었다. 또한 많은 청년은 종교단체가 진리를 추구하기보다는 교세 확장에 더 관심이 있다는 비판적 시각을 가

4 한국갤럽조사연구소(2015). 《한국인의 종교: 제 5차 비교조사 보고서》.

졌다. 이러한 일반적 경향에도 불구하고 우리는 종교를 가진 청년세대에게서 발견한 행복감과 종교 간의 긍정적 관련성에 주목하였으며, 그들에게 위안을 주고 행복을 더 느끼게 하는 종교의 역할을 발견할 수 있었다. 비록 종교를 믿는 행위 자체가 청년세대가 처한 경제사회적 환경에 영향을 받으며 그 영향 또한 종교유형별로 상이하다는 점을 염두에 두어야 함에도 말이다. 사람의 행복감을 높이는 데 영향을 주는 경제사회적 요인은 그 사람이 처한 환경에 따라 다양할 수 있다. 지금까지 우리 사회에서는 종교가 개인의 삶이나 사회에 미치는 영향력을 너무 피상적이거나 단순하게 파악한 점이 없지 않다. 따라서 향후 종교와 개인의 삶의 질 간의 관계성에 관한 연구를 활성화하기 위해서는 종교와 연관된 조사 자료의 축적이 필요하다. 이와 더불어 '종교'가 포괄하는 다차원성, 즉 종교 제도, 종교 조직, 종교 활동, 종교와 공동체, 영성, 믿음체계 등으로 논의를 확장해 나가야 한다.

참고문헌

서울시 · 서울연구원 (2007; 2010; 2014; 2015). 〈서울서베이〉.

오세일 (2015). 행복과 영성에 관한 사회학적 고찰: 한국 청년세대 연구를 위한 시론. 〈인문사회21〉, 6권 2호, 463~489.

조발그니, 류정희 (2008). 가톨릭 청년의 종교성과 안녕감의 관계: 천주교 광주대교구의 경우. 〈종교연구〉, 51권, 193~225.

한국갤럽조사연구소 (2015). 《한국인의 종교: 제5차 비교조사 보고서》.

한내창 (2002). 종교성이 정신건강에 미치는 영향에 관한 연구. 〈한국사회학〉, 36집 3호, 157~182.

Allport, G. & Ross, M. (1967). Personal religious orientation and prejudice. *Journal of Personality and Social Psychology*, *5*(4), 432~443.

Byun, M. (2013). What is the key factor to impact on happiness or life satisfaction of neighborhood?. Presentation at the ANPOR International Conference.

Clark, A. & Lelkes, O. (2004). Deliver us from evil: Religion as insurance. In Papers on Economics of Religion: Department of Economic Theory and Economic History of the University of Granada. https://pdfs.semanticscholar.org/37b4/12174ffbc6f994b904fdf4721592c20916b7.pdf

Easterlin, R. A., Mcvey, L. A., Switek, M., Sawangfa, O., & Zwig, J. S. (2010). The Happiness-income paradox revisited. *PNAS*, *107*(52), 22463~22468.

Easterlin, R. A., Morgan, R., Switek, M., & Wang, F. (2012). China's life satisfaction 1990~2010. *PNAS*, *109*(25), 9775~9780.

Fleche, S., Smith, C., & Sorsa, P. (2011). Exploring determinants of subjective wellbeing in OECD countries: Evidence from the World Value Survey. *OECD Economics Department Working Paper*, *No. 921*. OECD Publishing.

Graham, C. (2005). Economics of happiness: Insight on globalization from a novel approach. *World Economics*, *6*(3), July-September.

______ (2011). *The Pursuit of Happiness: An Economy of Well-being.* Brookings Institute Press: Washington D.C.

Graham, C. & Felton, A. (2006). Inequality and happiness: Insight from the Latin America. *Journal of Economic Inequality,* 4(1), 107~122.

Helliwell, J. F., Richard, L., & Sachs, J. (2012). *World Happiness Report 2012.* The Earth Institute Columbia University.

______ (2013). *World Happiness Report 2013.* UN Sustainable Development Solution Network.

Inglehart, R. & Klingemann, H. (2000) Genes, culture, democracy, and happiness. Diener, E. & Suh, E. (eds). *Culture and Subjective Well-being.* MIT Press. 165~183.

Lim, C. & Putnam, R. D. (2010). Religion, social network and life satisfaction. *American Sociological Review,* 75(6), 914~933.

Pew Research Center (2014). Public sees religion's influence waning: Growing appetite for religion in politics.

______ (2015). U.S. public becoming less religious.

제 2 부

도시공간과 일상생활의 변화

05

서울의 광장문화, 오래된 것과 새로운 것

김백영

1. 한국의 광장

> 광장은 대중의 밀실이며 밀실은 개인의 광장이다. 인간을 이 두 가지 공간의 어느 한쪽에 가두어 버릴 때, 그는 살 수 없다. 그럴 때 광장에 폭동의 피가 흐르고 밀실에서 광란의 부르짖음이 새어 나온다.
>
> — 최인훈(1960). 《광장》.

2016년 말 헌정사상 초유의 대통령 탄핵정국을 이끈 것은 주말마다 광화문을 점령한 거대한 촛불의 파도였다. 전국 각 지역의 광장에서 수개월에 걸쳐 주말마다 전개된 촛불집회 참가자의 연인원은 천만 명을 훌쩍 넘어선 것으로 추산된다. 이러한 참여 민주주의와 직접 민주주의의 엄청난 규모와 열기는 실로 유사 이래 전례가 없는 경이로운 현상이었다. 하지만 한국 현대정치사의 주요한 변곡점을 장식했던 수많은 가두시위와 광장정치의 전범(典範)들을 떠올려 볼 때 이 노도(怒濤)와 같은 시민 민주주의의 함성이 전혀 낯선 것은 아니다. 어떤 의미에서 그것은 한국 민주주의 운동사의 오랜 역사적 축적물이라고 할 수 있다. 광화문이라는 장소, 촛불이라는 소품, 비폭력이라는 규범, 그리고 이 모든 약속을 너무나 훌륭하게 실행으로 옮긴 비조직적이고 순전히 자발적인 대중의 뜨거운 참여 열기 … . 이 모든 요소와 그 적절한 조합이 정확히 언제 어디서 발명되거나 수입된 것인지는 알 수 없지만, 적어도 그것이 하루아침에 만들어진 것이 아님은 틀림없다.

시간을 거슬러 올라가 그 유래를 찾아보자면, 아마도 우리는 가깝게는 2002년 한·일 월드컵 당시 전국을 휩쓸었던 응원 열기와 축제 분위기, 그 뒤를 이은 — 주한미군의 장갑차에 희생된 — 효순이·미선이 추모시위, 그리고 2004년 노무현 대통령 탄핵 반대시위와 2008년 광우병 파동 정국을 장식한 미국산 쇠고기 수입 반대시위 등을 손쉽게 떠올릴 수 있을 것이다. '4강 신화'로 온 국민을 흥분의 도가니로 몰아넣었던 카니발적인 응원 열기의 세례를 거치면서 시민들이 과거 권위주의 정권하의 광장 공포증과 레드 콤플렉스의 금기에서 벗어날 수 있었다는 점, 그리고 촛불집회라는 새로운 집합적 행위양식을 창안해 냄으로써 군사정권기 폭력으로 얼룩졌던 경직된 시위문화를 가족 단위의 시민도 동참할 수 있는 비폭력적이고 평화적인 행사로 전환시킨 점은 분명 정보화와 다중지성의 시대를 맞아 환골탈태한 한국 광장정치의 새로운 풍속도라고 할 수 있을 것이다. 하지만 그것만으로 수많은 외신들의 이목을 집중시키고 경탄을 자아낸 '다이내믹 코리아' 특유의 활기 넘치는 광장문화의 형성사를 설명해 낼 수 있을까?

2. 한국 광장문화의 역사적 기원을 찾아서

한국의 민주주의 발전사는 실로 유난히도 여러 차례에 걸친 대중적 집합행동의 반복적 출현으로 특징지어진다. 굵직한 사건만 꼽아 보더라도 1960년 4·19혁명에서부터 시작하여 1964년 6·3항쟁, 1980년 '서울의 봄', 1987년 6월 민주화운동, 1991년 5월 투쟁, 2008년 촛불집회에 이른다.[1] 도심부 공공 공간에서 신체 에너지를 집합적으로 분출시키는 모습으로, 대표적으로는 광장에서의 집회와 거리에서 시위로 외화된 이 사건들은 한국의 '압축 민주화' 과정의 주요한 역사적 장면들을 극적으로 장식한다. '집시법'(〈집회 및 시위에 관한 법률〉의 약칭)으로 대표되는, 대중의 자유로운 정치적 의사표현을 지속적으로 제약해 온 일련의 반민주 악법에 의해 강압적으로 '안정'과 '질서'가 유지되어 온 민주화 이전 시기에는 이러한 대중의 '불법적' 집합행동과 공권력 간의 물리적 충돌이 극히 자연스러운 현상이었다. 독재권력의 법 제도적·물리적 강제력에 의해 시민 대중이 광장으로부터 일상적이고 체계적으로 추방되어 왔다는 사실 그 자체야말로 예기치 않은 광장정치의 돌발적 폭발을 일으키는 잠재적이고 구조적인 원인으로 작

---

1 각 사건들의 특징을 간략히 소개하자면, 4·19혁명은 이승만 정권의 부정부패와 부정선거에 대한 저항, 6·3항쟁은 박정희 정권의 굴욕적인 한일국교정상화에 대한 반대, '서울의 봄'은 박정희 유신체제 붕괴 이후 민주화에 대한 전 국민적인 열망, 6월 민주화운동은 군부독재체제를 연장하려는 전두환 정권에 맞서 대통령직선제를 쟁취하기 위한 전 국민적 투쟁, 1991년 5월 투쟁은 노태우 정권의 공안통치에 대한 대학생들의 격렬한 저항, 2008년 촛불집회는 이명박 정권의 미국산 쇠고기 수입개방에 대한 대중적 저항이 표출된 것이라고 할 수 있다.

용한 셈이다.

이처럼 우리 사회에서 광장은 오랫동안 시민들에게 친숙한 공간이 아니었다. 광장이 권위주의 국가권력의 전시적 공간에서 벗어나 시민의 주체적 활동공간으로 인식되고 사용된 예는 1980년대 말 대규모 반독재 민주화시위라는 예외적 상황에서 간헐적으로 출현하기 시작했다. 광장 공간에 대한 시민들의 점유와 활용의 권리가 상식적으로 받아들여지게 된 것은 1990년대 말 이후의 일이다. 광장이 서구화와 근대화의 산물이고 정치적 민주화 이후에야 시민의 공간이 되었다는 점에 비춰볼 때 우리 도시에서 광장은 오랫동안 낯선 이국적 구성요소로 받아들여져 왔다고 볼 수 있다. 하지만 광장에 대한 논의를 지나치게 협애하게 정치사적 관점에서만 전개할 경우, 광장이라는 공간소(空間素)의 다용도성, 다차원성, 다중성을 충분히 다루어 내지 못할 우려가 있다.

물리적 공간이라는 차원에서 보면 광장은 건조환경(建造環境; *built environment*)으로 둘러싸인 도시공간에서 가로와 가로가 만나는 지점 또는 일정한 건물군으로 둘러싸인 공간에 형성된 상당한 면적의 오픈 스페이스(*open space*) 일반을 지칭한다. 영국의 '스퀘어'(*square*), 프랑스의 '플라스'(*place*), 독일의 '플라츠'(*platz*), 이태리의 '피아차'(*piazza*), 스페인의 '소칼로'(*zocalo*) 등과 같이 광장은 유럽의 어느 나라 어느 도시에서든 거의 예외 없이 중심부를 차지하는 핵심적 공간소이다. 유럽에서 광장은 일반적으로 부르주아지의 발상지로 잘 알려진 중세 유럽의 자유도시에서 그 전형이 형성되어 근대화와 더불어 전 세계로 확산된 '도시 생활과 도시 정신의 표현'으로 인식되어 왔다. 곧잘 '시민문화의 산실'로서 간주되곤 하는 유럽의 광장문화는 고대 그리스-로마의 아고라(*agora*)나 아크로폴리스(*acropolis*)와 같은 도시문화에서 그 역사적 원형을 찾는다. 이러한 시민 민주주의의 전통은 중세 봉건제 시기에는 일시적으로 쇠퇴했으나 13~14세기부터 자유도시의 중심부 교회 앞 광장이나 시장 공간, 시청 앞 광장이 활성화되면서 다시 살아나기 시작했고, 15~16세기 르네상스 도시국가 형성기를 거치면서 조형미를 갖춘 계획적 광장공간으로 그 형태적 완성을 이루었다는 것이 통설이다.

반면 아시아의 전통도시에서 유럽에서와 같은 오랜 광장문화의 전통을 찾아보기란 쉽지 않다. 일본의 건축가 구로카와 기쇼(黑川紀章)는 《길의 건축》(道の建築, 1983)에서 "동양의 도시에는 광장이 없다. 동양의 도시에서 광장의 역할을 하는 것을 찾자면 그것은 길"이라고 주장한 바 있다. 이러한 인식에는 '아시아에는 서구의 시민 민주주의적 전통이 결여되어 있다'는 아시아 문화의 후진성에 대한 1960년대 아시아 인텔리들의 열패감이 깔려 있기에 주의할 필요가 있지만, 그럼에도 그의 지적에는 곱씹어 볼 만한 여지가 적지 않다. 우리가 서유럽의 광장문화를 떠올릴 때 손쉽게 연상할 수 있는 시민문화의 활기와 생동감, 주체성과 다양성을 일본이나 중국의 광장문화에서 찾아보기는 쉽지 않기 때문이다—가령 시민들에게 전혀 광장으로서의 존재의의를 띠지 못하는 '불가사의한 공허감'으로 특징지어지는 도쿄(東京)의 황거앞(皇居前) 광장이나, 1989년 천안문 사태 당시의 참극을 제외하고는 전혀 시민광장으로서의 역할을 하지 못하는 베이징(北京)의 천안문 광장을 떠올려 보기 바란다. 이처럼 동아시아의 이웃나라인 일본이나 중국의 생경한 광장문화와 비교해 볼 때, 포효하는 시민의 함성소리로 뒤덮이는 대규모 정치집회가 낯설지 않은 한국 광장문화의 풍경화는 더욱 독특하게 느껴진다. 과연 그것은 어디에서 유래한 것일까?

3. 광장문화의 유형학: 과시형 광장과 소통형 광장

한국 광장문화 탄생의 비밀을 찾아서 본격적인 시공간 여행을 시작하기에 앞서, 필자는 이 탐사 작업에 유용하게 쓰일 한 가지 개념적 장치를 소개하고자 한다. 바로 광장을 '과시형 광장'과 '소통형 광장'이라는 두 가지 유형으로 나누는 분류법이다. 이 두 유형을 분별해 내는 첫 번째이자 외견상의 기준은 물리적이고 형태적인 측면에서의 차이다. 일반적으로 과시형 광장이 기하학적 공간 개념을 도입하여 직교형 또는 방사형으로 배치된 고도로 구조화된 대로의 결절점에 조성된 거대 규모의 광장이라면, 소통형 광장은 대체로 오랜 기간에 걸쳐 자연 지형에 조응하여 형성되어 하위 공간요소들 간에 유기적 연관성이 큰, 골목길 같은 강한 폐쇄감을 주는 작고 친밀한 규모의 광장을 떠올리면 된다. 전자의 대표적인 예로 파리의 콩코르드 광장, 런던의 트래펄가 광장, 상트페테르부르크의 겨울궁전 앞 대광장 등을 들 수 있다. 이들은 대개 절대왕정시대 수도의 도심 공간에 절대왕권의 상징물로 조영되었다가 시민혁명 이후 도시의 랜드마크로 자리 잡은 광장이다. 이들 공간은 외현적인 시각적 효과에 주력하여 만들어졌으므로 공간의 규모나 형태의 기하학적 완성도가 높은 경우가 많다.

반면 소통형 광장은 고대 그리스의 아고라나 로마의 포럼(*forum*)을 모델로 한 것으로, 형태학적 완성도는 상대적으로 부족하더라도 사람들 간의 자유롭고 평등한 상호작용과 문화적 소통이 활성화되어 있는 공간에 해당한다. 자유상업도시의 전통을 지닌 근세 유럽의 대다수 중소도시의 광장은 이 유형에 해당한다고 볼 수 있으며, 전통시대 한국의 장터나 빨래터, 마을 어귀 느티나무 아래 정자 등도 넓게 보면 이 유형에 속한다고 할 수 있다. 따라서 소통형 광장을 특징짓는 것은 공간의 물리적 형태라기보다는 사람들이 그 공간을 활용하는 방식이다. 이러한 광장의 유형론은 도시공간을 '형태학'과 '화용론'(話用論)이라는 두 가지 측면으로 나누어 보는 공간사회학적 방법론의 산물이다. 형태학이 공간의 물리적·형태적 특성에 주목한다면, 화용론은 공간에 참여하는 주체가 그 공간을 실제로 어떻게 활용하는가에 주목한다. 도시사회학자 리처드 세넷(Richard Sennett)은 그의 주저인 《살과 돌》(*Flesh and Stone*, 1994)에서 도시사회의 구성요소를 물리적 공간과 신체적 관계로 분석적으로 구분하여 서양문명사를 도시문화사의 관점에서 재구성한 바 있는데, 필자의 구분법은 그의 통찰력을 받아들인 것이다.

도시공간을 구성하는 '돌'과 '살'의 양 측면, 즉 형태학과 화용론의 복합성을 고려하는 관점에서 광장이라는 대상을 바라보면, 우리는 부르주아지 문화의 본산지인 서유럽에서도 광장이 그 자체로 '시민 민주주의의 이상적 공간'이었던 적은 결코 없었음을 알 수 있다. 실제로 유럽사에서 광장공간의 변화 과정을 구체적으로 살펴보면, 광장이라는 공간소는 그 형태가 다양한 만큼이나 기능적 속성 또한 시공간적 맥락에 따라 상당한 차이를 드러낸다. 서구 광장문화에 대한 통념화된 추상적·낭만적 인식과는 달리, 시민생활의 공간인 광장에 어떤 불변의 본질적 규범이란 있을 수 없다. 광장은 단지 특정한 역사적 시기에 다양한 사회적 상호작용이 일어나는 공간 중 하나일 뿐, 본래부터 독재적이거나 본래부터 민주주의적인 광장이란 있을 수 없다. '좋은' 광장과 '나쁜' 광장을 가르는 기준은 특정한 형태학과 시각 효과의 문제라기보다는 가변적인 화용론과 사회관계에 달린 문제이기 때문이다.

공간사회학의 분석 대상으로서 도시공간은 ① 이미 만들어진 물리적 공간의 배치와 ② 그에 대한 대중의 집합적 지각과 누적적 추인으로 인해 발생하는 담론적 장소성, 그리고 ③ 이들 양자의 요인을 바탕으로 하여 장기간에 걸쳐 집합적 실천이 반복되는 과정에서 정형화된 규범적 행위양식이라는 삼차원성을 띠고 나타난다. 우리 시대 서울의 광장문화 형성 과정을 역사적으로 탐문하려면 당대사의 역동성에 대한 정치(精緻)한 분석 못지않게, 훨씬 더 긴 호흡의 시간대에 대한 회고적 성찰이 필요하다. 한국 광장문화에서 '새로운 것'이 무엇인지 알아내려면 '오래된 것'을 먼저 식별해 내어야 한다. 이제 한성부(漢城府, 1394~1914)와 경성부(京城府, 1914~1945)를 방문하여 오늘날 서울의 광장문화가 빚어지는 데 '역사적 관성'으로서 영향을 미쳤음 직한 다양한 요인을 함께 발굴해 보자. 그 과정에서 우리는 서울 도심부 광장의 공간적 배치 형성사와 장소성의 변화 과정, 그리고 그곳에서 펼쳐진 행위양식의 연속과 단절에 대한 이해를 심화할 수 있을 것이다.

4. 조선시대의 상언과 격쟁에서 독립협회의 만민공동회까지

과연 전통시대 서울에도 광장과 같은 형태와 쓰임새를 지닌 공공 공간이 있었을까? 조선시대 내내 한반도의 '도시 중의 도시'로 군림했던 왕조 수도 한양의 도시공간에서 광장문화에 해당하는 것을 찾는다면 어떤 것이 있을까? 우리가 조선시대 한성부 내에서 광장에 가까운 성격을 띤 공간을 찾는다면, 필연적으로 경복궁이나 창덕궁과 같은 궁궐과 주요 관청의 주변 공간 또는 도성을 동서로 관통하는 유일무이한 대로였던 종로거리 일대에 주목하게 된다. 특히 종루를 중심으로 혜정교(惠政橋) 앞에서 탑동 어귀까지 동서로 뻗은 종로거리는 '운종가'(雲從街)라는 별칭에 걸맞게 언제나 인파가 구름처럼 운집하는 거리로서 한양의 명실상부한 중심 가로였다.

한성부에서 광장적 성격을 띤 공간은 대표적으로 두 곳을 들 수 있다. 하나는 왕조의 정궁 경복궁 앞 대로에 조성된 관청가로서 왕조 정치의 중심 무대인 광화문 앞 육조거리이고, 다른 하나는 조선시대 서울 상권의 중심이자 주민생활의 장을 형성했던 종로, 특히 그 중심부에 해당하는 종각 일대이다. 전자는 궁궐과 관아로 둘러싸인 광활한 대로라는 형태학적 측면에서, 후자는 가장 인파가 붐비고 사회적 교류와 문화적 소통이 활성화된 번화가라는 화용론적 측면에서 그 특징이 두드러진다. 두 공간의 장소성 차이를 거칠게 대비해 보자면, 전자는 대체로 과시형 광장에, 후자는 소통형 광장에 가까운 속성을 띤 곳이었다고 할 수 있다.

그런데 조선왕조는 서구와 같은 시민자치적 도시문화나 절대군주의 초월적 권력이 부재한 대신 '군민합일'(君民合一)의 통치 이념을 특징으로 하는 성리학적 왕권국가의 성격을 띠었다. 따라서 조선시대 한성부 광장공간의 활용 방식은 과시형 혹은 소통형 어느 한쪽으로 규정하기 어렵다. 우리는 조선시대 광장정치의 예로 흔히 드는 상언(上言)과 격쟁(擊錚)을 통해 그 특징적 양상을 살펴볼 수 있다. 국왕이 궁궐을 나와 거둥할 때 국왕의 행차 앞에서 억울함을 호소하는 가전상언(駕前上言)과 꽹과리 등을 울려 상언할 것을 청하는 위외격쟁(衛外擊錚)은 국왕이 직접 백성의 소리를 듣기 위한 민의수렴장치로서, 신문고(申聞鼓)가 제대로 기능을 수행할 수 없게 된 16세기 중엽부터 도입되었다. 특히 정조대에는 상언 제도가 왕이 평민들과 소통하는 장치로서 매우 활성화되어 있었는데,[2] 당시 도성 내 상언의 공식 접수처는 세 곳에 마련되어 있었다. 어가가 창덕궁 돈화문을 나와 종로와 교차하는 지점인 파자교(把子橋) 앞, 파자교 앞에서 종로를 따라 서쪽으로 가다가 탑골 부근이 되는 철물교(鐵物橋) 앞, 그리고 종로와 육조거리와 마주치는 지점인 혜정교 앞이 그곳이다(한상권, 1996). 파자교 앞은 18세기 이래 난전(亂廛)에서 출발한 배오게시장이 발달한 곳이며, 철물교 일대는 시전의 중심지이고, 혜정교 앞은 육조거리와 종로 시전거리의 교차로에 해당한다. 이들 공간이 종로의 창덕궁 앞과 경복궁 앞 사이 구간에 모여 있음은 '민의수렴'이라는 목적 달성에 최적화된 장소 선정의 결과로 볼 수 있다.

---

2 정조의 통치기는 상언과 격쟁에다 민은(民隱)까지 허용됨으로써 민간의 불만이 국왕에게 직접 상달될 수 있는 통로가 상대적으로 개방된 시기였다(배항섭, 2010: 151 참조).

하지만 국왕이 공식적 행차를 통해 궐 밖으로 모습을 드러내는 것은 실질적으로는 백성과 아래로부터의 소통을 꾀한다는 표면적 목적보다는 군주권력의 권세와 위광을 과시하려는 성격이 더 강했다. 임금이 선왕의 묘소에 거둥하는 '능행'(陵幸)의 정치성은 조선 후기에 특히 두드러져, 호화롭고 웅장하다는 점에서는 과시적이면서도 잡인의 접근에 개방되어 있다는 점에서는 포용적인 이중성을 띠었다. 능행은 '왕의 정치적 의도와 백성의 정치적·사회적 요구가 만나는 한마당의 굿판'으로서 '국장(國葬)과 능행의 정치학'을 잘 활용하는 것은 성리학적 정치질서 속에서 국왕이 택할 수 있는 마키아벨리즘적 통치 전략의 한 요소에 해당하는 것이었다. 이 점에서 능행의 정치가 곧잘 이루어졌던 영·정조 시대가 '태평성대'를 구가한 반면, 그렇지 못했던 순조 이후에는 세도정치의 폐단이 극심해졌다는 사실은 시사하는 바가 적지 않다. 실제로 정조 이후에도 국왕의 능행은 계속 이루어져 순조가 재위 34년간 47회, 헌종이 13년간 21회, 철종이 14년간 29회의 능행을 했는데, 순조대 이후의 능행에서는 상언·격쟁이 제대로 이루어지지 않거나 사실상 폐지된 상태였다. 세도정치 시기에 국왕의 거둥에서 나타난 소통의 약화와 과시의 강화 현상은 왕조 말기의 정치적 위기와 무관하지 않을 것이다.[3]

---

3 대원군에 의해 추진된 경복궁 중건사업 또한 이와 같은 맥락에서 해석할 수 있다. 서원 정비, 양전(量田) 실시, 호포(戶布) 개혁, 사창제(社倉制) 실시 등 세도정치의 모순을 바로잡고자 추진된 대원군의 개혁정책을 수포로 돌아가게 만든 주된 원인이 추락한 왕권 회복을 위해 추진한 경복궁 중건이라는 대규모 토목사업이었다는 역설은, 당시 지나친 과시로 인해 초래된 정치적 실패의 대표적 사례로 볼 수 있다.

그림 5-1 **1897년 명성황후 장례식 당시 경운궁 대안문 앞 광경**

'거둥의 정치'는 대한제국기에도 이어진다. 당시 한국을 세 차례나 방문한 영국의 지리학자이자 여행가인 이사벨라 버드 비숍은 국왕의 거둥을 목격한 경험을 상세하게 묘사했는데, 그는 그것이 그 전까지 마음속에 품고 있었던 '낙후된 은둔의 왕국'이라는 선입견을 '세련된 예법을 갖춘 문명국'으로 바꾸게 할 만큼 장엄하고 인상적인 광경이었다고 썼다(Bishop, 1897; 1970: 49~58). 고종이 1895년 10월 왕후 시해 사실을 공표한 후로도 거상 기간을 이례적으로 2년여나 지연시켜 1897년 11월에야 명성황후의 국장을 치른 것 또한 고종이 대한제국의 황권 강화라는 정치적 목적을 위해 '거둥의 스펙터클' 효과를 전략적으로 활용한 사례로 볼 수 있다.

대한제국기에 새롭게 형성된 대표적 광장공간인 경운궁 대안문(현재의 덕수궁 대한문) 앞 광장은 한성부 도시개조사업의 공간적 결과물이었다. 오늘날 시청 앞 광장의 전신인 이 공간은 당시 고종의 강력한 의지와 한성부윤 이채연의 정력적인 지휘 아래 추진된 황도(皇都) 건설사업의 성과물로, 경운궁을 중심으로 한 방사형 도로망이 구축되면서 형성되었다. 1897년 2월 고종이 러시아공사관에서 경운궁으로 환어(還御)할 당시 경운궁의 정문은 동향의 대안문(大安門)[4]이 아니라 남향의 인화문(仁化門)이었다. 1898년 11월 독립협회의 만민공동회에 모인 사람들이 고종에게 항의의 뜻을 전달하기 위해 약 20일 동안이나 농성한 장소가 인화문 앞이었다는 사실은 당시까지 대궐 부근에서 광장 기능을 갖춘 곳이 인화문 앞이었음을 보여 준다. 하지만 인화문은 궁의 정문 역할을 하기에는 입지 조건이나 도로 여건이 너무 궁색하고 협소했던 것으로 보인다. 1900년에 원구단(圜丘壇)을 향해 동쪽으로 난 대안문이 뒤늦게야 건설된 것은 이 때문이었다.

경운궁을 중심으로 한 새로운 광장공간의 출현에도 불구하고, 종로를 중심으로 한 북촌의 전통적 광장공간이 하루아침에 사라지지는 않았다. 일례로 독립협회의 정치활동은 때와 장소를 가리지 않고 시내 곳곳에서 매우 활발하게 전개되었는데, 특히 광화문 앞 거리는 만민공동회가 빈번하게 열린 장소 가운데 하나였다. 1902년 고종황제가 즉위 40주년을 기념하는 '칭경기념비전'을 혜정교 옆 기로소(耆老所) 앞에 건설한 것은 그곳이 '조선 후기 역대 왕들이 백성의 상언을 받아들인 장소로서 왕과 백성 사이의 소통을 상징하는 곳'이라는 역사성을

4 대안문은 1906년 4월 25일 고종의 명에 의해 수리되면서 대한문(大漢門)으로 이름이 바뀌었다. 그 경위에 대해서는 안창모(2009: 109~113) 참조.

띤 장소였다는 점과 무관하지 않다(전우용, 2008: 202~203). 1896년 시행된 가로경관 정비사업의 주 무대가 종로였던 것도 이러한 맥락에서 이해된다.

5. 일제하 서울 시내 광장의 형성과 활용[5]

하지만 조선시대 소통형 광장의 성격을 강하게 띠었던 종로의 위상은 일제 강점기에 접어들면서 큰 변화를 겪게 된다. 고종의 경운궁 환궁 이후 대한제국 정부와 외세가 한성부 도시공간의 근대화 사업을 주도하면서 공간의 주도권이 북촌(北村)에서 남촌(南村)으로 넘어가기 시작하는데,[6] 이러한 경향은 일제의 식민통치가 시작되면서 더욱 현저해진다. 식민지 시기 북촌과 남촌의 문화적 역전 현상은 식민권력이 집권 초기부터 일본인 집주(集住) 지역인 본정(本町)을 비롯한 남촌 지역에 차별화된 개발 특혜를 부여하면서 점차 종로로 대표되는 북촌의 조선인 집주 지역이 소외되는 경향으로 나타났다. 왕조 수도에서 식민지 수도로의 전환 과정에서 나타난 이러한 도시공간의 위상학적 변화로 인해 서울의 광장공간에도 새로운 변화가 나타나게 된다.

---

5 경성부 광장공간의 형성과정과 활용 양상에 대해 자세히는 김백영(2011) 참조.

6 북촌과 남촌은 한성부 시절 도성 내 공간을 양분해서 부르는 명칭으로, 청계천을 경계로 북쪽 지역을 북촌, 남쪽 지역을 남촌으로 불렀다. 대체로 북촌에는 조선 후기 노론 벌열가문 등 권문세족들이 모여 살았던 반면, 남촌에는 권력으로부터 소외된 부류의 사람들이 많이 거주했다.

그림 5-2 **경성부 상업 · 금융의 중심지였던 선은전 광장**

1910년대까지 경성부 내에 광장으로 인지된 공간은 욱정(旭町), 장곡천정(長谷川町), 본정(本町)이라는 세 개의 길이 남대문통이라는 대로와 만나는 결절점에 형성된 조선은행 앞(鮮銀前) 광장(이하 선은전 광장) 단 하나에 불과했다. 하지만 경성부 최초의 광장공간이라는 위상이 무색하게도, 일제시기를 통틀어 이 공간은 소통형으로든 과시형으로든 사회적으로 의미 있게 활용된 경우는 거의 없었던 것으로 보인다. 1926년 경성부청이 덕수궁 대한문 앞으로 이전한 후 선은전 광장은 정치 · 행정의 중심적 기능은 다소 약화되었으나, 1930년대 들어 그 자리에 미쓰코시(三越) 백화점(1930), 조선저축은행(1935) 등이 신축되면서 경제 · 금융의 중심적 성격은 더 강화되었다. 하지만 선은전 광장은 명칭만 '광장'이었을 뿐 주로 경성역에서 경성 시내로 통하는 전차나 자동차 등의 주 통행로로 이용되었으므로 광장보다는 도로로서의 성격을 더 크게 띠었다. 그렇다면 선은전 광장과는 그 형성사적

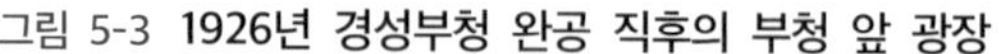

그림 5-3 **1926년 경성부청 완공 직후의 부청 앞 광장**

맥락이 다른, 부청 앞 광장이나 북촌 거리는 어땠을까?

부청 앞 광장은 1926년 경성부청이 완공되면서 출현한 공간으로, 형성 초기 '부민(府民) 집합의 장소'이자 '경의(敬意)와 친화(親和)'를 지닌 '접속의 광장'으로서, 부정(府政) 쇄신을 의미하는 명소로 만들자는 의견이 제기된 바 있었다. 하지만 종종 관제 행사 장소로 활용되거나 간혹 조선인들의 항의집회나 농성 장소로 사용된 적은 있었으나, 실제로 적극적으로 활용되었다고 보기는 어렵다. 자동차 교통량이 증가하면서 1930년대 말 경성부 내 주요 교차로에는 로터리가 도입되기 시작했는데, 경성부 내 최초의 로터리가 설치된 선은전 광장을 시작으로 삼각지, 원남동, 혜화동 등 시내 주요 교차로에 로터리를 설치하는 계획이 도입되었다. 로터리 설치는 자동차 교통의 원활화뿐만 아니라 도시경관의 미화라는 목적을 동시에 달성하기 위한 것이었다. 부청 앞 광장과 선은전 광장 모두 1930년대 초반까지는 주로 특별한 행사 기간에 홍보탑이나 광고탑을 세우는 공간 정도로 활용되다가, 1930년대 중반 이후 가로 경관과 시민 편의시설에 대한 관심 증대와 더불어 분수대와 화단이 설치되었다는 점에서도 공통된 변화 양상을 보여 준다.

일제시기를 통틀어 경성에서 대중집회의 장소라는 광장의 실질적 기능을 가장 크게 수행한 공간은 남산 중턱의 조선신궁에 만들어진 신궁광장(神宮廣場)이었다. 신궁광장은 1930년대 중반부터 해군기념일, 육군기념일 행사 등을 위한 공간으로 활용되기 시작하여, 1937년 중일전쟁 발발 이후에는 재향군인회 행사, 국방부인회 행사, 각종 기념식 등 군국주의적 성격을 띤 무수히 많은 행사가 개최되었다. 그뿐 아니라 일반인들의 신사 참배가 의무화되면서 조선신궁 참배는 조선인과 일본인을 막론하고 주민 대다수에게 '강요된 일상'이 되었다. 특히 전시 총동원체제기에 신궁광장은 그 활용 빈도나 집회 규모가 크게 증가하여 수만 명이 참석하는 집회가 개최되기도 했다. 이에 따라 협소한 신궁광장을 확장할 필요가 제기되어 확장공사가 벌어지는 한편, 남산의 인접 지역에 새로이 경성호국신사를 창건하기도 하였다.[7]

결국 일제하 서울의 광장과 공공 공간은 전반적으로 소통성이 거의 부재한 압도적인 과시성으로 특징지어지는 공간이었다. 그렇다면 일제시기를 통틀어 광장으로부터 대중을 추방해 온 식민권력이 전시체제기에 접어들어 광장공간에 사람들을 대대적으로 동원하기 시작했다는 사실은 무엇을 의미하는가? 이는 시민권이 부재한 식민지 사회

7 경성호국신사는 1940년 10월 26일 기공하여 1943년 11월 26일 완공식이 거행되었다(김백영, 2009b: 74~75).

에서 식민지 주민이 자치도시의 '시민'(市民)도, 주권국가의 '국민'(國民)도 아닌, 총동원제국의 '신민'(臣民)으로서만 제국 일본의 동원정치에 의해 광장의 주체로서 호명될 수 있었음을 의미한다고 볼 수 있지 않을까.

6. 4·19와 5·16의 공간사회학[8]

광복 직후부터 정부수립 전후까지 불과 3년 남짓한 짧은 기간 동안 서울의 광장과 거리는 빈번한 대규모 정치적 동원과 거대한 집합행동의 분출을 특징으로 하는 공간이었다. 해방공간 서울 시내에서 대중집회가 행해진 대표적인 두 개의 공간은 서울운동장과 남산공원으로, 양자 모두 일제 말기 대중에게 경성운동장과 신궁광장으로서 집합행동의 장소로 익히 알려졌던 곳이다(정호기, 2008). 이러한 장소의 관성은 일제하 전시 총동원체제가 탈식민 서울에 남긴 역사적 유산이라고 할 수 있다. 하지만 이보다 더 치명적인 것은 어쩌면 탈식민 주체의 내면에 각인되어 잘 드러나지 않는 일제 말기 총동원체제의 유산이 아닐까. 이를테면 1945년 8월 이후 폭발적으로 분출한 탈식민 대중의 정치적 욕망은 일제 치하 36년간 고사(枯死)당해 온 '시민 민주주의'의 모습보다는 '군국주의 파시즘'이라는 거대한 괴물의 형상에 가까운 것은 아니었을까.

---

8 이 절의 내용에 대해 자세히는 김백영(2013) 참조.

해방 이후 미군정과 제1공화국 시기 내내 조선총독부 청사가 중앙청으로 사용된 사실에서 상징적으로 드러나듯이, 1950년대 신생 공화국 대한민국의 수도 서울은 일제가 35년간의 식민통치 과정에서 만들어 낸 식민지 수도 경성의 공간적 장치를 거의 그대로 사용하였다. 조선총독부가 중앙청으로 바뀐 것과 마찬가지로 조선총독 관저는 대통령 관저(경무대)로, 법원은 사법부로, 경성부민관은 입법부로, 경성부청은 서울특별시청으로 이름만 바뀌었을 뿐 그대로 사용되었다. 한마디로 그것은 식민권력의 공간적 기표가 상당한 연속성을 띠면서 지속된 '탈식민화 없는 건국'이었다. 더욱이 한국전쟁으로 인해 시가지와 주요 건물이 심각하게 훼손 및 파괴되었고, 피난민이 유입되어 혼잡화, 슬럼화가 심화되면서 도심부의 상황은 더욱 악화되었다. 그 결과 당시 경무대·중앙청·행정부·국회·시청·법원이 집적된 세종로(광화문로)~태평로의 공간은 명실상부한 서울 도심부의 단일한 정치·행정 중심공간이었다. 도시경관이나 공간 형태보다도 더 심각했던 것은 한국전쟁 이후 서울을 지배한 광장정치의 화용론적 특성이다. 1950년대 도심부 광장공간에서 이루어진 군중행동은 대개 정부에 의해 동원되거나 통제된 관제 내지 친정부 행사로 연출된 것이었다. 이승만 자유당 정권하에서 사회적 소통으로서의 광장 기능은 극도로 위축되었고, 관제 데모와 동원된 군중이 지배했다.

이런 맥락에서 우리는 1960년 4·19의 역사적 의미에 주목하게 된다. 현대 한국사회에서 대중 민주주의의 공간으로서 '광장'이 처음 발견된 것은 4·19에 의해서라고 해도 과언이 아니다. 그것은 해방 이후 한국사회에서 광장정치가 본격적으로 나타난 최초의 사례이자, 참여한 군중의 규모에 있어서 이후 비견할 예를 찾기 어려운 최대 규모의 사례이며, 그것이 정치적으로 목적한 바를 (초과) 달성하여 공식적으로 '혁명'으로 평가된 유일한 사례이기도 하다. 또한 4·19로부터 이듬해 5·16까지 약 1년간에 걸쳐 전후 어느 시기에도 유례를 찾을 수 없을 정도로 수많은 '데모의 홍수'가 지속되었다는 사실과, 이 시기에 광장담론이 각종 매체에서 의미론적 범람 현상을 드러냈다는 점도 주목할 만한 특징적 현상이다. 그렇다면 1950년대 서울 도시공간의 난맥상(亂脈相)과 도심부 광장공간의 강력한 구심성은 1960년 4·19혁명의 성공에 어떤 변수로 작용했을까?

한 가지 분명한 점은 단일 공간으로의 국가 기능의 공간적 집적은 반정부시위 상황 발생 시 시위군중의 공간적 집결을 초래하는 경향이 있다는 점이다. 당시 시위의 주력군이 되었던 주요 고등학교와 대학교가 도심부에 집중해 있었다는 점은 상호 소통 및 이동을 용이하게 만들어 시위대의 규모와 시위의 정치적 효과를 단시간에 급속히 증폭시키는 요인으로 작용했다. '4·19혁명'을 '대학생의 신화'로만 해석하는 것은 경계해야겠지만, 도심부의 대학생, 특히 고대생과 서울대생의 참여가 시위의 성공에 중요한 역할을 수행했음은 부인할 수 없는 사실이다. 그들은 대개 도심부를 동서로 관통하는 광활한 도로인 종로를 통과하여 이동하면서 선전과 시위를 전개했고, 국회 앞 광장에 집결하여 집회와 농성을 벌였으며, 집결지의 충분한 인원수를 바탕으로 인접한 경무대를 향해 진격함으로써 최종적인 정치적 목적을 달성할 수 있었다.

이는 불과 1년여 후인 5·16군사정변 이후 나타난 광장정치의 현격한 감소 경향, '광장의 침묵' 현상에 대한 궁금증을 유발시킨다. 1964년 6・3항쟁에서 다소 약화된 규모와 강도로 다시 한 번 분출하기는 하지만, 5・16 이후 도심부 대규모 시위는 이상하리만치 갑자기 잦아든다. 조금 더 장기적인 시야에서 본다면 4・19에서의 미증유의 대폭발로부터 시작하여 6・3으로까지 이어진 수년간의 '데모의 광풍'은 1960년대 중반 이후 유신체제가 붕괴되기 전까지는 다시 찾아보기 어렵다. 한국 민주주의 운동사에서 시위 군중에 의해 도심부 광장이 일시적이나마 '해방구'로 화하는 대중적 에너지의 폭발적 분출을 우리가 다시 목도하게 되는 것은 1980년 '서울의 봄'과 1987년 '6월 민주화운

그림 5-4 **5・16군사정변 직후 광화문 거리에서 벌어진 관제 퍼레이드 광경**

동'에 이르러서다. 그렇다면 1960년대 후반~1970년대 말에 이르는 광장정치의 긴 공백 현상의 원인은 무엇일까? 이 반전과 침묵이 군사독재정권의 강권에 의한 것임은 두말할 나위도 없겠지만, 그것에 내포된 공간 전략과 그 정치적 효과에 대해서는 좀더 심도 깊게 분석할 필요가 있다.

박정희 정권기 서울의 공간환경 변화가 광장정치와 관련하여 갖는 함의는 다음 몇 가지로 요약할 수 있다. 첫째, 식민지 유산과 전쟁 폐허로 방치되어 있던 도시공간에 대한 본격적인 재건 프로젝트에 착수했다는 점이다. 그것은 단순히 거리청소, 환경미화를 통해 도심부 경관을 보기 좋게 만드는 데 그치는 것이 아니라, 1963년부터 서울의 시가지를 대폭 확장하여 매머드급 초대형 도시로 개발하는 계획을 포함한다. 둘째, 1963년부터 크게 확장된 시가지를 바탕으로 그동안 지나치게 기능적·공간적으로 집중되어 있던 국가기능을 분산시키는 전략이 본격적으로 실행에 옮겨진다. 셋째, 도심부 공간이 폐허·혼성·무질서·과밀화된 이미지로부터 벗어나기 시작하면서 이 공간에 대한 권력의 현시 전략이 본격화되어 독재권력에 의해 과잉현시적인 공간이 창출된다. 대부분의 도심부 광장과 대로에 육교와 지하도가 건설됨으로써 광장은 더 이상 일상적 보행을 통해서는 접근이 불가능한, 차도 너머 먼발치의 공간으로 변화했다. 넷째, 도심부에 통제 불가능한 도시빈민이 늘어나는 것을 방치하는 등 도심부 공간에 대한 지배전략이 결여되어 있었던 이승만 정권과는 달리, 박정희 정권은 도시경관을 정비하고 도심부에서 빈민과 부랑자들을 몰아냄으로써 도시공간에 위로부터의 질서를 안착시키는 데 성공했다. 도시빈민은 시 외곽 달동네로 추방되었으며, 이후 빈민들의 '폭동'은 도심부가 아니라 광주(오늘날의 성남)와 같은 주변부에서 일어나게 되었다.

1960년대 중반부터 시작된 이러한 변화의 흐름은 1970년대 접어들면서 더욱 본격화된다. 우선 1960년대 박흥식의 남서울계획에서부터 비롯된 '영동지구'(오늘날의 '강남') 개발계획은 남산터널 - 제3한강교 - 경부고속도로로 이어지는 교통망 확충을 바탕으로 1970년대 초부터 급속도로 추진된다. 입법부의 여의도 이전, 사법부의 서초동 이전으로 강북 구도심에 집중되어 있던 행정 기능이 크게 분산되었다. 1970년대 중반에는 국립 서울대학교가 관악캠퍼스로 이전되었으며, 사대문 안에 모여 있던 명문 고교들도 대부분 강남으로 이전되었다. 이로써 단일한 도심으로의 광장정치의 집중 현상은 크게 약화되었다.

7. '한강의 기적'과 1980년대 학생운동의 가두시위

이러한 맥락에서 볼 때, 10·26으로 유신정권이 무너진 후 새롭게 등장한 신군부가 집권 직후 '국풍81'을 여의도 5·16광장에서 개최한 것은 주목할 만한 정치적 의미를 띤다. 그것은 ① 급진성을 띤 학생들의 정치적 에너지를 탈정치화하고, ② 유신체제 이래 국가주의 이념교육의 주된 테마로 정착해 온 대중적 전통문화 공연을 스펙터클의 통치효과로 활용하며, ③ '서울의 봄'으로 과잉정치화된 도심부 광장의 지배적 장소성으로부터 자유로운 외곽의 광장을 적극적으로 활용함으로써 개발국가가 확산시켜 온 발전·성장·팽창의 수사학을 현실화한 것이다. 박정희 정권의 전략을 계승한 신군부의 이러한 공간 전략은 88서울올림픽 유치를 계기로 가속화된 강남 개발과 아파트 건설로 화룡점정에 이르게 될 것이었다.

이처럼 5 · 16군사정변 이후 1980년대까지 서울의 광장은 대체로 폭력적 군사정권의 강권이 관철되는 지배의 공간으로 특징지어진다. 제3공화국 시기가 그러했듯, 제5공화국 시기에도 1980년대 초 '거리 청소' 이래 아시안게임과 올림픽을 위해 대대적인 도시미관 정비사업이 추진되면서 도시에는 자본 주도적인 소비문화의 스펙터클 또는 친정부적 관제 행사 이외에 정치적 성격을 띤 어떤 군중집회도 허용되지 않았다. '한강의 기적'이 예찬되던 시기 내내 시민은 광장으로부터 추방되었고, 시민사회와 정치문화는 밀실에 갇혀 오랜 암흑기를 견뎌 내야 했다. 광장이라고는 정치색이 배제된 역전 광장이나, 지하도를 통해서만 오갈 수 있는 시청 앞 광장, 비행장에 가까운 광활한 규모의 5 · 16광장만이 존재했다. 창의성이나 자발성이 사실상 배제된 관제 행사만이 허용되던 권위주의 군사정권 시기, 고사 상태에 놓인 광장문화에 간헐적으로 정치적 사건을 불러일으킨 것은 학생운동의 가두시위였다.[9]

4 · 19혁명 이래 지속되어 온 학생운동은 한국 현대정치사에서 가장 독특한 현상 중 하나였다. 그러나 1960~1980년대의 30여 년에 이르는 군사정권기를 통틀어 서울 시내에서 학생운동이 합법적으로 발붙일 수 있는 제도화된 공간은 찾기 어려웠다. 이러한 상황에서 그나마 저항적 지식인들의 유일한 '치외법권지역'이라 할 수 있었던 대학 캠퍼

9 학생운동의 가두시위 양상에 대해 자세히는 김백영(2003) 참조.

스는 자연스럽게 저항의 본거지가 되었고, 저항 양상 또한 급진화·과격화되며 반체제적 성격을 띠게 되었다. 1984년 학원자율화 조치 이후 대학 내 상주 경찰이 철수하면서, 1985년 이후부터 캠퍼스를 근거지로 하고 총학생회를 사령탑으로 하는 학생시위가 본격화된다.

1980년대 대학생 가두시위에서 학생들은 '반민중적·파쇼적' 성격을 띤 현 정권을 타도하기 위한 대중운동의 '전위'(前衛) 혹은 '돌격대'로서 정권의 실체를 대중적으로 폭로하는 선전선동의 임무를 수행하고자 했다. 집시법에 의해 모든 대중적 정치활동이 불법화되어 있던 당시 상황에서 가두시위 가담자는 범법자가 될 위험을 감수해야 했지만, 그 심리적 보상으로 주어진 해방감도 적지 않았다. 정당한 보행권마저 박탈당한 채 통행공간을 제약받던 보행자로서의 답답한 일상에서 벗어나, 가로 한가운데를 장악한 채 행진하거나 드러누워 '정권 타도'의 구호를 외치는 등 파괴적·일탈적 행동을 함으로써, 시위 참가자들은 흥분과 해방감을 만끽하게 된다. 따라서 그것은 일상적 규범의 통제로부터 벗어난 일종의 카니발적 성격을 띤다.

하지만 1987년 6월 민주화운동 이전까지 이러한 형태의 대중적 가두시위는 거의 나타나지 않았다. 학생운동의 조직력과 동원력이 극히 미약했던 1987년 이전 시기에는 대부분의 가두시위가 200~300명 내외의 소규모로 이루어졌으며, 대규모 집회는 연세대나 고려대 등지의 대학 캠퍼스에서 이루어졌다. 당시 가두시위의 주된 양상은 주로 신림동, 신길동, 가리봉동, 대림동, 목동, 사당동, 경동시장, 미아삼거리, 동대문시장 등과 같은 공단지역, 시장 및 빈민 주택가 등 변두리 지역의 유동인구가 많은 지역에서 경찰이 첩보를 받고 출동하기 전까지 잠깐 동안 거리를 점거하고 구호를 외치는 '5분 투쟁' 전술이었다. 이처럼 일시적인 게릴라식 전법을 구사하던 가두시위가 서울역 - 종로 - 을지로로 이어지는 도심부 순환경로를 중심으로 신촌, 동대문 일대 등 시내 중심가로 그 활동 무대를 옮겨 가기 시작한 것은 1987년 6월 민주화운동 이후의 일이다.

1980년대 말 본격화된 학생운동의 도심지 대규모 가두시위는 서울역 - 종로 - 명동의 도심지 삼각지대를 주 무대로 하고 시청 앞 광장을 구심으로 삼아, 종로와 명동을 양 축으로 한 고리형의 흐름으로 전개되었다. 이 흐름은 도심지 가로의 공간구조와 역사적 장소성이 복합적으로 작용하여 형성된 결과물이다. 특히 명동성당이 '불가침의 성소(聖所)'라는 장소성과 주변을 둘러싼 복잡하고 오밀조밀한 공간구조가 복합되어 시위대의 '최후의 보루'라는 기능을 갖고 있었다면, 시청 앞 광장은 '시민의 광장'이라는 역사적·정치적으로 상징적인 장소성과 준방사상의 가로구조가 복합되어 시위대의 의식·무의식 속에 최종적인 진격 목적지로 자리 잡았다. 이처럼 1980년대 가두시위는 난공불락의 요새처럼 보였던 독재권력의 '영토'에 침투하여 파열음을 냄으로써 곳곳에 '민주주의'의 장소와 시민들의 '해방구'를 확보해 냈다.

가두시위를 통해 '호헌 철폐'와 '대통령 직선제'라는 제도적 전리품을 따낸 1987년 6월의 영웅적 투쟁을 경험하면서, 많은 이들은 한국의 민주주의가 독재의 어두운 기억으로부터 되돌아갈 수 없는 다리를 건너왔다는 안도감과 낙관주의에 사로잡혔다. '5·16군사혁명'을 기념하여 여의도에 조성되었던 기괴한 광장공간은 한국판 '센트럴파크'로 모습을 바꿔 시민의 품에 돌아왔고, 자동차 전용 공간이었던 세종로와 시청 앞 거리에는 보행자를 위한 공간, 시민을 위한 광장공간이 조성되었다. 하지만 1987년 이후 약 30년간 '민주화 이후의 민주주의'를 겪으면서 우리는 제도적 장치나 물리적 공간이 민주주의의 불가역성을 담보해 주는 것은 아님을 뼈저리게 느끼게 되었다.

8. 21세기 새로운 광장문화를 꿈꾸며

지금까지 우리는 간략하게나마 조선시대 '국장과 능행의 정치학'에서부터 1980년대 '가두시위의 공간쟁탈전'까지 600년 고도(古都) 서울 시내의 공공 공간을 수놓은 다양한 광장문화의 역사적 전개 양상을 살펴보았다. 5·16광장이 여의도공원이 되고, 육조거리가 총독부거리와 중앙청거리를 거쳐 광화문광장으로 변모한 상전벽해의 변화 과정을 통해 우리는 오늘날 한국 광장문화의 독특함 속에 오래된 어떤 것이 면면히 흐르고 있음을 확인할 수 있다. 조선시대의 상언과 격쟁, 독립협회의 만민공동회, 1919년 3·1만세운동, 1960년 4·19혁명, 1987년 6월 민주화운동, 그리고 2000년대의 촛불집회에 이르기까지, 대중적 에너지의 격렬한 분출로 나타난 사건사의 면면한 흐름은 한국 사회 특유의 강한 정치의식과 적극적 참여문화의 유구한 역사적 전통을 드러낸다. 이 전통은 만민공동회를 통해 근대적 변용의 싹을 틔우는 듯했으나 오래 지속되지는 못했다.

식민화 이후 35년간 지속된 이민족 독재권력의 강압 속에서 광장에서 추방되어 절멸되다시피 했던 민(民) 주도적 광장문화는 해방과 더

불어 일시적 부활의 계기를 맞았다. 하지만 미군정기의 사회적 혼란을 거치면서 광장의 목소리는 방향을 잃고 정치적으로 악용되기 일쑤였으며, 한국전쟁을 거쳐 이승만 독재체제가 정치적으로 공고화되면서 관제 행사가 광장문화의 주류를 차지하게 되었다. 이처럼 오랜 기간 질식되어 있던 광장문화에 4·19는 부활의 신호탄을 쏘아 올렸다. 4·19혁명은 새로운 목표, 새로운 주체, 새로운 전략을 찾아내었다는 점에서 실로 한국 광장정치사의 신기원을 개척했다고 할 수 있다. 하지만 미청산된 관습과 오독된 전통, 독버섯처럼 사회 곳곳에 퍼진 식민주의의 잔재, 그리고 극한적 증오와 폭력을 동반한 반공주의의 폐해로 인해 제도정치가 극도로 미숙한 현실에서 '민주주의'의 초월적 공동체는 오래 유지될 수 없었다.

1960~1970년대 개발독재 정권의 광장공간 재편 전략은 '폐허의 무질서'에서 '재건의 질서'로, '일극집중형'에서 '다극분산형'으로, 그리고 '열정이 과잉표출된 공간'을 '질서가 과잉현시되는 공간'으로 전환시키고자 한 것으로 볼 수 있다(김백영, 2013). 그 결과, 4·19를 전후한 시기에 전쟁과 부패로 인해 방치되었던 전쟁 폐허 위에 쏟아져 나온 대중의 열정은 군사정권의 권위주의 체제가 공고해지면서 점차 '싸우면서 건설하는' 개발독재의 불도저에 의해 추방되거나 포획되었다. 엄혹했던 제5공화국 시기 독재정권의 군홧발에 짓밟혀 꺼져 가던 거리정치의 불씨를 되살린 것은 5·18의 영혼들에 의해 호명되어 거리로 나오기 시작한 대학생들의 움직임이었다. 처음에는 소규모 '5분 투쟁'의 형태로 간헐적으로 전개되었던 이들의 가두시위는 점차 대오를 갖추게 되었고, 1987년 마침내 노도와 같은 물결이 되어 도심의 광장

을 해방구로 만들어 냈다.

하지만 이른바 '87년 체제'는 정치적 민주화 못지않게 고도 경제성장의 결과물이었다. 1990년대 서울에 다시 등장한 '광장 민주주의'는 발전국가에 의해 창출된 새로운 공간적 장치 위에서 작동했다. 그러므로 1960~1970년대와 비교한다면 상전벽해의 격세지감을 느끼게 만들 정도로 변화한 도시경관이나 공간환경 못지않게 시민들의 집합적 열정이나 신체적 관성도 크게 변화하였음을 실감해야만 했다. 1970년대부터 시작되어 1980년대 올림픽 유치를 계기로 더욱 가속화된 '강남불패' 현상과 '아파트공화국' 현상, 더 나아가 신도시에 세워진 대규모 아파트 단지의 출현은, 중진국 대열에 들어선 한국의 경제성장의 과실에 탐닉한 중산층들의 정치적 보수화를 유도하는 공간적 장치가 된다. 1980년대 이후 중대형 아파트의 소유자 내지 거주자가 된 사람들 가운데 상당수는 1987년 민주화운동에는 적극적으로 참여하거나 동조했지만, 곧이어 전개된 노동자대투쟁의 급진성으로부터는 등을 돌리게 된 것이다(전상인, 2009: 131~135).

2002년 월드컵 때 광화문 거리와 시청 앞 광장을 비롯해 전국 각 도시에 흘러넘친 폭발적인 군중 현상은 '민주화 이후' 시대 광장문화와 도시축제의 새로운 방향을 제시한 역사적 사건으로 자리매김한다. 정치적 민주화가 성취된 오늘날, 공적인 삶의 장에서 소통의 활성화를 꿈꾸는 한국사회 특유의 에너지는 더욱 다채롭고 풍성한 광장문화를 창출해 낼 것이다. 그 가능성은 현재진행형으로 가속되고 있는 정보화와 더불어 더욱 확대될 것이다. 따라서 21세기에 우리가 경험하게 될 광장문화는 결코 단순한 물리적 광장 내지 제도적 소통의 공간으로

만 제한될 수는 없다. 인터넷상의 토론 공간 혹은 각양각색의 소셜 네트워크 등 미디어 혁명을 바탕으로 활성화될 새로운 공공 공간의 형성, 바로 여기서 우리는 21세기 광장문화의 혁명 혹은 새로운 의미의 소통형 광장문화의 가능성을 발견할 수 있다.

역사도시 서울의 도시공간에 아로새겨진 광장문화의 변천사는 우리에게 민주주의가 결코 법제도만으로 완성되는 것이 아니라는 점을 새삼 일깨워 준다.10 시민 민주주의는 한편으로는 시민이 국가 및 지배권력과 맺는 관계, 다른 한편으로는 시민 상호 간에 맺는 무수히 많은 관계의 소통 과정을 통해서만 실현된다. 민주주의의 실질적 완성이란, 만약 그것이 실현 가능한 어떤 것이라면, 다양한 공간과 장소를 무대로 하여 전개되는 일거수일투족의 무수한 일상적 실천 속에서 개개인이 자신의 시민권을 상황적으로 구현하는 구체적 과정을 통해서만 이루어질 수 있지 않을까.

참고문헌

김백영 (2003). 가두정치의 공간학: 1980년대 서울 시내 대학생 가두시위에 대한 공간적 분석. 한국산업사회학회 편. 《사회이론과 사회변혁》. 한울. 358~378.

______ (2009a). 《지배와 공간: 식민지도시 경성과 제국 일본》. 문학과지성사.

---

10 어떤 의미에서는 광장의 (과잉) 정치화는 사회의 정치적 반민주성의 지표이며, 광장의 탈정치화야말로 사회의 정치적 민주화의 증표라는 역설적 명제도 성립할 수 있을 것이다.

______ (2009b). 식민지 동화주의의 공간정치. 〈인천학연구〉, 11호, 59~82.

______ (2011). 식민권력과 광장공간: 일제하 서울 시내 광장의 형성과 활용. 〈사회와 역사〉, 90호, 271~311.

______ (2013). 4·19와 5·16의 공간사회학: 1950~60년대 서울의 도시공간과 광장정치. 〈서강인문논총〉, 38호, 85~118.

배항섭 (2010). 19세기 지배질서의 변화와 정치문화의 변용. 〈한국사학보〉, 39호, 159~168.

안창모 (2009). 《덕수궁》. 동녘.

이이화 (1984). 19세기 전기의 민란 연구. 〈한국학보〉, 35호, 2056~2088.

이태진 (2000). 《고종시대의 재조명》. 태학사.

전상인 (2009). 《아파트에 미치다》. 이숲.

전우용 (2008). 《서울은 깊다》. 돌베개.

정호기 (2008). 국가의 형성과 광장의 정치—미군정기의 대중동원과 집합행동. 〈사회와 역사〉, 77호, 155~190.

최인훈 (2008). 《최인훈 전집1 광장/구운몽》. 문학과지성사.

하상복 (2010). 《광화문과 정치권력》. 서강대 출판부.

한상권 (1996). 《朝鮮後期 社會와 訴冤制度—上言·擊錚 硏究》. 일조각.

黑川紀章 (1983). 《道の建築》. 丸善. 편집부 역 (1996). 《길과 건축》. 태림문화사.

Bishop, I. B. (1897). *Korea and Her Neighbors*. Yonsei University Press reprint (1970). Seoul: Yonsei University Press.

Curran, R. J. (1983). *Architecture and the Urban Experience*. Van Nostrand Reinhold Co.. 이준표 역 (1999). 《건축과 도시경험》. 태림문화사.

Mancuso, F., Kowalski, K., Barmine, O., Dartiguenave, E. (2007). *Places d'Europe, places pour l'Europe*. Jagiellonian University Press. 진영선 외 역 (2009). 《광장》. 생각의나무.

Sennett, R. (1994). *Flesh and Stone: The Body and the City in Western Civilization*. New York: W. W. Norton.

06

금 긋기의 곤혹스러움

서울의 문화지리, 그 윤곽과 경계

한신갑

1. 두 가지 금 긋기

강북 - 내 맘대로: "교복도 일상복" 발랄하고 톡톡 튀게(상의를 3인치 이상 줄여 허리선을 드러냄. 치마의 주름 스티치를 뜯고 밑단을 펴 한복치마처럼 보임. 아기자기한 액세서리로 치장)
강남 - 있는 대로: "교복은 교복일 뿐" 얌전하고 튀지 않게(상의는 슬림한 허리선 살려. 치마는 짧고 타이트하게. 액세서리는 브랜드를 중시)

2005년 한 중앙 일간지에 실린 "교복에도 강남 · 강북 있네"라는 제목의 기사는 "교복을 보면 강남 · 북이 보인다? 이 무슨 생뚱맞은 소리인가. 그런데 사실이다"라면서 글을 시작한다(〈중앙일보〉, 2005. 02. 25). 이 기사대로라면 중 · 고등학교 학생들의 교복 패션에 '강남'과 '강북'이라는 확연히 다른 스타일이 있고, 그런 스타일의 차이는 학생들의 다른 행태에서도 그대로 드러난다. 이보다 더 직접적이고 가시적인 것은 "서울 강북 학생은 '뚱보' - 강남 학생은 '홀쭉'"이라는 제목의 기사다(〈연합뉴스〉, 2011. 03. 09). 서울 시내 초·중·고교들 가운데 비만 학생이 많은 '뚱보' 학교는 대부분 강북권에 있는 반면 강남, 서초, 송파 등 '강남 3구'의 학생 비만율은 가장 낮아 강남과 강북의 격차가 뚜렷한 것으로 확인되었다고 한다. 두 기사 내용을 함께 놓고 강남 학생과 강북 학생의 모습을 상상해 보면 한 나라, 한 도시에서 같은 시대를 사는 또래라고 생각하기 힘들 정도로 다른 모습이다. 생활양식을 구성하는 의·식·주 가운데 의(衣)와 식(食)에서 강남, 강북이라 불리는 두 지역 사이의 구분이 학생들의 모습에서 뚜렷하게 나타난다는 것이다.

주(住)에서도 두 지역 사이에 큰 차이가 있다는 것 또한 널리 알려져 있다. 이는 강남과 강북 간의 경제적 격차를 논의할 때 등장하는 대표적인 것으로, 주로 집값이라는 지표를 통해 드러난다. 한 걸음 더 나아가 선거 때마다 정당별 득표율 차이로 드러나는 정치 성향의 차이 또한 같은 맥락으로 설명할 수 있다. 서울은 교복 패션에서 투표 행태에 이르기까지 사회, 문화, 경제, 정치의 모든 측면에서 강남과 강북으로 선명하게 분절된 도시로 보인다.

이처럼 강남과 강북 사이에 금을 긋는 이분법적 대비는 천만이 넘는 인구가 거주하는 서울이라는 거대 복합도시의 공간적 짜임새를 관찰하고 분석하고 이해하기 위해 널리 쓰이는 관용적 틀의 용도를 넘어서서 많은 사람들에게 의심의 여지가 없는, 더 이상 확인이 필요치 않은 기정사실로 받아들여진다. 이런 관점에서 보면 '과연 그럴까?' 또는 '어느 정도나 그럴까?'를 다시 묻는 이 장은 다분히 헛물켜기나 뒷북치기에 그칠 가능성이 높다. 애써 좋게 보더라도 당연한 것으로 여기는 상식들을 비판적 사회과학이라는 명분으로 흔들고 뒤집어 보는 또 하나의 낯익은 시도쯤으로 여겨질 수 있다.

하지만 금 긋기의 가능성, 적합성 그리고 효과성에 대해 되묻는 작업은 필요하다. 이유는 여러 측면에서 찾을 수 있다. 첫째, 이분법적 대비의 틀을 지금처럼 단정적으로 사용하기 위해서는 지리·행정적 경계로 구획된 강남-강북의 외연(外延)과 사회·문화적 경계로 구획된 강남-강북의 내포(內包)가 서로 겹친다는 것이 전제되어야 한다. 즉, 두 개의 금이 하나로 포개어질 때에만 이 이분법은 논리적, 실질적으로 정당성을 갖게 되는 것이다. 서울을 동서로 가로지르는 자연 경계로서의 한강에 의해 남과 북으로 나뉜 두 지역이 각각의 지역 내에서는 사회적, 문화적으로 동질성을 보이고, 반면에 둘 사이에는 서로 구분되는 차별성을 보여, 강남과 강북이라는 지역 구분이 사회적, 문화적 구분의 역할을 동시에 하고 있어야 한다.

물론 자연·지리적 경계가 사회·문화적 경계의 역할을 하는 경우도 있다. 하지만 그 둘이 서로 어긋나는 경우도 많다. 특히 교통·통신기술의 발달로 주어진 공간을 새롭게 조직하는 현대사회에서 자연환경은 바꾸고 고칠 수 있는 것이 되었기 때문에 더 이상 예전과 같은 구속과 제약으로 작용하지 않는다. 가장 가깝게 눈에 띄는 예가 한강의 남과 북을 이어 주는 30개의 다리이다. 이 다리들을 그려 넣고 나면 강남과 강북은 마치 촘촘한 바느질로 잇댄 두 조각의 천 같아서 그 사이의 금인 자연·지리적 분리선으로서의 한강은 큰 의미를 갖지 않는 것으로 보인다.

그럼에도 불구하고 교복 패션에서부터 투표 행태에 이르기까지 강 양쪽에 사는 사람들을 가르는 또 다른 차원의 금이 더 선명해지고 있다면 그것은 한강을 빌어 환유(換喩)로서의 강남과 강북을 만들어 낸 역사적, 사회적 과정의 결과로 볼 수밖에 없다. 그러므로 문제는 앞에서 언급한 것과 비슷한 기사들이 하나둘씩 더해질 때마다 강남-강북을 가르는 금은 사람들의 인식 속에서 더 뚜렷해지고, 삼인성호(三人成虎)의 고사처럼 금의 '사회적 사실성'도 더 커진다는 것이다. 이처럼 사회·문화적 금 긋기 쪽으로 관점을 옮겨 놓고 보면 두 금이 겹치는지 아닌지 자체를 살펴보는 것은 큰 의미가 없는 일처럼 여겨질 수도 있다.

두 번째 문제는 사회·문화적 금으로 나뉜 강남과 강북의 간극이 실제로 얼마나 넓고 깊을까, 과연 생활의 모든 분야에 속속들이 스며들어 있을까 하는 것이다. 이런 질문의 일차적인 목적은 차이와 분리의 정도를 실증적, 경험적으로 확인하려는 것이다. 이는 두 금 긋기의 일치를 기정사실로 받아들이고, 그 틀에 맞춰 현상을 관찰하고 해석하는 앞의 기사들에 대한 사회과학적 입장에서의 검토와 확인 작업이다.

이런 작업은 그 자체로도 매우 중요하지만, 앞에서 다룬 두 가지 금 긋기의 문제점과 함께 고려해 보면 현실적인 정책 문제로도 이어진다. 이런 시각에서 필요한 질문은 만약 그렇지 않다면, 사실과는 다른 인식이 계속 확대 재생산되고 있는 것이라면 과장과 왜곡이 가져오는 효과는 어떤 것일까 하는 것이다. 편향된 인식이 가져오는 현실적 결과에 대한 연구는 그동안 사회과학의 여러 분야에서 다양한 방식으로 이루어졌다. 그 예시로는 교육학 분야에서 '트래킹'(*tracking*)이란 이름으로, 우리 사회에서는 '우열반'(優劣班) 이란 이름으로 널리 알려진 능력별 학급 편성 제도의 효과에 대한 연구를 들 수 있다. 연구에 따르면 성적이 좋은 학생을 우반에, 그렇지 못한 학생을 열반에 배정한다는, 즉 성적 차이가 반 배정의 이유라는 원래 취지와는 달리 실제로는 우반에 배정된 학생의 성적은 높아지고 열반에 배정된 학생의 성적은 낮아져 성적 차이가 반 배정의 결과가 된다. 의사결정 과정에서 접근성, 대표성 등의 인지적 편향을 다룬 심리학 분야의 '휴리스틱'(*heuristics*) 에 관한 논의들은 인식된 상황규정을 기정사실로 받아들임으로써 그 편향들을 고착화하고 심지어는 정당화한다는 것을 보여 준다. 이런 문제에 대한 사회학적 접근은 머튼(R. K. Merton) 의 논의에 나오는 "상황을 현실로 규정하고 나면 그 결과는 실제 현실로 나타난다"는 토마스 정리(*Thomas Theorem*) 로 요약된다. 공간화한 구분과 차별 또는 공간을 통해 구성된 사회·문화적 구획과 경계 그리고 그에 대한 인식이 가지는 효과가 단순한 상징의 역할에 그치지 않고 실질적 함의를 갖게 된다는 것을 추론할 수 있다. 이 과정에서 어떤 구분이 현재의 인식과 담론의 중심이 되면 그에 따르는 접근성과 대표성을 갖게 되고 그것은 현실과의 불일치성이나 구분 경계의 불확정성에도 불구하고 반복적으로 재생산되면서 점차 강화되어 결국 다른 가능성들을 차단한다. 즉, 상황 규정에 의해 만들어진 경계들이 자연·지리적 경계보다 더 현실의 공간을 구속하게 되는 것이다.

2. 첫 번째 금 긋기: 지리적 강남

500년 동안 조선 도읍이었던 서울은 20세기 초까지만 해도 인구 20만을 넘지 않는 작은 규모의 도시였다. 한 세기에 걸친 근대화 과정을 거치며 인구는 50배나 증가해 이제 1천만을 넘었고, 면적은 꾸준히 확장되어 이제 6만 정보(町步)를 넘어섰다. 이 정도로 긴 역사와 큰 규모의 도시가 통합된 하나의 동질성을 보일 것이라 기대하기는 어렵다. 하지만 앞 절에서 다룬 것처럼 서울이 강남과 강북, 둘로 가지런히 나뉠 것이라 기대하는 것 역시 쉽지 않다.

그럼에도 불구하고 현재 사람들의 머릿속에서는 분명한 금 긋기가 이루어지는 것 같다. 〈한국문화연구〉에 발표된 "욕망의 구도로 본 서울의 지형학: 강남과 강북 그 대립적 이미지"(최샛별, 2003) 라는 논문에서 이화여자대학교 학생 110명을 대상으로 그들이 가진 강남과 강북의 이미지에 대한 자료를 모아 분석했는데 자료수집 과정의 한 부분이 무척 흥미롭다.

> 이들 질문 문항들의 작성에 있어서는 의도적으로 '강남'과 '강북'에 대한 명확한 규정을 하지 않았다. 이는 이 문항들을 통해서 연구자가 알고자 했던 것이 '강남'과 '강북'이라고 하였을 때 우리가 일상적으로 생각되는 '강남'과 '강북'이라는 지역에 대한 이미지와 생각이었기 때문이며, 이는 앞에서 밝혔던 지리적이고 행정적인 지역구분과는 차이가 있다고 판단했기 때문이다. 110명의 응답자 중 강남과 강북의 명확한 규정을 묻는 응답자는 없었다.
>
> — 최샛별(2003), 51쪽

그림 6-1 **'강남'의 경계**

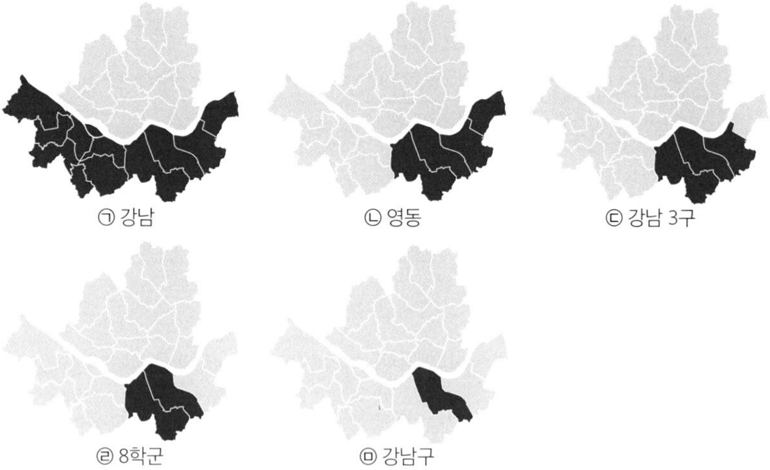

㉠ 강남

㉡ 영동

㉢ 강남 3구

㉣ 8학군

㉤ 강남구

즉, 조사 대상이었던 110명 모두 "일상적으로 생각되는 '강남'"을 구분해 내는 분명한 금이 그어진 지도가 머릿속에 있어서 더 물을 필요를 느끼지 않았다는 것이고, 더 나아가 '강남'이라는 말의 지리적 경계에 대해 있었던 그동안의 많은 논란들이 이들에게는 더 이상 문제되지 않는다는 것이다. 그 금들은 어떤 것이었을까? 그것들은 서로 일치했을까?

'강남'이라는 단어에 의해 일대일로 지정될 수 있는 하나의 확실한 지리적 경계는 존재하지 않는다. 이 중 몇 가지만 그려 보면 〈그림 6-1〉과 같다. 먼저 ㉠에 표시된 것은 문자 그대로의 강남, 즉 한강 이남의 11개 구를 묶은 것이다. 하지만 강남이라는 용어가 흔히 지칭하는 바는 이것이 아니다. 가령 서울의 도시개발을 역사적으로 서술할 때, 강남은 ㉡의 '영동'(永東)을 지칭할 때가 많다. 한강 남쪽 중에서도 동쪽 절반가량을 일컫는 영동은 1970년대와 1980년대에 새롭게 계획되고 대규모로 개발된 지역이다. 1983년 강남구 도곡동에 개원한 '영동세브란스병원'이 2009년 '강남세브란스병원'으로 개명한 것은 '영동'과 '강남'의 관계, 특히 '강남'이 의미하는 바가 계속 변화하고 있다는 것을 단적으로 보여 준다. 현재 강남-강북 이분법 담론 맥락을 가장 잘 나타내는 준거점은 더 좁게 규정되는데, ㉢에서 볼 수 있는 강남구, 서초구, 송파구의 '강남 3구', 혹은 ㉣에 그려진 강남구와 서초구의 '8학군'이다. 사교육, 위장전입 등 각종 사회문제의 중심에 있는 '8학군'은 1998년 서울시의 고등학교 학군 조정이 있기 전까지는 강동구와 송파구까지 포함했지만, 조정 후에는 강남교육지원청 관할의 강남구와 서초구만 포함한다. 하지만 그보다 더 특정하여 반포, 서초, 영동, 압구정, 개포 지역 일대만을 가리키는 경우가 많다. 또 반대로 ㉢에는 때로 지리적으로는 떨어진 여의도와 목동이 포함되기도 하고 서울시의 경계를 넘어 경기도 과천시, 성남시 분당구와 판교 일대를 포함하는 경우도 있다. 이러한 사실은 지역을 구분하는 금들이 지속적으로 다시 그려진다는 점, 금들이 모호하기도 하고 들쭉날쭉하기도 하다는 점 등을 잘 보여 준다. 마지막으로 이 단어는 ㉤에서와 같이 행정구역으로서의 강남구를 지칭하기도 한다.

각각의 용례는 비유적인 대응관계를 갖기도 한다. 이런 비유는 대부분 그때그때 시의에 따라 만들어진 것으로 서로 겹치기도 하고 어긋나기도 한다. 예컨대 ㉡이 의미하는 지역은 1970년대에 시작된 '영동개발'과 짝지어져 거대한 고층 주상복합건물, 과열된 부동산 시장과 자주 관련된다. ㉢의 지역은 명품 상점이나 과시적 소비와 연결되고,

㉣은 교육체제 그리고 그것의 계층적 함의와 연관된다. 그림에서 보는 것처럼 이런 지역 구분들은 상호 배제하는 관계가 아니라 서로 중첩되거나 내포하는 관계에 있고, 그 안에서 상황과 맥락에 따라 선택적, 임의적으로 쓰이는 것으로 보인다.

이렇듯 어떤 방식으로도 지도 위에 분명한 금 긋기가 어려운 상황에서 이화여자대학교 학생들은 어떻게 선명하게 금을 그을 수 있었을까? 그들은 무엇을 기준으로 금을 그었을까?

3. 두 번째 금 긋기: 사회경제적 강남

〈그림 6-1〉의 지도 위에 새로운 금 긋기를 가능하게 하는 것은 사회적 차원의 차이와 차별이다. 이 차이와 차별이 공간화하여 또는 공간적으로 분화되어 지도에 그려 넣을 수 있는 것이 되고 이렇게 그은 경계가 앞에서의 경계와 서로 포개지면 사회학적 금 긋기는 가능해진다.

이 문제의 다층성과 복잡성에 대해 보다 체계적으로 접근한 것이 2012년에 한신갑과 지상현이 〈한국사회학〉에 발표한 "이분법 풀어내기: 서울 문화지리의 윤곽"이라는 연구논문이다. 서울 시민의 문화소비 패턴에 관하여 조사한 "서울 시민의 문화향수 실태 및 의식 조사"(서울시정개발연구원, 2004)를 자료로 삼아 그들의 일상적인 삶에서 어디에 사는지와 어떻게 사는지가 얼마나 엮이는지 그리고 그를 통해 공간적으로는 어떻게, 얼마나 나뉘는지를 구(區) 단위로 실증 검토한 글이다. 미리 말하자면 상당수의 다른 연구들에서도 직간접적으로 언급

그림 6-2 **사회경제적 지표에 의한 구분**

되듯이, 이 연구에서 내리는 결론은 강남-강북의 이분법적 설정이 현실의 객관적 자료가 보여 주는 것과는 상당히 다르다는 점이다.

강남과 강북을 대조하는 데 널리 쓰이는 대표적 틀은 소득과 교육 수준의 사회경제적 지표이다. 한신갑과 지상현도 가구당 평균 월 소득과 재학 연수를 사용해 이를 다시 검토한다. 〈그림 6-2〉의 ㉠과 ㉡은 각 지표의 구별 평균에 근거하여 서울시의 25개 구를 상위 5개구(짙은 파랑), 중간, 그리고 하위 5개구(옅은 파랑)로 나눈다. 널리 알려진 것처럼 이 지표들이 높게 나타나는 지역은 서울의 남동쪽에 집중되어 있다. 이들이 공간적으로 얼마나 덩어리지는지를 알아보기 위해 '공간적 자기상관성'(*spatial autocorrelation*)을 검토하였다. 공간적 자기상관성은 여러 지리적 단위에 걸쳐 관찰된 특성의 분포가 인접한 단위들 사이에 연속적으로 분포되어 덩어리를 이루는지, 연속성 없이 흩어져 있는지 아니면 규칙성 없이 무작위적으로 분포되어 있는지를 평가하는 수단으로, 여기서는 가장 잘 알려진 '모란(Moran)의 *I*'를 지표로 사용했다. -1에서 +1까지의 값을 가질 수 있는 이 지표가 양의 값을 갖는 경우, 관찰된 특징들이 공간적인 군집을 이루고 있음을 나타낸다. 즉,

비슷한 특성을 가진 단위들이 가까이 모여 있다는 것이다. 음의 값으로 나타날 경우 공간적 분산이 있는 것이며, 0의 값으로 나타날 경우 무작위적인 분포로 본다. 이 지표의 값이 일반적으로 생각하는 것처럼 0보다 상당히 크다면 관찰한 특성에서 높낮이가 비슷하게 나타나는 지역들이 확률에서 기대하는 것보다도 더 분명하게 모여 있다는 것을 의미한다.

"서울 시민의 문화향수 실태 및 의식 조사" 자료에서 이 지표는 소득에서는 0.16, 교육 수준에서는 0.22로 나타나 양쪽 모두 통계적으로는 유의미했지만 그 효과가 커보이지는 않는다. 딱히 눈에 띄는 한 덩어리로 뭉치지는 않는다는 것이다. 특히 강동구와 광진구 그리고 여의도를 포함한 영등포구가 연속된 지리적 경계를 그리기 어렵게 한다. 만약 온전히 소득과 교육 수준의 분포에만 근거를 두고 구를 나누고자 했다면, 〈그림 6-2〉의 ㉢과 같이 나누어야 했을 것이다. 여기서 어둡게 처리된 부분은 통계적으로 유의미한 수준에서 높은 소득과 교육 수준을 보이는 구들이다. 그러나 이 구분은 〈그림 6-1〉에서 볼 수 있었던 구분의 어느 것과도 일치하지 않는다.

비슷한 시각에서 서울을 살펴본 연구 중에서 선구적으로 꼽히는 "계층의 공간적 분화, 1975~1985: 서울시의 경우"(홍두승, 1991)에서는 연구의 대상이 된 기간 동안 계층 간의 주거지 분리가 이루어졌고 계급 지위와 학력 등으로 측정한 사회경제적 상층부의 무게 중심이 강북에서 강남으로 이동했음을 상세히 보여 주었다. 하지만 이런 변화의 양상과 〈그림 6-1〉에 그려진 경계의 조응성은 그리 높지 않았고 동별로 본 지표들을 더 큰 단위로 묶어 해석하는 데도 어려움이 있다. 다시 말하면, 이런 방식으로 사회적 공간으로서의 '강남'을 개념화하고 이론화해 볼 수는 있지만 깔끔하게 한 덩어리로 묶을 수 있는, 금을 그어 지리적 윤곽을 드러낼 수 있는 '강남'은 여전히 잘 보이지 않는다는 것이다.

사회경제적 지표로 나타나는 것과는 다를 수 있는 문화와 생활의 측면을 보기 위해 문화적 취향과 선택도 검토했다. 취향과 선택이 드러나는 여러 방식 중 하나인 여가활동에 초점을 두고 이를 경험적 준거로 삼아 생활양식상의 차이를 보고자 했다. 이는 글머리에서 인용한 기사들처럼, 또 기존의 몇몇 연구들이 시사한 것처럼 강남에 사는 이들은 강북 거주자들과는 다른 방식으로 여가시간을 소비하는 경향이 있다고 '받아들여지는' 것에서부터 출발한다.

먼저, 여가활동을 포착하기 위해 주관적 태도와 객관적 행동을 나타내는 두 개의 지표를 만들었다.[1] 여가에 대한 태도와 행동은 각각 크게 두 가지로 나뉜다. 태도는 자신의 여가활동에 관한 관심과 만족도가 높은 사람들(22%)과 그렇지 못한 사람들로 나뉘는데, 이 중 전자의 비율을 썼다. 실제 행동은 주중과 주말의 여가활동을 함께 검토해 나눴는데 그중 가장 비중이 큰 집단(55%)은 그동안의 여러 사회조사에서 반복적으로 확인된 "구들직장"(구들直長: 늘 방 안에만 들어박혀 있는 사람을 놀림조로 이르는 말)들이다. 이들은 여가시간이 생기면 집에 머무르면서 쉬거나 TV 시청 및 라디오 청취 이외에는 다른 특별한

1 자세한 방법론적 내용은 앞서 언급한 "이분법 풀어내기: 서울 문화지리의 윤곽"(Han & Chi, 2012), 그중에서도 특히 부록을 참조.

그림 6-3 여가에 대한 태도 · 행동에 의한 구분

활동을 하지 않는 사람들이다. 예상할 수 있는 것처럼, 태도와 행동은 서로 밀접하게 연관되어 있다. 자신의 여가활동에 관심을 많이 기울이고 만족도가 높은 사람들이 구들직장인 경우는 매우 적었고, 그 반대 역시 마찬가지였다.

구 단위로 보면 이 두 지표는 상당한 진폭을 보인다. 고관심-고만족자의 비율은 0%에서 65%까지, 구들직장의 비율은 21%에서 96%까지 넓게 퍼져 있었다. 이를 〈그림 6-2〉와 같은 방식으로 분석해 그린 것이 〈그림 6-3〉이다. 행동에 관한 지표는 그림을 읽기 편하도록 구들직장에 해당하지 않는, 즉 조금이라도 적극적, 능동적으로 여가활동을 하는 사람들의 비율을 사용했다. 이 두 지표가 공간적으로 집중되어 덩어리를 이루는지는 뚜렷하게 드러나지 않았다. 앞에서 사용했던 공간적 자기상관성은 각각 0.06과 0.02로 사회경제적 지표에 비해 현저하게 낮았고 통계적으로도 0과 유의미하게 다르지 않았다.

자세히 살펴보면 국지적으로 몇 개 구가 모이기는 한다. 예를 들어 〈그림 6-3〉의 ㉠에서 강동구와 광진구는 고관심-고만족자가 밀집된 한 축을 이룬다. 이와 유사하게, ㉡에서는 구들직장의 밀집도가 높은 도봉구와 노원구가 붙어 있고, 강동구와 송파구는 그 반대의 군집을 이룬다. 하지만 이런 형태가 〈그림 6-1〉에 제시된 어느 하나의 구분을 따라 깔끔하게 정리되지는 않는다. 여가와 관련된 두 개의 특징이 서로 연관되는 방식에만 근거하여 지역을 나누고자 한다면 서울은 ㉢처럼 나뉘어야 한다. 그림에서 진하게 칠해진 지역은 고관심-고만족자의 비율이 유의미하게 높고, 구들직장의 비율은 낮은 곳들이다. 예상과 달리 강동구가 양쪽 지표 모두에서 극단에 놓여 있었다. 여기서도 역시 뚜렷한 단층선은 확인할 수 없고, 〈그림 6-1〉의 그 어떤 지역 구분과도 대응하지 않는다.

그뿐만 아니라 이 구분은 〈그림 6-2〉와도 일치하지 않는다. 만약 〈그림 6-3〉에서 보여 준 여가활동의 태도 및 행동의 공간적 분포가 일차적으로 사회경제적인 차이와 그것의 불균등한 분포에 기인한다면 이 두 그림은 대략적으로 서로를 반영해야 한다. 그러나 두 그림은 어느 정도 겹치기는 하지만 서로 반영한다고 보기는 어렵다.

〈그림 6-2〉와 〈그림 6-3〉의 결과를 교차시켜 고려하면 서울의 25개 구는 〈그림 6-4〉에서처럼 4개의 범주로 나눠 볼 수 있다. 이를 보면, 4개의 범주 중 어느 하나도 한강의 남쪽이나 북쪽에 전적으로 분포해 있지 않다. 한강은 그 어떤 범주의 경계와도 일치하지 않는 것이다. 두 번째로, 구의 사회경제적 조건과 여가활동에 대한 태도 및 행동 지표가 모두 높거나(8개 구) 모두 낮아(6개 구) 둘의 상관성을 보여주는 경우가 있다. 이 중에서 짙은 파랑으로 표시된 전자의 구성이 특히 관심을 끈다. 여기에는 영동의 4개 구(서초구, 강남구, 송파구, 강동구)와 영등포구가 포함되어 있지만 한강 북쪽의 3개 구(성동구, 광진

그림 6-4 **'사회경제적 지표'와 '여가에 대한 태도 · 행동'을 모두 고려한 구분**

짙은 파랑: 높음-높음 / 조금 짙은 파랑: 낮음-높음
조금 옅은 파랑: 높음-낮음 / 옅은 파랑: 낮음-낮음

구, 중랑구) 도 있어서, 무게 중심은 강남에 있지만 한강 북쪽의 인접한 구로 퍼져 가는 듯이 보인다. 마지막으로, 나머지 11개 구에서는 사회경제적 조건과 여가활동 간의 상관성이 예상과는 반대 방향으로 나타난다. 조금 짙은 파랑으로 처리된 8개 구(중구, 용산구, 동대문구, 성북구, 강북구, 서대문구, 강서구, 구로구)의 주민들은 사회경제적으로는 불리하지만 여가활동에 적극적인 반면, 조금 옅은 파랑으로 처리된 노원구, 마포구, 동작구의 주민들에게서는 그 반대의 패턴이 관찰된다. 전자는 기대에 비해 여가활동을 과잉소비하며 후자는 과소소비하는 것으로 보인다. 이런 전반적인 형태는 사회인구학적 기본 변수들을 통제한 여러 가지 추가분석에서도 대체로 같은 모습을 보인다.

4. 금 긋기의 곤혹스러움: 서울의 사회학

> 사회적 실체가 있다고 전제하고 그 경계를 찾으려고 하면 실패하게 된다는 것이 내가 주장하고자 하는 바입니다. 경계들을 먼저 찾고, 사람들이 그 경계들을 어떤 식으로 잇고, 엮어 나중에 실체라고 부르게 되는 것의 윤곽을 그려 내는지를 봐야 합니다. 있다고 가정한 것들의 경계가 아니라 경계에 의해 만들어지는 것들을 찾아야 한다는 것입니다.
>
> — Andrew Abbot(1995), 857쪽

요약하자면, 보고된 결과들이 보여 주는 바는 강남-강북의 이분법적 대비를 단지 부분적으로만 지지한다는 것이다. 다양한 금 긋기의 시도에서 반복적으로 나타나는 것은 혼재성과 유동성, 불확정성과 불일치성이다. 여기서 논의한 연구들의 결과를 종합해 보면 강남-강북의 이분법적 구분은 실체를 잡아내기 어려운 모호한 것으로 보인다. 물론 문화적 계층화나 분화에 대한 부분적 증거는 찾을 수 있고 그것이 공간화 과정에 있다는 큰 틀의 논의는 가능하다.

사실 서울만큼 오래된 도시에서 사회적 구조화의 역사적 흔적을 공간적으로 추적해 볼 수 있다는 사실은 그리 놀랍지 않다. 또 이만큼 큰 도시에서 다양한 차원의 사회적 분화를 지리적으로 드러내는 표식을 볼 수 있는 일이 드문 것도 아니다. 하지만 현재, 실증적으로 분명한 구획의 금 긋기는 어렵다. 이미 고정된 구획이라기보다는 계속 변화하는 공간적 구조화의 진행과정을 보고 있다고 생각한다. 우리가 경험하는 현실의 서울은 대중매체가 재생산하는 이분법적 틀이나 이화여자대학교 학생들의 인식보다는 훨씬 더 복잡한 형태로 진화하고 있는 것으로 보인다.

그럼에도 불구하고 이분법적 틀이 단지 속 빈 수사적 비유만은 아니라는 점에 주목할 필요가 있다. 금 긋기의 가능성과 적합성에 대한 비판적 평가에도 불구하고 이 틀이 현실을 인식하고 규정하는 데 영향을 주는 효과는 강력해 보인다. 경험적으로는 실증되지 않지만 많은 사람들에게 당연하게 받아들여지면 그것이 특정한 행동들을 불러와, 결국 자기실현적 예언처럼 현실화될 수 있기 때문이다.

현대 도시로서의 서울은 아직 자연·지리적 공간을 사회·문화적 장소로 만드는 과정이 활발히 진행 중인 도시이다. 현재 강남과 강북의 대비를 얘기하면서 보는 것은 '서울 만들기'라는 긴 역사적 과정의 한 스냅숏일 뿐이다. 그 스냅숏의 역사적 맥락을 고려하면 이 글에서 제시한 결과들을 다르게 볼 수 있다. 즉, 대중매체나 기존 논의에서 걱정하는 것만큼 서울이 분절되어 있지는 않다고 읽을 수 있다는 것이다. 사회경제적 결정 요인들로 환원할 수 없는, 이제 막 속도를 붙여 가는 문화적 공간화의 유동적 영역이 있다고 읽을 수 있다. 그리고 이렇게 자기최면에서 깨어나면 강남-강북의 대비가 함축하는 바에 대해서도 새롭게 접근할 수 있을 것이다.

계속 강조했듯이 '강남'은 만들어진 개념이다. 한편으로는 그 구분을 반영하면서 또 다른 한편으로는 구분을 만들어 가는 개념인 것이다. 강남은 본질적으로 공간에 의한 그리고 공간을 통한 문화적 정체성의 형성을 보여 주는 한 형태이다. 바로 그런 점에서 '강남'은 지역들을 묶기도 하고 나누기도 한다. 현재의 지배적인 담론은 강남을 더 커져 가는 격차의 문제로, 더 깊어 가는 불평등의 문제로 틀 지으면서 상대적 박탈의 문제를 우려한다. 하지만 여기에도 역시 두 가지 이중적인 측면이 존재한다. 첫 번째 측면은 한편에서는 풍요롭고 세련됐다고 생각하는 것을 반대편에서는 졸부 같고 과시적인 것이라고 혐오스럽게 여긴다는 점이다. 싸이의 〈강남스타일〉이 보여 주는 것이 바로 이 이중성이며, 《압구정동: 유토피아 디스토피아》(강내희 외, 1993)에서 보이는 다양한 시각들이 잡아내는 것도 이 양면성이다. 두 번째 측면은 비유적으로도 또 실제로도 강남에 도달하기 위한 불안에 가득 찬 경쟁의 장에서 보는 사람이 지금 어디에 서 있는가에 따라 서울을 진화하는 곳으로도 보기도 하고, 퇴화하는 곳으로도 보기도 한다는 점이다. 앞에 언급한 최샛별(2003)의 연구에서도 강남이라는 지역이 실제 강남지역 거주자들보다 오히려 강북이나 기타지역 거주자들에게 더 풍요롭게 인지된다는 점을 찾아볼 수 있다.

물론 분열과 배제의 징후는 있다. 하지만 "불평등인가? 아니면 다양성인가?" 하고 묻는 것은 잘못된 선택을 강요하는 것이다. 그 둘은 공진화하는 경우가 훨씬 많기 때문이다. 더욱 낙관적이면서 현실적인 관점을 갖는 것은 그 둘 간의 건강한 긴장관계를 찾는 시도가 될 것이다. 서울은 아직 현재진행형의 도시이다. 이는 서울의 일부인 강남도 마찬가지이며, "강남이 한국이다"라는 말대로라면 한국 역시 현재진행형의 나라이다. 이렇듯 '강남'은 넓은 의미의 계층화를 포함한 한국사회 이면에서 일어나는 구조화 과정에 의해 지금 만들어지고 있으며, 그것이 문화적으로 어떻게 구성되고 또 어떻게 공간화할 것인지를 예단하기는 아직 이르다.

그래서 지금의 금 긋기는 더 곤혹스럽다.

참고문헌

강내희 외 (1993). 《압구정동: 유토피아 디스토피아》. 서울: 현실문화연구.

서울시정개발연구원 (2004). 서울 시민의 문화향수 실태 및 의식 조사.

〈연합뉴스〉 (2011. 03. 09). "서울 강북 학생은 '뚱보'-강남 학생은 '홀쭉'".

〈중앙일보〉 (2005. 02. 25). "교복에도 강남 · 강북 있네".

최샛별 (2003). 욕망의 구도로 본 서울의 지형학: 강남과 강북 그 대립적 이미지. 〈한국문화연구〉, 4권, 49~70.

홍두승 (1991). 계층의 공간적 분화, 1975~1985: 서울시의 경우. 서울대 사회학 연구회 편. 《사회계층》. 서울: 다산출판사. 567~583.

Abbot, A. (1995). Things of boundaries. *Social Research*, *62*(4), 857~882.

Han, S. K. & Chi, S. H. (2012). The dichotomy unspooled: Outlining the cultural geography of Seoul. *Korean Journal of Sociology*, *46*(6), 1~29.

07

편의점으로 읽는 서울의 공간과 일상

전상인 · 최설아

1. 편의점으로 서울 읽기

편의점은 약 90년 전 미국에서 시작된 유통업의 일종으로 대형마트나 백화점은 물론 기업형 슈퍼마켓(SSM)에 비해서도 규모가 훨씬 작다. 또한 영업시간이나 의무휴업 등과 관련하여 정책적 규제도 거의 받지 않는다. 문자 그대로 각종 '편리'를 경쟁력으로 삼는 소형 소매 점포가 바로 편의점이다. 편의점은 언제나, 어디서나, 누구나 편리하게 이용할 수 있는 우리 시대의 대표적 '유비쿼터스' 소매업이다.

명실공히 서울은 '편의점 도시'다. 서울시 내 편의점 점포 수는 국내 다른 도시들에 비하여 월등하게 많다. 통계청 자료에 의하면 2014년 현재 부산이 1,444개, 대구가 757개, 전주가 357개인 것에 비해 서울은 무려 6,216개다. 우리나라 전체 편의점 점포 수는 약 26,280개인데, 그 가운데 1/4 정도가 서울에 있다. 1제곱킬로미터당 편의점 숫자를 따지면 서울이 10.3개[1]인데, 부산은 1.9개, 대구는 0.9개, 전주는 1.8개 정도이다. 국제적으로도 이른바 '콘비니 왕국'으로 알려진 일본의 도쿄에 비해서 인구 대비 편의점 수는 서울이 더 많다.[2] 웬만한 가로(街路) 나 건물에서 편의점이 빠진 서울 경관은 상상하기 어렵다. 유통업으로서의 편의점은 증가 속도가 매우 빠를 뿐 아니라 전반적인 경제불황 속에서도 '나 홀로' 호황을 누리고 있다.

이 글은 편의점을 통해 서울의 공간과 일상을 읽고자 한다. 편의점의 이례적 성장과 성업은 단순한 유통의 차원을 넘어 일련의 사회학적 함의를 갖고 있다는 것이 논의의 전제다. 편의점의 등장과 확산은 대도시 서울의 공간적 변화와 무관하지 않을 뿐 아니라 그 속에는 서울 사람의 삶과 의식을 엿볼 수 있는 단서가 적잖이 숨어 있다. 편의점은 서울의 핵심 '도시 인프라' 가운데 하나로 자리 잡았으며, 각계각층의 '생활 플랫폼'으로서 시민의 일상에 깊숙이 들어와 있다. 편의점을 알면 서울이 보이는 정도가 아니라, 편의점을 알아야 서울이 보인다.

---

1 서울시 편의점 수(6,216개) ÷ 서울시 면적(605.25km²) = 10.3개/km²

2 일본의 광역자치단체를 묶어 이르는 도도부현(都道府縣)의 도시 데이터 랭킹 자료에 의하면 2016년 3월 말 기준으로 편의점 상위 7개 체인에 속하는 7,002개가 도쿄에 있다. 도쿄는 편의점 점포 1개당 인구가 1,857명이고, 서울은 1,609명이다. (http://uub.jp/pdr/)

2. 공간분석: '편의점 도시' 서울

1) 편의점 확산 추이

서울의 편의점은 1989년 5월 올림픽선수촌아파트 내에 처음 생겼고 같은 해에 종로구와 용산구에 각각 2개, 양천구와 서초구에 각각 1개씩 등장했다. 편의점은 1990년대 초반부터 송파·강남·서초구 일대와 종로·성북구를 중심으로 늘어나다가 그 이후에는 강남구 일대에서 가장 두드러지게 증가하였다. 2000년대 이후 서울 동남권이 여전히 가장 많은 편의점을 보유한 가운데 점차 나머지 지역들로 골고루 확산되는 양상을 보여 주고 있다.

〈그림 7-1〉을 보면 강남구에 집중되었던 편의점이 2004년경부터 강북 도심권에서도 점차 증가하기 시작했다가 2008년 이후 동남권과 도심권을 핵심무대로 급속하게 확산되었음을 알 수 있다. 2014년 무렵

그림 7-1 **편의점 밀집도 시계열 변화(2000~2014년, 2년 단위)**

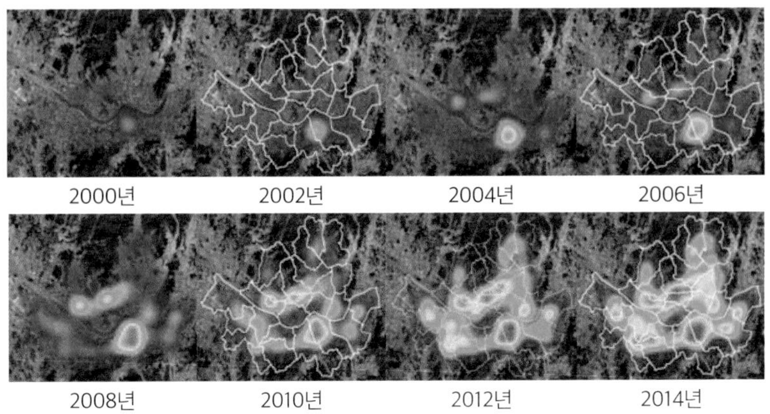

자료: 통계청 통계지리정보서비스 생활업종지도.

에는 관악구 신림동 일대가 편의점의 새로운 거점으로 부상했다. 편의점이 서울시 생활권 전역에 걸쳐 골고루 분포되는 경향을 확인할 수 있다. 오늘날 편의점은 더 이상 강남 일대나 도심권의 전유물이 아니다.

서울시 전체 편의점 사업체 수(〈표 7-1〉 참고)는 1990년부터 1993년까지 3년간 670개가 증가했다가 그 이후 1997년까지는 4년간 261개가 증가해 그 추세가 다소 둔화되었다. 1997년부터 1999년까지는 970개에서 943개로 소폭 감소하였는데 이는 IMF 외환위기와 시기적으로 일치한다. 이처럼 2000년대 이전까지만 해도 경제적 불황이 편의점 성장에 부정적인 영향을 미쳤다. 그러나 2000년대에 들어와 편의점 증가율과 경제상황은 점차 무관해지며, 특히 2010년 이후 수년간은 역대 가장 높은 증가세를 보였다. 이는 경제불황에도 불구하고, 혹은 경제위기일수록 편의점은 오히려 늘어나고 있다는 사실을 말해 준다.

표 7-1 **서울시 편의점 사업체 수 연도별 증가현황**

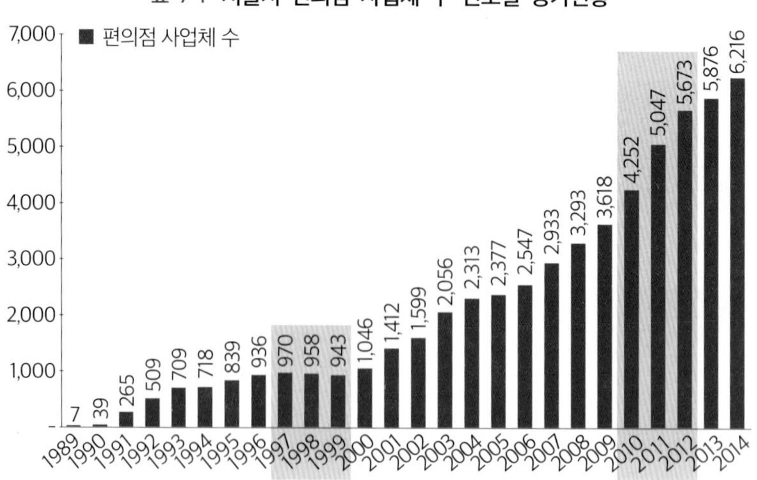

자료: 1989~1999년은 (사)한국편의점산업협회 자료, 2000~2014년은 통계청 자료.

2) 편의점 분포현황

통계청 자료에 의하면 2014년 현재 서울시 편의점 사업체 수는 6, 216개이다. 구별로 보면(〈그림 7-2〉 참고) 강남구가 642개로서 서울시 전체의 10% 이상을 차지한 가운데 두 번째로 많은 서초구(361개)에 비해서도 월등히 많다. 또한 송파·강남·서초 등 이른바 '강남 빅(*big*) 3' 행정구에 속한 편의점 비율은 21. 7%로서, 서울시 전체 인구 대비 강남지역 인구비율 16. 5%를 크게 능가했다.

서울의 편의점 역사는 상대적으로 고소득 주거지역에서 시작되었지만 최근 편의점은 정주인구보다 유동인구(활동인구)와 더 높은 친화력을 보여 준다. 이는 편의점 분포를 몇몇 구의 동 단위 차원에서 살펴보면 잘 드러난다. 서울시와 서울신용보증재단이 제공하는 '2014 자영업자 업종지도'에 따르면, 자치구별 유동인구와 상주인구에서 오피

그림 7-2 **구별 편의점 사업체 수(2014년, 총 6,216개)**

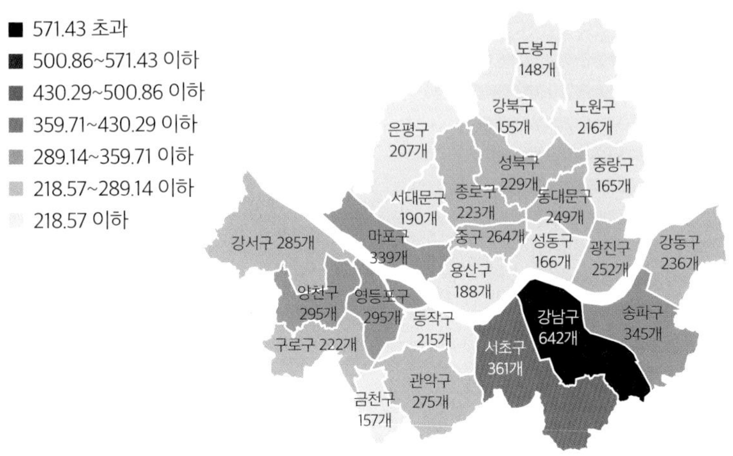

자료: 통계청 통계지리정보서비스, 전국사업체조사(2014).

스 지구인 강남구(유동인구 111만 명 : 상주인구 57만 명)와 중구(유동인구 80만 명 : 상주인구 14만 명) 및 종로구(유동인구 64만 명 : 상주인구 17만 명) 일대가 상주인구에 비하여 상대적으로 많은 유동인구를 갖고

그림 7-3 **강남구 동별 편의점 사업체 수**

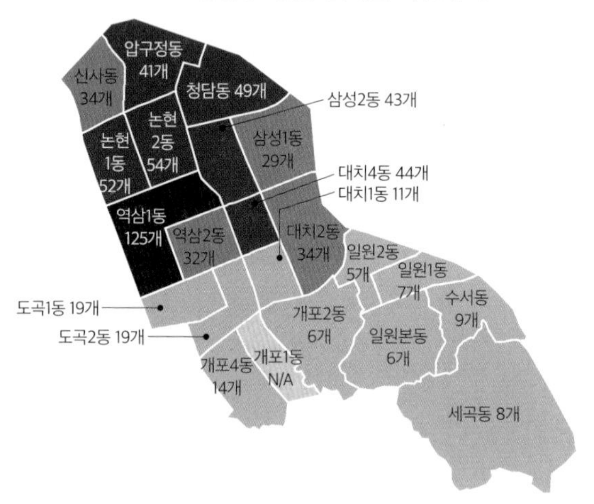

자료: 통계청 통계지리정보서비스, 전국사업체조사(2014).

표 7-2 **강남구 동별 기업체 수**

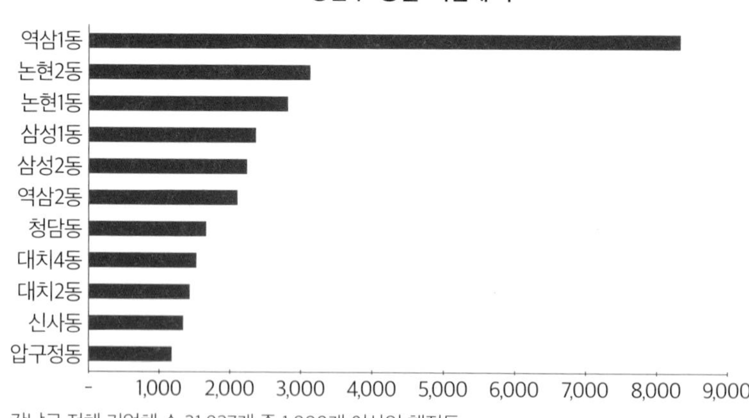

강남구 전체 기업체 수 31,927개 중 1,000개 이상인 행정동.

자료: 서울시 우리마을가게 상권분석서비스, 행정동별 상권지표 리포트(2015).

있다. 이를 근거로 강남구와 중구를 선별해 동별 편의점 수와 기업체 수를 비교했다. 강남구에서는 역삼1동이 기업체 수가 가장 많았고, 편의점 역시 역삼1동에 가장 많았다. 중구에서는 명동이 기업체 수가 가장 많았고, 편의점도 가장 많은 것으로 나타났다. 회사원 등 유동인구가 많은 지역에 편의점 또한 높은 분포율을 보인다는 사실을 확인할 수 있었다(〈그림 7-3〉, 〈그림 7-4〉, 〈표 7-2〉, 〈표 7-3〉 참고).

대학가에 편의점이 많은 것도 유동인구 효과로 볼 수 있다. 통계청

그림 7-4 **중구 동별 편의점 사업체 수**

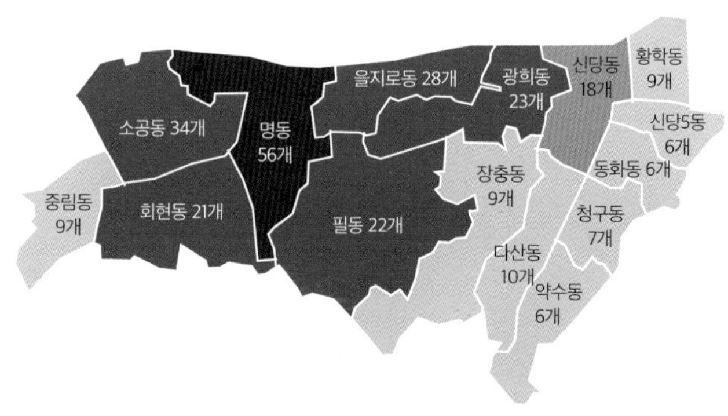

자료: 통계청 통계지리정보서비스, 전국사업체조사(2014).

표 7-3 **중구 동별 기업체 수**

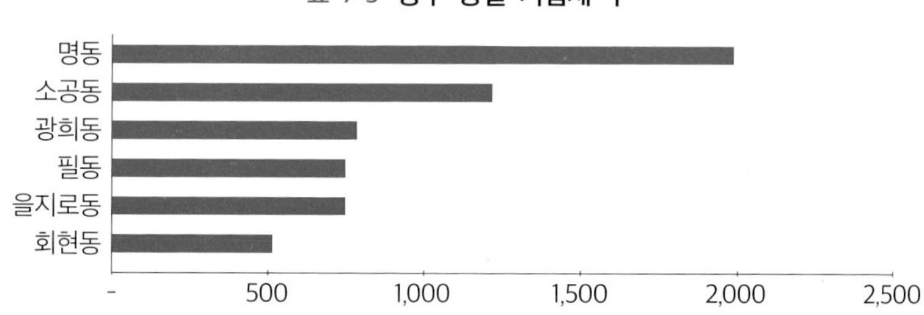

중구 전체 기업체 수 7,593개 중 500개 이상인 행정동.

자료: 서울시 우리마을가게 상권분석서비스, 행정동별 상권지표 리포트(2015).

그림 7-5 **서대문구 동별 편의점 사업체 수**

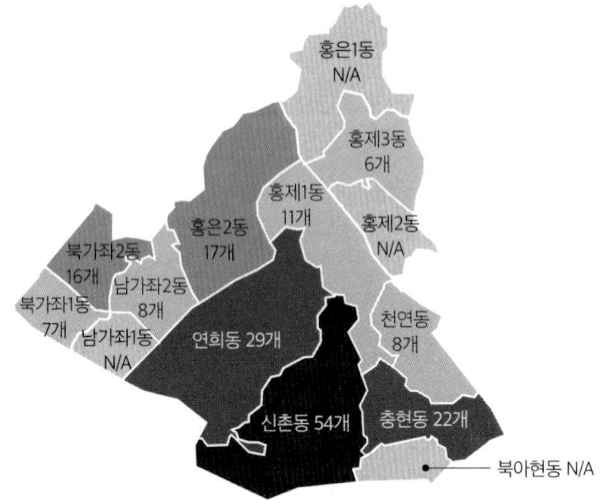

자료: 통계청 통계지리정보서비스, 전국사업체조사(2014).

그림 7-6 **성북구 동별 편의점 사업체 수**

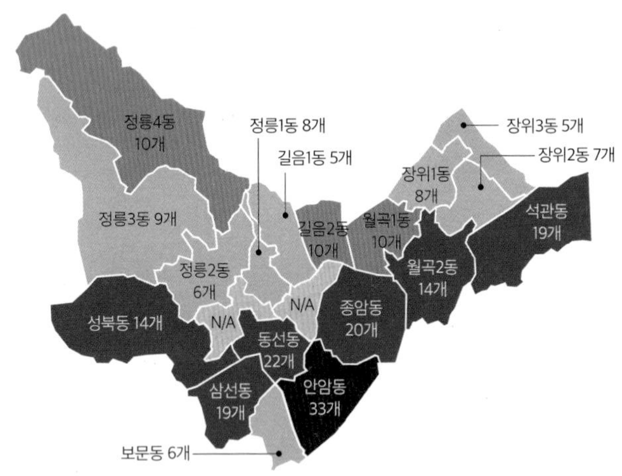

자료: 통계청 통계지리정보서비스, 전국사업체조사(2014).

자료에 따르면 서울시 고등교육기관 수(전문대, 대학, 일반대학원)는 2014년 기준으로 서대문구와 성북구에 똑같이 각각 64개로 가장 많다. 대학 수가 가장 많은 두 지역의 편의점 사업체 수를 동별로 파악해 보면(〈그림 7-5〉와 〈그림 7-6〉 참고), 대학 캠퍼스가 집중한 신촌동 및 안암동 일대에 편의점이 가장 많이 포진해 있음을 알 수 있다.

유동인구의 관점에 이어 주거이동의 시각에서 편의점의 분포상황을 살펴보자. 〈그림 7-7〉~〈그림 7-9〉는 서울시 각 구별 주택 점유형태 현황을 나타내는데 월세나 전세 가구는 강남구, 송파구, 관악구에 많고 자가 소유 가구는 노원구에 가장 많다. 주거이동이 잦은 월세와 전세형태의 주거생활이 흔한 지역에서 편의점이 상대적으로 많았다.

한편 인구의 이동성은 전출률과 전입률의 합으로 확인할 수 있다. 2015년 주민등록전입신고 자료에 근거해 파악한 결과, 전체 행정구의

그림 7-7 **월세 점유형태(단위: 가구)**

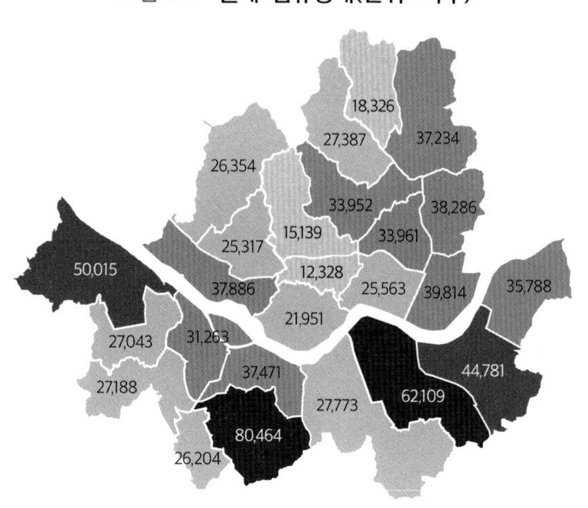

자료: 통계청 통계지리정보서비스, 인구주택총조사(2010).

그림 7-8 **전세 점유형태(단위: 가구)**

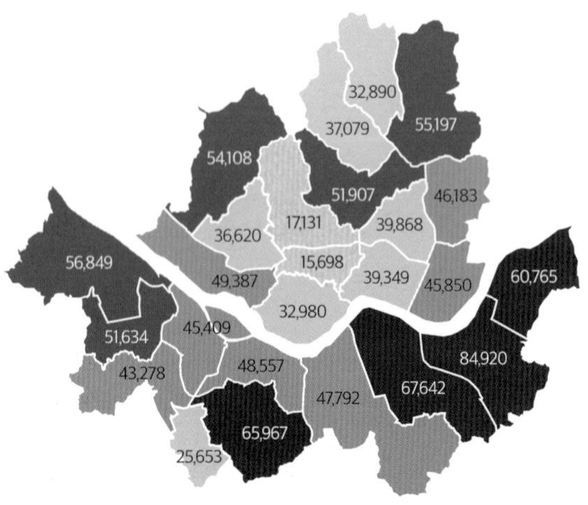

자료: 통계청 통계지리정보서비스, 인구주택총조사(2010).

그림 7-9 **자가 점유형태(단위: 가구)**

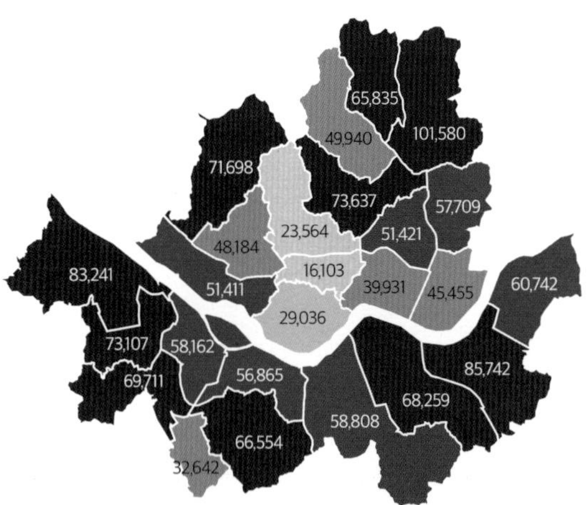

자료: 통계청 통계지리정보서비스, 인구주택총조사(2010).

이동률(전출률+전입률)[3] 평균은 33.4%이다. 이 중 전체 서울시 평균 이상의 이동률을 보이는 지역으로는 강남구(39.3%)와 관악구(38.8%)가 가장 뚜렷한데, 이는 전·월세 주택 점유형태를 보이는 지역과 거의 일치한다. 또한 강남구와 관악구를 공간적으로 보다 세분하여 동별로 살펴보면 이동인구 수와 편의점 사업체 수 분포가 어느 정도 일치함을 알 수 있다(〈그림 7-10〉, 〈그림 7-11〉, 〈표 7-4〉, 〈표 7-5〉 참고).

주거와 관련된 또 다른 특성 중 하나는 주택 필지형태이다. 재개발 사업 등 대규모 주택정비사업이 진행되지 않은 비교적 오래된 동네에는 불규칙하고 비정형적인 필지가 그대로 보존되어 있을 뿐 아니라 옛날 골목 또한 많은 편인데, 이러한 지역에는 아직 구멍가게나 동네슈퍼가 남아 있을 가능성이 크다. 이를 확인하기 위해 종로구와 마포구를 동별로 살펴보았다(〈그림 7-12〉와 〈그림 7-13〉 참고). 종로구의 경우 평창동, 부암동, 교남동, 삼청동, 가회동, 창신동 등은 편의점이 5~7개에 불과해 종로 1, 2, 3, 4가동에 68개의 편의점이 분포한 것에 비하면 편의점 불모지나 다름없어 보인다. 마포구의 경우에도 서교동에 82개가 집중되어 있는 것에 비하여 염리동, 아현동 등에는 각각 6개, 11개에 그치고 있다. 오래되고 비교적 전통이 남아 있는 동네에서는 편의점이 아직까지는 약세를 보이는 듯하다.

편의점의 시각에서 최근 서울시 공간의 주요 변화 내용을 정리하면 다음과 같다. 첫째는 편의점의 공간적 보편화로서, 편의점이 과시적

3 전출률: (전출자 수/연앙인구) × 100
전입률: (전입자 수/연앙인구) × 100
주민등록연앙인구: (연초 주민등록인구 + 연말 주민등록인구)/2

그림 7-10 **강남구 동별 편의점 사업체 수**

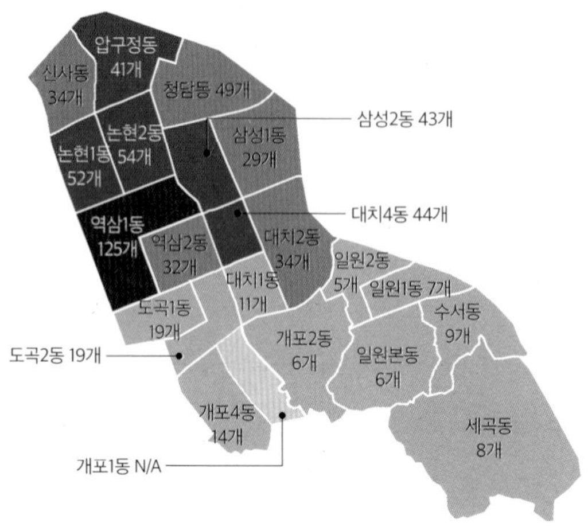

자료: 통계청 통계지리정보서비스, 전국사업체조사(2014).

표 7-4 **강남구 이동인구 수 상위 8개동**

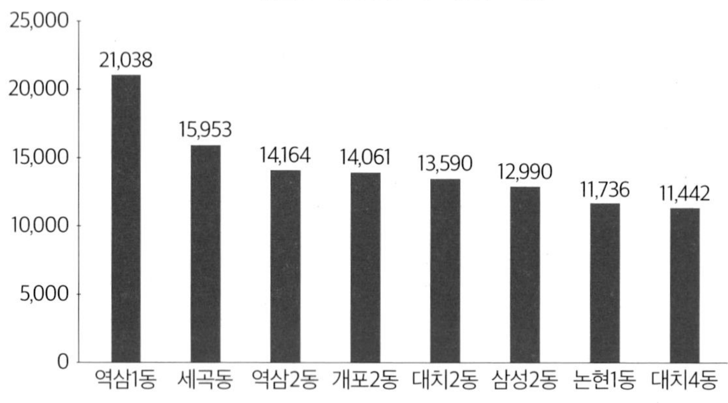

자료: 서울통계, 주민등록전입신고(2015).

그림 7-11 **관악구 동별 편의점 사업체 수**

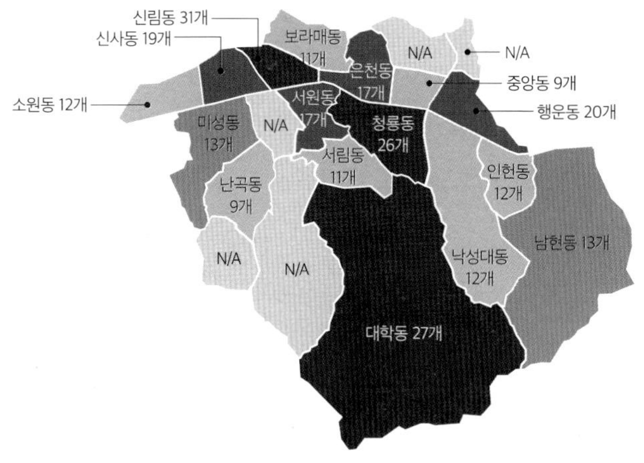

자료: 통계청 통계지리정보서비스, 전국사업체조사(2014).

표 7-5 **관악구 이동인구 수 상위 8개동**

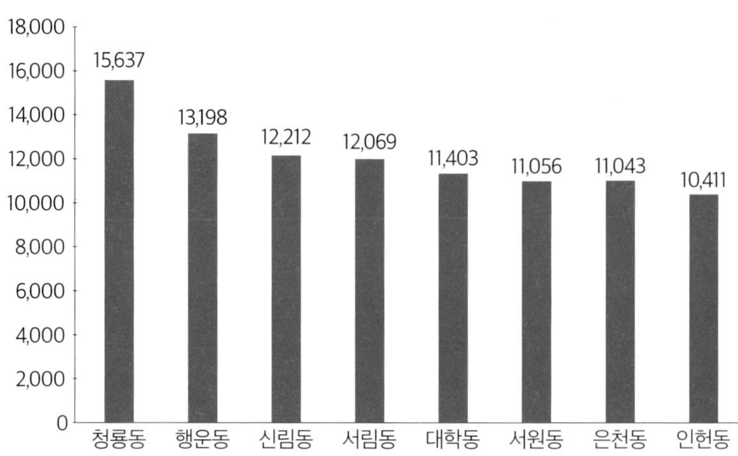

자료: 서울통계, 주민등록전입신고(2015).

그림 7-12 **종로구 동별 편의점 사업체 수**

자료: 통계청 통계지리정보서비스, 전국사업체조사(2014).

그림 7-13 **마포구 동별 편의점 사업체 수**

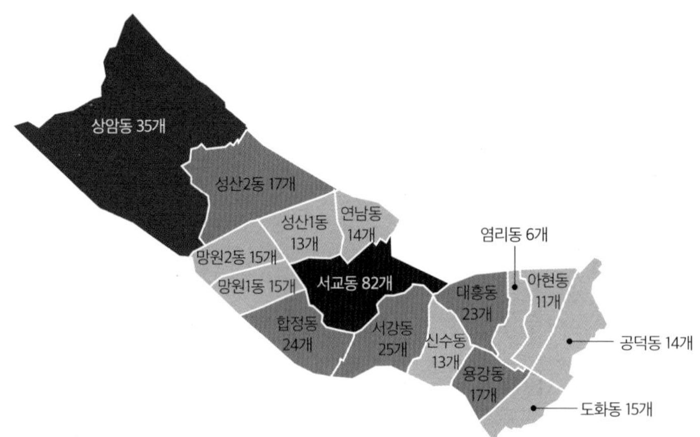

자료: 통계청 통계지리정보서비스, 전국사업체조사(2014).

소비의 무대에서 대중적 소비의 무대로 진화하면서 서울 시민 전체에 대한 친화력을 높이고 있는 것으로 보인다. 둘째는 편의점이 이른바 모빌리티사회의 동반자가 되어 서울 시민들의 다양하고 활발한 공간적 유동성을 지원하는 역할을 하고 있다는 점이다. 셋째는 오래된 동네에 편의점 진출이 전반적으로 저조한 상황을 감안하면 편의점은 도시 (재)개발과 미개발 혹은 저개발을 구분할 수 있는 유력한 지표로 파악될 수 있다는 점이다.

3. 일상연구: 편의점과 '서울살이'

앞에서 편의점이 서울에서 보편화, 일상화, 대중화되는 추세를 살펴보았다. 그렇다면 이제 이러한 현상을 서울 시민들의 일상생활의 관점에서 어떻게 이해할 수 있을까? 여기서는 5가지 키워드를 중심으로 '편의점 도시' 서울의 내면을 읽고자 하는데, 소비주의 문화의 범람, 노마드 개인화 시대의 도래, 대도시적 심성의 심화, 서울의 세계화 내지 세계도시화, 그리고 만성적 사회양극화가 바로 그것이다.

1) 소비주의 문화

서울 시민들이 편의점을 통해 소비하는 비중은 점점 더 늘어나고 있다. 2015년 현재 전국의 백화점, 대형마트, 슈퍼마켓, 편의점 판매액 가운데 편의점의 경우가 13%에 이르고 있으며, 전년 대비 성장률을 비교하면 편의점이 2015년 현재 30%에 육박하여 단연 선두를 달리고 있다.[4] 서울시 내 편의점이 우리나라 전체 편의점의 약 24%를 차지한다는 점과 편의점의 '나 홀로' 호황 추세를 감안하면 편의점이 소비도시 서울의 현실을 상징하거나 선도하는 것으로 판단할 수 있다.

1960년대 보드리야르(Jean Baudrillard)는 드러그 스토어(*drug store*)를 예로 들어 소비주의사회를 비판했다. 드러그 스토어는 '풍부함'과 '계산'이 종합된 곳으로 '상품의 교양화'를 통한 소비활동의 종합적 실현이 구현되는 공간이다. '소비 그 자체의 섬세한 리사이틀'을 제공하는 그곳은 사람들로 하여금 상품이 아닌 기호를 소비하도록 유혹하고 촉진하는 '분위기 담론'이 지배하는 곳이기도 하다. 오늘날 편의점은 이와 같은 드러그 스토어의 매력이 최대한 고양된 유통공간이다. 필요에 따라 편의점에 가는 것이 아니다. 편의점에 가면 수요가 생긴다.

이는 무엇보다 편의점이 편하게 갈 수 있는 곳이기 때문이다. 최근 공개된 GS25의 PB상품 모바일 광고 시리즈 3가지 중 첫 번째는 '넘나 가까운 것, GS25 스무디'이다. 광고 속 여자는 처음엔 그냥 스무디 한 잔을 사 올 계획이었다. 그러나 시간이 너무 많이 걸린다. 메이크업 1시간, 드레스업 30분, 스무디 카페까지 가는 시간 40분, 총 2시간 10분이 소요되는 것이다. 그는 결국 맨얼굴에 트레이닝복 차림으로 집 근처 GS25에서 손쉽게 망고 스무디를 즐긴다.

일부러 찾아 헤맬 필요도, 굳이 차를 탈 필요도, 옷을 제대로 차려입을 필요도, 그리고 현재 영업 중인지 확인할 필요도 없다. 단편소설 〈나는 편의점에 간다〉의 작가 김애란은 대형 할인점 쇼핑에서는 무언

4 국가통계포털, 소매업태별 판매액(경상금액), 2016. 03. 02.

그림 7-14 **접근성을 강조한 편의점 광고, '넘나 가까운 것, GS25 스무디'**

가 '노동'을 수행하고 '전쟁'을 치르는 기분이 들지만 편의점은 "'마실' 가듯 추리닝 바지에 손을 찔러 넣고 슬슬 다녀올 수" 있는 곳이라 했다. 편의점에 가면서 내가 필요한 상품이 그곳에 있는지 없는지도 걱정할 필요가 없다. 청결이나 안전, 위생 등에 관련된 상품의 질적인 측면에서도 편의점은 일단 신뢰의 대상이다. 편의점 숫자가 늘어난 탓에 자체 경쟁이 심해져 상품 가격도 과거에 비해 별로 위압적이지 않다.

문제는 편하고 쉽게 들른 편의점에서 우리가 주체적으로 물건을 구매하고 있는가 하는 점이다. 필요에 의해 합리적으로 계획한 소비가 아닌 편의점이 구축해 놓은 타율적인 조건 속에서 반사적으로 구매행위가 이루어지면서 언제부턴가 우리는 편의점에 의해 '소비하는 인간'(Homo Consumus)으로 만들어지고 길들여지는 측면이 있다. 르페브르(Henri Lefebvre)가 말하는 '소비 조작의 관료사회'의 첨병으로서 편의점은 말없이, 웃는 낯으로 소비행위를 끊임없이 강요한다. 래시(Scott Lash)와 어리(John Urry)가 말하는 이른바 '기호와 공간의 경제'의 미장센(*mise-en-scene*) 혹은 아우라(*aura*)로서 편의점은 부지불식간에 사람들로 하여금 물건을 집어 계산대 앞에 서게 만든다.

소비 최적화를 위한 편의점의 무한변신은 최근 더욱 더 가속화되고 있다. 오늘날 우리나라 편의점들이 박차를 가하는 사업 중 하나는 이른바 PB상품 개발이다. 불과 얼마 전까지만 해도 인기 브랜드 상품을 따라 하는 '미투(*me too*) 상품'이 주를 이루며 편의점은 카피캣이라는 오명을 쓰고 있었다. 그러나 최근 편의점 CU의 '밥말라 부대찌개라면'(밥을 말아 먹는 라면)이나 세븐일레븐 '동원참치라면' 등은 시중에 없는 새로운 라면이라는 차별성을 무기로 입소문을 타는 데 성공했으며, 1인가구를 겨냥한 1리터(2리터도 500밀리리터도 아닌) 용량의 PB생수도 매출이 2015년에 2014년 대비 5배가 넘게 증가하는 등 편의점 PB 상품들이 편의점 상품시장을 선도하고 있다.[5] PB상품은 편의점 이용객으로 하여금 자신이 피동적 소비자가 아니라 보다 능동적이고 주체적인 소비자라고 착각하게 만드는 효과를 발휘한다.

2) 대도시 심성

편의점 공간은 짐멜(Georg Simmel)이 말하는 익명성과 둔감성으로 대표되는 '대도시 심성'(*metropolitan mentality*)이 잘 드러나는 곳이기도 하다. 편의점에서의 소비는 '무관심의 배려'에 기초한다.[6] 다시 말해 편의점은 관계나 대화, 인연과 같은 인간적 요소가 개입할 여지를

---

5 박준호(2016. 04. 27.). '세상에 하나' 편의점 PB상품 인기 … '카피캣' 오명 벗고 '리딩 상품'으로 진화. 〈브릿지경제〉, http://www.viva100.com/main/view.php?key=20160427010007758.

6 김찬호(2007). 《편의점: 욕망을 검색하는 도시의 야경꾼, 문화의 발견》. 문학과지성사, 112쪽.

의도적으로 배격한다. 편의점은 표준화되고 기계화된 매뉴얼을 통해 '쿨한' 인간관계를 선호하는 도시적 심성에 적절히 부합한다. 판매자와 구매자 사이, 혹은 주인과 알바 사이에 감정의 노출이나 언어적 표현은 최대한 자제된다. 이와 같은 전통시장의 반대 분위기가 편의점 특유의 매력으로 어필한다.

이러한 대도시 심성의 배경에는 근대적 합리주의가 있다. 막스 베버(Max Weber)는 근대 이행의 핵심을 합리성의 증가에서 찾았다. 그리고 조지 리처(George Ritzer)는 이를 패스트푸드점에 적용하여 '사회의 맥도널드화'(McDonaldization of Society)라는 개념을 제시했다. 사회의 맥도널드화에서 발현되는 형식적 관료주의와 과학적 경영관리는 효율성(*efficiency*), 계산성(*calculability*), 예측가능성(*predictability*), 통제성(*control*)으로 대변될 수 있는데, 최근 정보기술의 비약적 발전은 특히 편의점을 사실상 유통산업이 아닌 정보산업으로 만들 정도다.

편의점의 기계적 비인격성은 종종 미덕이자 예의로 간주된다. 편의점 아르바이트생은 자신의 역할과 지위를 인격체로서가 아니라 단지 유니폼으로 표현한다. 그래서 작가 김애란도 알바가 몇 번 바뀌었으나 항상 푸른 조끼를 입고 있으므로 상관없다고 했다. 이들은 특히 무감정과 무표정을 기본 상식으로 삼는다. 손님을 주의 깊게 살피고 바라보는 것은 사람이 아닌 반사거울과 CCTV뿐이다. 오히려 편의점 안에서 누군가 나를 유심히 바라본다면 그것은 오히려 좋지 않은 상황이 벌어질 불편한 조짐으로 인지된다.

최근 인기리에 종영한 tvN 드라마 〈시그널〉의 '편의점 알바의 연쇄살인' 에피소드는 피해자를 물색하고 관찰·감시하는 최적의 장소로 편의점을 설정했다. 또한 편의점의 깔끔하고 투명한 공간적 특징인 편의점 미장센은 알바생의 비정상적인 강박증을 드러내는 훌륭한 공간적 도구였다. 혼자 살고 외롭고 우울하며 낯가림이 심한 여성 피해자들은 공통적으로 대화 단절의 상징인 이어폰을 항상 착용하고 있었으며, 집과 출근버스 정류장 사이에 위치한 편의점을 일상적 거점 삼아 빈번히 들러 생필품을 사거나 저녁 끼니를 해결했다. 서로 누구인지를 묻지도 않고 대답하기 싫어하는 사람들 사이의 무관심은 서울과 같은 대도시와 잘 어울리는 '거대한 관대'다.

3) 신노마드(New Nomad) 개인화 시대

자크 아탈리(Jacques Attali)는 현대사회를 '신유목사회'라 불렀다. 현대사회는 원자화된 개인들이 공간적 경계를 넘나들며 과거 유목시대로 되돌아가는 측면이 있다는 것이다. 존 어리(John Urry) 역시 우리 시대의 활발한 이동성을 강조하며 '모빌리티 전환'에 주목하였다. 편의점은 이와 같은 사회적 유동성 및 '나 홀로' 개인화 시대의 도래와 깊은 관련이 있어 보인다. 자유롭게 이동하는, 혹은 그렇게 할 수밖에 없는 개인들이 서울을 편의점 도시로 만들고 있는 것이다. 이는 앞서 편의점 분포와 유동인구 및 주거이동 관련 지표들 간의 밀접한 연관성에서도 확인된다.

모빌리티로 대변되는 신유목시대에 편의점의 존재와 기능이 부각되는 것은 그것이 모바일 네트워크사회를 배경으로 도시민 일상의 앵커나 허브와 같은 역할을 수행하기 때문이다. 모바일 개인화 시대에 사람들은 최대한의 자유와 프라이버시를 구가하면서도 한편으로는 시대적

표 7-6 도시민 유목과 정주의 양면성을 지원하는 편의점의 특성

구분	온라인(모바일) 유통채널	편의점	오프라인(편의점 제외) 유통채널
영업시간	24시간 365일	24시간 365일	폐점시간 및 휴무일 있음
접근성	모바일 기기만 있으면 어디서나	일반적으로 반경 250m 이내	소비자와의 일정거리 있음
취급품목	대부분의 상품군 취급	생활용품, 담배 등	업태별로 특화
소요시간	간편결제로 빨라지는 중	효율적으로 빠르게 진행	상당한 시간 소요

자료: 김태홍(2015). 《편의점 인프라》, 유안타 증권 리서치 참고 재작성.

불안과 과도한 경쟁 속에서 일상적 안식처를 요구한다. 작가 김애란이 말하듯 "한밤중 낯선 동네에 가거나, 이국땅을 밟았을 때, 편의점을 발견하면 안심하는 버릇"이 생기는 것은 이 때문이다. "나처럼 혼자 자취를 하는 사람에겐 일정한 동선, 일정한 습관이 필요"한데, 편의점은 "도시의 성좌"로서 일종의 나침반 역할을 해준다고도 했다.

또한 편의점은 개인의 이동을 혼돈과 무질서로 방치하지 않고 이를 적절히 관리하는 완충지대 역할을 수행하는 측면도 갖고 있다. 실제로 온라인 형태의 모바일 유통채널이 영업시간, 접근성, 취급품목, 쇼핑 소요시간 등의 측면에서 무한 확장되는 반면, 편의점을 제외한 오프라인 유통채널은 모든 면에서 제한적이다. 이에 비해 편의점은 온·오프라인 유통채널 사이에서 적당한 중간지점을 찾아 오프라인 유통채널이면서도 모바일적 특성을 보유하고, 온라인적 특성을 가지면서도 소비자에게 공간적으로 밀착하는 경향이 있다.

이는 오늘날 편의점이 단순한 상품유통 매장이 아니라 전천후 복합 만능 생활거점으로 자리 잡은 사실과 무관하지 않다. 편의점은 택배는 물론이고 교통카드나 휴대전화 충전, 꽃 배달, 복사나 팩스, 사진 인화, 각종 공연티켓 판매 등이 이루어지는 공간이다. 공과금 납부, 환전, 치안과 복지 및 재난 대처 서비스의 제공도 편의점의 몫으로 전환되고 있으며, 특히 우리나라에서는 카페와 식당, 술집의 기능까지 하는 경우가 많다. 편의점은 원스톱 복합서비스를 제공하는 도시 인프라로 자리 잡아 신노마드 개인화 시대의 필수적 장치로 인식되고 있다. 이와 대조적으로 서울시 내 생활밀착형 공공기관의 숫자는 점점 더 감소하여 2014년 현재 지구대・파출소・치안센터는 430개, 우체국은 436개, 그리고 동주민센터는 423개 정도이다.[7]

4) 글로벌리제이션

오늘날 서울은 세계 12위의 '세계도시'다.[8] 대한민국의 경제성장은 자본주의 세계체제에 대한 적극적인 개방과 편입의 결과였다. 이는 서울 시민의 일상이 세계시간(*universal time*)에 동화되고 삶의 스타일이 점차 세계표준(*global standard*)에 접근한다는 사실을 의미한다. 하비(David Harvey)에 따르면 자본 축적의 비결은 다름 아닌 '시공간의 압축'(*time-space compression*)에 있고, 그것의 요체는 생활속도의 지속적인 증가이다. 과거 왕권사회에서는 '지도(地圖)가 돈'이었다면 자본주의 체제에서는 '시간이 돈'이 되는 셈인데, 편의점은 시공간의 압축을 노리는 세계자본주의의 이해에 적절히 부합하는 측면이 있다.

---

7 서울통계(http://stat.seoul.go.kr).

8 컨설팅회사 A. T. Kearney에서 격년으로 발행하는 *2014 Global Cities Index*에 따르면 가장 세계화된 도시 1위는 뉴욕이 4년 연속으로 자리를 지키고 있으며, 서울은 2012년 8위에서 4단계 떨어진 12위를 차지했다.

편의점이 서울에 본격적으로 뿌리내리기 시작한 것이 1990년대 초라는 사실은 결코 우연이 아니다. 이때가 자본주의 세계경제가 '밤의 세계'를 정복하는 일에 본격적으로 나선 시점이기 때문이다. 1980년대 말 소련을 위시한 사회주의권을 와해시키며 사실상 전 지구를 공간적으로 장악하는 데 성공한 자본주의는 새로운 개척지로서 야간 시간대에 주목했다. 게다가 컴퓨터를 필두로 한 급속한 정보·통신 혁명은 전 세계를 하나의 경제공동체 내지 생활공동체로 묶기 시작했다. 우리나라 정부가 '세계화 원년'을 선포한 것도 1994년의 일이었다. 요컨대 1990년대는 크라이츠먼(Leon Kreitzman)이 말한 '늘 깨어 있는 세계'가 우리 사회에 도래한 결정적 시점이었다.

이른바 '24시간 사회'는 무엇보다 심야에 활동하는 사람들의 숫자를 크게 늘렸다. 전통적인 '9-5(*nine to five*) 근무'라는 생활 공식이 무너지면서 사람들은 하루 종일 활동을 할 수 있거나, 혹은 활동을 해야만 하는 시대가 찾아왔다. 이로써 24시간 사회는 24시간 편의점을 필요로 했고, 24시간 편의점은 24시간 사회에 뿌리를 내렸다. 게다가 1990년대 세계화는 고도경제성장 이후 소비영역의 미학화 내지 심미화를 동반했다. 해외여행 자유화, 88서울올림픽 유치, 그리고 신세대의 등장은 상품 소비에 있어서 기능보다는 기호와 이미지를 더 중요시하는 포스트모던 시대정신과 맞닿아 있었다. 초기 강남지역을 중심으로 한 편의점의 급속한 인기는 이와 같은 사정을 반영한 것이었다.

5) 사회양극화

1990년대 세계화의 시공간적 압축은 업그레이드된 자본·노동의 이동성을 기반으로 자본의 회전기간을 단축시키고 이윤을 증대시켰다. 하비는 증대된 이윤이 신자유주의 세계화의 흐름을 타고 과잉축적되고, 공간적 재편을 통해 지리적 불균등 발전이 심화되었다고 주장하였다. 피케티(Thomas Piketty) 역시 《21세기 자본》을 통해 방대한 데이터를 기반으로 자본소득을 통한 부의 불평등이 고착화되는 세계적 추세를 지적하였다. 사회양극화 담론에 관한 한 우리나라도 결코 예외가 아니다.[9]

흥미로운 것은 사회양극화와 편의점의 공존화 추세다. 우리나라의 편의점은 초기에 서울 강남과 같은 고소득 주거지역에서 주로 성장했다. 하지만 사회양극화가 심화되기 시작한 2000년대 이후 소득이 상대적으로 낮은 지역이나 유동인구가 많은 지역으로 급속히 확산되고 있다. 이는 편의점이 더 이상 '과시적 소비'(*conspicuous consumption*)를 위한 공간이 아니라 '대중적 소비'(*popular consumption*)의 공간으로 변모하고 있음을 의미한다. 곧, 편의점이 점차 양극화 시대를 힘겹게 살아가는 사람들을 위한 생존공간이 되는 경향이 나타난 것이다.

이런 점에서 편의점은 현재와 같은 경제적 불평등의 심화 혹은 사회적 양극화를 읽을 수 있는 중요한 단서가 될 수 있다. 한국편의점산업협회에서 발간한 《2016 편의점 산업동향》에 의하면, 2015년 현재 편

---

9 계층 간 소득 불평등을 보여 주는 지니계수에서 우리나라는 2012년 기준 OECD 국가 31개국 중 19위를 차지했다.

의점 이용 고객은 직업별로 55% 정도가 회사원이고 연령별로는 20~30대가 70%가량을 차지한다. 이들이 편의점을 자주 이용하는 현상을 이해하는 데 있어서 경제적 동기를 결코 무시할 수 없다. 또한 편의점은 전반적으로 주거취약계층이 많은 지역에서 증가세가 두드러지는데, 이는 편의점이 사회양극화 시대를 맞아 우리 사회의 '하류인생', '잉여인간', '찌질이'를 파고들고 있다는 사실의 방증이다.

사회양극화와 편의점의 공존현상은 무엇보다 우리나라 편의점이 사실상 식당 역할을 확대하는 것에서 잘 드러난다. '88만 원 세대의 밥집'이라는 별명도 얻은 편의점에서 도시락 매출은 최근 들어 급증하는 추세다.[10] 오늘날 편의점은 우리 사회의 '낙오자'나 '희생자'들이 도시락 등으로 식사를 간단히 해결한 다음, 담배나 술 등으로 자신의 처지를 위로하는 장소로 정착되어 간다고 볼 수 있다. 2016년 기준 편의점 매출 구성을 보면 담배가 46%를 차지한 가운데, 4위 바나나맛 우유와 9위 박카스F, 10위 제주삼다수를 제외하고 1~10위까지를 모두 주류와 숙취해소 음료가 차지하였다.

편의점과 양극화의 공존은 편의점의 소유 및 운영 행태에서도 확인할 수 있다. 우선 현재 우리나라에서는 프랜차이즈 형태의 편의점이 지배적이고, 그것의 대부분을 재벌 내지 대기업이 소유하고 있다. 가맹본사와 가맹주의 관계는 후자에게 불리한 측면이 적지 않은 것으로 알려져 있다. 편의점 업계의 이른바 갑을관계의 하이라이트는 시급 임시

---

10 (사) 한국편의점산업협회에서 발간하는 《2016 편의점 산업동향》에 의하면 2015년 도시락 판매는 전년보다 약 30% 가까이 증가했다.

직 혹은 파트타이머의 세계다. 편의점 파트타이머의 임금은 대체로 낮은 편이고 CCTV를 통해 감시의 대상이 되는 등 점주들로부터 인격적 대우를 받지 못할 때가 많다. 다음은 손님을 계산대 앞에 세워 두고 마침 어머니로부터 걸려 온 전화를 받은 편의점 알바생이 "독서실이라 저 전화 못 받아요"라고 말하는 뮤직 비디오의 가사 일부분이다.

> 알바 첨 봐 뭘 봐
> 하루는 24시간 일터는 24시간 24시간 24시간
> 이 밤 긴 밤 all night
> 외로운 24시간 나 홀로 24시간 24시간 24시간
>
> — UV(2010), 애니메이션 〈와라! 편의점〉 OST, 〈편의점〉 中

하지만 편의점에는 사회양극화라는 피폐한 현실을 망각하게 해주는 일종의 '아편' 같은 요소가 있다. 편의점이 주는 독특한 분위기 담론, 편의점이 제공하는 안심과 문명, 그리고 소비주의사회에서 소비 행위 자체가 확인시켜 주는 존재의 의미 등이 바로 그것이다. 그래서 작가 김애란은 이렇게 썼다. "나는 편의점에 간다. 많게는 하루에 몇 번, 적게는 일주일에 한 번 정도 나는 편의점에 간다. (…) 내가 편의점에 갈 때마다 어떤 안심이 드는 건, 편의점에 감으로써 물건이 아니라 일상을 구매하게 된다는 생각 때문인지도 모르겠다. 비닐봉지를 흔들며 귀가할 때 나는 궁핍한 자취생도, 적적한 독거녀도 무엇도 아닌 평범한 소비자이자 서울 시민이 된다."

4. 편의점 '사용설명서'

편의점은 편의를 무기로 하는 유통 소매업 가운데 하나로서 우리나라, 특히 서울에서는 그 인기가 좀처럼 식지 않고 있다. 이는 작금의 서울살이와 편의점 이용 사이에는 모종의 친화력이 존재하는 것으로 해석하지 않을 수 없게 한다. 그러나 '편리'의 이면에 감추어진 '불편한 진실'을 사회적으로 공론화할 필요가 있다. 편의점이 시민의 지위를 소비자로 전락시키고, 편의점이 '차도남' 혹은 '차도녀'의 대도시 심성을 부추기며, 편의점이 개인화된 유목적 삶에 편승하고, 편의점이 자본주의 세계체제의 첨병으로서 사회양극화와 공존하는 현상에 대해 사회학은 결코 경계의 끈을 늦추지 말아야 한다.

그렇다고 해서 편의점 고유의 다양한 편의성을 무시해서는 안 된다. '편의점 도시' 서울에는 다 그만한 이유가 있는 것으로 보아야 한다. 그렇다면 이제 우리에게 주어진 과제는 기왕 존재하는 편의점을 어떻게 보다 시민친화적인 것으로 만들고, 보다 공공과 공익에 기여하는 것으로 바꿀 수 있느냐이다. 이를 위해 편의점의 공공성을 강화하려는 시민적 감시와 압력을 제도화할 필요가 있다. 편의점이 단순한 유통업을 넘어 우리 시대의 신종 '도시 인프라'로 자리 잡을 수 있도록 편의점의 역할에 대한 사회적 재인식이 요구된다. 각종 도시계획이나 도시재생 과정에서 처음부터 편의점을 도시 기반시설 가운데 하나로 간주해 공공부분과 민간영역이 상호협력을 모색하는 것도 또 다른 편의점 사용법이 될 것이다.

참고문헌

김애란 (2005). 〈나는 편의점에 간다〉. 《달려라 아비》. 창작과비평사.

김찬호 (2007). 《편의점: 욕망을 검색하는 도시의 야경꾼, 문화의 발견》. 문학과지성사.

김태홍 (2015). 《편의점 인프라》. 유안타증권리서치.

〈브릿지경제〉 (2016. 04. 27). "'세상에 하나' 편의점 PB상품 인기 … '카피캣' 오명 벗고 '리딩 상품'으로 진화".

전상인 (2014). 《편의점 사회학》. 민음사.

Attali, J. (2005). *L'Homme Nomade*. Le Livre de Poche. 이효숙 역 (2005). 《호모 노마드: 유목하는 인간》. 웅진.

Baudrillard, J. (1970). *La Société de Consommation: Ses Mythes ses Structures*. Gallimard. 이상률 역 (1991). 《소비의 사회》. 문예출판사.

Harvey, D. (1989). *The Condition of Postmodernity*. Blackwell.

Kreitzman, L. (1999). *The 24 Hour Society*. Profile. 한상진 외 (2001). 《24시간 사회》. 민음사.

Lefebvre, H. (1968). *La Vie Quotidienne dans le Monde Moderne*. Gallimard. 박정자 역 (1990). 《현대 세계의 일상성》. 기파랑.

Piketty, T. (2013). *Le Capital au XXIe siécle*. Éditions du Seuil. 장경덕 외 역 (2015). 《21세기 자본》. 글항아리.

Ritzer, G. (1996). *The McDonaldization of Society*. Pine Forge Press.

Urry, J. (2007). *Mobilities*. Blackwell.

08

욕망의 문화사회사, 한국의 러브호텔

이나영

1. 들어가며

모텔이 많은 우리나라

아빠 저기 뭐 하는 데야?
엄마들이 아기 젖 주는 데
젖배 곪았던 아저씨들에게 젖 주는 데
근데 왜 저렇게 많아?
(중략)
젖 달라고 자꾸 보채니까 그렇지
젖 달라고 보채는 소리는 왜 안 들려?
불이 하나 둘 꺼지면 들릴 거야
여기도 저기도 저어기도
칭얼대는 소리가 들릴 거야
(하략)

— 최영철(2005). 〈작가세계〉, 제 67호(겨울호), 298~299.

러브호텔

(상략)

오늘, 강연에서
한 유명 교수가 말했다

최근 이 나라에 가장 많은 것 세 가지가
러브호텔과 교회와 시인이라고

(중략)

그러고 보니
내 몸 안에 러브호텔이 있는 것은
교회가 많고,
시인이 많은 것은
참 쓸쓸한 일이다
(하략)

— 문정희(2001). 《오라, 거짓 사랑아》. 민음사.

젠더가 다른 두 사람의 시인이 노래한 모텔/러브호텔은 공히 젠더화된 몸과 감정 간의 관계 맺기에 대해 이야기한다. 불이 꺼져야 들리는 아저씨들이 젖 달라고 보채는 소리와 모텔, 오지 않는 사랑을 갈구하는 시인의 몸과 러브호텔. 시인의 몸 안에서 만나는 교회와 모텔/러브호텔은 '교수'의 발화를 통해, '아이'의 눈과 '여성'의 몸을 통해 인지된다. 그리고 젖을 갈구하고 사랑을 갈구하는 두 시인은 모텔/러브호텔을 통해 역설적으로 관계에 대한 결핍을 이야기한다. 나는 오늘 페미니스트 사회학자로서 몸, 사랑, 섹스, 쾌락, 낙인과 불안이 얽힌 '모텔'과 '러브호텔'을 이야기하고자 한다.[1]

이 글의 목적은 '여관'이라는 공간이 '모텔'과 '러브호텔'화하는 과정을 섹슈얼리티라는 렌즈를 통해 탐구하는 것이다. 구체적으로는 식민, 포스트식민, 가부장적 발전국가, 후기근대사회를 관통하면서 불균질하게 펼쳐진 '여관'의 역사적 변주 과정을 통해, 주체의 공간적 실천과 사회적 규제 속에서 구성되는 여관의 공간성을 살펴보려고 한다. 이를 통해 공간화된 성적 실천과 성애화된 공간이 교차하고 근대적 시

1 '모텔'이라는 용어는 자동차를 의미하는 모터(*motor*)와 숙박시설을 의미하는 호텔(*hotel*)의 합성어로 미국적 어원을 가지고 있다. 미국에서는 주로 모터바이크와 자동차 여행자가 이용하는 소규모 호텔을 의미한다. 도심지 주변의 모텔은 주로 성적 친교를 위한 용도로 사용되지만, 대부분의 모텔은 주로 광활한 국토를 배경으로 이동하는 차량의 운전자가 쉬었다 갈 수 있는 고속도로 분기점이나 도심과 떨어져 있는 관광지 및 명소 등에 위치한다. 한국에서는 모텔이라는 표현이 주로 사용되지만 미국식 모텔 개념보다는 성적 친교를 주된 목적으로 하는 일본식 '러브호텔'(*love hotel*)에 영향을 더 많이 받은 것으로 보인다. 그러나 '모텔'이나 '러브호텔'은 〈건축법〉이나 〈공중위생관리법〉 어디에도 관련 규정이 없으며, 법적으로는 여관으로 분류되는 숙박업소이다. 〈공중위생관리법〉(2011년 3월 개정) 제2조 정의에 의하면, 숙박업이란 "손님이 잠을 자고 머물 수 있도록 시설 및 설비 등의 서비스를 제공하는 영업"을 말하는데 호텔과 여관, 여인숙을 포괄한다. 이들은 모두 숙박업에 해당되지만 주된 기능과 규모, 시설에 따라 관광숙박업과 숙박업(일반, 생활)으로 나뉘며, 이에 따라 주무 행정부처와 규제법령에 차이가 있다. 여관과 여인숙은 숙박업(일반)에 해당하여 〈공중위생관리법〉의 적용을 주로 받고 관할 행정기관이 보건복지부인데, 관광숙박업에 해당하는 호텔은 주로 〈관광진흥법〉에 따라 규제를 받으며 문화체육부가 주무부처이다. 따라서 이 글에서 필자는 여관, 여인숙, 모텔, 러브호텔, 러브모텔, 부티크 모텔 등의 명칭을 역사적, 사회적 맥락에 따라 혼용하고자 한다.

그림 8-1 **모텔과 여관이 모인 한 거리의 밤**

관악구 봉천동 모텔촌(자료: 〈숙박신문〉, 2012년 1월).

공간의 질서가 중층적으로 엉클어지는 장 — 여관 — 에서 역설적으로 드러나는 '러브'의 의미를 통해, 가부장적 이성애 가족체제의 불안정성 혹은 균열지점을 우회적으로 관찰하려고 한다.

대한민국 근대사에서 여관은 ○○여인숙, ○○여관, ○○장, ○○관, ○○모텔, ○○호텔, ○○텔 등으로 변주되면서 주로 성적 방종이나 일탈이 일어나는 반사회적 공간으로 의미화되고 음란함, 부도덕함과 연관되어 왔다. 주로 문학이나 문화연구, 행정학, 법학, 건축학 등에서 이루어져 온 학술적 연구는 여관 혹은 모텔과 러브호텔을 자유롭거나 억압된 주체의 욕망을 담는 용기, 때로는 허가나 규제의 일방적 대상물인 건축물(덩어리)로 위치시킨다. 이로써 공간은 주체와 대상으로 분리되고 해방과 억압이 분리되며, 공간을 사용하는 자(불순)와 그렇지 않은 자(도덕)는 변별화된다. 시간성과 역사성, 주체가 탈각된 여관은 그저 '현재' '문제적' 공간일 뿐이다.

이 글은 '문제적' 공간에 대한 문제제기가 아니라, '문제화'하는 과정

속에 기입되는 우리의 공간적, 성적(*sexual*) 실천양상의 변화를 분석하는 데 초점이 있다. 이를 위해 일제강점기에 등장한 현대식 여관이 장급여관으로, 다시 러브모텔로 변화하는 과정을 역사적으로 추적하면서 성적 친밀성과 공간적 변화가 어떻게 맞물리는지 페미니스트 관점에서 살펴보고자 한다. 공간에 관한 페미니스트 관점이란, 공간-사회 간 상호구성성에 대한 믿음뿐만 아니라 젠더와 섹슈얼리티, 몸에 대한 관념이 공간적 구성 및 실천과 분리되기 어렵다는 원리와 연관된다. 공간은 자연적으로 주어진 것이거나 선험적 실체가 아니다. 공간은 공간을 구축하는 실천행위에 따라 다르게 의미화된다(전진성, 2009: 314). 공간적 실천은 우리가 가지고 있는 젠더, 계급, 인종 등과 연관된 지배적 관념과 무관하지 않으며 젠더, 계급, 인종별로 다양한 행위자에 의해 이루어진다. 누가, 언제, 어떻게 사용하는가에 따라 의미의 시공간화된 생산(*spatio-temporalized production of meanings*), 공간의 의미화된 생산이 (새롭게) 이루어지는 것이다. 이러한 관점에서 필자는 주체와 공간의 상호구성적 생산에 주목하고자 한다. 연구방법으로 모텔 주인(사장), 관련 사이트 경영자, 사용자에 대한 심층면접을 실시하였으며, 참여관찰과 관련 텍스트 분석(신문, 잡지, 모텔 사이트 등)을 통해 분석을 맥락화하고자 하였다.

2. 불온한 성매매 공간으로서의 여관: 포스트/식민, 도심 하위문화로서 밤 공간의 탄생

여관의 탄생은 한국의 식민지 근대, 도시공간의 탄생과 연관된다. 그러나 그 과정은 일관적이지도 전면적이지도 않았다. 자본주의적 생산 과정에서 파생된 '근대적' 생활양식과 식민지 근대화라는 특수성이 결합되어 탄생한 여관은 이후 불균질한 경로를 거쳐 변화하게 된다.[2] 오랫동안 한국에서 여관은 주된 기능인 숙박 이외에도 성매매, 불륜, 치정 사건 등 반사회적 위반이 일어나는 장소로 인식되어 왔는데 이는 일제시기 여관의 쓰임새와 연관된다. '이미' 1920~1930년대부터 여관은 남녀 간 자유연애가 이루어지는 장이자 성매매가 이루어지는 성적인 공간으로 인식되었기 때문이다(김연희, 2002: 46~47). 당시 언론은 카페 여급과 2차를 가는 곳이자 창기에 의해 밀매음이 공공연하게 이루어지는 곳으로 여관을 지목하곤 했다(이채원, 2003: 54~56).

한국의 여관과 성매매가 본격적으로 결합한 배경을 이해하기 위해서는 개항 이후 일본인에 의해 도입된 대합이라는 공간과 대좌부업에 대한 검토가 필요하다. 대합(待合, 마치아이)은 원래 대합차옥(待合茶屋, 데아이쟈야)의 줄임말로 에도시대(1600~1868)에 등장한 것이다

2 전통적 숙박시설인 객주와 여각, 주막과 다른 '근대적' 의미에서의 여관은 개항과 더불어 1880년대에 만들어지기 시작했으며 일제 강점기 동안 식민지 상공업 정책과 연관되어 주로 도심 교통요지나 관광지 중심의 숙박시설로 확대되었다. 여관은 장소와 기능 면에서 서구식 호텔과 다른 경로로 발전해 왔는데 이에 관한 자세한 내용은 이채원(2003)을 참고할 것.

(Chang et al., 2010: 34). 대합은 어원상 기차역 대합실처럼 잠시 걸터앉아 얘기하거나 사람을 만나는 장소를 일컫는다. 주로 회합을 위한 약속장소로 쓰이다가 주업인 대석영업보다 게이샤에게 성매매의 장소를 제공하는 것이 주목적으로 변하게 된다. 실제로 일본에서 대합은 '창기'에게 방을 빌려 주는 대좌부업과 같은 성매매 업소로, 남녀가 밀회할 방을 빌려주고 술과 음식을 제공하는 곳으로 인식되어 대좌석업(貸座席業)이라고도 불렸다.[3] 대합은 게이샤의 수가 많았던 도쿄에서 대중적이었지만 게이샤의 관리가 비교적 힘든 지방에는 그렇게 많지 않았다고 한다. 오사카를 중심으로 한 지방도시에서는 대합을 설치할 수 없게 되어 있었고 게이샤의 수도 많지 않았다. 그리하여 관서지방에는 대좌부업과 여인숙인 석대업이 발달했는데, 표면상 여관으로 요리점을 겸했지만 내용은 유곽의 역할을 했다. 개항 이후 조선에 들어온 대좌부업은 오사카를 중심으로 한 관서지방의 것과 비슷한 유형으로, 요리점을 겸한 여관이 성매매 장소의 역할도 함께 한 것으로 보인다.[4] 실제 19세기 말 용산구 일대에는 춘일, 홍엽, 입주, 수 등 13~14개의 대합이 있었으며 바람난 유부녀, 기생, 창녀와 용산 일본군 사령부의 병사들이 단골이었다고 한다(홍성철, 2007: 28~29).[5]

3 근대 이후 일본의 중신이나 각료들이 가끔 정치적 타협을 위해 대합을 빌려서 논의를 했기 때문에 이러한 유흥업소 타협을 '마치아이 정치'라고 부르기도 한다.

4 이 때문에 일부 학자는 일본 러브모텔의 기원을 마치아이에서 찾는다(Chang et al., 2010).

5 홍성철에 따르면, 1895년 청일전쟁에서 이긴 뒤에도 일본은 공사관 호위와 거류민 보호를 명목으로 서울에 군대를 주둔시켰다고 한다. 6천여 명의 군인이 주둔하면서 용산구 원효로 일대에는 일본 군대에 물자를 조달하는 일본인 상인이 늘어나기 시작

1916년 발표된 경무총감부령 1호 〈숙옥영업취체규칙〉과 3호 〈예기작부예기영업취체규칙〉, 4호 〈대좌부창기취체규칙〉에 근거할 때, 당시 여관을 포함한 숙박시설인 '숙옥'에 예기를 둘 수 없다는 규정으로 보아 다수의 여관에서 춤과 노래로 손님의 흥을 돋우는 일이 있었음을 알 수 있다. 무엇보다 3호와 4호에 근거하여 짐작할 때 '창기'를 고용해 성매매를 알선하는 것이 대좌부업이었음을 알 수 있다(박정미, 2011: 40~41). 이러한 법령들에 따라 공식적으로 여관에서 식사와 유흥을 제공하는 일이 금지되자 여관과 음식점을 겸하게 해달라는 업주의 민원이 잇따르기도 했다[〈동아일보〉, 1939. 11. 03, 4면, "兼營營業要望"(여관과 음식점을 겸하게 해달라고), 울산].

이후 한국의 여관이 성매매 장소로 인식된 결정적 이유는 일제에 의해서 단행되었던 공창제가 폐지되면서 유곽으로 이용되던 장소가 여관으로 바뀐 것과 연관된다. 1948년 1월 〈공창제폐지령〉이 시행되자 많은 '창기'는 생계문제가 해결되지 않아 유곽지대에 계속 머물면서 영업을 계속하기도 했다(박정미, 2011: 71). 이들 중 상당수는 침구와 방을 쓰겠다고 주장하고 포주들은 방과 침구가 있어야 여관이라도 할 수 있다고 맞서며 갈등을 빚기도 했다고 한다. 3월에는 서울 묵정동에 잔류하고 있던 창기 280명이 강제 퇴거당했으며(〈조선일보〉, 1948. 03. 31), 인천 부도정에 있던 창기 118명은 도립병원에 강제수용되었다.

했다. 이 시기 대좌부업과 여인숙인 석대업(席貸業), 대합(待合), 특별요리점 예기·창기업 등은 모두 성매매 관련 업종으로 번창하기 시작했다고 한다. '창기'를 고용해 성매매를 알선하는 것이 대좌부업이라면 특별요리점은 각종 요리와 술 등을 제공하면서 여성의 성을 판매하는 업소였다.

그러나 쫓겨난 상당수의 창기는 수용소 입소를 거부하거나 입소 후 탈출하여 밀매음을 계속했다(박정미, 2011: 86). 당시 유곽 건물은 여관과 음식점, 카페, 당구장 등으로 사용하기도 했는데, 신정 유곽업자는 전업을 모색하다가 적산가옥 유곽촌을 여관으로 전업하기도 했다고 한다(홍성철, 2007: 168). 이렇게 폐업한 유곽으로부터 변질된 여인숙과 여관이 난립하게 되었고, 명목상 전업한 이후에도 '밀매음'은 지속되어 '창기'는 출장 밀매음을 하는 속칭 '여관발이'가 되기도 했다(같은 책: 181).

이후 사실상 한국의 여관은 숙박시설로 기능하되 성매매를 제공하는 '적선지대'로 인식되었다. 실제로 1967년 11월에 서울 남대문경찰서는 중구 남대문로 3개의 여관을 창녀를 투숙시켜 온 혐의로 중구보건소에 행정처분을 내리도록 요청하였다(〈조선일보〉, 1967. 11. 18). 1971년, 1972년에도 중구(지금의 명동 일대)와 종로구(낙원동 일대)의 여관에 대해 〈윤락행위 등 방지법〉 위반으로 영업정지 혹은 업주 구속 명령이 내려졌다.[6] 〈선데이서울〉 1969년 1월 19일 자를 보면 "성매매의 온상 女館? 旅館? 한국 최초의 적선지대백서"라는 제목의 기사에서 "여관은 女館으로 불릴 만큼 일그러진 섹스의 무도회장"이 되고 말았다고 전하고 최초의 윤락장소 1위로 여관(46.4%)을 꼽았다. 이는 2위인 자택

6 〈조선일보〉 1971년 10월 16일 자는 윤락여성을 두고 상습적으로 윤락행위 알선을 한 것으로 알려진 서울 종로구 낙원동 파고다여관 등 17개소의 여관을 〈윤락행위 등 방지법〉 위반으로 30일 영업정지를 내렸다고 보도하였으며, 〈조선일보〉 1972년 5월 27일 자는 서울 중구 태평로의 여관업주 15명을 〈윤락행위 등 방지법〉 위반혐의로 구속하고 윤락녀 40여 명을 검거하여 전원 부녀보호소에 수감했다고 전한다.

(27.5%), 3위인 야외(16.7%)를 합한 수치보다 높다.

이러한 사실로 미루어 보아 당시 여관주인은 성매매여성을 고용하거나 장기 투숙시켜 성매매를 알선하는 포주의 역할을 했으며, 여관은 성매매 장소로도 기능했던 것으로 보인다. 홍성철(2007)에 따르면, 1960년대 후반 이후 진행된 집창촌 철거정책 이후 종삼이나 양동 등에서는 숙박업으로 전환한 많은 업소에서 성매매가 지속되었고 나이든 여성의 '여관발이' 영업이 본격화되었다고 한다(홍성철, 2007: 237~238). 1980~1990년대 이후에도 많은 여관은 "아가씨를 파는 비즈니스"를 주요 영업이익 수단으로 활용하였다.[7] 2004년 '성매매특별법'(〈성매매 알선 등 행위에 관한 법률〉 및 〈성매매방지 및 피해자보호 등에 관한 법률〉을 묶어 부르는 약칭) 이후 숙박시설이 급감하게 된 이유(〈중앙일보〉, 2006.07.27)도 이와 무관하지 않으며 현재 강남 일대에서 문제가 되고 있는 '풀살롱'(풀서비스와 룸살롱의 합성어)이라 지칭되는 유흥업소, 성매매, 모텔의 결합 형태[8] 또한 이상과 같은 포스트/식

7 1990년대부터 모텔업에 종사해 온 한 면접자는 '호텔'이라고 불리는 모텔이 "아가씨들을 파는 경우가 많았다"고 증언한다. 그는 1991년 당시 "한 사람 소개당 강남 같은 경우는 5만 원에서 10만 원 받고 이쁜 애 소개하면 100만 원도 받고 그랬대요. 강북권은 5천 원에서 1만 원 선인데 …"라고 회상한다.

8 풀살롱이란 룸살롱과 모텔이 한 건물에 일체형으로 있는 구조로 주로 성매매 장소로 사용된다. 신문기자인 면접자 F는 풀살롱이 현재 '서울 유흥문화의 대세'라고 지적하면서 테헤란로 주변 등 '돈'이 많이 몰려 있는 동네를 중심으로 형성되어 있다고 한다. "(여기에는) 룸살롱도 있고 룸살롱에서 노래도 하고 다 노니까. 마지막에 성적 욕구를 풀기 위해서 위에 룸이 있는 형태든지. 아니면은 손님이 원할 경우에는 그 공간에서 다 해요"라고 말한다. 이에 대해서는 2011년부터 사회문제화되어 경찰의 대대적인 단속의 대상이 되기도 했다.

민 한국의 역사적 잔재와 연관된다 할 것이다.

성매매와 여관의 연결은 자본주의사회의 탄생과 더불어 조직된 남성 노동자 문화, 공/사 영역의 분리와 연관된다. 주지하다시피 노동하는 몸, 규율화되는 시간으로 대표되는 남성 노동자 문화는 사적 영역이라 여겨지는 가족(여성)과 분리된 채 공적 영역에 배치되었다(D'Emilio, 1997: 173). 이에 반해 여성의 몸과 섹슈얼리티는 사적 공간에 배치되어 철저히 공적 영역과 분리된다. 그러나 역설적으로 이성애 일부일처제 가족구조의 공고화와 이에 배치되는 전통적 남성 중심 섹슈얼리티의 인식으로 인해 육체적 욕망(사적 영역)은 밤의 공간, 더러움의 공간(공적 영역)으로 추방된다. 이제 근대 이후의 밤의 공간(거리)은 남성이 '안전'하게 즐길 수 있는 성적 놀이를 제공하는 곳으로 자리매김되어 남성에게 재전유되고, 이로써 낮/밤의 전치를 통해 공/사적 공간도 역전된다.

결론적으로 근대화 과정에서 한국의 여관은 가부장 가족구도 밖으로 추방된 섹슈얼리티를 실천 가능케 하는 도심의 (남성) 하위문화로서 기능하게 되었다. 여관은 '단순히' '밤'에 잠을 자기 위한 공간이 아니라 '밤 문화'의 공간으로 인지되어 왔고, '낮'이라는 합법화된 공간과 분리되어 불법적이며 불온한 공간으로 상상되어 왔다. 어둠이 깔리면서 하나둘 들어오는 네온사인, 동시에 어디선가 어슬렁거리며 갑자기 등장하는 불온함과 무질서의 그림자들이 밤의 지리학을 낮과 구분한다. 여관의 공간성은 그러한 밤의 지리학에 위치 지어진다. 그곳은 '낮의 주체들'(안전, 합법, 순결, 순수, 정숙함을 담지한 아동, 여성)의 출입이 허락되지 않는, 특정 주체들(불안, 불법, 무질서, 타락을 담지한 자

혹은 이를 통제한다고 믿어지는 자 — 남성) 만 허락되는(되어야 할) 공간으로 의미화되어 왔다. 그러므로 밤의 공간으로서 한국의 여관은 분리와 배제, 통제의 대상으로 정당화되어 왔지만, 동시에 노동에 지친 남성의 스트레스를 해소하는 곳으로 묵인되어 온 것이다. (인구) 재생산이 배제된 섹슈얼리티 영역에서 재생산(노동력 재생산)이 일어나는 역설로 인해 공/사 분리의 경계는 다시 모호해진다.

한편 밤은 낮 시간을 규율하는 시선(*gaze*)의 통제에서 벗어나게 한다. 규율 메커니즘인 일상화된 감시의 도식에서 벗어날 장막을 제공하는 것이다. 그러므로 밤의 어둠은 낮의 합리적 질서를 위협한다고 믿어지지만 동시에 억압적 통제에 대한 위반(*transgression*)의 가능성과 기회를 역설적으로 제공하기도 한다. 낮 시간 동안에는 전형적으로 구할 수 있는 것이 아닌 기회들, 범죄행위, 연인과의 재회, 비전통적 행위, 혁명을 위한 조직화 등을 수반하거나, 혹은 인간의 모습을 한 악마가 배회하는 시간이기도 하다(Williams, 2008: 518). 그러므로 밤은 사회의 합리적 질서를 탈영토화한다. 합리적 사회질서를 강제하는 전략, 테크닉, 그리고 기술의 전개를 가리거나, 방해하거나 저지할 때, 그리하여 자율성이라는 베일하에 잠재적으로 위반적인 행위가 발생할 때, 밤은 사회의 탈영토화에 기여하는 것이다(같은 글: 518).

바로 이 지점에서 여관이라는 공간의 특수성이 발생한다. 여관은 이용자, 실내 구조, 형식적인 면에서 밤과 낮의 전치가 일어나는 공간이다. 단순히 물리적, 시간적 밤에 위치하는 공간이라기보다는 상징적 밤의 공간이며, 낮의 시간을 밤의 공간으로, 혹은 낮의 공간을 밤의 시간으로 끌어들이기 때문이다. 밤의 공간이라는 상징성을 입고

낯이라는 사회적 질서를 탈영토화하는 측면은 '장급여관'과 '러브호텔'의 등장과 함께 심화된다.

3. '장급여관'과 '러브호텔'의 등장: 발전국가와 분열된 섹슈얼리티

관광사업을 통해 외화 획득을 노리던 박정희 정권은 규모나 서비스 면에서 '영세성'과 '후진성'을 면치 못하던 숙박업 정비사업에 착수하게 된다. 이로써 식민지 시기 일본식 근대성의 상징이었던 여관은 포스트식민 한국에서 '비근대적 후진성'의 상징이 되어 개발의 대상으로 자리매김한다. 박정희 정권은 1961년 12월 〈숙박업법〉, 〈관광진흥법〉을, 1962년 1월 1일에는 〈공중위생법〉을 제정하여 숙박시설을 호텔, 여관, 여인숙으로 나누고, 다시 호텔은 갑, 을, 여관은 갑, 을, 병으로 나누어 관리하기 시작했다. 1962년에는 국제관광공사(한국관광공사의 전신)를 설립하여 반도호텔, 조선호텔 등 7개 호텔 경영권을 인수하고 관광사업 활성화를 통해 외화 획득을 꾀하게 된다(정규엽, 2011: 393). 워커힐호텔을 비롯한 서구적 형태의 호텔 건설도 본격화되어, 관광호텔 수가 호텔 갑 29개, 호텔 을 57개로 증가하였다. 그러나 여관 병 2,645개, 여인숙 3,417개 등으로 숙박업소의 대부분은 여전히 여관에 집중되어 있었다. 1960년대 여관(여인숙)의 증가는 본격적으로 시작된 공업화와 도시화, 이에 따른 인구 이동의 증가와 연관된다. 서구식 근대화의 상징으로 외국인과 상류층 내국인의 사교의 장으로 기능한 호텔과 달리, 당시 한국의 여관(여인숙)은 방과 이불만

비치하는 간단한 내부구조를 가지고, 주로 역 근처나 도심의 '후미진' 곳에 위치하여 도심 하층민과 이농 노동자에게 값싼 잠자리를 제공하는 기능을 했다.[9]

그러나 1986년 서울아시아경기대회와 1988년 서울올림픽대회 등의 대규모 국제행사로 인해 여관은 결정적인 전환기를 맞이하게 된다. 소수의 특급호텔 혹은 욕실과 화장실을 공용으로 사용하던 다수의 여관/여인숙이 숙박시설의 전부였던 당시, 정부는 아시안게임과 올림픽을 앞두고 숙박시설의 본격적인 '근대화'에 착수하게 된다. 숙박시설의 근대화는 크게 두 가지 차원에서 이루어졌다. 첫째, 수적 증가다. 〈관광숙박업 등의 지원에 관한 법률〉과 같은 행정적 지원체계를 통해 숙박업에 대한 세금면제와 은행융자 완화가 이루어졌고, 이에 따라 숙박업소의 수적 증가가 실제 두드러졌다.[10] 둘째, 시설의 '근대화', '고급화'다. 당시 〈공중위생법〉상 여인숙은 바닥 면적이 10평 이상이면 되었고, 여관은 객실 10실 이상, 호텔은 객실 30실 이상, 일반음식점 1개 이상을 갖추고 있어야 했다. 여관은 다시 19실 이하이면 을, 20실 이상이면 갑이라 분류되었는데, 이에 여관 갑은 이른바 '장급여관'으로 불리게 되었다. '장급여관'은 객실 수에서뿐만 아니라 개별 욕실이 따로 설치되고 온돌방과는 별개의 침대방이 있었다는 점에

---

9 따라서 당시 여관은 삶에 지친 사람이 자살을 선택하거나 시골에서 상경한 사람들이 머무는 곳으로 자주 재현되곤 했는데, 실제 언론보도에는 '여관방에서 자살', '여관방에 도둑', '여관방에서 동사' 등의 기사가 주를 이루었다.

10 국가 부양책에 힘입어 1988년 6월에 롯데호텔 신관이 완공되었고, 9월에는 롯데호텔월드가 개관되었으며, 연이어 스위스그랜드호텔, 인터컨티넨탈호텔, 라마다르네상스호텔 등이 개관되었다(정규엽, 2011: 395).

서 시설 면에서 여인숙 혹은 여관 을과 확실히 차별화되었다. 이들은 주로 국화장, 매화장과 같이 꽃 이름을 사용하거나, 부산장, 대전장 등과 같이 지역명을 따서, 혹은 ○○모텔이라고 업소명을 정하기도 했는데, ○○여관이 대세이던 시기에 이러한 상호명은 보다 근대적이며 세련된 느낌을 주기에 충분했다(인터뷰 A).

이 시기 현재까지 여관과 모텔 간판에 많이 사용되는 온천마크(♨)도 일본으로부터 도입되어 사용되기 시작한다. 목욕탕이나 사우나를 연상시키는 김이 모락모락 나는 형태를 가진 이 기호는 '욕실 시설 완비'로 타 여관과 차별화된 시설을 선전하기 위해 사용되었지만 여관의 또 다른 기능 때문에 그 의미도 다르게 받아들여졌다.[11] 이는 일본의 상황과도 유사하다. 원래 온천마크는 일본 군마현의 온천 지방에서 처음으로 사용되었으나, 1950년대 후반부터 도심을 중심으로 온천마크를 단 온천여관이 수십 개씩 급증하면서 성매매 행위가 일어나는 곳이라는 뜻의 기호가 되었다고 한다. 이후 일본에서는 온천마크가 있는 여관을 츠레코미여관(連れ込み旅館, つれこみりょかん)이라 하여 성을 파는 여성이 남자를 끌어들이는 여관을 의미하게 된다. 결국 1965년에 순수한 온천여관을 뜻하는 새로운 온천기호를 개발하였고, 지금 현재 이 온천마크를 사용하는 러브호텔은 없다고 한다(인터뷰 G).

11 물론 1970년대와 1980년대 초반까지만 해도 1층에는 목욕탕, 2층 이상에는 숙박 시설을 갖춘 여관이 상당수에 달했다고 한다. 연료가 부족했던 당시 목욕물을 데운 열기로 여관방을 따뜻하게 데우는 것이 일반적이었다는 것이다. 그러나 올림픽 이후 이러한 업소는 대도시가 아닌 중소도시나 변두리에서만 볼 수 있는 업태로 차츰 감소했다(인터뷰 A).

1990년대가 되자 한국의 여관은 또 다른 경로를 걷게 된다. 이른바 '연인 간의 은밀한 성적 친교'를 위한 전용 공간으로서 '러브호텔'의 시대가 도래한 것이다. 이러한 배경으로는 첫째, 올림픽으로 촉진된 시설 개선을 들 수 있다. 정부 시책에 맞춰 객실 안 욕실 시설, 다수가 함께 사용하는 온돌방 대신 2인용 침실방을 마련한 것이 결과적으로 성적 프라이버시 보호에 한몫을 하게 되자 업주들은 숙박이 아닌 성적 친교를 위해 잠시 방을 빌려주는 영업행태를 보편화하기 시작했다(인터뷰 A). 올림픽이 끝나자 더 이상 외국인을 상대로 한 숙박영업이 불가능하게 됐고, 증가한 숙박업소에 비해 이용객 수가 줄어들자 이를 보전하기 위해 업주들이 모색한 영업 전략의 일부였던 것이다.

둘째, 올림픽으로 인해 정비된 고속도로, 급속한 경제성장, 마이카 시대의 도래와 연관된다. 일본이 도로 정비와 승용차 보급률 증가가 맞물려 1970년대 이후 본격적으로 러브호텔의 시대를 맞이한 것처럼 (Lin, 2008), 한국에서도 소득증가와 승용차 보급률에 편승하여 도심 외곽에 주차장 시설을 겸비한 ○○모텔이 급증하기 시작했다.

셋째, 독재체제에서 민주화로의 전환, 성문화 개방과 본격적인 소비사회의 등장, 지방자치제 실시, 건축규제 완화, 신도시 개발과 부동산 투기 붐 등을 지적할 수 있다. 이 중 김영삼 정권이 실시한 지방자치체와 건축규제 완화, 이후 김대중 정권이 IMF를 이겨 내기 위해 실시한 각종 규제 완화는 러브호텔의 수적 증가에 커다란 영향을 끼쳤다. 지방자치제 실시 이후 각 지방자치체가 지방세 구축을 위한 방책으로 내놓은 규제완화 정책이 모텔 건축을 더욱 용이하게 한 것이다(류재중, 2001: 116~117). 한 주간지가 "투기꾼들이 경기도 양평·가평 일대 강변 농지와 임야를 사들인 뒤, 용도 변경을 통해 앞을 다투어 '러브호텔'을 개장했다"고 보도하였듯, 모텔의 '탈 서울' 바람은 당시에 불어닥친 부동산 투기 붐, 주식투자를 통한 불로소득의 증대와도 무관하지 않다. 한편 1999년 〈식품위생법〉 개정으로 숙박업소 영업이 허가제에서 등록제로 바뀐 것도 수적 증가에 주요한 영향을 미쳤다.[12] 이로써 1989년 5월 1만 8,543개소였던 여관은 1999년 8월 전국에 약 2만 6천 개로 급증하였다(보건복지부, 2008; 2012). 이에 양평, 성남, 하남, 장흥, 일산, 인천 계산지구 등은 '러브호텔의 1번지'라 불리기 시작하고, 각종 언론은 서울 근교의 아름다운 경관을 해치는 '주범'이자 비도덕적인 '불륜'의 주요 현장으로 '러브호텔'에 주목하기 시작했다.

1990년대 이후 본격 등장한 이른바 '러브호텔'이 이전 장급여관과 다른 점은 첫째, 도심에서 떨어져 있되 접근성이 보장되는 입지와 사생활 보호를 위한 장치였다. 일본의 러브호텔처럼 "사적인 성적 만남"이 일차 목적인 된 여관에(Basil, 2008), 자동차로 1시간 이내에 도착할 수 있는 위치와 넓은 주차장 시설, 자동차 자체를 가려 주는 비닐 천막과 번호판을 가려 주는 나무 가리개판은 "프라이버시 보호"를 위한 필수 장치였다. 들어가는 건물 입구와 나오는 출구가 분리되고 키를 두고 나오는 곳이 따로 생기기 시작한 것, 접수창구를 출입구와 계단에서 떨어진 구석진 곳에 배치하거나 창구에서 접수자와 대면하지 않게 작은 구멍으로 체크인을 할 수 있도록 한 것도 개인 프라이버시

12 이로 인해 2000년 이후부터는 모든 숙박업소가 '호텔'이라는 명칭을 붙일 수 있게 되고, 허름한 여인숙도, 호텔급 여관도 마음대로 이름을 붙여 영업을 할 수 있게 되었다.

보호 차원에서였다.

둘째, 눈길을 끄는 화려한 외관이다. 1970년대 일본의 러브호텔 양식을 도입한 '궁전' 모양의 지붕, 동화 속에 나올 법한 '키치적인' 외관 장식은 1990년대 대표적인 러브호텔의 모습이었다. 이러한 외형은 "궁극적으로 상업적인 건축물"로서의 특성상 "외부로 향한 모습이 사람들의 관심을 끌어야" 하고 "일상성에서 벗어나 새로운 경험과 자극이 필요한 공간"이라는 기본적인 요구에 충실하고자 한 측면에서 비롯된 것이다(김희진, 2003: 69). 면접자들에 의하면, 당시 러브호텔은 외부만 보고 들어가는 자가 운전자 커플을 주요 대상으로 했기 때문에 주로 외관 위주의 리모델링을 했다고 한다.

셋째, 실내 시설의 변화다. 1990년대 초반까지만 해도 "객실 안 시설이라는 것은 텔레비전 정도였고, VCR도 카운터에 있어서 카운터에 요구해야 했다. 비품도 비누와 치약은 객실에 있었지만, 칫솔과 면도기는 카운터에서 요구해야 주는 정도였다"고 한다(인터뷰 D). 그러나 급작스러운 수적 증가와 더불어 모텔 간 경쟁이 치열해짐에 따라 1990년대 중반 이후 러브호텔은 TV, VCR, 냉장고, 에어컨 등 객실 시설과 월풀 욕조 등 욕실 시설을 개선하고, 여전히 조악한 수준이긴 했지만 기존에는 없던 인테리어 개념을 도입하기 시작했다(김희진, 2003).

넷째, '러브호텔 성공의 키워드는 회전율에 있다'고 할 만큼 숙박보다는 2~3시간 방을 빌려주는 속칭 '대실' 서비스가 주된 영업방식이 되었다. 실제 20년 넘게 모텔업에 종사하는 분에 따르면 업주들은 영업 이익, 이른바 '남는 장사'를 위해 최소 2.5에서 3.5회전을 목표로 한다고 한다(인터뷰 B).[13]

수적인 증가와 형태 및 위치상의 변화는 모텔 = 불륜이라는 이미지를 더욱 공고화하는 작용을 하게 된다. 1990년대 중반에 불어닥친 이른바 '몰카 바람'은 이러한 영업 형태나 이미지와 무관하지 않다 할 것이다. 언론도 이전에는 나이트클럽 등 한정된 장소에서만 가능했던 기혼 남녀의 만남이 주로 '러브호텔'을 통해 이루어지고 있다고 주장하고 그 배경으로 1990년대 후반 등장한 '아이러브스쿨' 등 인터넷 채팅사이트의 증가와 개인용 휴대폰의 확대, KTX 등 이동수단의 확대를 들었다(〈한겨레〉, 2006. 12. 06, "불륜은 KTX를 타고"). 모텔의 '러브'가 본격적으로 '사회문제화'되기 시작한 것은 2000년 이후이다. 2000년에 부모 손에 이끌려 나온 초등학교 학생들이 "고양시장 물러가라"는 피켓을 들고 '러브호텔' 반대 시위를 하고, 2001년 4월, 경기도 고양시에서 '눈 돌리면 러브호텔, 더 이상은 못 참겠다'며 러브호텔 추방 운동이 벌어지자, 이를 도화선으로 전국의 '신도시'에서 러브호텔 반대 운동이 연달아 일어났다. 학교 정화구역 밖의 적색지구로 내몰아야 될 '유해시설'로 지목된 러브호텔은 학생의 학습권과 교육권, 주민생활권을 위협하는 존재가 되었다(류재중, 2001: 116~117). 이에 성남시는 신규 허가조건을 까다롭게 바꾸었고, 대구시는 주차장의 비닐천막을 걷어 내라는 행정명령을 내리기도 했으며, 경남 김해에서는 〈숙박업소 지도 단속에 관한 조례〉를 제정해 가며 러브호텔 규제에 나서기도 했다.

사회적 저항에도 불구하고 러브호텔산업의 활황은 2002년 월드컵

13 실제 2000년대 초반 모텔의 하루 숙박료는 5~6만 원, 3시간 대실료는 2~3만 원이며, 3회전 대실을 하는 곳이 많았다고 한다. 숙박료는 최근까지도 기본적으로는 거의 변동이 없는 수준이나 현재는 방의 크기와 시설에 따라 다르게 책정되어 있다.

이후까지 지속되었다. 이러한 배경에는 국제통화기금(IMF) 관리체제 극복을 위한 조치 중 하나로 1998년 4월 김대중 정부가 숙박업 등 서비스산업을 여신금지업종으로부터 해제한 일과, 2002년 월드컵 당시 관광산업 활성화를 위한 대책 중 하나로 12월 31일까지 한시적으로 시행된 〈관광숙박시설 지원 등에 관한 특별법〉이 있었다. IMF 이후 급등한 부동산 가격으로 인해 수익률과 자산 면에서도 러브호텔이 각광받는 주요한 계기가 되었다. 이로 인해 기하급수적으로 늘어난 모텔과 은행의 무분별한 대출이 추후 '문제'가 되기도 했다. 이에 따라 도심의 사무실, 주택가, 상가 건물까지 "자고 나면 신종 러브호텔"이 생겨났다고 할 정도였는데, 실제 '여관'은 1999년 약 2만 6천 개에서 2004년까지 3만 3,642개로 급증했다(보건복지부, 2008; 2012).

이상과 같이 '러브'와 호텔(숙박)의 결합 형태로서 여관의 변화는 다음과 같은 시공간적 특수성을 지닌다. 첫째는 앞에서 지적한 공/사영역의 전치에 기반한 '은밀함'이다. "입구는 일반 상업 건축물과는 달리 이용의 특성상 은밀해야 할 필요가 있다"고 건축가 김희진(2003: 69)이 지적했듯, 러브호텔은 타인의 시선에서 최대한 차단된 이용자의 프라이버시가 가장 중요하다. 앞서 지적했던 프라이버시 보호를 위한 다양한 장치들은 기실 '집'이라는 사적 공간을 벗어나 여관이라는 '공적' 숙박시설에서 이루어지는 섹슈얼리티를 위한 것이다.

둘째는 효율성이다. 실내 장치는 오로지 공적 공간이라는 것을 탈각시키고 사적인 만남을 최대한 효율적으로 이루어지게 하는 것을 목적으로 한다. 침대 중심(원형침대, 물침대 등)의 가구 배치, 성적 친교 전후에 몸을 단장할 수 있는 비치품(샴푸, 린스, 목욕용품, 드라이어,

빗, 젤, 화장품 등), 밀폐된 창문, 성교를 직/간접적으로 돕는 물품과 시설(콘돔이나 여성세정제, 진동 의자, 전면 유리벽, 2인용 욕조, 월풀, 거품목욕제, 사우나 시설, 비디오나 DVD, 정수기 등)은 분명히 여인숙이나 호텔에서는 별로 찾아 볼 수 없는 것으로, "사전 사후의 정서적 교류"를 차단한 채 "성교에만 몰두하도록 만드는"(조병희, 2001: 129) 장치이다.

셋째, 이러한 특별한 실내 장치는 동화 속에나 볼 법한 키치적 외관 장식과 결합되어 인간의 성애적 만남을 비현실적, 초현실적인, 혹은 비이성적이며 유치한 것으로 재구성한다. 이로써 너무나도 '육적인' 섹슈얼리티는 일상과 분리된 채 판타지의 세계 속에 놓인다. 이때 사적 공간인 '집'(정상가족)은 역설적으로 비성애화된(*asexual*) 현실의 세계가 된다.

넷째, 그러한 공간적, 성적 실천은 시간화된다. 3시간 대실로 약속받은 공간은 시간으로 가늠되고, 밀폐된 창문으로 차단된 낮의 공간은 밤의 시간을 빌려온다. 이로써 밤/낮의 경계는 전복되고 시간의 공간화, 공간의 시간화가 동시적으로 이루어진다. '그들'의 공간은 시간화되며(모텔 - 밤), 동시에 '그들'의 시간은 공간화(제한된 사랑의 시간 - 성애화된 공간)된다. 시간성을 가늠하기 어려운 어두운 공간에서, 시간으로 계산되는 성적 욕망이 펼쳐지고 이는 '3시간 대실'로 종료된다. 시간은 돈이요 욕망이며, 욕망은 시간을 다툰다. 이 시간 동안 그 공간 속엔 누구도 거주하지 않지만 '그들만'이 머무는 '집'이 된다. 결국 모텔 속 밤/낮, 시/공간의 전치는 공적 영역(여관/'공식적' '합법적'인 관계만 있는 집)과 사적 영역(집/성적 친밀성이 있는 '여기')이라는 상징적 경계와 '비/합법적' 관계(일부일처제/불륜, 외도, 가족 밖의 성)를 전복하며 재의미화한다.

그리고 그 모든 비/일상의 경계를 넘나드는 행위들은 결국 불/안정하며 불/쾌한 안락한 감정으로 수렴된다. 조병희(2001)는 러브호텔의 특징을 아늑함이라 지적했지만 나는 모텔의 특징은 오히려 '불/안정한(불/쾌한) 안락감'에 있다고 생각한다. 모텔에 들어서는 사람은, 호텔 프런트 데스크의 말쑥하면서 친절한 안내를 거만하게 통과하여 화려한 복도를 지나 천천히 들어가는 게스트룸, 일상을 떠나 낯설지만 낯설지 않은 화려함과 안락함이 동시에 존재하는 방, 일상 속에 지친 심신을 따듯하게 감싸 안는 사치스러운 안락감과는 확실히 다른 종류의 통과의례를 거친다. 불안한 듯 급하게 쫓기듯 들어가서 마주치게 되는 쾨쾨한 냄새와 촌스러운 비현실적 공간, 그러나 은밀한 공간이 주는 사적이며 잠정적인 안락감과 희열, 다시 죄책감으로 돌아오는 시간의(*temporary*) 쾌감, 그리고 불/쾌한 사후적 기억은 시간을 의미화하기보다는 바로 그 공간을 환기시킨다.

그렇다면 진정 문제는 무엇일까? '러브'인가, 호텔인가? 사랑이 있는 불륜 현장인가, 사랑 없는 가정인가? 성애적 사랑과 이성적 헌신(책임감)의 분리인가? 진정한 '러브'는 무엇인가? 조병희(2001)는 모텔이 "사랑과 성이 분리되고 서로 소외되는 구조"라고 주장하면서, 동시에 "억압되어 있던 성적 표현을 자유롭게 발산하도록 만드는 공간"(조병희, 2001: 130)이라 말한다. 그러나 그는 본인 스스로 내재한 섹슈얼리티에 대한 분열적 관점을 호텔이라는 공간에 투사하고 있는 것은 아닐까? 이때 러브호텔은 주체가 위치한 구조인가, 구조를 만드는 적극적 작인인가?

공간의 조직 아래 감춰진 권력의 속성을 예리하게 지적한 르페브르(Lefebvre, 1974)의 통찰을 빌리자면, 사회적 관계의 재생산 장소와 그렇지 못한 주변으로서의 공간을 재생산하는 권력은 러브호텔이라는 공간의 조직 아래 감춰져 있다고 볼 수 있다. 이 둘을 매개하는 것은 우리 스스로 내재한 성적 가치관일 것이며, 이로써 러브호텔은 우리 사회의 분열된 성적 가치관과 실천 양식의 징후이자 권력 작동의 기제가 된다. 그러나 만약 푸코(Foucault, 1990)의 권력 개념이 옳다면 러브호텔은 권력이 작동하는 장이자 동시에 저항의 거점이 될 것이다. 러브호텔을 지탱하는 우리 사회의 강력한 가부장적 이데올로기, 일부일처 이성애 가족중심주의는 '주의'라는 담론에 순응하기를 거부하는 각종 실천행위로 말미암아 이미 균열을 일으키고 있을 것이며, 다양한 힘의 관계의 충돌과 협상에 의해 다시금 재구성될 것이다.

게다가 섹슈얼리티에 관한 실천은 국가 규제에 의해 일방적으로 억압되거나 가족과 젠더관계의 구성에 의해서만 규정되지 않는다. 개별적인 것이거나 본능적인 것은 더더구나 아니다. 오히려 성적 행위는 개인적 결과보다는 사회적 결과에 따라서 도덕적으로 서열화되어 왔다. 예를 들어, 가부장적 중산층 헤게모니를 유지하는 데 부정적인 결과를 가져온다고 간주되는 성적 욕망의 조짐(여성의 성적 자율성, 동성애, 젊은이의 섹슈얼리티의 표현 등)은 주변화되고 심지어 불법화되어 왔다(Hawkes, 2005: 15). 오랫동안 한국사회의 '여관'은 그러한 주변화된 섹슈얼리티의 실천의 장이 되었다. 그러나 20세기 후반 이후 "섹스와 섹슈얼리티에 관한 근대 담론의 특징이었던 '불안 조성'이 명백히

수그러들고 있다고 여겨지는"(Hawkes, 2005: 16) 현재, 그리하여 도덕적 서열구조에 변화가 일어나고 성적 욕망을 긍정적인 것으로 장려하는 시대가 도래했다고 여겨지는 지금, 여관은 어떻게 재구성되고 있는가?

4. '부티크 모텔'의 탄생: 후기자본주의사회의 놀이와 쾌락의 공간으로

'성매매', '불륜'과 '일탈', 반사회적 '어둠의 공간'이라는 부정적인 이미지의 모텔은 2000년대 중반이 되면서 새로운 의미를 덧입기 시작했다. 언론은 이제 모텔 이미지를 Luxury & Lovely라는 단어로 구현하면서(〈스크린〉, 2006년 9호, "잘 나가는 서울 시내 모텔 탐방 Luxury & Lovely"), "친구들의 놀이터로, 연인들의 데이트 장소로, 여인네들의 파자마 파티 장소로 각광받는 서울 시내 잘 나가는 모텔들"을 소개하고, "한결 밝아지고 있는 양성화된 모텔들"을 탐방하는 내용을 싣기 시작했다. 언론이 새롭게 주목하는 부분은 획기적인 시설 개선과 사용자의 변화, 더불어 주된 목적(용도)의 변화였다.

우선 변화는 '조잡한 전형적 모텔 형식'의 탈피에서 시작되었다. 모텔의 대형화, 첨단화와 더불어, 세련된 이미지의 외관과 디자인 개념이 도입된 개별화된 주제를 지닌 '방'을 갖춘 고급화된 '부티크 모텔'이 탄생한 것이다. 상호명도 ○○모텔에서 나인스타, 닉스, 쥬드 등, 내용을 알기 어려운 영어식 이름으로 바뀌기 시작했다. 대형 TV와 최신 영화 DVD, 인터넷 게임을 즐길 수 있는 최신형 컴퓨터 시설, 2인용 월풀 욕조는 물론, 스팀사우나, 테마별 룸, 안마 시설, 드라이아이스 스모크 효과 기능, 노래방, 각종 테마 조명까지 갖춘 부티크 모텔은 '감각적인 디자인'과 '세련된 실내 장식', '다양한 즐거움 제공', '청결한 서비스' 등을 내세우며 이전의 모텔과 확실한 차별화 전략을 취했을 뿐만 아니라, 시설과 기능 면에서 기존의 호텔과 견주어도 손색이 없을 정도가 되었다.[14] 또한 2000년대부터 도입된 자동 객실관리시스템(키를 문 앞에 꽂으면 입실표시가 켜지고 프런트에서 컴퓨터로 확인할 수 있는 시스템)에 더하여(인터뷰 D), 드라이브인 체계를 갖추거나 프런트를 거치지 않고 기계로 바로 접수하는 무인시스템을 도입한 것 또한 획기적이었다.

둘째, 그러한 변화를 이끈 것은 20~30대 '데이트 족'이라는 새로운 고객층의 등장이었다. 이에 모텔업주는 이들의 취향에 맞는 시설을 갖추고 접근성을 보장하는 장소로 이동하기 시작했다. 여전히 부모에게 경제적으로 의존적이고, 한 공간에서 동거하는 확률이 높으며, 놀이문화가 부족한 한국의 젊은이가 밥 먹고 영화 보고 공부하고 잠자고 목욕하고 게임하며 프라이버시가 보장된 섹스를 즐길 수 있는 깨끗한

---

14 초기의 모텔 건축과 인테리어는 이른바 몇몇 인테리어 업자로 불리는 집단에 의해 일본의 러브호텔 또는 레저호텔의 표피적인 경향이 소개되고 이를 본뜬 생경하고 조악한 디자인이 마치 그 전부인 양 인식되었다고 한다(김희진, 2003: 69). 그러나 2000년대 초반을 지나자 새로운 개념의 모텔 인테리어가 등장하고 놀이의 개념이 강조되어 PDP와 컴퓨터가 객실에 도입되기 시작했으며, 일반실에도 PC가 설치되기 시작했다(인터뷰 D).

'복합 놀이 공간'으로서 모텔에 주목하기 시작한 것이다.[15] 아니, 이들에 의해 '여관'은 명실상부하게 숙(宿)과 식(食), 성(性)과 유(遊)가 결합된 공간으로 재구성된 것이다. 젊은 데이트 족은 전국 모텔에 대한 광고를 게재하는 인터넷사이트에 회원으로 가입해 정보를 제공받고 모텔을 공동구매하며, 모텔에 다녀온 사진과 후기를 올리는 등 적극적인 이용객으로 등장했다. 이러한 경향을 대변이라도 하듯이 최근 대학생 사이에 "MT 간다"는 말은 "모텔에 간다"는 말의 줄인 말이라고 한다. 이에 따라 젊은 층 유동인구가 많은 신촌과 종로, 대학가 주변에 새로운 시설을 갖춘 신형 모텔이 등장하게 되었으며 기존의 여관도 새로운 고객층을 사로잡기 위해 대대적인 시설 개조작업에 들어가게 된다(인터뷰 E). 젊은 층은 시설 면에서의 '업데이트'뿐만 아니라 서비스 면에서도 이전과는 다른 차원을 요구했는데, 결과적으로 모텔은 청결한 청소, 조식 제공, 커피와 간식을 제공하는 카페 같은 대기실 제공 등 서비스의 질적 개선도 도모하게 되었다.

물론 그러한 외형적 변화가 이전의 러브호텔의 공간적 특성을 완전

---

15 이러한 현상에 대해 E는 다음과 같이 지적한다. "젊은 층들이 일단 개방적인 사고를 가지게 되었다는 것, 그리고 사회 안쪽에 놀이문화가 좀 많이 없었다는 것. 놀이문화들이 시내에 술 먹고 나서 할 게 별로 없었어요. 술 먹고 나면 끝, 집에 가야 하는데 자취방은 칙칙하죠. 그런 경우가 많죠. 좀 젊은 애들이니까. 근데 좀 깔끔하고 이런 데를 찾고 싶은 그런 욕망들. 그런데 또 항상 좁아요. 비디오방 이런 데 가도 좁죠? 그다음에 목욕탕을, 사우나를 가고 찜질방을 가도 프라이버시 보호가 잘 안 되죠. 그러니까 이게 어느 정도 공간, 자기만의 공간이 필요한 거예요. 약간 개인적으로 또 변해 가는 젊은 애들 사이에서. 안에서 게임도 할 수 있고 여러 가지 다 할 수 있어요. 게임도 할 수 있고 목욕도 할 수 있고 사우나도 할 수 있고. 그런 동시에 충족시켜 주는 놀이공간으로 발전이 되어 가는 거죠, 이게."(E)

히 전복하진 않는다. 첨단 시설은 개인의 성적 프라이버시 존중과 효율적인 성적 만남이라는 러브호텔'만'의 '본래적 목적'에 충실한 것이었다. 그럼에도 불구하고 '부티크 모텔' 시대가 시작된 데에는 이전과 다른 몇 가지 배경적 요인이 있었다.

첫째, 2004년 시행된 '성매매특별법'과 부동산 대책 등 정부 규제책과 연관된다. 월드컵 개최와 각종 규제완화의 영향으로 공급과잉이 된 러브호텔이 성매매특별법으로 단속이 심화되자 매출이 급감하고, 2004년 10월 때마침 발표된 부동산가격 안정화대책으로 부동산 시장이 하락하자 그간 여신완화로 손쉽게 은행대출을 받아 영업을 했던 많은 모텔이 큰 타격을 입게 된다. 이에 기존 러브호텔과 '비즈니스 모텔'이 타격을 입자 업주들은 시설과 서비스 개선, 새로운 고객층 확보를 통해 불황을 타개하고자 했다. 이러한 상황에서 실제 모텔은 2004년 3만 3,642개로 급증한 이후 2011년 현재 3만 651개로 줄었지만(보건복지부, 2008; 2012), 자금력과 영업력을 갖춘 모텔은 시설 개선과 새로운 영업 전략으로 오히려 호황을 누리게 되었다.

둘째, 본격적인 인터넷 시대의 도래와 연관된다. 2000년대가 되자 잡지를 비롯하여 각종 모텔 관련 정보를 제공하는 커뮤니티가 만들어지기 시작한다. 월드인, 이노스텔, 굿스테이 등의 커뮤니티는 모텔 광고뿐만 아니라 모텔 건축 정보, 부동산 정보 등을 교환하는 장으로 기능하기 시작했다. 현재 가장 활발하게 활동하는 모텔 관련 웹사이트인 '모텔가이드'(모가, http://moga.co.kr)도 2001년 모텔 블로그로 출발하여 전국 700여 개 회원 모텔을 거느린 최대 인터넷 기업이 되었다. 이 외에도 2012년 현재, '모텔사랑'(www.motelsarang.com), '야

놀자=데이트의 시작과 끝'(http://www.yanolja.com), '어디야', '잠자리' 등이 젊은 층 사이에서 모텔 정보를 교환하는 대표적인 웹사이트이다. 이들 사이트는 전국의 모텔을 체인으로 거느리고 홍보, 예약, 할인 서비스를 대행하는 회원제로 운영되는 중개업체이다. 여기서 회원은 정보를 수집할 뿐만 아니라 게시판 후기를 통해 서로 '데이트 코스'에 대한 정보를 나누고 커뮤니티를 만들며, 이용횟수나 우수 게시판 댓글 등을 통해 모은 '콩'(점수)을 쿠폰처럼 사용하기도 한다. 최근에는 스마트폰을 통해 직접 확인하고 예약할 수 있는 할인쿠폰 애플리케이션도 출시되었다. 이들 회사는 "그냥 모텔 가니? 우린 찾아서 간다"는 문구로 기존의 수동적 이용객을 능동적 주체로 호명하고[16] 모텔의 내/외부 시설에 대한 정보를 과감히 노출함으로써 소비자에게 선택받기 위해 경쟁하는 모텔 시대를 열었다.

셋째, 연애 관계 속 섹스의 일상화와 여성이 주도하는 성적 관계의 변화와 연관된다. 이전의 러브호텔이 섹스의 탈일상화, 초현실화에 기반하였다면, 현재 부티크 모텔은 섹스의 일상화, 쾌락으로서의 섹슈얼리티에 기반한다. 이는 여성이 주도적으로 이끄는 데이트 관계의

---

16 현재 유명 웹사이트 운영자인 E는 2001년부터 만들어지기 시작한 모임들이 2003년부터 이슈화되기 시작했다고 본다. "2001년부터 그런 모임들이 생기기 시작해 가지고 2003년이 돼서 이슈화가 되기 시작했죠. 그냥 모텔 가니? 우리는 찾아서 간다. 이런 이슈가 되어 가지고 그때부터 약간 검색 안 하고 가면은 좀 뒤떨어지는 그런 현상들이 조금 생기기 시작했죠. 그때가 아마 우리 카페가 만 명 정도가 넘었을 때예요. 만 명 돌파된 때. 뭐 우리 사장님도 인터뷰도 하고. 스포츠신문이나 이런 데 나와 가지고 인터뷰도 하고 그랬어요. 그때도 이제 다른 직장 다니면서 인터뷰를 한 거예요."(E)

변화와 맞물린 것이다. 2000년대의 보다 민주화된 사회관계 속에 신자유주의적 질서의 확산과 함께 섹슈얼리티는 주체화의 핵심적 장치로 떠올랐다. 신자유적의적 통치 권력은 섹슈얼리티를 억압하는 것이 아니라 그것 자체가 권력이 되도록 '자기 기술'을 조직한다. 즉, 섹슈얼리티는 주체의 자기 기술 장치로 작동하게 되는 것이다(Foucault, 1988; 이희영, 2010: 185~187). 이제 젊은이에게 섹슈얼리티는 삶을 조직하는 적극적 행위, 이를 통한 주체화 과정에 중요한 실천 영역이 되었고, 특히 여성에게는 능동적인 자기관리를 통해 표현하고 계발해야 할 대상이 되었다(이희영, 2010: 211). 이러한 변화 속에서 모텔은 보다 능동적이고 '까다로운' '젊은 여성고객들을 잡기' 위해 객실마다 다른 콘셉트로 바꾸고, 여성취향적인 인테리어, 청결한 서비스에 신경을 쓰게 된다.

그렇다면 이제 여성은 일방적 쾌락의 대상, 성적 대상이 아니라 쾌락의 의미를 재구성하는 성적 주체로 떠오른 것일까? 이에 대한 섣부른 긍정적 답변은 아직 이르다고 생각한다. 프로젝트화되고 상업화되는 연애문화 속에 지속되는 결혼의 조건(김신현경, 2006), 보다 여성화(*feminized*) 되고 상업화된 자본주의의 공간 속에서 여전히 지속되는 성별화된 섹슈얼리티적 실천이라는 측면이 고려되지 않는다면 진단은 일면적일 뿐이다. 여전히 계획하고 지불하며 주도하는 자는 남성이며 수동적으로 응하는 자는 여성일 때 모텔을 통한 성적 실천양상은 변주된 방식의 '젠더 수행하기'(*doing gender*)에 불과할 수도 있다. 이희영(2010)은 "적극적인 여성의 섹스 경험과 수행적 노력"은 '이성애 결혼관계'라는 근본적인 전제와 궁극적 목적을 위반하지 않는 선에서 이루어지는 "한국사회의 가부장적 통치방식이자 주체화의 표현" 양식이라고 지적한 바 있다. 이는 현재 한국사회의 섹슈얼리티 담론이 "신자유주의적 주체화"의 맥락 속에 위치 지어져 있음을 드러낸다(이희영, 2010; 211~212).

그러나 신자유주의적 자본주의의 확대와 가부장제의 유연적 축적의 지속에도 불구하고, 분명한 것은 '불륜'과 '매매', '위반'의 공간에서 쾌락과 놀이의 공간으로 바뀐 '여관'에서는 젠더관계가 일시적이나마 역전되어 있고 기존에 여성에게 부여된 적극적 섹슈얼리티 실천에 대한 낙인과 죄책감이 탈각되어 있다는 점이다. 주된 이용객으로 등장한 젊은 세대는 더러움의(밤의) 공간으로 추방되었던 (남성 중심적) 육체적 욕망을 재전유하는 다양한 공간적 실천의 가능성을 보여 줌으로써 여관을 새롭게 의미화하고 적극적으로 재구성한다. 재영토화의 가능성은 탈영토화되었던 바로 그곳에 '이미' 배태되어 있는지 모른다.

5. 나가며

앞서 살펴보았듯, 여관, 모텔, 러브호텔, 부티크 모텔은 공적/사적 공간의 구분, 장소와 비-장소, 공간의 젠더화와 위계화, 밤/낮의 시간, 포스트/식민, 전통/근대/탈근대가 중층적으로 배태되고 전치되는 공간이다. 무엇보다 우리가 공유하는 성적 가정들이 복잡하게 협상되고 실천되는 장이자, 섹슈얼리티를 둘러싼 모순된 일련의 관념이 충돌하면서 만나는 곳이다. 동시에 공적으로 합의된 가정으로서의 '성적이라는 것'이 균열되고 재구성되며, 섹슈얼리티에 관한 상식과 규범이 도전받고 재구성되는 국지적 거점이기도 하다. 주체로서 사용자와 업주가 법 - 권력, 물리적 장소가 경합하면서 끊임없이 재구성되는 장으로서의 여관과 모텔은 한국사회의 이성애 가족, 노동, 젠더관계를 구성하는 양식을 보여 주지만 동시에 일관된 섹스 - 젠더 - 이성애(섹슈얼리티)의 선형적 배치의 '불가능성'을 드러낸다. 그러한 선형적 관계는 공/사 이분법, 낮/밤, 일/가정, 재생산/쾌락, 주체/타자라는 배타적 이분법 자체에 근거하지만 여관은 그러한 이분법 자체가 노정하는 한계와 문제를 동시적으로 폭로한다는 점에서 역설적이다. 이 점에서 "섹슈얼리티는, 경제 성장과 기술적 통제에 골몰해 있는 문명의 안티테제라기보다는, 바로 그러한 문명의 실패를 체현하는 것"이라는 기든스(Giddens, 1993; 1996: 296)의 견해는 일면 옳다고 봐야 할 것이다.

우리가 상정하는 가부장(1인 남성 생계부양자) 이성애 핵가족을 준거점으로 한 '정상적 섹슈얼리티'란 애초에 불가능한 것이 되며, 이에 기반한 일부일처 가족제도는 아이러니하게도 성적 친밀성이 거세된 '텅 빈' '공간'으로 확증된다. 이러한 점에서 여관의 공간적 변화는 문명의 실패를 체현하지만 동시에 '다른' 가능성의 여지 또한 드러낸다. 분열은 애초에 무리한 봉합의 결과물이지만 동시에 새로운 가능성을 탐색할 수 있는 출발점이 되기 때문이다. 다양한 주체의 공간화된 성적 실천과 성애화된 공간은 시계열적으로 변별화되기보다는 중층적으로 얽혀서 현존하며, 우리의 성적 실천양식 또한 서구식 '근대성'의 발전양식과 일정 거리를 유지하기 때문에 시계열적, 이분법적 공간적 분리

방식으로 매끈하게 범주화되기 어렵다. 시간과 공간의 분리방식은 늘 당대의 사회문화적 규범양식과 상호경합하면서 우리의 감각과 욕망, 실천을 재구성한다.

결론적으로 비-장소이자 장소이며 탈영토화된 문화적 징후이자 재영토화의 가능성을 배태한 여관은 추후 진행되어야 할 가족, 젠더, 섹슈얼리티, 공간 등에 관한 연구에 많은 함의를 지닌다. 그러나 2차원적 공간적 재현이라는 글쓰기의 한계와 지면의 제약으로 인해 3차원의 공간성을 표현하기에 역부족이었으며, 다양한 주체의 공간적 실천이 좀더 실증적으로 연구되지 못한 점, 지역별 특수성을 잡아 내지 못한 점은 이 글의 한계로 남는다.

참고문헌

김신현경 (2006). 여대생의 연애경험, 《섹슈얼리티 강의, 두 번째》. 서울: 동녘.

김연희 (2002). 일제하 경성지역 카페의 도시문화적 특성. 서울시립대 석사학위논문.

김희진 (2003). 모텔에 대하여. 〈월간 마루(MARU)〉, 11권 1호(2월호), 69~71.

〈동아일보〉 (1939. 11. 03). "兼營營業要望".

류재중 (2001). 반(反)러브모텔을 주창하며: 그 실상과 대책. 〈지방행정〉, 50권, 116~119.

문정희 (2001). 러브호텔. 《오라, 거짓 사랑아》. 민음사.

박정미 (2011). 한국성매매체제에 대한 연구. 서울대 박사학위논문.

보건복지부 (2008). 공중위생관리사업안내.

______ (2011). 보건복지통계연보.

______ (2012). 공중위생관리사업안내.

〈선데이서울〉 (1969. 01. 19). "성매매의 온상 女館? 旅館? 한국 최초의 적선지대 백서".

〈스크린〉 (2006). "잘 나가는 서울 시내 모텔 탐방 Luxury & Lovely". 9호.

이채원 (2003). 일제시대 여관업의 변화와 성격: 1920~30년대 경성을 중심으로. 고려대 석사학위논문.

이희영 (2010). 섹슈얼리티와 신자유주의적 주체화. 〈사회와 역사〉, 86집, 181~219.

전진성 (2009). 도시, 트라우마, 숭고 - 공간의 문화사 연구를 위한 방법론의 모색. 〈역사학보〉, 204호, 315~356.

정규엽 (2011). 호텔업의 역사. 〈관광학연구〉, 35권 10호, 385~401.

조병희 (2001). 러브호텔의 사회학. 〈사회비평〉, 30호, 124~136.

최영철 (2005). 모텔이 많은 우리나라. 〈작가세계〉, 67호(겨울호), 298~299.

〈한겨레〉 (2006. 12. 06). "불륜은 KTX를 타고".

홍성철 (2007). 《유곽의 역사》. 서울: 페이퍼로드.

Basil, M. (2008). Japanese love hotels: Protecting for private encounters. *European Advances in Consumer Research*, *8*, 505~510.

Chang, J. et al. (2010). The search for intimacy: The demand for Taiwanese 'Love Boutique Motels'. *Proceedings of the New Zealand Tourism and Hospitality Research Conference*, 33~48. Conference held at Auckland, New Zealand, AUT University.

D' Emilio, J. (1997). Capitalism and gay identity. Lancaster, R. N. & Micaela, L. (eds). *The Gender/Sexuality Reader: Culture, History, Political Economy*, Ch. 11. New York: Routledge.

Foucault, M. (1988). Martin, L. H., Gutman, H., & Hutton, P. H. (eds). *Technologies of the Self: A Seminar with Michel Foucault*. University of Massachusetts Press.

______ (1990). *The History of Sexuality: An Introduction*. New York: Vintage Books.

______ (1975). *Surveiller et punir*. Gallimard. 오생근 역 (2003). 《감시와 처벌: 감옥의 역사》. 서울: 나남출판사.

Giddens, A. (1993) *The Transformation of Intimacy: Sexuality, Love, and Eroticism in Modern Societies*. Stanford University Press. 배은경 · 황정미 역 (1996). 《현대사회의 성, 사랑, 에로티시즘: 친밀성의 구조변동》. 서울: 새물결.

Hawkes, G. (1996). *Sociology of Sex and Sexuality*. Open University Press. 임인숙 역 (2005). 《섹슈얼리티와 사회》. 서울: 일신사.

Lefebvre, H. (1974). *La Production de l'espace*. Economica. 양영란 역 (2011). 《공간의 생산》. 서울: 에코.

Lin, H. S. (2008). Private love in public space: Love hotels and the transformation of intimacy in contemporary Japan. *Asian Studies Review*, 32 (March), 31~56.

Williams, R. (2008). Night spaces: Darkness, deterritorialization, and social control. *Space and Culture*, *11*(4), 514~532.

제 3 부

도시경제와 소비문화

09

강남 문화경제의 사회학

문화산업과 뷰티산업의 결합

서우석 · 변미리

1. 소비 · 주거에서 생산으로

역사적으로 도시는 기생적인 성격을 가지고 태동하였다. 농업경제 시대에 생산의 본거지는 농촌이었고 도시는 농촌의 생산물을 전유하는 엘리트가 기생하는 공간이었다. 도시가 생산지의 성격을 갖게 된 것은 산업혁명에 이르러서였다. 도시에 공장이 들어서고 산업도시가 경제의 중심지가 됨으로써 도시의 기생성에 변화가 나타난 것이다. 20세기 후반에 들어서 도시 속 생산공간의 성격은 다시 한 번 큰 변화를 겪었다. 선진국을 중심으로 제조업에서 서비스업 위주로 탈제조업화가 진행됨에 따라 후기산업사회의 핵심으로서 도시경제가 가지는 중요성이 다시 부각되기에 이르렀다. 이러한 범지구적이고 구조적인 성격의 도시경제 변화가 극명하게 드러나는 곳이 서울의 강남이다.

1970년대에 시작된 강남의 형성과정은 대규모 주택개발을 중심으로 진행되었다. 주택의 대량 공급은 아파트 건설을 통해서 가능했고, 아파트 생활은 도입 초기에 환영받지 못했으나 한강맨션과 연이은 강남 개발의 성공으로 중산층 라이프스타일의 전형으로 자리 잡았다. 이와 더불어 강남은 대한민국 중산층의 핵심 거주지로서 위상을 갖추었다. 이를 배경으로 대형 고급 유통업체들과 외국의 영향을 많이 받은 소비 경관이 조성되면서 1990년대 강남이 압구정동을 중심으로 새로운 소비문화의 무대로 떠올랐다. 중산층 거주공간과 소비생활의 중심지가 된 강남이 계급 재생산의 장소로서 의미를 갖게 된 것이다. 당시 학계와 사회에 큰 반향을 불러일으킨 압구정동 로데오길의 소비문화와 오렌지족에 대한 담론은 이러한 변화에 대해 전반적으로 비판적이었다. 어설프게 외국문화에 노출된 부유층 2세대들이 외국 짝퉁문화를 소비하는 유행을 만들면서 욕망 충족의 환경을 형성하고 있다는 것이었다.

하지만 강남 키즈였던 싸이의 〈강남스타일〉이 거둔 세계적인 성공은 강남이 단순한 외국문화 수입 전시장이 아닌 독자적인 문화 생산지로서의 성격도 갖추었음을 상징한다(서우석, 2016). 더 나아가 강남을 '한류'의 본거지로 주장하고, 한류관광의 메카로 만들겠다는 계획까지 추진되고 있다. 이러한 변화는 어떻게 가능한 것인가? 소수의 기획자와 전문 인력의 결합만으로 가능한 것인가? 만약 그렇지 않고 강남이 생산지로서 작용한 결과라면 어떻게 20여 년의 짧은 기간 동안 문화산업 발전의 공간적 기반이 갖추어진 것일까? 특히 이와 같은 변화가 특별한 정책 지원 없이 이루어졌다는 점이 경이롭다. 우리나라의 지역발전을 위한 문화산업정책이 실질적 성과를 내는 데 어려움을 많이 겪는 상황에서 민간투자 위주로 강남의 문화경제가 이루어진 것이다.

강남에 대한 이해가 중요한 또 다른 근거는 우리나라 도시발전에서 강남이 차지하는 의의에서 찾을 수 있다. 강남 따라 하기를 하는 지자체들은 적지 않다.[1] 명시적이든 그렇지 않든 많은 도시들에게 강남은 도시발전의 전범이며, 지방에서 '○○시의 강남'이라고 불리는 것은 대개의 경우 찬사에 가깝다. 이들이 모두 강남을 긍정적으로만 바라보는 것은 아니지만, 이들이 생각하는 강남은 이들이 지향하는 도시발전의 이상향에 영향을 미치고 있음을 부인하기 어렵다. 이때 강남으로 연상되는 것은 현대적 주거환경으로서 브랜드 아파트, 좋은 교육환경, 세련된 소비공간, 편리한 교통여건 등을 향유하는 중산층 거주지이다. 하지만 이는 강남의 일부일 뿐이며 강남의 모습을 전체적으로 바라보지 못한 결과이다.

강남에 대한 담론이 매우 빈번하였고, 어떤 점에서는 유사한 논의가 반복되는 것처럼 보이나 강남에 대한 사회학적 이해는 여전히 미흡하다. 다른 어느 지역보다 강남에 대한 사회과학적 연구 성과가 많지만 대체로 주거, 소비문화, 교육, 사회불평등적 함의에 대한 논의가 압도적이다. 경제활동 중심지로서의 강남에 대한 인식은 미흡하다. 이와 같은 담론의 편향성은 심지어 강남이 가지고 있는 특권적 주거환경으로서의 차별적 속성을 이해하는 데에도 한계로 작용한다. 예컨대 출근길을 보면 강남으로 들어오는 방향이 강남에서 나가는 방향에 비해 더 붐빈다. 강남의 특권은 경제활동 중심지 바로 근처에 사는 사람들과 강남으로 들어오기 위한 교통정체를 매일 아침 감수해야 하는 사람들의 차이

---

1 황진태(2015)의 사례 참조.

에서도 나타난다. 강남이 주거공간으로서 특권적 위치를 계속 유지할 수 있는 배경에는 생산공간으로서 강남이 갖는 위치의 중요성 증가와 이에 따른 접근성이 무시할 수 없는 요인이 되었지만 이 사실은 여전히 크게 주목받지 못하고 있다. 강남의 문화경제를 다룬 일부 연구조차 특정한 업종의 클러스터에 대한 설명만으로 이뤄져, 복합적인 도심 클러스터로서 강남이 가지는 성격을 이해하는 것에는 한계가 있다. 여러 종류의 산업들이 좁은 도심 지역에 군집한 서울과 같은 대도시의 특징을 설명하기 위해서는, 단일 업종 혹은 단일 산업의 클러스터에서 나타나는 집적효과만이 아니라 클러스터들 간의 상호작용이 중요한 것이다.

후기산업사회 도시경제의 사례로서 강남의 성격을 종합적으로 이해하기 위해서는 적합한 개념화를 위한 상당한 이론적 논의와 다양한 경험적 자료에 대한 분석을 제시하는 것이 필요하지만, 그러한 작업은 이 글의 한계를 넘는다. 이 글에서는 기존의 도시사회학 논의와 선행 연구, 그리고 관계자와의 인터뷰를 바탕으로 생산공간으로서의 강남을 이해하기 위한 사회학적 시각을 제시하고자 한다.

2. 문화산업과 뷰티산업의 결합

강남에 다종의 산업들이 밀집해 있다는 사실은 강남의 문화경제를 이해하기 위해 다양한 접근이 가능하고 필요하다는 점을 시사한다. 예컨대 사업자 서비스의 집중이 강남의 문화산업 형성에 미친 영향을 볼 수도 있고, 문화산업의 단계별 혹은 생산물 종류에 따른 분화와 네트워크 형성을 분석할 수도 있다. 이 글에서 초점을 맞추고자 하는 것은 문화산업과 뷰티산업의 결합이다. 문화산업과 뷰티산업은 강남이 소비주거공간에서 생산공간으로 전환되는 과정에서 강남에 자리 잡아 성장한 대표적인 업종이다. 그리고 이러한 집적의 공존을 배경으로 두 산업 사이에 밀접한 관계가 형성되었고, 이 점이 동종의 문화산업이 집적된 다른 클러스터나 이종의 문화산업들이 군집한 다른 서구 대도시와 강남의 문화경제가 구별되는 특징을 이룬다.

우선, 문화산업과 뷰티산업의 관계를 살피는 출발점은 이들이 공간적으로 인접하여 공존한다는 사실이다. 강남의 경계에 대해서는 다양한 시각이 있다. 강남, 서초, 송파의 3구를 묶기도 하고, 한강 이남의 모든 지역을 강남으로 이해하자는 주장도 있다. 문화경제라는 차원에서 강남을 보면, 강남의 독특성을 가진 공간은 경부고속도로와 영동대로 사이에 있는 구역이다. 강남구, 그중에서도 특히 북부권(압구정, 청담, 논현 일원)이 강남의 문화경제 중심지이다.

문화산업이 강남으로 이전하여 자리 잡은 대표적인 사례는 영화산업이다. 충무로에서 개봉관을 중심으로 형성되었던 영화산업 클러스터가 1990년대 대거 강남으로 이전하면서 영화산업의 강남시대가 열렸다(주성재, 2006). 시기적으로는 멀티플렉스의 등장과 함께 충무로 부근에 있던 개봉관의 영향력이 감소한 것과 일치한다.

문화산업의 측면에서 영화산업에 못지않은 중요성을 가지는 것이 연예 매니지먼트나 대중문화 기획 등의 사업이다. 2016년 9월 기준 서울에 등록된 1,670개의 대중문화예술 기획업 등록 현황을 보면, 강남구에 43%로 압도적으로 많이 위치해 있다.

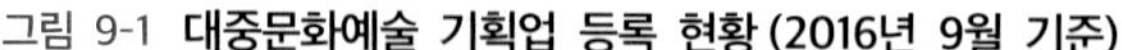
그림 9-1 **대중문화예술 기획업 등록 현황(2016년 9월 기준)**

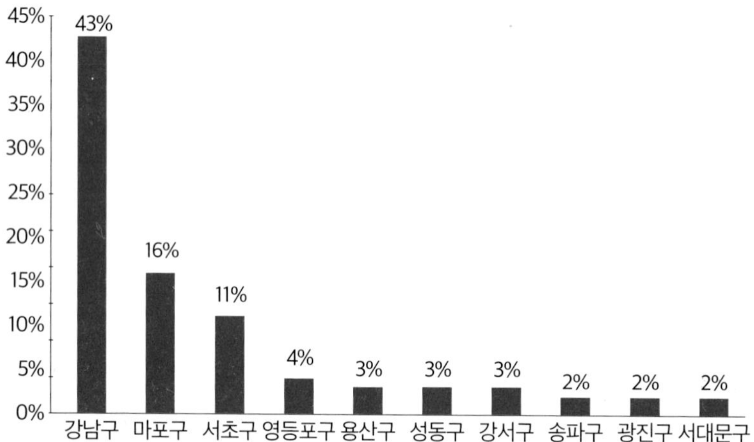

출처: 대중문화예술종합정보시스템의 서울시 자치구별 분석(http://ent.kocca.kr/UID/CPI/U009/statusSeoul.do).

또 다른 한편에서는 강남에 문화산업이 자리 잡았던 것과 같은 시기에 뷰티산업이 강남으로 대규모 집적되기 시작하였다. 이는 미용업의 산업화와 시기를 같이한다. 1990년대 중반 한국의 미용업은 이가자헤어 등을 필두로 프랜차이즈 미용실 사업이 시작되면서 산업화 단계에 들어선다. 이러한 프랜차이즈 미용실의 본사 혹은 본점이 가장 많이 위치한 곳이 강남이다. 하지만 문화산업과 직접 관련되는 미용실은 프랜차이즈보다는 더 고급화된 미용실이다. 이들 고급 미용실들은 청담동에 고급 소비문화 경관이 형성되기 시작하면서부터 청담동 사거리 지역 안에 위치하기 시작했다. 청담동 미용실 종사자들은 비록 같은 강남에 위치한 경우라도 다른 지역의 미용실들과 근본적으로 수준이 다르다는 자부심을 가진다. 청담동 미용실은 경제력과 세련미의 추구에서 우리나라 최상류층 여성들이 찾는 곳이라 최상의 서비스가

그림 9-2 **서울 미용업체 분포: 서울과 강남구**

주: 한국전화번호부주식회사의 2015년 전화번호부 DB와 서울시 행정동 주소파일을 결합하여 서울시 베이스맵 위에 구현하였음.

요구되고 가격도 비싸다. 미용사 입장에서는 청담동에 있으면 다른 곳보다 많은 일을 배울 기회를 가진다.

비슷한 시기에 강남에 모여들기 시작한 것이 성형외과였다. 성형외과는 〈그림 9-3〉에서 보는 바와 같이 1980년대부터 압구정동과 신사동에 자리 잡기 시작했다가 2000년대 들어서 폭발적으로 증가하였고, 최근에는 강남역까지 확장되는 모양을 보인다. 그 결과 2014년 기준 성형외과 전문의 전국 1,849명 중 서울에 978명이 소재하는데, 이

그림 9-3 **강남구 성형외과 분포도**

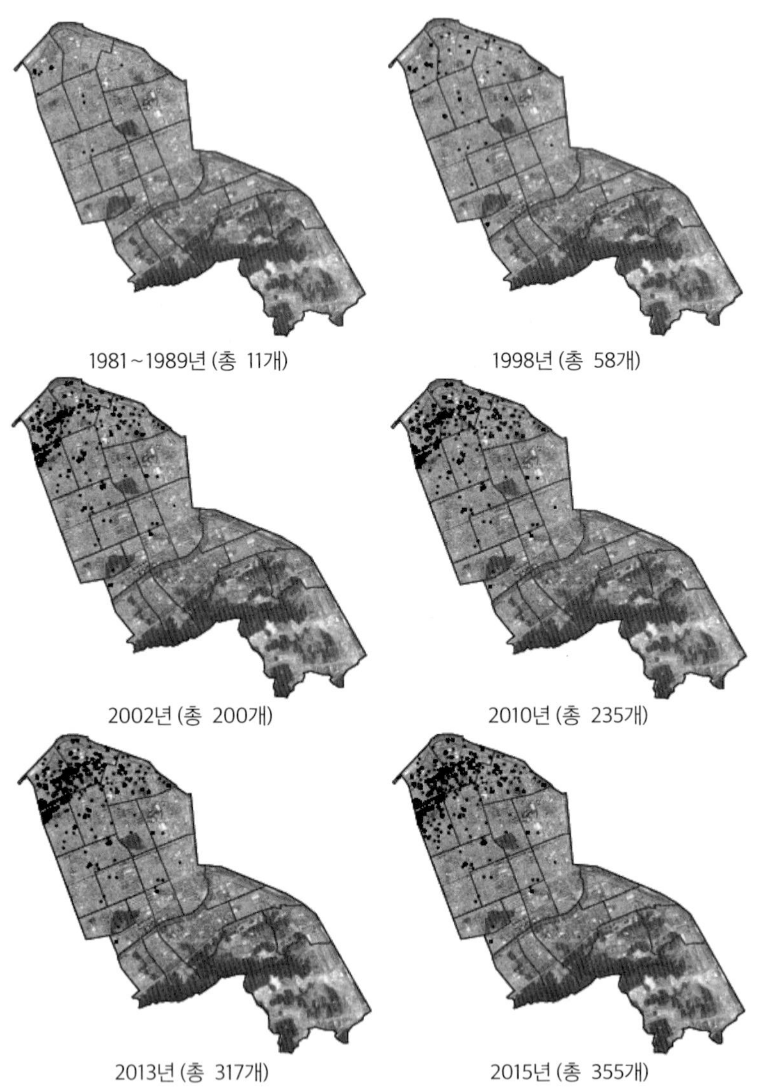

출처: 서울대학교 환경대학원 도시지형연구실 Urban Terrains Lab.

자료: 유정화 (2003). 성형외과의 입지와 방문요인에 관한 연구: 서울시 강남구를 중심으로. 서울대학교 석사논문; 〈중앙일보〉(2015.05.06). “강남 성형외과 5년 새 120개 늘어 355개”.

주: 자료를 바탕으로 연도별 수치기반으로 대략적인 위치를 표시함.

중 608명이 강남구에 위치하는 것으로 나타났다.[2] 전국 성형외과 전문의 3명 중 1명이 강남에서 일하는 것이다. 세계적으로 서울과 같은 대도시 한복판에 성형외과가 이 정도로 집적된 사례는 찾아보기 힘들다.

그렇다면 이렇게 지리적으로 좁은 권역에 문화산업과 뷰티산업이 집적되면서 어떠한 관계가 형성된 것인가? 미용업의 경우를 보면 미용업이 문화산업의 중요한 구성요소로 작용하는 사실을 볼 수 있다. 미용실에서는 헤어스타일과 함께 메이크업을 해주면서 가수나 연기자 등의 이미지를 좌우하는 외모를 전반적으로 꾸며 준다. 예컨대 대중음악 가수가 새로운 곡을 출시하는 프로젝트를 할 때 미용실은 이 가수가 신곡과 함께 구현할 '콘셉트'를 스타일리스트와 협력하여 만드는 주체가 된다. 이들의 관계가 어느 정도 안정적인 분업관계를 가진다는 것은 개별 횟수가 아니라 일정 기간을 단위로 비용을 받는 지불 방식이나 새로운 프로젝트의 흥행 리스크를 감수하는 경우가 제법 있다는 사실에서 알 수 있다. 또한 활동 스케줄이 불규칙적이고 통상의 근로 시간과 크게 차이가 나는 연예인이나 연기자의 필요에 맞추어 원하는 시간과 장소에 서비스를 제공하는 점에서도 분업관계의 특성을 찾을 수 있다. 미용업과 뷰티산업의 관계는 미용사와 연예인의 복합적인 관계에서도 드러나는데 미용사는 연예인을 통해서 새로운 시도를 할 기회를 갖고, 유행을 창출하는 경험을 가지며, 성공의 명예를 공유한다. 하지만 미용사가 유명해지고 원장급이 되면 특정 연예인을 직접 맡아 주기 어렵게 된다. 연예인의 다양한 요구에 부응하느라 다른

2 대한의사협회(2014). 전국회원실태보고서.

고객들에게 소홀하게 되기 때문이다. 예외도 존재한다. 원장급 미용사가 특정 연예인과의 인간적인 의리 때문에 이들에 대해서는 예외적으로 항상 맡아 주기도 하고, 특정 프로젝트에 한해서 특정 연예인을 한시적으로 맡아 주기도 한다.

이러한 사실은 문화산업과 뷰티산업의 관계가 정형화된 규칙에 의해서 유지되는 것이 아니라 개별 상황에 따라 매우 다양한 변형을 가지며 인간관계의 특성에 따라, 또한 그때그때의 사정에 따라 달라지는 유연성을 갖고 있음을 보여 준다. 이와 같은 결합방식은 유연전문화(*flexible specialization*)라는 포스트 포디즘적 특성을 그대로 드러낸다. 이러한 점은 문화산업과 뷰티산업의 결합이 양측의 경제적 안정성과 지불능력에 의해서 다양한 양상으로 전개된다는 사실에서도 나타나고, 이러한 결합관계를 미용실 수익에 어떻게 활용하는지 차이가 난다는 사실에서도 나타난다. 연예인을 상대로 하는 미용실을 찾는 고객들이 있다는 속성을 활용해 우연을 가장한 방송 노출을 통해 유명 연예인을 이용한 홍보를 하는 미용실들도 있다. 이러한 경우 홈페이지에 유명 연예인들이 찾는다는 사실이 적극 홍보된다. 반면, 연예인이 찾는다는 사실이 그저 가십에 불과한 미용실도 많다. 강남의 상류층 고객들은 연예인이 오는 미용실을 찾는 경우가 드물고, 오히려 그들은 연예인에 대한 특별대우가 자신에게 불이익으로 돌아올 가능성에 신경을 세우기 때문이다.

성형외과가 강남에 자리 잡기 시작한 1990년대에 성형은 대중화 단계에 들어섰으며, 성형외과와 문화산업의 관계가 보다 은밀하게 작동한 것으로 보인다. 미용실이 특정 연예인이나 특정 기획사와 비교적 공공연히 알려지는 관계를 가지는 데 비해, 미용실과 성형외과의 관계는 비밀에 가려져 있다. 일부 연예인들이 자신의 성형사실을 공공연히 드러내는 경우가 최근에 늘어나고 있으나 여전히 예외에 머문다. 연예인이 자신의 성형사실을 드러내는 것은 터부에 가깝다.

그럼에도 연예인을 비롯한 유명인들의 모습은 성형의 주된 동기가 된다. 셀러브리티의 특정 신체부위를 모방하는 것이 성형의 주된 동

그림 9-4 **강남구 압구정 지하철역 성형외과 광고판들**

출처: 서울대학교 환경대학원 도시지형연구실 Urban Terrains Lab.

기가 된다는 엘리엇(Elliott, 2010)의 논의는 한국에도 그대로 적용된다. 또한 연예인을 따라 하려는 욕구를 가장 잘 충족시키는 곳이 강남의 성형외과라는 인식이 광범위하다. 강남의 성형외과를 찾는 고객들의 주문 중 다수는 "누구처럼 해달라"는 것이다.

성형외과에 상담하러 오는 잠재 환자들에게 이곳을 거쳐 간 연예인들의 이름이 제시되기도 한다. 더 중요한 역할을 하는 것은 온라인이다. 성형 주제 전문이거나 여성 위주의 온라인 카페들에 연예인 성형에 대한 정보가 올라오면서 구두 마케팅이 이루어진다. 이런 구전에는 성형을 한 체험자의 내용도 있지만 성형외과에서 채용한 마케팅 인력들이 은밀하게 하는 것이 많다는 의심이 파다하다. 하지만 그럼에도 방학을 이용해 연예인의 특정 부위를 따라 하려는 성형의 봇물 같은 수요가 중국에까지 퍼져 한류관광으로 이어지는 상황이다. 또한 유명 여성 엘리트가, 혹은 어느 사모님이 한 시술이라는 속삭임이 중년 여성까지도 강남의 성형외과를 찾게 하는 동력이 된다.

3. '강남'이라는 장소의 생산

경부-영동 권역 안에 문화산업과 뷰티산업이 결합하여 중요한 생산 결과를 만들어 내는 것을 어떻게 설명할 수 있을까? 집적의 의의는 클러스터가 제공하는 효율성에서 나타난다. 근거리에 연예기획사, 미용, 성형, 패션이 집결함으로써 문화산업 및 엔터테인먼트 제작을 위한 많은 모임이 효율적으로 운영되는 것이 가능해진다. 빈번한 모임은 프로젝트형 산업구조인 할리우드식 문화산업 모델의 사회적 확산의 결과라 할 수 있다. 근거리에 위치해야 다양한 관계자들과의 수없이 많은 미팅을 효과적으로 운영할 수 있다. 물리적인 거리뿐만 아니라 강남의 일상 문화도 이러한 효율성을 뒷받침한다. 청담동의 좁은 골목에 주차할 공간을 찾을 수 없어도 항상 가능한 발레파킹이, 강북의 도심에서는 기대하기 어려운 강남의 예측가능성과 효율성을 보여 준다. 또한 강남에 발달한 소비와 유흥의 공간들이 문화산업을 위한 많은 모임의 의도된 혹은 우연한 모임의 배경이 된다. 만남은 커피숍이나 음식점에서 이루어지기도 하지만, 클럽과 룸살롱에서 이루어지기도 하고, 영화 VIP 시사회 뒤풀이 자리에서 이루어지기도 한다.

이러한 공간적 여건을 활용해 문화산업과 뷰티산업의 결합체가 효과적으로 장소성 생산에 기여하는 데 핵심적 역할을 하는 것이 셀러브리티이다. 문화산업과 뷰티산업은 셀러브리티를 지속적으로 만들어 내는 기제라는 점에서 공통의 이해관계를 가진다. 할리우드에서도 문화산업은 스타시스템을 통해서 뷰티산업과 동반자의 관계를 가지고 셀러브리티를 만들어 내며 성장하였다(Jones, 2010). 문화산업은 셀러브리티를 통해 욕망을 창출하고, 그 욕망을 충족하기 위한 수단으로서 자신의 몸에 가하는 소비가 뷰티산업을 성장시킨다. 문화산업과 뷰티산업이 셀러브리티를 매개로 긴밀하게 연관되어 성장하면서 빛나는 스타의 클러스터로서 강남의 장소성이 확대 재생산된다. 중산층의 주거공간에서 고급의 소비문화가 생겨나고, 이를 바탕으로 소비와 생산의 관계가 긴밀해지는 새로운 도시경제의 출현에 셀러브리티가 핵심적인 역할을 한 것이다. 몰로치(Molotch, 2002)가 말한 대로 장소

그림 9-5 **강남의 장소성 생산 구조**

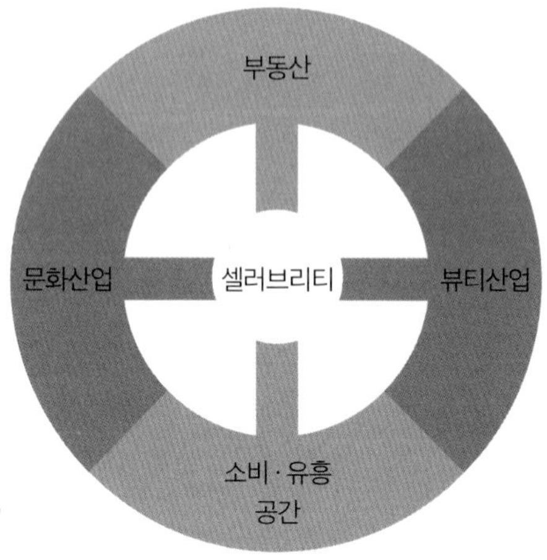

자체가 생산물을 구성하는 핵심요소가 되는데, 이와 같이 강남이 소비와 생산의 중요한 구성요소로서 의의를 가질 때 장소의 영향을 증폭시킨 것이 셀러브리티라 할 수 있다.

생산물로서 장소성이 갖는 의의는 문화산업의 네트워킹 과정에서 중요한 역할을 한다는 점에서도 나타난다. 지대 자체가 진입장벽을 형성함으로써 게이트키퍼의 역할을 대신한다. 문화산업은 무형의 자산인 서비스를 활용하여 생산물을 만들어 낸다. 그런데 그 역량을 판단하기 쉽지 않다. 평론가나 평판이 그런 역할을 하지만 이러한 기능을 보조하는 것이 위치이다. 강남의 높은 지대를 감당할 만한 업체라는 것이 보증의 역할을 한다. 또한 외부에서 일군 성과를 바탕으로 강남에 사옥을 짓는 것은 성공의 트로피와 같다. 역설적으로 이와 같은 제약에서부터 어느 정도 자유로워지면 강남을 벗어나는 것이 가능해진다. 마포나 성수로 이전한 기획사들의 경우가 그러하다. 명성이 구축되고 사업이 안정적인 기반을 갖고 있다면 어느 정도 이전이 가능해진다. 강남에 위치해 있지 않더라도 다른 관계자들이 고개를 갸우뚱하지 않을 수 있기 때문이다.

생산물로서 장소성은 무형의 정신적 가치에 머무는 것이 아니라 지대상승으로 실현된다. 강남의 특수성은 부동산 자본과의 깊은 연관성에서 나타난다. 대표적으로 SM의 이수만 대표가 가지고 있는 부동산을 보면 알 수 있다. 1999년 20억 원으로 구입한 SM 본사 건물은 현재 수백억 원 이상의 가치를 가지는 것으로 평가된다. 상당한 이익을 실현한 것이다. 강남의 지대상승을 통한 차익실현이 많은 중산층과 기업의 투자관리 정책이 된 것과 같은 과정이다. 특히 강남과 다른 지역 사이의 아파트 가격상승의 지역격차가 커진 IMF 경제위기 이후 SM이 강남의 빌딩을 매입하여 사옥으로 사용하기 시작했다는 점은 의미심장하다. 또한 이는 SM의 개별 사례에 머물지 않는다. 많은 연예인들이, 그리고 스포츠스타들이 강남에 빌딩을 구매하고, 이들이 구매한 빌딩은 곧 그 이름이 붙는 '○○빌딩'으로 호명된다. 오늘날 대표적인 럭셔리 소비공간인 청담동 명품거리는 한류의 근원이 되는 기획사들이 끌어오는 관광객에 힘입어 규모를 키워 간다. 이를 바탕으로 강남 셀러브리티 빌딩의 가치가 더 상승한다. 강남에 형성된 상징자본의 직접적 이용자인 셀러브리티가 강남의 상징자본을 강화시켜 주면서 지대 상승의 수혜자가 된다.

세계적으로 창조산업이나 문화산업의 클러스터가 지대상승 수익을 통해 이익을 실현하는 사례는 흔한 일이 아니었다. 문화가 기반이 되는 다른 형태의 젠트리피케이션과 차이를 비교해 보면 강남의 문화경제가 가지는 성격을 분명히 알 수 있다. 예술가가 젠트리파이어로서 쇠락한 지역의 가치를 올려놓는 도시재생 과정에서 문화경제는 지역의 가치를 높이고 지대상승의 요인으로 작용하지만, 최초의 젠트리파이어들은 많은 경우 지대상승의 희생양이 되어 구축된다. 하지만 강남의 문화산업 주체들은 희생양이 되는 것이 아니라 스스로가 기여한 지역의 가치 상승의 이익을 전유함으로써 수혜자가 된다.

4. 강남 문화경제의 진화

문화산업과 뷰티산업의 동반적 관계를 통해서 강남의 장소성이 강화되고 새롭게 구성되면서 다양한 유형의 진화적 변화들이 수반된다.

첫째, 직접적으로는 문화산업 기업들 자체의 사업 다각화가 나타난다. 강남의 문화산업 업체에 의한 하이브리드 경제의 진화를 볼 수 있다. 고급 레스토랑과 쇼핑을 겸한 복합문화공간을 삼성동에 만들어낸 SM의 사례가 있고, 문화산업이 직접 뷰티산업으로 진출한 경우로 싸이더스HQ의 두쏠뷰티 사례도 있다.

둘째, 관광을 통한 장소의 소비이다. 강남의 성형외과는 한류의 열기를 바탕으로 중국인관광객 등 외국인환자들의 유입을 통해 오늘의 사업 규모를 유지한다. 이와 같은 모습을 상징적으로 볼 수 있는 것이 강남구청이 현대백화점 옆에 설치한 한류관광안내소이다. 1층에는 의료시설들의 부스가, 2층에는 한류체험관이 자리 잡고 있다. 한류와 성형으로 연결된 관광의 열기가 고급 소비로 이어지면서 강남의 새로운 동력이 되기를 꿈꾸고 있는 것이다.

셋째, 장소성을 바탕으로 한 소비산업의 확장 사례로서 웨딩업체의 강남 집중을 볼 수 있다(주정식 · 박영숙, 2011). 강남의 문화산업과 뷰티산업이 성장하는 동안 강남에 입지한 웨딩업체 수는 1990년 65개에서 1998년에는 318개, 2010년에는 345개로 크게 증가하였다. 이 기간 동안 서울시 웨딩업체 중 강남구 소재 업체가 차지하는 비중은 1990년 6.15%에서 1998년에는 27.69%로 증가하더니, 2010년에는 76.01%를 차지하게 되었다. 명동, 이대 옆 아현동에서 강남의 청담동 일대로 중심이동을 한 것이다. 강남 안에서는 1998년까지 논현동이 중심지였다가 2005년 이후 청담동으로 중심이동을 한 것으로 나타났다. 강남의 장소성을 바탕으로 럭셔리 이미지가 필요한 소비산업의 집중이 진행된 것이다.

끝으로, 강남에서 마포와 성수로 문화산업 업체들이 나가는 경우가 증가하고 있다. 상암 DMC에 방송국들이 대거 이전하면서 마포로의 이전이 나타났고, 최근 성수로 이전하는 경우가 늘고 있다. 성수는 한강 이북이지만 지리적으로는 강남과 인접한 공간이고, 마포는 거리가 좀 있으나 한강변의 고속화도로로 바로 연결되는 공간이다. 마포와 성수로 이전한 문화산업을 강남에서 한강 벨트로 확산되는 것으로 볼 것인지, 한강 벨트가 강남을 대체할 것인지, 아니면 한강 벨트가 다시 움츠러들지 예단하기는 이르다. 아직은 비싼 강남을 벗어나 얻을 수 있는 경제적 이점이 주로 이야기되고 있다. 하지만 강남의 장소성이 이제 문화산업 입장에서 진부한 것일 수 있지 않을까? 만약 그렇다면 강남 문화경제의 큰 변화가 올 수도 있다. 마치 테헤란로에 있던 IT

기업들이 판교 테크노벨리로 대거 이전한 것과 마찬가지로, 문화산업 업체들이 강남에서 벗어나 한강 벨트로 나아가면서 강남의 문화경제가 쇠락하는 것도 배제할 수 없기 때문이다. 문화산업의 변화는 매우 역동적이다.

참고문헌

서우석 (2016). 〈강남스타일〉이 노래한 강남. 조세형 외. 《서울의 인문학》. 창비. 235 ~266.

심승희·한지은 (2006). 압구정동·청담동 지역의 소비문화경관 연구. 〈한국도시지리학회지〉, 9권 1호, 61~79.

주성재 (2006). 한국 영화산업의 발전과 공간적 집적 특성: 새로운 부흥의 중심지로서 서울 강남지역의 등장. 〈대한지리학회지〉, 41권 3호, 245~266.

주정식·박영숙 (2011). 서울시 웨딩 업체의 입지 패턴에 관한 연구: 강남구를 사례로. 〈한국지역지리학회지〉, 17권 6호, 698~709.

황진태 (2015). 발전주의 도시 매트릭스의 구축 — 부산의 강남 따라 하기를 사례로. 〈한국지역지리학회지〉, 22권 2호, 331~352.

Elliott, A. (2010). 'I want to look like that!': Cosmetic surgery and celebrity culture. *Cultural Sociology*, *5*(4), 463~477.

Jones, G. (2010). *Beauty Imagined: A History of the Global Beauty Industry*. New York: Oxford University Press.

Molotch, H. (2002). Place in product. *International Journal of Urban and Regional Research*, *26*(4), 665~688.

10

서울의 한류 씬

장원호

1. 도시 씬의 개념

도시 씬(*urban scene*)이란 도시 내의 특정 장소에서 같은 부류의 문화적 특성들이 집중적으로 나타나는 것을 의미한다. 즉, 문화 어메니티의 클러스터라고 할 수 있다. 예를 들어, 서울의 북촌거리에는 한옥과 같은 전통적인 가옥과 상점들이 집중적으로 보인다. 그것은 전통 씬(*traditional scene*)이라고 할 수 있다. 또는 이촌동의 일본 상점들, 대림동이나 자양동의 중국 식당들, 서래마을의 프랑스 학교와 프랑스식 카페 등은 에스닉 씬(*ethnic scene*)으로 볼 수 있다. 또 다른 예로, 홍대 앞과 같이 예술성과 일탈성이 섞인 거리는 보헤미안 씬(*bohemian scene*)이라 할 수 있고, 이태원과 같이 다양한 인종의 외국인을 볼 수 있는 장소는 글로벌 씬(*global scene*)으로 부를 수 있다.

여기서 중요한 것은, 그러한 문화적 특성들이 집중적으로 나타나는 것이 단순히 몇몇 상점, 식당, 시설들이 밀집된 것만을 의미하지 않는다는 점이다. 단순한 문화시설의 밀집을 넘어, 그 장소에 사는 주민과 그 장소에서 사업을 하는 사업자, 그리고 그 장소를 찾는 방문객, 세 부류의 사람들이 복합적으로 상호작용하면서 도시 씬을 형성한다. 이 과정에서 주민, 사업자, 방문객 모두가 도시 씬의 소비자인 동시에 생산자의 역할을 한다. 그 대표적인 예가 뉴욕 소호지역의 예술 씬이다. 그 지역은 예술가들이 집중적으로 거주하는 장소이면서 동시에 많은 갤러리들이 영업을 하는 장소이기도 하다. 또한, 전 세계에서 그 갤러리와 예술가를 보기 위해 많은 관광객이 찾는 장소이다. 이렇듯 도시 씬은 주민, 사업자, 방문객의 공통의 문화적 취향이 집중적으로 보이는 공간이라 할 수 있다.

도시 씬의 도시사회학적 의미 중 하나는, 도시 씬이 도시공동체 형성에 기여할 수 있다는 것이다. 공동체와 관련된 사회학적 논의는 장소 중심 공동체와 네트워크 중심 공동체로 구별할 수 있다. 도시 씬은 장소에서 집중적으로 표출되는 문화적 특성과 관련되었다는 점에서 장소 중심의 문화공동체를 형성할 수 있다. 동시에 그 장소의 문화적 정체성을 공유하는 사람들의 복합적 관계, 특히 주민, 사업자, 방문객 간의 문화 네트워크라는 점에서 네트워크 중심의 문화공동체 형성에도 기여한다. 즉, 도시 씬은 장소와 네트워크 두 측면의 공동체를 동시에 형성한다는 점에서 도시공동체 연구에 새로운 함의를 제공한다.

2. 한류현상의 개요와 현황

한국드라마와 K-POP으로 대표되는 한류는 21세기의 새로운 초국적 문화현상이 되었다. 최초의 한류는 중국과 일본에서 시작되었지만, 지금은 아시아뿐 아니라 유럽, 남미, 심지어 아프리카에 이르기까지 확산되고 있다.

〈그림 10-1〉을 보면 한류가 얼마나 전 세계적으로 진출했는지 잘 알 수 있다. 〈그림 10-1〉은 한국드라마를 수입하는 국가를 나타내는데, 파란색이 진할수록 한국드라마를 많이 수입하는 국가이다. 그 대표적인 예로 5천 편 이상을 수입한 일본, 중국, 미얀마, 베트남, 대만 등을 들 수 있지만, 호주와 대부분의 동남아 국가도 1천 편 이상의 한국드

그림 10-1 **한국드라마를 수입하는 주요 국가**

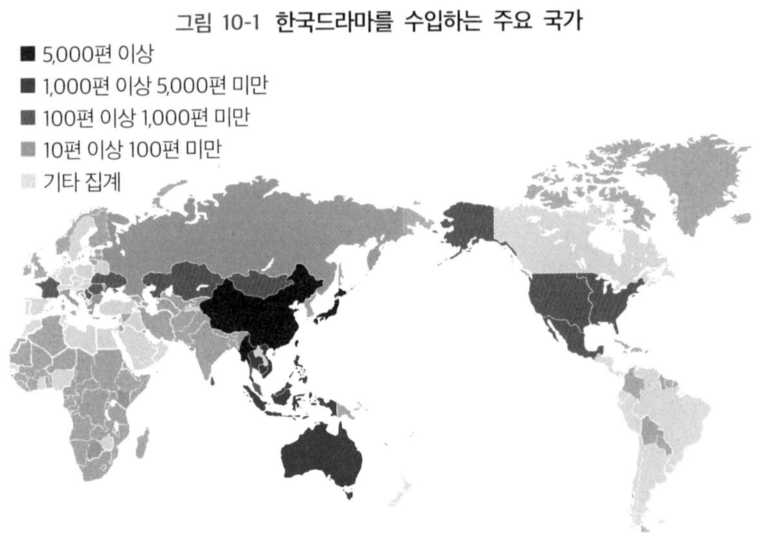

자료: 2014 방송산업 실태조사 보고서, 정보통신정책연구원.

라마를 수입한다. 또한, 그림에서 알 수 있듯이 한국드라마를 수입하는 국가는 아시아의 브루나이와 스리랑카, 유럽의 헝가리와 스웨덴, 남아메리카의 칠레와 페루, 심지어 아프리카의 보츠와나와 짐바브웨에 이르기까지 전 세계 총 70여 개에 이른다.

K-POP의 인기 또한 전 세계적이다. 〈표 10-1〉은 지난 1년간 전 세계에서 유튜브의 음악동영상 조회 수가 가장 많았던 한국 K-POP 그룹을 제시한 것이다. 〈표 10-1〉에서 알 수 있듯이 1년에 총 10억 뷰가 넘는 K-POP 그룹은 방탄소년단, 빅뱅, 엑소로 3개나 된다. 또한 1억 뷰 이상의 조회를 기록한 그룹은 소녀시대를 포함하여 총 23개나 된다. 이들의 전체 조회 수를 합하면 100억 뷰 가까이 된다.

한류와 관련해서 또 다른 현상은 이러한 문화적 현상이 새로운 분야의 한류로 연결되고 있다는 것이다. 즉, 한국드라마를 보고 K-POP

표 10-1 **유튜브의 K-POP 그룹 조회 수 (2015. 9. 1~2016. 8. 31)**

그룹 명	조회 수	그룹 명	조회 수
방탄소년단	1,287,158,565	에이오에이	221,164,203
빅뱅	1,099,360,475	에프엑스	202,784,261
엑소	1,038,262,633	샤이니	190,900,807
소녀시대	785,918,664	걸스데이	182,087,468
트와이스	520,959,969	아이콘	180,887,931
갓세븐	469,079,127	빅스	163,676,598
여자친구	385,798,086	세븐틴	140,960,565
에이핑크	335,390,617	동방신기	130,589,470
투애니원	319,712,126	투피엠	124,938,673
시스타	319,354,923	미스에이	123,609,597
레드벨벳	309,329,465	블락비	110,016,395
슈퍼주니어	293,244,560	마마무	109,458,234
이엑스아이디	264,225,090	몬스타엑스	103,248,352

을 듣는 외국의 한류 팬들은 한국의 배우와 가수의 용모에 깊이 빠지고, 그 결과 그러한 용모를 만든 한국의 화장품을 찾는 것이다. 더 나아가 한국으로 성형수술을 하러 오기도 한다. 또한, 한국배우나 가수가 입는 한국패션의 인기도 크게 증가해서 아시아 국가를 중심으로 한국패션 붐이 생기고 있다. 이러한 사실을 몇 가지 자료를 중심으로 알아보겠다.

표 10-2 **아시아 국가별 화장품 수출 현황(2010~2015)**

단위: 천 달러

국가 명	2010년	2011년	2012년	2013년	2014년	2015년	증가율
미얀마	449	1,285	2,648	4,401	6,231	12,134	2,702%
네팔	77	59	85	109	1,118	1,096	1,423%
우즈베키스탄	90	0	110	273	85	1,077	1,197%
홍콩	57,337	90,760	133,760	201,659	376,919	606,406	1,058%
카자흐스탄	862	995	1,731	2,701	4,355	8,883	1,031%
캄보디아	500	977	1,360	1,936	2,964	4,470	894%
러시아	4,829	6,424	10,729	16,371	27,742	28,878	598%
키르기스스탄	134	179	199	529	465	664	496%
중국	313,673	184,303	191,622	261,381	511,993	995,102	317%
필리핀	3,641	5,343	7,242	9,006	9,968	10,723	295%
싱가포르	20,508	28,431	36,206	36,137	41,206	56,152	274%
인도네시아	4,255	6,387	8,624	9,468	10,922	10,593	249%
대만	49,513	60,924	53,564	79,704	98,668	106,711	216%
인도	2,606	2,075	3,519	3,159	5,832	5,110	196%
태국	39,990	52,308	58,833	66,906	75,317	76,013	190%
베트남	23,796	16,674	20,969	31,388	35,838	43,673	184%
몽골	4,929	7,198	7,389	9,253	9,658	8,274	168%
일본	69,494	102,146	143,912	123,277	120,417	113,690	164%
말레이시아	28,317	26,513	28,328	32,847	35,597	36,107	128%

주: 증가율은 2010~2015년 사이의 증가율.

자료: 관세청 수출입 무역통계.

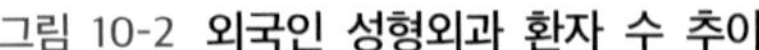

그림 10-2 **외국인 성형외과 환자 수 추이**

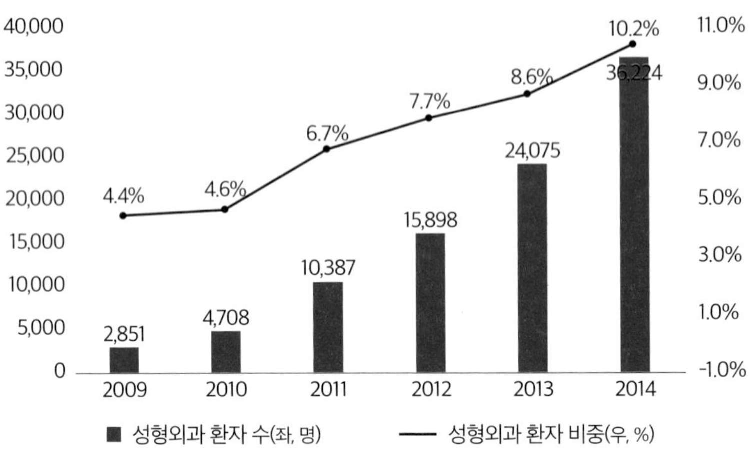

자료: 외국인환자 통계, 한국보건산업진흥원.

먼저 한국화장품의 인기를 살펴보면, 〈표 10-2〉에서 알 수 있듯이 지난 5년 사이에 아시아 모든 국가에서 한국화장품 수출이 크게 증가했다. 심지어 미얀마의 경우에는 2010년에서 2015년 사이의 화장품 수출 증가율이 27배에 달했다. 홍콩의 경우도 지난 5년 동안 10배 이상의 수출 증가를 보였고 중국은 3배 이상 증가했다.

화장품뿐만 아니다. 성형과 관련된 자료를 보면, 〈그림 10-2〉에서 알 수 있듯이 성형수술을 받기 위해 한국을 방문하는 외국인환자 수는 2009년 2,851명에서 2014년 36,224명으로 13배 가까이 증가했다.

화장품이나 패션의 인기와 더불어, 한국드라마에 나오는 한국음식에 대한 선호도도 크게 높아져 아시아 각국에서 갈비나 불고기, 떡볶이, 삼계탕, 치킨과 맥주 등 한국음식의 인기가 매우 높다. 드라마 〈별에서 온 그대〉의 방영 이후 중국에서 '치맥'(치킨과 맥주)의 인기가 크게 높아진 것과 〈태양의 후예〉 방영 이후 삼계탕의 인기가 높아진 것 등이 드라마를 통한 음식 한류의 대표적인 예라 할 수 있다. 수출액도 10억 달러에 이른다.

3. 서울의 한류 씬

도시 씬의 개념과 관련해서 한류 씬을 정의하자면 한류와 관련된 문화적 특성이 집중적으로 보이는 장소라 할 수 있다. 즉, 한국드라마를 찍은 장소와 관련해서 한류 팬들이 집중적으로 발견되는 장소라든지, K-POP과 관련해서 한류 팬들이 집중적으로 모이는 장소 등을 말한다. 더 나아가 경제 한류와 관련해서 한국화장품을 선호하는 한류팬과 관광객이 집중적으로 보이는 장소, 또는 성형수술과 관련된 외국인관광객이 집중적으로 보이는 장소 등도 한류 씬이라 할 수 있다. 또 한국음식을 찾아 외국인관광객들이 많이 방문하는 장소도 한류 씬이라고 할 수 있다.

이 글에서는 서울의 한류 씬을, K-POP 한류 씬, 드라마 한류 씬, 화장품 한류 씬, 음식 한류 씬, 패션 한류 씬, 메디컬 한류 씬으로 구분하고, 그곳에 대한 현장조사와 그곳을 방문한 외국인 한류 팬들(관광객과 한국 거주 외국인)과의 인터뷰를 바탕으로 서울 한류 씬의 현황과 향후의 과제를 살펴보겠다.

1) 서울의 K-POP 한류 씬

서울의 대표적인 K-POP 한류 씬으로는 삼성동의 SM타운, 청담동의 JYP 사옥, 합정동의 YG 사옥, YG가 운영하는 명동의 K-Pub 등을 들 수 있다. 삼성동의 SM타운이 주로 K-POP 관련 상품을 쇼핑하려는 관광객들이 많이 방문하는 곳이라면, 청담동의 JYP 사옥이나 합정동의 YG 사옥은 아이돌 그룹을 보기 위해 관광객들이 하루 종일이라도 기다리는 장소이다. 이에 비해 YG가 명동에서 운영하는 K-Pub은 K-POP을 좋아하는 사람들이 기념사진을 찍기 위해 들르는 장소라 할 수 있다. 또 금요일이면 여의도 KBS본관 옆의 KBS홀이 K-POP 한류 씬을 만들어 낸다. 전 세계에 실시간으로 송출되는 음악프로그램 〈뮤직뱅크〉에 나오는 출연진을 보기 위해 세계 곳곳에서 온 팬들이 아침부터 기다린다.

필자는 K-POP 한류 씬의 세 장소, 삼성동의 SM타운, 청담동의 JYP 사옥, 그리고 명동의 YG 카페에서 만난 K-POP 관련 관광객과 방문객(주로 한국에 유학 온 학생)을 만나서 의견을 들었다. 그들 중 관광차 온 중국인은 대부분 K-POP 관련 연예인을 보러 왔다기보다는, 쇼핑과 관광을 하던 중 잠시 시간을 내서 K-POP 관련 장소를 방문하였다고 대답했다. 그런데 중국 유학생들 중에는 K-POP을 좋아해서 관련 연예인을 보기 위해 한국으로 유학 왔다는 학생들도 몇 명 있었다. 명동의 YG 카페에 온 중년의 일본 여성관광객들은 빅뱅의 공연을 보러 서울에 왔고, 그 과정에서 한국음식을 먹는 것이 즐거움이라고 대답했다. 그중 한 명은 서울에 30번째 오는 것이라고 했는데, 이로 미루어 일본 여성 K-POP 팬들의 특징은 높은 충성도와 재방문율이라

삼성동의 SM타운과 그곳을 방문한 외국인관광객이 쇼핑을 하면서 한류스타 등신대를 촬영하는 장면.

청담동 JYP 사옥 앞에서 K-POP 스타를 보기 위해 모인 외국인 팬들.

명동의 YG 운영 K-Pub과 그 안에서 K-POP을 즐기는 외국인관광객들.

할 수 있다. 대부분의 K-POP 팬들은 서울에 와서 K-POP 스타를 만날 수 있다는 생각을 하고 있지는 않았다.

2) 서울의 드라마 한류 씬

서울의 대표적인 드라마 한류 씬으로 남산타워를 들 수 있다. 남산타워는 물론 드라마가 아니더라도 서울을 대표하는 관광지이다. 하지만, 〈내 이름은 김삼순〉이라는 드라마에서 남산타워에서 사랑을 약속하는 자물쇠 장면이 나온 후부터는 드라마와 관련된 이미지를 많이 갖게 되었다.

이 외의 대표적인 드라마 한류 씬은 한강과 그 주변 공원을 들 수 있다. 서울을 배경으로 하는 많은 드라마가 한강 장면을 찍어 한강변은 한국드라마를 본 외국인들이 많이 찾는 장소이다. 특히 한강 유람선은 〈별에서 온 그대〉에 유람선 장면이 나와서 이 드라마를 본 외국인들이 많이 찾는다.

그 외에도 여의도의 한강공원들, 특히 서울색공원이 대표적인 한강변의 드라마 한류 씬이다. 또 낙산공원에서 창신동에 이르는 길도 드라마 한류 씬의 하나이다. 이 길은 〈파리의 여인〉, 〈찬란한 유산〉, 〈시크릿가든〉을 비롯한 다양한 드라마의 촬영지이다. 또 다른 드라마 한류 씬은 홍대 앞이다. 홍대 앞의 놀이터나 거리 등에서 〈신사의 품격〉, 〈킬미힐미〉등을 비롯한 많은 드라마를 촬영했고, 특히 버스킹(길거리에서 연주와 노래를 하는 행위) 장면들이 많은 드라마에 나왔기에 홍대 앞 버스킹은 많은 외국인들이 선호하는 관광상품이기도 하다.

남산타워의 자물쇠 관광지.

홍대 앞 버스킹과 내외국민들로 붐비는 거리.

드라마 씬과 관련해서 남산타워를 방문한 외국인관광객과 방문객을 인터뷰했다. 그들 중 대부분은 남산타워를 드라마와 관련된 곳이라고 생각하기보다는 대표적인 서울의 관광장소로 생각했다. 홍대 앞을 찾은 외국인관광객과 방문객들은 버스킹 공연에 많은 관심을 보였지만, 이것을 드라마와 연결시키는 사람들은 드물었다(오히려 버스킹하는 사람들을 예비 아이돌 그룹이라고 생각했다). 한강유람선을 찾은 외국인관광객 중에는 유람선이 드라마에 나온 것처럼 멋있지 않다고 대답하는 사람이 많았다. 드라마 한류 씬과 관련된 일반적인 반응은, "서울은 드라마에선 굉장히 환상적인 도시였는데, 와서 보니 그냥 일반적인 도시"라는 것이었다.

3) 화장품 한류 씬

화장품 한류 씬의 대표적인 장소로는 면세점의 화장품 코너를 들 수 있다. 그중에서도 장충동의 신라면세점과 명동의 롯데면세점이 대표적이다. 두 곳의 매출액은 서울시의 다른 면세점 매출액을 모두 합한 것보다 많다.

다음 장의 사진에서 알 수 있듯이 각 면세점의 화장품 코너 중 유독 한국 브랜드의 화장품 코너만이 쇼핑객으로 붐빈다. 또 하나 흥미로운 점은 면세점에 진출한 화장품 브랜드 중 한국화장품의 비중이다. 명동 롯데면세점의 경우 전체 화장품 코너의 반 이상이 한국화장품 코너였다(필자가 알지 못하는 화장품 브랜드도 많았다). 또 다른 화장품 한류 씬으로는 명동을 들 수 있다. 명동은 화장품 외에도 여러 가지를 쇼핑할 수 있는 장소이기도 하고 또 음식 한류를 대표하는 장소이기도 하지만,

줄을 이어 신라면세점을 찾는 외국인관광객들과 내부의 화장품 코너.

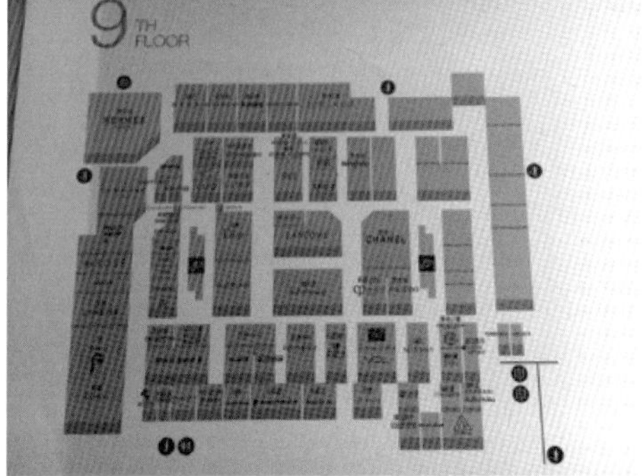

롯데면세점에서 화장품을 사면서 한류스타의 광고를 촬영하는 외국인관광객. 오른쪽 사진은 롯데면세점 화장품 코너 안내도인데 반 이상이 한국화장품 코너이다.

명동의 대표적인 쇼핑품목은 역시 화장품이다.

화장품 한류 씬과 관련해서 면세점에서 만난 외국인관광객들(중국인관광객이 대부분이었지만)은 한국화장품에 대해 상당히 높은 호감도를 가졌다. 또한 그들은 한국드라마와 K-POP의 인기가 한국화장품의 인기를 가져왔다는 점에 전반적으로 동의했다. 이곳에서 만난 관광객들 상당수가 서울에 온 이유가 주로 쇼핑하기 위해서라고 대답했다. 한 관광객의 말을 그대로 옮기면, "서울은 쇼핑하긴 되게 편한데 다른 건 별 느낌 없어요".

4) 음식 한류 씬

음식 한류 씬은 누가 뭐라 해도 명동을 먼저 들 수 있다. 명동의 길거리음식 상점들은 서민적 한국음식을 소개하는 대표적인 장소가 되었다. 또한 일본인들에게 인기 있는 명동칼국수(지금은 명동교자)도 대표적인 음식 한류 장소이다. 최근 치맥(치킨과 맥주) 열풍으로 명동의 치맥집에 많은 중국인관광객들이 몰린다. 특히 YG가 운영하는 K-POP 카페 건너편에 줄지어 있는 치맥집은 대표적인 음식 한류 장소라 하겠다.

명동 이외의 대표적인 음식 한류 씬으로는 종로5가의 광장시장을 들 수 있다. 시장에서 파는 파전, 떡볶이, 순대 등의 음식은 외국인관광객들에게 잘 알려져 있어 이곳은 밤낮을 가리지 않고 관광객으로 붐빈다.

명동에 온 일본인관광객과 인터뷰하면서 그들의 한국음식에 대한 선호도가 매우 높은 것을 알 수 있었다. 특히 명동교자와 칼국수는 서울에 올 때마다 꼭 먹는 음식이라고 한다. 이 외에도 치맥이나 파전, 떡볶이, 삼겹살, 갈비(불고기) 등에 대한 선호도가 높았다. 하지만 한정식에 대한 선호도는 그다지 높지 않은 것을 볼 때, 일본의 스시와 같은 고급음식 한류는 아직 형성되지 않았음을 알 수 있다. 음식 한류와 관련해서 특이한 점은, 대부분의 일본인관광객들이 한국음식을 좋아하는데 중국인관광객들은 한국음식에 대해 호불호가 갈린다는 사실이다. 중국인관광객 중에는 이른바 '먹방여행'으로 서울에 왔다는 사람도 있었지만, 서울은 다 좋은데 음식이 별로라는 사람도 있었다.

명동의 길거리 음식상점과 명동교자 앞에서 줄을 서 기다리는 외국인관광객들.

많은 외국인관광객들이 찾는 광장시장 노상 음식상점.

5) 패션 한류 씬

패션 한류 씬은 여전히 두타와 밀리오레 등의 패션백화점이 밀집한 동대문을 들 수 있다. 최근에 중국을 포함해 아시아에서 유니클로의 인기가 높아 동대문패션의 인기가 어느 정도 떨어졌다고는 하지만, 여전히 동대문은 패션 한류의 중심지로 알려졌다. 또한, 동대문디지털플라자(DDP)에서 서울패션위크가 꾸준히 열리고, 그 외에도 이곳

동대문의 패션백화점과 백화점에서 한류스타의 광고를 보고 있는 외국인관광객들.

에서 패션 관련 행사가 많아 패션 한류 장소로서의 동대문의 입지를 굳히고 있다. 특히, 24시간 영업이라는 점이 외국인관광객과 패션 수입상들에게 인기 있는 요인이다. 동대문의 패션 한류 씬에 온 중국인 관광객들은 대부분 버스에서 내려 단체로 쇼핑하는 관광객들이 많았는데, 동대문에 대해 실망했다는 의견이 많았다. 한 관광객의 말을 그대로 소개하면, "솔직히 동대문이 제 기대랑 좀 달라요. 다 쇼핑몰일 뿐인데 여기 있는 거 중국에 다 있어요".

6) 메디컬 한류 씬

서울의 메디컬 한류 씬은 압구정동과 신사동의 성형외과 병원이 대표적이다. 압구정동과 신사동에는 280여 개의 성형외과가 밀집하여 있

지하철역의 성형외과 광고.

는데, 이 중에는 다음 장의 사진에서 볼 수 있듯이 대형병원 못지않은 규모의 성형외과 병원도 있다. 압구정동과 신사동에서는 성형수술을 마치고 얼굴에 대형 붕대를 한 외국인 의료관광객들이 집단으로 그 근처 가로수길에서 식사를 하거나 쇼핑을 하는 모습도 자주 볼 수 있다.

메디컬 한류 씬을 찾아온 성형관광객들과는 아쉽게도 인터뷰할 수 없었다. 그 대신, 한국에서 성형수술을 하고 돌아간 중국 여성과 SNS로 인터뷰하였는데, 그는 성형수술을 위해 서울을 방문한 것에 한류가 큰 영향을 미쳤다고 했다. 하지만, 처음 한국에 와서 성형수술을 받지는 않았고 그 전에 몇 번 방문해서 관광도 하고 의료진과의 언어소통도 확인한 다음 성형수술을 받기로 결심했다고 했다.

7) 서울의 한류 씬 지도

서울의 한류 씬을 그림으로 표시한 것이 〈그림 10-3〉이다. 서울의 한류 씬은 도심과 강남을 중심으로 분포한 것을 알 수 있다.

신사동의 대형 성형외과 병원.

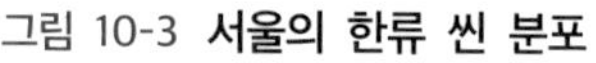

그림 10-3 **서울의 한류 씬 분포**

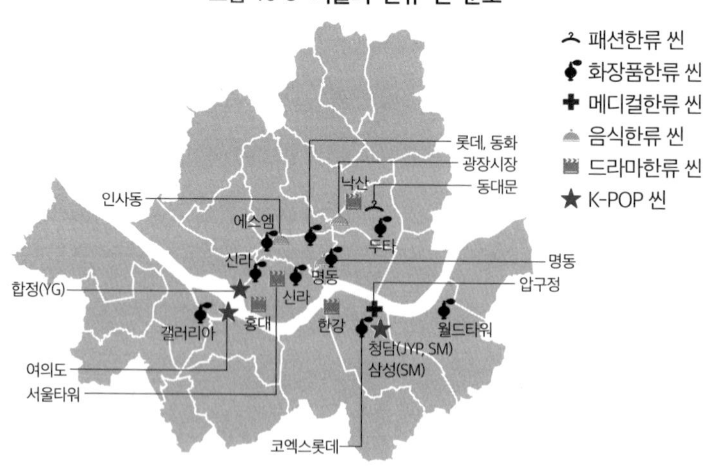

4. 서울의 한류 씬과 초국적 문화공동체

서울의 한류 씬을 찾은 외국인관광객(방문객)들의 전반적인 반응은 기대보다 못하다는 것이었다. K-POP과 관련된 장소에서 쇼핑이나 촬영은 할 수 있지만 K-POP 스타를 볼 기회는 거의 없었고, 드라마 촬영장소는 드라마에서는 멋있었는데 막상 와서 보니 그저 그렇다는 평이 많았다. 음식이나 화장품에 대한 평은 대체로 좋았지만, 이것은 어떻게 보면 드라마나 K-POP과 직접적인 관련이 없다는 점에서 대표적인 한류 씬이라 할 수는 없다.

드라마 한류 씬과 관련해서 홍대 앞의 버스킹에 많은 호응을 보였다는 점은 향후 서울의 드라마 한류 씬과 관련해서 시사하는 바가 크다. 즉, 이들은 버스킹 공연을 가까이서 보면서 공연자와 공통의 문화적 정체성을 느끼며 즐기는 것이다. 따라서 향후 서울의 드라마 촬영장소는 서울의 대표적인 관광지가 아니라, 서울사람들이 모이고 문화적 취향을 공유하는 장소를 선택할 필요가 있다. 그 장소는 버스킹 장소가 될 수도 있고 전시장 또는 축제 장소가 될 수도 있다. 그래서 외국인 한류 팬들이 그곳에 와서 공통의 문화적 취향으로 적극적으로 참여한다면, 사업자(공연자, 축제참여자 등), 서울 시민, 그리고 외국인관광객이 동시에 하나의 한류 씬을 만들어 낼 수 있을 것이다.

서울의 한류 씬을 위하여 또 하나 제안하고 싶은 것은 한류 씬의 집적화이다. 앞에서도 말했듯이 도시 씬은 문화 어메니티의 클러스터이다. 문화 시설의 클러스터는 그 공간의 활성화와 지속적 성장을 위하여 절대적으로 필요하다. 뉴욕 브로드웨이나 런던 웨스트엔드의 뮤지

컬이 수십 년간 매진을 기록하는 이유는, 그곳에 뮤지컬을 보러 갔다가 자신이 원하는 공연의 표를 못 구하는 경우 다른 뮤지컬의 표를 사기 때문이다. 이와 같이 서울의 한류가 도시 씬의 효과를 보기 위해서는 한류 씬의 장소가 공간적으로 밀집될 필요가 있다. 예를 들어, 합정동의 YG 사옥과 청담동의 JYP 사옥이 한 장소에 있다면 그곳을 방문하는 K-POP 외국인 팬들은 2배가 아니라 4배로 증가할 것이다(네트워크 효과는 가입자 수의 제곱에 비례한다는 멧칼프(Metcalfe)의 법칙). 만약 SM 사옥도 같이 있다면 그 수는 기하급수적으로 증가할 것이다. 만약에 대형기획사가 밀집하기 힘들다면, 기존의 K-POP 소형기획사들이 한 장소에서 클러스터를 이루어 K-POP 한류 씬을 구성할 필요가 있다. 그것은 소형기획사의 성공에 기여할 뿐 아니라, 그 장소에 많은 한국인, 외국인 한류 팬들이 모여 서로 소통하고, 가끔은 신인 아이돌과도 소통하는, 그야말로 K-POP을 통한 초국적 문화공동체를 형성하는 데에도 기여할 수 있을 것이다.

필자는 서울의 한류 씬 발전을 위해 가장 먼저 고려해야 하는 것이 이러한 초국적 문화교류를 바탕으로 하는 문화공동체의 형성이라 생각한다. 물론 서울의 한류 씬을 통해 경제적 효과도 거둘 수 있고 소프트 파워도 높일 수 있다. 하지만 궁극적으로는, 서울의 한류 씬을 통해 한국, 중국, 일본의 팬들이 정치적 갈등과 상관없이 서로 소통하고 교류하는 것이 필요하다. 그럴 때 비로소 서울은 한류의 메카가 될 것이고 서울의 한류 씬은 지속적으로 발전할 수 있을 것이다.

참고문헌

장원호 (2010). 도시 '씬'(scene)과 문화공동체: 서울시 문래동의 사례. 〈지역사회학〉, 12권 1호, 183~206.

______ (2012). 서울과 동경의 '보헤미안 씬(*scene*)' 비교. 〈사회과학논총〉, 15집, 141~161.

장원호·김익기·송정은 (2014). 《한류와 아시아 팝문화의 변동》. 푸른길.

Jang, W., Byun, M., & Clark, T. (2011). *Scenes Dynamics in Global Cities: Seoul, Tokyo, and Chicago*. Seoul Development Institute.

Jang, W. & Kim, Y. (2013). Envisaging the sociocultural dynamics of K-pop: Time/space hybridity, Red Queen's race, and cosmopolitan striving. *Korea Journal*, *53*(4), 83~106.

11

서울, 호텔로 말하다

김미영

1. 호텔과 도시, 그리고 서울

호텔은 역사적으로 도시와 밀접한 관계를 맺으며 발전해 왔다. 도시화와 산업화가 진전되면서 본격적으로 등장한 호텔은 언제부턴가 도시에서라면 반드시 존재하는 공간으로 인식되고 있다. 호텔은 그것이 입지한 도시의 경제발전이나 세계화의 지표가 되기도 한다. 특히 고급 호텔은 세계 도시 간 경쟁력을 측정·비교하는 핵심 기준 가운데 하나로 사용된다. 호텔은 도시의 앵커시설이나 랜드마크로 자리하면서 해당 도시나 국가의 이미지 혹은 브랜드를 창출하는 데도 기여한다. 유명 호텔이나 고급 호텔이 도시의 얼굴이자 간판이 되는 경우가 많은 것은 이 때문이다. 더 나아가 오늘날 호텔은 관광객이나 외지인을 위한 숙박시설이라는 본래의 기능 이상으로 도시의 사회문화적 현상이나 지역주민의 일상에 점점 더 깊이 개입하고 있다. 그래서 도시

지리학자 줄레조는 호텔을 '도시의 창'이라 불렀다(Gelézeau, 2007).

최근 서울의 호텔[1]은 '핫'한 공간 중 하나로 부상하고 있다. 우선 호텔이 눈에 띄게 많아졌다. 2014년 기준 서울에는 총 211개 호텔, 3만 2천 749실이 운영되고 있는데, 이는 불과 5년 전과 비교했을 때 80여 개 호텔, 1만 실 이상이 증가한 것이다. 2015년 현재도 서울에는 140여 개, 2만 실 이상의 호텔이 건설 중이다〔(한국관광호텔업협회, 2010; 2015(서울시 내부자료)〕. 그리고 그것들은 서울 전역으로 확산되고 있다. 과거 도심과 강남 일대를 중심으로 들어서던 호텔은 이제 서울 시내 구석구석을 파고들고 있다. 또한 호텔은 연회, 웨딩, 놀이, 오락, 회의, 교육 등 각종 도시적 기능과 서비스를 포괄하면서 서울 시민의 일상적 활동과 보다 밀접하게 연결되고 있기도 하다. 서울의 호텔은 더 이상 이방인이나 외부인이 단순히 스쳐 가거나 잠시 머무르는 '섬 같은 공간'이 아니다. 대신 서울이란 도시 속에서, 서울이라는 도시의 자연스러운 일부가 되어 가고 있다.

이 글은 서울 시내 호텔의 양적 증대와 공간적 확산, 그리고 기능적 확장에 주목하여 호텔이란 렌즈를 통해 서울의 도시공간과 도시문화를 읽어 내고자 한다. 이를 위하여 서울 시내 호텔을 건립 시기, 위치,

---

1 우리나라 숙박업은 보건복지부가 관할하고 〈공중위생관리법〉에 의해 관리되는 숙박업과 문화체육부가 관할하고 〈관광진흥법〉에 의해 설립되는 관광숙박업으로 이원화되어 있다. 그리고 관광숙박업은 다시 휴양콘도미니엄과 호텔업으로 구분된다. 이 중 호텔업은 관광호텔업, 수상관광호텔업, 한국전통호텔업, 가족호텔업, 호스텔업, 소형호텔업, 의료관광호텔업을 포함한다(〈관광진흥법〉 제3조 및 관광진흥법시행령 제2조). 이 글에서 다루는 호텔은 관광진흥법에 의한 호텔업 중 관광호텔업으로 한정한다.

그림 11-1 **서울시 호텔 분포현황**

자료: 〈2014년 호텔업운영현황〉 등록호텔 기준.

규모, 개발형태, 기능, 타깃층 등에 따라 유형화(*typology*)를 시도하고 그것의 진화 과정을 살펴본다. 이는 서울이란 도시공간 속에 호텔이 어떻게 침투하고 있는지를 밝히는 것이며 동시에 그것이 만들어 내는 서울의 도시문화를 해석하는 것이기도 하다.

2. 서울의 호텔, 전형(典型)과 변형(變形)

서울의 호텔은 화려하고 호화로운 럭셔리형 호텔을 전형으로 한다. 서울 시내 근대적 호텔의 출발은 일본 자본에 의해 도심 한가운데 들어선 조선호텔(1914년)과 반도호텔(1938년)로 알려졌으며, 이들은 이전과는 차원이 다른 고급 숙박시설이었다. 이후 럭셔리형 호텔은 서울의 호텔업을 주도하면서 서울은 물론 대한민국을 대표하는 숙박시설로 자리매김해 왔다. 하지만 오늘날 서울 시내 호텔은 도심 일부에만 자리하거나 웅장하고 거대한 규모만을 고집하지 않는다. 크기와 형태를 다양화하고 기능과 성격을 다변화하면서 서울 전역으로 확산되고 있다. 이제 서울 시내 호텔의 전형에서 변형까지의 다양한 진화 과정을 추적해 보자.

1) 전형: 럭셔리형 호텔

서울 시내 럭셔리(*luxury*)형 호텔의 본격적인 성장은 단연 1960년대 이후 도시화와 산업화 과정에서 이루어졌다. 그리고 이는 시대와 국가의 요구였다. 당시 정부는 관광업과 함께 호텔업을 경제성장의 동력이자 경제발전의 기반으로 삼았다. 이에 국가가 소유하거나 운영하던 호텔과 영빈관을 재벌에게 불하(拂下)하였고, 각종 지원과 보호를 통해 도심 내 고급호텔 건설을 적극적으로 추진하였다. 1976년 한국화약(現 한화그룹)은 소공동 차이나타운 자리에 프라자호텔을 건설하였으며, 1979년 롯데그룹은 반도호텔을 전신으로 하는 롯데호텔을 개관하였다. 같은 해 영빈관을 인수한 삼성그룹도 중구 장충동에 신라호텔을 건설하였다. 서울 도심 일대에 대기업 소유의 럭셔리형 호텔들이 밀집하게 된 연유이다.

강북 도심을 중심으로 자리하던 럭셔리형 호텔이 한강 이남에 모습을 드러낸 것은 86서울아시안게임, 88서울올림픽을 맞이하면서부터다. 올림픽 유치가 확정되자 정부는 서울 전역에 걸쳐 광범위한 도시미화 및 경관정비 작업을 추진하였고, 신도시 강남에는 대규모 경기

그림 11-2 주요 럭셔리형 호텔 분포현황

장과 올림픽 공원, 선수촌 등 올림픽 관련 기반시설을 집중적으로 건설하였다. 이러한 '올림픽 도시' 강남 만들기 과정에서 테헤란로와 잠실 일대에 라마다르네상스, 그랜드인터컨티넨탈, 호텔 롯데월드 등 이른바 '88둥이' 호텔들이 일제히 문을 열었다. 그리고 이들은 강북의 조선, 신라, 롯데, 플라자 등과 견줄 만한 고급호텔이었다.

이후 럭셔리형 호텔은 서울의 국제화 및 세계화와 더불어 성장을 거듭하여 이제는 세계 경제영역과 직접적으로 맞닿아 있다. 이들 중 대부분은 인터컨티넨탈 호텔그룹(InterContinental Hotels Group), 힐튼월드와이드(Hilton Worldwide), 스타우드 호텔&리조트(Starwood Hotels and Resorts World), 하얏트호텔 코퍼레이션(Hyatt Hotel Corporation), 메리어트 인터내셔널(Marriott International) 등 세계적인 호텔 체인 그룹이 운영하고 있다. 토종 브랜드는 신라호텔과 롯데호텔 정도이다. 그뿐 아니라 최근 럭셔리형 호텔은 국제 의료관광 산업이나 국제회의, 컨벤션, 전시 등의 마이스(MICE) 산업과 적극적으로 결합하면서 글로벌 산업으로 재탄생하고 있기도 하다.

2) 변형 1: 몰링형 호텔

2000년대 중후반에 들어 서울 시내 호텔은 전형적 형태를 벗어나 변형되기 시작한다. 단일 부지에 단독 건물로 들어서던 럭셔리형 호텔과 달리, 오피스, 백화점, 서점, 공연장, 멀티플렉스 등과 동일 건물 내지 단지에 자리하는 몰링(*malling*)형 호텔이 등장한 것이다. 이때 호텔은 복합용도개발(MXD)의 앵커 테넌트(*anchor tenant*: 복합상가나 복합쇼핑몰 내의 집객능력이 큰 핵심점포)이자 쇼핑, 외식, 오락, 레저 등을 원-스톱(*one-stop*)으로 즐기는 몰링의 중추시설로 기능한다.

서울 시내 몰링형 호텔의 효시는 1988년 국내 최초 복합쇼핑몰인 잠실 롯데월드와 함께 들어선 호텔 롯데월드(송파구)라고 할 수 있다. 이후 코엑스몰과 그랜드인터컨티넨탈(강남구, 2000년), 센트럴시티와 JW메리어트호텔(서초구, 2000년) 등 호텔과 몰의 결합은 지속적으로 시도되었다. 하지만 이들은 호텔과 몰이 단지 동일 부지 내에 위치할 뿐 물리적으로나 기능적으로 긴밀하게 연결되지 않아 각각 독립된 시설이나 다름없었다.

호텔과 몰의 본격적인 만남은 2000년대 중반 구로구, 영등포구, 강서구 일대를 포함하는 서남권 재개발 시기에 이뤄졌다. 제조업이 밀집해 있던 이 지역은 1960~1970년대 경제도약기 서울의 대표적 부도심이었으나 1990년대 이후 산업구조 변화와 함께 급격한 쇠퇴의 길을 겪게 된다. 이 과정에서 생겨난 대규모 공장 이전(移轉) 적지와 저이

그림 11-3 **주요 몰링형 호텔 분포현황**

용 공공부지에 복합용도개발이 추진되면서 몰과 함께 호텔이 들어서게 된 것이다. 코트야드바이메리어트 서울 타임스퀘어(영등포구, 2009년)와 쉐라톤 디큐브시티 호텔(구로구, 2011년)은 각각 경방방직과 대성연탄 부지에, 콘래드(영등포구, 2012년)와 롯데시티 호텔(강서구, 2011년)은 서울시와 한국공항공사 소유지에 문을 열었다.

몰링형 호텔은 호텔 불모지이던 서남권에 집중적으로 건설되면서 호텔이 도심이 아닌 주변 시가지로 확산되는 계기가 되었을 뿐 아니라 지하철과의 연계가 좋아 호텔에 대한 대중의 접근성을 향상하는 기회가 되기도 하였다. 더 나아가 이들 호텔은 몰을 즐기러 온 몰 고어(*mall-goer*)나 몰 워커(*mall-walker*)를 대상으로 다양한 패키지와 프로그램을 적극적으로 개발하면서 새로운 몰링 문화를 창출하고 있기도 하다. 호텔과 몰의 결합은 파르나스몰과 그랜드인터컨티넨탈(강남구, 2014년), 롯데월드타워와 시그니엘(송파구, 2017년 개관 예정) 등 동남권으로 확장하면서 그 기세를 더욱 높이고 있다.

3) 변형 2: 스테이형 호텔

2010년 이후 새로운 호텔 유형으로 떠오르면서 서울 시내 호텔 지도의 역동적인 변화를 추동하고 있는 것은 스테이(*stay*)형 호텔이다. 이들은 숙박이라는 호텔 본연의 기능에 충실하여 로비, 레스토랑, 수영장, 피트니스클럽 등 부대시설을 간소화하고 객실이라는 호텔 핵심 공간에 보다 집중한다. 하지만 객실 또한 그다지 거대하거나 요란스럽지 않다. 침대 외 가구나 소품은 최소한으로 배치하여 짜임새 있는 구성을 추구한다. 그야말로 쓸데없는 것은 하나도 없이 '잠자리'만 제공하면서 숙박업으로서 최소한의 조건을 갖춘 셈이다. 덕분에 스테이형 호텔은 럭셔리형 호텔에 비해 숙박비도 저렴한 편이다.

최근 서울 시내 스테이형 호텔의 성장이 두드러지는 이유는 무엇일까? 이는 서울의 대중관광 시장이 확대되고 인바운드 관광객 구조가 중국인관광객(유커, 遊客) 중심으로 변화한 것에서 찾을 수 있다. 서울은 2008년을 기점으로 외래 관광객이 폭발적으로 증가하여 2012년 천만 관광객 시대를 맞이하게 되는데, 객실 중심의 스테이형 호텔은 급증하는 숙박 수요에 발 빠르게 대응할 수 있는 대안이었다. 또한 외래 관광객의 40% 이상을 차지하는 유커들이 숙박에는 큰돈을 지출하지 않는 것도 상대적으로 객실 가격이 낮은 스테이형 호텔이 급증하게 된 배경 중 하나이다. 물론 스테이형 호텔은 업무상 서울에 머무르는 비즈니스맨들에게도 인기이다. 숙박 외의 호텔 서비스를 즐길 수 있는 시간·경제적 여유가 없는 비즈니스맨들에게 잠자는 것 외에 모든

그림 11-4 **주요 스테이형 호텔 분포현황**

불필요한 것들을 제거하고 합리성과 실용성을 추구하는 스테이형 호텔은 충분히 매력적이기 때문이다.

스테이형 호텔은 종로구, 중구 등 강북 도심 일대에서 가장 두드러지게 들어서는 추세이다. 이는 접근성이 좋은 도심 숙박지를 선호하는 유커나 비즈니스맨의 영향이 크다. 게다가 대규모 부지에 거대한 규모로 자리하는 럭셔리형 호텔과 달리 객실 중심으로 콤팩트하게 운영되는 스테이형 호텔은 도시조직이 촘촘한 도심지를 중심으로 들어서기에 용이했던 측면도 있다. 최근에는 기존 업무지구인 강남, 역삼 일대와 신규 업무지구로 부상하고 있는 구로, 가산, 마포 일대에서도 비즈니스맨들을 겨냥한 스테이형 호텔들이 점점 확산되고 있다.

4) 변형 3: 스토리형 호텔

이제 서울 시내 호텔은 호텔 자체의 이야기를 담기 시작하였다. 가장 최근 등장하기 시작한 스토리(*story*)형 호텔은 기존 호텔들의 정형성과 반복성을 탈피하고 호텔 혹은 객실 자체에 고유한 아이덴티티와 스토리를 담아내면서 투숙객에게 독특한 경험을 선사하려는 시도이다. 이들은 지나치게 고급스러운 럭셔리형 호텔과 무색무취의 스테이형 호텔의 틈새를 파고들어 이것들과는 차별화되는 호텔 특유의 콘셉트를 추구한다. 이를 위하여 천편일률적인 객실 인테리어나 가구 배치에서 벗어나 다양하고 참신한 디자인과 테마를 객실마다 적용하며, 독창적이고 독자적인 어메니티(*amenity*: 객실 등 호텔에 무료로 준비해 놓은 각종 소모품 및 서비스용품)를 개발한다. 이 과정에서 유명한 셀러브리티나 디자이너들이 참여하기도 한다.

호텔의 스토리는 객실에만 한정되는 것이 아니다. 카페, 옥상, 야외 라운지 등의 비숙박 공간에도 스토리가 입혀진다. 스토리형 호텔에서는 이전의 호텔과는 달리 루프탑이나 야외 테라스가 강조되는데, 이곳에서는 호텔 측이 기획한 다양한 이벤트와 파티가 열린다. 투숙객들이 함께 영화를 보고 노래를 부르며 음식을 즐기는 것에서부터 자신들의 애완견을 동행하는 파티에 이르기까지 그 종류도 다양하다. 최신의 트렌드를 적극적으로 반영하는 스토리형 호텔은 단연 20~40대 개별여행객이나 여성들을 중심으로 크게 인기를 끌고 있다. 스토리형 호텔은 젊은 세대를 주요 고객으로 하고 최신 유행에 민감해야 하는 탓에 홍대, 신사, 강남, 동대문, 명동 등 서울의 핫플레이스 일대를 중심으로 확산되고 있다.

그림 11-5 **주요 스토리형 호텔 분포현황**

지금까지의 호텔은 '스토리'와는 거리가 먼 공간이었다. 객실은 반복적이고 특징이 없어 무난하고 건조했으며, 호텔 내 카페나 바, 라운지는 투숙객들이 칵테일이나 음료, 스낵 등을 먹으며 간단히 요기나 목축임을 하는 공간에 불과했다. 그들 중 대부분은 '거쳐 가는' 사람들에 불과했기 때문이다. 하지만 최근 생겨나는 서울 시내 스토리형 호텔은 재미나 개성을 추구하는 젊은 세대들에게 비교적 합리적 가격으로 호텔 저마다의 독특하고 신선한 경험을 선사하면서 투숙객과 호텔, 투숙객과 투숙객 사이의 친밀도를 높이고 있다.

3. 서울의 호텔, 숙박 그 이상의 공간

서울의 호텔은 유형적 진화를 거듭하면서 서울이란 공간 속에 더욱 깊숙이 침투하고 있을 뿐 아니라 서울 시민의 일상적 삶과도 보다 밀착되고 있다. 서울 시내 호텔은 숙박을 넘어 식음, 쇼핑, 레저, 엔터테인먼트 등 다양한 도시적 기능을 포괄하면서 지역사회나 일반 소비자를 위한 서비스를 한층 강화하고 있다. 서울의 호텔은 낯선 도시 서울을 방문하는 이방인을 위한 숙박공간에 그치는 것이 아니라 서울 시민의 일상적 사회문화 공간으로 변모하고 있는 것이다. 서울 시민에게 호텔은 '나와 상관없는 곳'도, 단지 '잠을 자기 위해' 찾는 공간도 아니다.

1) '있어빌리티'[2] 소비공간

과거 서울 시내 호텔은 내국인, 특히 일반 대중들과는 그다지 인연이 없는 세계였다. 특히 고급의 럭셔리형 호텔을 중심으로 성장해 온 서울의 호텔은 일정 수준 이상의 경제・사회적 위치가 보장되는 사람들을 위한 '구별 짓기' 공간이었다. 어느 정도 익명성이 보장되면서 고급 환대 서비스가 오가는 호텔은 자신들이 속한 계층과 동질성을 확보하면서 다른 계층과 차별성을 구축하기에 안성맞춤이었다. 호텔 식당, 로비, 사우나, 피트니스클럽은 지배 엘리트의 다양한 회합과 만남, 사교와 친교가 이루어지면서 이들 간 네트워크를 강화하는 공간이었

2 '있어 보인다'와 'ability'(능력)를 합친 단어로, 남들에게 자신이 뭔가 있어 보이게 하는 능력을 뜻하는 신조어.

으며, 고가의 호텔 멤버십이나 피트니스클럽 회원권은 지위의 상징이자 표지였다.

> 지금은 좀 덜하지만 예전에 호텔은 다 돈 있는 사람들만 이용했지. 다들 어느 정도는 갖춰 입고 들어오고. 호텔에서는 음악이 늘 잔잔하게 흐르고. 깨끗하고, 대접받고. 다른 곳보다 그런 면에서 호텔이 편하지.
>
> —박OO 씨, 62세, 남, 강남구 G호텔 피트니스 회원권 소유자

> 호텔에서는 다 비슷비슷한 생활하는 사람들이 오니까 내 행동에 부담이 없어요. 여기는 딱 우리들만의 그런 곳.
>
> —장OO 씨, 61세, 여, 서초구 M호텔 피트니스 회원권 소유자

일부 상류층을 위한 '그들만의 공간'이었던 서울의 호텔은 점차 일반 대중들의 '있어빌리티' 공간으로 전환되고 있다. 호텔과 보통 시민 사이의 물리적, 경제적, 심리적 거리가 가까워지면서 '넘사벽'이었던 호텔이 '나도 한 번쯤 갈 수 있는 곳'이 되고 있는 것이다. 물론 호텔에서의 식사 한 끼 혹은 커피 한 잔은 여전히 부담스러운 일이다.[3] 하지만 호텔에서의 작은 사치는 자신이 보다 특별해지는 느낌뿐 아니라 자신의 지위까지 상승하는 기분을 선사한다. 공간이 내재하는 고급스러움과 우아함을 소비함으로써 나를 보다 '있어 보이게' 하는 것이다. 그

---

3 호텔스닷컴(Hotels. com)은 매년 세계 주요 도시의 호텔 물가를 상대적으로 비교할 수 있는 클럽샌드위치지수(CSI: Club Sandwich Index)를 발표한다. 이에 따르면 2015년 기준 서울 시내 호텔의 클럽샌드위치 가격은 세계 7위 수준이었고, 커피 가격은 가장 높은 것으로 나타났다.

것이 비록 실제 생활과는 거리가 먼 '허세'에 불과할지라도 말이다.

> 호텔은 고급 휴식장소라는 느낌이 강해요. 고급진 그곳에서 놀고 있는 나도 같이 수준이 높아지는 듯한 착각이 들어서 자주 찾게 되죠.
>
> — 이OO 씨, 44세, 여

> 사실 호텔을 부담 없이, 스타벅스 가듯이 드나드는 것은 아니에요. 그렇게 못 하죠. 가끔 나한테 상을 주고 싶을 때, 내가 귀한 사람임을 느끼고 싶을 때 오는 편이에요. 뭐랄까. 호텔에 오면 나와는 다른 세계에 있는 사람들을 보고. 그러면 나도 그들과 같은 수준의 사람이 되는 것 같은 경험을 합니다.
>
> — 김OO 씨, 35세, 남

젊은 세대들은 호텔에서 누린 작은 호사를 페이스북이나 인스타그램 같은 SNS에 공유하고 그것이 마치 자신의 일상적인 삶인 것처럼 과시하기도 한다. 화려한 데커레이션을 자랑하는 호텔 음식, 럭셔리하고 프라이빗한 호텔 피트니스클럽과 스파, 은은한 간접조명을 뿜어내는 호텔 욕실 등을 찍어 #호텔스타그램, #호텔허세, #허세샷, #호텔라이프 등과 같은 태그를 달아 자신의 SNS에 게시한다.

이들의 '있어빌리티'를 만족시켜 주고자 SNS 마케팅을 전면으로 내세우는 호텔들도 흔하다. 호텔은 공식 페이스북이나 인스타그램 등을 마련하여 호텔에서 진행하는 각종 이벤트 정보를 공유하고, 호텔 방이나 로비 등에서 인증샷을 찍어 올리는 투숙객들에게 각종 무료 서비스나 포인트를 제공한다. 호텔리어가 아닌 SNS 마케팅만을 전문으로

하는 소셜리어(socialier)를 별도로 두기도 한다.

> 비싸기야 비싸죠. 하지만 한두 번쯤은 기분을 낼 수 있어서 찾게 돼요. 호텔뷔페, 호텔레스토랑, 호텔조식같이 태그를 달아서 인스타에 올리면 친구들이 하트 눌러 주고. 제 생활을 부러워하는 거 같더라구요.
>
> — 조OO 씨, 33세, 여

호텔에서의 '있어빌리티'는 내 방이나 내 집으로 확장되기도 한다. 호텔 내 부티크 스토어나 온라인 쇼핑몰을 통해 호텔에서 사용하고 경험한 것과 똑같은 물품을 구매하는 것이다. 호텔을 상징하는 인형에서부터 객실 내 의자, 책상, 스탠드, 침구, 샴푸, 린스, 수건, 실내화, 목욕가운, 스파 제품 등에 이르기까지 그 종류는 다양하다. 심지어 호텔 레스토랑에서 내보이는 커피나 김치 그리고 호텔 로비의 향(香)을 담은 디퓨저도 사들인다. 하지만 이들이 구입한 것은 세련된 디자인과 높은 품질을 갖춘 호텔용품 그 자체가 아니다. 고급스러운 호텔 로고가 박힌 상품을 소장하고 사용하는 사람으로 자신을 포장하는 '그럴싸함'이다.

2) '비일상' 놀이공간

호텔은 일상적 시공간이 제거된 낯섦과 특별함을 제공한다. 현대적이면서도 우아한 호텔 인테리어, 깨끗하고 정갈하게 정리된 호텔 객실, 은은한 조명 아래 고가의 예술작품이 놓인 호텔 로비는 우리의 일상 생활공간과는 사뭇 다르다. 일상과 가까운 곳에서 이색적인 비일상을 맛볼 수 있는 호텔은 서울의 새로운 놀이공간으로 떠오르고 있다. 서울의 호텔은 교외로 나가지 않으면서 숙박뿐 아니라 음식, 쇼핑, 오락, 스파, 운동, 휴식과 같은 다양한 여가활동을 누릴 수 있는 고급스럽고 세련된 복합 문화공간이다.

> 예전에 호텔은 집안 행사가 있는 특별한 날 가족이나 친척들이랑 식사하러 가는 곳이었어요. 호텔에서 자는 것도 외국인들이나 한다고 생각했죠. 그런데 지금은 친한 친구들이랑 놀기 위해서 찾는 곳이에요. 먼 곳으로 여행 가기 부담스럽거나 시간이 부족할 때 집에서 멀지 않은 호텔에서 하루 묵으면서 시간을 보내곤 하죠. 조용하고, 세련되고, 편안하고, 외국여행 온 것 같기도 하구요.
>
> — 조OO 씨, 33세, 여

> 우리 나이대가 그래요. 30대 후반. 가정 있는 친구들도 있고. 싱글 친구들은 정말 일만 열심히 하는 친구들이죠. 그런 친구들이 날짜를 잡고 모여요. 요새는 예전처럼 교외로 나가는 게 아니라 가까운 시내 호텔을 잡아요. 논다는 게 옛날처럼 여기저기 놀러 다니는 게 아니니까. 앉아서 차 마시고, 얘기하고, 쉬고, 그런 곳으로.
>
> — 윤OO 씨, 39세, 여

호텔을 놀이공간으로 삼는 '호텔족'이 즐길 수 있는 호텔놀이는 많다. 이는 단순히 시간 때우기나 심심풀이에 머무르지 않는다. 호텔 내 피트니스나 수영장에서 운동을 하고 사우나와 스파를 즐긴 후 로비 라운지나 카페에서 간단한 음료와 디저트를 맛본다. 호텔 레스토랑에서의 근사한 저녁과 야외 테라스에서의 야경 감상, 라운지나 바에서의 가벼운 칵테일, 편안한 침대에서의 안락한 하룻밤, 에지 있는 호텔 조식까지 모두 호텔놀이의 아이템이다. 연인들의 프러포즈 패키지, 결혼을 앞둔 신부를 위한 브라이들 샤워 패키지, 태아와 임산부를 위한 힐링 패키지, 어린이를 위한 키즈 패키지 등 호텔에서 제공하는 프로그램을 통해 계획된 놀이도 가능하다. 호텔 근처에 쇼핑몰이나 극장, 미술관, 공연장과 같은 또 다른 볼거리나 즐길 거리가 있다면 금상첨화이다.

우리는 보통 한가한 호텔로 잡는 편이에요. 주말 여의도나, 주중 도심. 느지막이 일어나서 밥 먹고 산책하고. 그리고 가까운 데에서 쇼핑하고. 공연 한 개 보고. 그리고 호텔로 들어와서 저녁 겸 술을 마시면서 밀린 수다를 떠는 거죠. 그래서 호텔은 가까이 공연장이나 쇼핑몰이 있으면서도 한적한 곳으로 선택하는 편이에요. 걸어서 여기저기 볼 수 있는 곳으로. 단지 호텔 하나만 있는 곳은 잘 안 가게 되더라구요.

— 윤OO 씨, 39세, 여

더 나아가 서울 시내 호텔은 그 자체로 여행의 목적지가 되기도 한다. 호텔을 휴가나 연휴기간에 여행지로 찾는 스테이케이션(*staycation*) 내지는 호캉스(*hocance*)가 새로운 여가 트렌드로 자리 잡고 있다. 실제 최근 서울 시내 호텔의 내국인 투숙객은 날로 증가하는 추세다. 특히 과거 외국인 숙박이 대부분이었던 고급 호텔의 경우 그 증가세는 더욱 눈에 띈다. 서울 시내 특1급 호텔에 묵은 내국인은 2000년 20만 명에서 2014년 66만 명으로 3배 이상 증가하면서 전체 숙박객의 30%을 넘어서고 있으며, 이들이 가장 집중되는 시기는 휴가시즌인 8월과 12월이다(한국관광호텔업협회, 2001; 2015).

호텔은 어디 멀리 놀러 가지 않고 휴가를 즐기기에 딱 좋은 거 같아요. 가격이 뭐 아주 싸다고 할 수는 없지만 교외로 나갈 때 교통비나 시간을 생각하면 시내 호텔에서 노는 게 훨씬 효율적이고 생산적인 거죠. 예전엔 밥이나 먹으러 호텔에 왔다면 지금의 호텔은 토털 패키지. 놀고 쉬고 자고 먹고 쇼핑하고. 한 번에 모든 것을 즐길 수 있는 곳이 된 거 같아요.

— 김OO 씨, 35세, 남

막상 휴가라고 해도, 번잡하게 어디 나가는 것도 귀찮더라구요. 비행기 표도 비싸고. 다녀오면 더 피곤한 것 같기도 하구요. 한적하게 호텔에 와서 맛있는 것도 먹고 푹신한 데서 시원하게 잠도 자고. 특히 애들이 수영장을 좋아해서 자주 와요. 할 수 있는 것들이 생각보다 많더라구요. 네 식구가 다 어디 멀리 놀러가는 거랑 비교했을 때 경제적으로도 이게 훨씬 낫죠.

— 윤OO 씨, 46세, 여

최첨단 IT기술의 진화는 비일상의 놀이공간으로서 호텔의 매력을 배가한다. 몇 번의 스마트폰 터치를 통해 실시간으로 호텔을 예약하고, 호텔 컨시어지의 도움 없이 모바일로 체크인을 하며, 객실 카드나 열쇠가 아닌 호텔 모바일 앱을 통해 객실 문을 연다. 호텔 모바일 앱은 TV를 켜고 조명, 온도, 습도 등 객실 컨디션을 조정하며, 호텔 주변 맛집과 놀 거리 정보를 얻는 데도 유용하다. 호텔놀이를 실시간으로 SNS에 올리는 것도 스마트폰 덕택이다. 서울 시내에서의 호텔놀이법은 날로 발달하는 IT기술 덕에 보다 새로워지고 풍성해지고 있다.

3) 지역사회 생활공간

이제 서울의 호텔은 일반 대중을 넘어 지역사회를 위한 공간으로 변모 중이다. 과거 호텔은 철도역, 공항, 테마파크 등과 함께 대표적인 '비-장소'(*non-place*) 중 하나였다(Auge, 1995). 이방인이나 외부인이 단순히 스쳐 가거나 잠시 머무르는 공간으로 어떠한 정체성이나 관계성, 역사성도 갖지 못하기 때문이다. 곧 호텔은 지역의 역사적, 문화적, 사회적 맥락과는 동떨어진 고립된 공간이었다. 하지만 오늘날 호텔 로비, 레스토랑, 커피숍 등은 일상적 만남과 접촉, 교류와 사교가 일어나는 '장소'로 진화 중이다.

특히 이동과 지나침만이 존재하는 '공허한 만남의 장'에 불과했던 호텔 로비의 변화는 더욱 놀랍다(Urry, 2012: 73). 호텔 로비는 더 이상 투숙객만이 점유하는 공간이 아니다. 패스트푸드점이나 편의점과 같은 각종 생활 편의시설이 들어서면서 호텔 이용객뿐 아니라 지역주민들도 자유롭게 드나들고 있다.[4] 높은 천장과 화려한 샹들리에, 우아한 음악을 갖추면서 호화롭고 품격 있는 분위기를 고집하지도 않는다. 넓은 테이블을 갖추고 자유롭게 휴대폰이나 태블릿 PC, 노트북 등을 이용하면서 커피나 맥주, 쿠키 같은 간단한 요깃거리를 즐기는 공간으로 변화하고 있다. 지역주민들이 부담 없이 드나들면서 오가는 사람들 사이에 가벼운 소통과 교류가 일어나는 소셜 로비(*social lobby*)로 발전하고 있는 것이다.

---

4 〈조선일보〉(2012. 12. 25). "호텔에 맥도날드? 호텔 로비의 변신"; 〈중앙일보〉(2016. 10. 04). "편의점 들이고, 푸드트럭까지 … 특급호텔 겸손해졌네".

옛날에 호텔 로비는 들어갈 엄두도 못 냈죠. 으리으리하고. 나 같은 사람은 들어가면 안 될 것 같고. 옷도 잘 차려입어야 할 것 같고. 들어가서 여기저기 두리번거리면서 촌티 날 것 같기도 했구요. 그런데 요즘엔 로비가 깔끔한, 미니멀한 호텔도 많더라구요. 캐주얼해지기도 했구요. 그냥 문 열고 들어가서 로비 의자에서 친구를 기다리기도 하고, 화장실 볼일 보고 나오기도 하고 그래요.

— 김OO 씨, 35세, 남

더 나아가 서울의 호텔은 지역사회와 직접적으로 호흡하기도 한다. 서울 시내 몇몇 호텔은 호텔 내에서 쓰고 남은 비누, 샴푸 등 위생용품이나 TV, 라디오 등 가전제품, 그리고 의자, 책상 등 사무용품을 쪽방촌 주민이나 시설 노숙인과 같은 저소득층에게 지원하고 있다.[5] 또한 호텔은 장애인이나 노숙자를 호텔리어로 고용하여 이들의 자립을 지원하기도 하며, 지역주민을 우선적으로 채용함으로써 일자리 창출에도 앞장선다.[6] 서울 시내 호텔은 지역사회로부터의 고립이 아니라 지역사회와 상생하는 방안을 지속적으로 모색 중이다.

---

5 〈중앙일보〉(2015. 10. 13). "서울시, 호텔에서 교체되는 물품 저소득층에 지원".

6 〈동아일보〉(2013. 11. 09). "노숙인 딱지 떼고 특급 호텔리어로 새 출발"; 〈아시아경제〉(2012. 04. 06). "서울의 자치구, 대형 프로젝트에 지역주민 일자리 챙겨".

4. 나가며

오늘날 호텔이 없는 서울은 상상할 수 없다. 서울 시내 호텔은 유형적 진화를 반복하면서 서울의 도시공간과 도시문화에 더욱 깊이 스며들고 있다. 호텔은 도심에서 강남을 거쳐 서울 전역으로 광역화하고 있을 뿐 아니라, 단일 시설이 아닌 면·지구적 차원의 개발단위로 확대되거나 특정지역에 군집하면서 서울의 도시경관과 도시형태를 구성하는 핵심 요소로 자리하고 있다. 또한 서울의 호텔은 단순 숙박시설에 그치는 것이 아니라 서울 시민의 일상적 삶과 밀접하게 연결되어 있기도 하다. 고급스러움과 우아함이 소비되는 '있어빌리티' 공간으로, 비일상성이 충만한 놀이공간으로, 소통과 교류가 일어나는 지역사회 생활공간으로 서울 시민을 위한 사회문화적 기능을 확대해 나가고 있는 것이다. 더 이상 서울 시내 호텔은 서울의 공간·문화·사회적 맥락과 분리하여 설명할 수 없다.

향후 세계·지방화 시대, 산업의 융·복합 시대, 모빌리티(*mobility*)의 시대를 맞이하여 서울의 호텔은 새로운 도약을 모색할 공산이 크다. 근래 에어비앤비(Airbnb)와 같은 공유숙박 서비스가 성장하고 모텔이나 여관이 고급화되면서 호텔의 존재 가치가 다소 낮아지는 듯도 하다. 하지만 호텔은 그 자리에 가만히 머물러 있지 않을 것이다. 지금까지와 마찬가지로 부단한 변신과 영역 확대를 거듭하면서 자신만의 차별성을 구축해 나갈 것이다. 그리고 이는 분명 서울이란 도시공간과 물리적 결합력을 강화하고 서울 시민의 사회문화적 활동과 밀착력을 높여 가는 방향일 것이다. 서울의 호텔을 단순 관광숙박시설을 넘어 서울 시민의 문화 인프라 혹은 사회 인프라 가운데 하나로 재인식해야 할 필요성과 가능성이 발견되는 곳은 바로 이 지점이다.

참고문헌

〈동아일보〉(2013. 11. 09). "노숙인 딱지 떼고 특급 호텔리어로 새 출발".

〈아시아경제〉(2012. 04. 06). "서울의 자치구, 대형 프로젝트에 지역주민 일자리 챙겨".

〈조선일보〉(2012. 12. 25). "호텔에 맥도날드? 호텔 로비의 변신".

〈중앙일보〉(2015. 10. 13). "서울시, 호텔에서 교체되는 물품 저소득층에 지원".

〈중앙일보〉(2016. 10. 04). "편의점 들이고, 푸드 트럭까지 … 특급호텔 겸손해졌네".

한국관광호텔업협회 (2001). 〈호텔업운영현황 2000〉.

______ (2010). 〈호텔업운영현황 2009〉.

______ (2015). 〈호텔업운영현황 2014〉.

Auge, M. (1995). *Non-places: An Introduction to Supermodernity*. Verso.

Gelézeau, V. & Sanjuan, T. (2003). *Les Grands Hôtels en Asie: Modernité, Dynamiques Urbaines et Sociabilité*. Publication de la Sorbonne. 양지윤 역 (2007). 《도시의 창, 고급 호텔》. 서울: 후마니타스.

Urry, J. (2000). *Sociology Beyond Societies: Mobilities for the Twenty-first Century*. Routledge. 윤여일 역 (2012). 《사회학을 넘어선 사회학》. 서울: 휴머니스트.

제 4 부

소수자들의 생활세계

12

서울의 노숙인, 노숙인의 서울

이상직 · 한신갑

1. 서울의 노숙인

많은 이들에게 서울은 희망의 상징이자 성공의 발판이지만, 어떤 이들에게 서울은 실패의 상징이자 좌절의 종착지이다. 이 글에서 우리는 노숙인(露宿人)의 삶에 투영된 서울의 모습을 그려 보고자 한다. 서울에서 노숙하는 사람들은 언제 어떤 식으로 서울에 왔고, 노숙을 한 다음부터는 어디에서 지내는가? 이런 질문을 던지는 이유는, 좁게는 노숙장소로서 서울의 의미를 살펴보고 싶어서이지만 넓게는 노숙인을 사회로 복귀시켜야 할 대상으로만 보는 주류시각의 한계를 드러내고 싶어서이다. 그동안 노숙인에 관한 적지 않은 글들이 나왔지만 노숙장소에 대한 관심은 적었다. 거리나 찜질방, 쉼터, 쪽방, 고시원 등 노숙인이 머무른다고 알려진 곳은 '집'이 아니라는 점에서 별다를 바 없는 장소로 여겨졌다. 약간의 관심도 그곳이 얼마나 열악한지를 밝히는 쪽으로만 모였다. 그러면서도 노숙인은 '밥과 잠자리'를 찾아 움직이는 결핍된 존재로 그려진다. 그 연장선상에서 그들은 하루빨리 '사회'로 복귀시켜야 할 대상으로 여겨진다.

우리는 노숙장소에 주목한다. 벗어나야 할 곳이 아니라 어쨌든 머무르고 있는 곳으로 보려고 한다. 이런 시각에서 여러 노숙장소들의 차이를 살펴보고자 한다. 다를 바 없어 보여도 어떤 사람은 쉼터에 있고, 어떤 사람은 쉼터에 있다가 나와 다시는 가지 않고, 또 어떤 사람은 쉼터에 가본 적이 없다. 이러한 장소 선택의 차이를 단순히 편의성과 같은 장소의 기능적 측면에서만 이해하기는 어렵다. 당사자의 시각에서 볼 때 그 차이는 언제 어떤 식으로 노숙을 시작했는가와 연결되고, 거슬러 올라가면 서울에 언제 어떤 식으로 왔는가와도 연결된다. 다시 말해 노숙장소들의 의미, 나아가 노숙장소로서 서울의 의미는 상경경로와 노숙경로로 특징지어지는 생애사의 맥락에서 이해할 필요가 있다. 우리가 살펴본 것은 2010~2011년 무렵 서울에서 노숙하던 남성들의 생애이다.[1] 이들의 상당수는 40~50대였고, 고등학교를 중퇴하거나 졸업했고, 결혼하지 않았거나 이혼했다.[2]

---

1 자료는 서울대학교 노숙인 구술 생애사 아카이브 구축팀이 2009~2011년에 수집한 노숙인 60명의 생애사이다. 우리 중 한 명은 당시 연구보조원으로 자료수집의 전 과정에 참여했다. 전사본은 한국사회과학자료원이 보관(B3-2011-0004)하고 있으며, 자료 수집과정과 이 자료를 활용한 연구결과는 구인회·정근식·신명호 편(2012)에 담겨 있다. 이 글에서는 여성(4명)과 서울 출신(15명)을 제외한 41명의 생애사를 검토했다. 이 글은 활용 자료의 범위나 분석의 시각에서 앞의 연구와는 다르다.

2 20~30대가 12명, 40~50대가 25명, 60대 이상이 3명이다. 26명은 결혼하지 않았고, 14명은 이혼했으며, 1명은 사별했다. 17명이 고등학교를 마치지 못했고, 20명

노숙인이라고 하면 많은 사람들이 'IMF 경제위기'가 한국사회를 뒤흔든 1998년을 떠올릴 것이다. 실제로 노숙인이 사람들의 눈에 들어온 것은 이때부터였다. 그 전해에만 해도 〈동아일보〉와 〈한겨레〉에서 '노숙자'가 등장하는 기사는 단 한 건도 없었다. 그러나 각 신문에서 1998년에는 이틀에 한 번꼴로, 1999년에는 사흘에 한 번꼴로 노숙자가 기사로 언급되었다.[3] 사회와 정부가 이들을 처음 언급한 것도 이 맘때이다. 무료급식을 하던 종교단체들이 1998년 3월에 〈전국실직노숙자대책 종교시민사회협의회〉를 구성했다. 같은 해 4월 보건복지부는 〈대도시노숙자특별보호사업〉을, 서울시는 〈노숙자보호 및 관리대책〉을 발표했다. 노숙인의 존재가 한국사회에서 공식적으로 드러난 순간이었다.

서울은 이 문제의 한복판에 있었다. 1998년 4월 최초조사에서 전국의 노숙인 수가 2천여 명으로 집계되었는데, 이 중 약 33%가 서울에 있었다. 1999년 초에는 6,300여 명의 약 70%(거리 300명, 시설 4,300명)가 서울에서 노숙하는 사람들이었다(김수현 외, 2000). 이후 그 수

이 고등학교를 졸업했으며, 4명이 대학을 졸업했다.

3 당시에는 '노숙자'로 불렸다. 물론 그 전에도 '걸인'이나 '부랑인'으로 불렸던 사람들이 있었다. 그러나 그들은 1987년 형제복지원 사건과 같은 '사건'을 통해서만 간간이 드러났을 뿐 평소에는 거의 눈에 띄지 않았다. 노숙자가 그토록 갑작스럽게 주목받게 된 배경에는 '모자라고 나태한 사람'만이 아니라 '멀쩡하고 부지런한 사람'도 거리로 나올 수 있다는 공포감이 있었다. '노숙자'는 2000년대 초반까지 쓰였다. 그러다가 비하 명칭이라는 이유로 '노숙인'으로 점차 대체되었다. 최근에는 '홈리스'를 쓰자는 주장도 나온다. 노숙인이라는 표현이 불안정한 주거지에서 생활하는 눈에 보이지 않는 사람을 아우르지 못한다는 이유에서이다.

가 점차 줄었지만 현재에도 전국의 노숙인은 5천여 명으로, 그중 약 70%가 서울에 있는 것으로 알려져 있다.[4] 노숙인의 서울 집중현상은 일찌감치 인식되었다. 2000년에 서울시가 발간한 보고서는 서울 노숙인 대다수가 상경한 이들이라는 점을 강조하면서, 상경 요인으로 풍부한 소득활동 기회와 지원 자원을 꼽았다(김수현 외, 2000: 20). 큰 틀에서는 맞는 진단이다. 서울을 포함한 수도권 일대에 저임금이나마 일자리가 많은 것은 사실이다. 노숙인을 위한 무료급식이나 물품 지원 등 민간단체의 활동도 서울이 가장 활발하다. 정부 차원의 지원에서도 서울시가 가장 적극적이다.

그러나 개인으로 보면 그들이 꼭 자원 때문에 서울에 온 것은 아니다. 노숙하기 전에 이미 서울을 비롯한 경기도 일대에서 일한 경험이 있는 사람이 노숙시점에 서울로 오게 된 경우가 많다. 지원 자원이 어디에 얼마나 있는지도 노숙을 해야 알 수 있다. 그러나 대개는 노숙 직전까지도 자기가 노숙하리라고는 생각하지 않는다. 따라서 지원 자원의 풍부함도 상경의 주된 요인은 아니다. 오히려 사회적 관계가 물질적 자원보다 중요한 경우도 있다. 어떤 계기로 더는 예전과 같은 위치에서 주위 사람들과 관계 맺을 수 없어서 어쩔 수 없이 떠나온 사람들이 그런 경우이다. 그들에게 서울은 일할 곳이나 먹을 곳이 아니라 숨을 곳이다.

---

4 최근 서울연구원이 발간한 보고서는 2007~2014년 서울 시내 노숙인 지원시설 이용실태에 근거해 서울시 노숙인 규모를 1만여 명으로 추정했다(박은철 외, 2015). 공식 집계된 노숙인 수보다 많은 것은 노숙인 지원시설을 거쳐 간 쪽방·고시원 및 임대주택 거주자나 요양시설 및 병원 생활자도 추정인원에 포함했기 때문이다.

노숙인이 자원과 관계 중 어떤 것에 더 큰 의미를 부여하는지는 이제부터 살펴볼 그들의 상경경로 및 노숙경로와 관련 있다. 이 두 경로는 노숙을 시작하고 나서 머무르는 곳과 그곳에 부여하는 의미를 어느 정도 규정한다. 다시 말해, 언제 어떤 식으로 서울에 왔는지는 언제 어떤 식으로 노숙을 시작해 어디에 자리 잡는지와 관련 있다. 이런 맥락에서 거리나 피시방에서 지내는 것과 상담보호센터나 쉼터에서 지내는 것, 또 쪽방이나 고시원에서 지내는 것은 의미가 다르다. 그 고리를 차례로 살펴보자.

2. 서울에 오다

41명의 상경시점을 나이 기준으로 정리하면, 10대, 20대, 그리고 30대 이후에 서울에 온 사람들이 각각 1/3 정도 된다. 다시 말하면 과반수가 10~20대에 서울에 왔고, 30대 이후에 온 사람들도 대개는 30~40대에 왔다. 50대 이상 장년기에 온 사람은 2명밖에 되지 않는다. 이들은 대체로 '무작정' 서울에 왔다. 25명이 그렇게 상경했고, 다른 14명은 친척이나 동네 형, 친구 등 아는 사람을 찾아 상경했다. 학교나 직장과 같은 공식적인 목적지를 정하고 온 사람은 2명밖에 없다.

10대에 서울에 온 사람들은 그래도 끈을 찾아서 온 경우가 많다. 그러나 그 끈은 '구로공단에서 일한다는 아는 형'이나 '경기도에 사는 삼촌'과 같이 기대기에는 약한 것이었다. 그런 끈이나마 찾아 서울에 와야 했던 것은 그만큼 원래 있던 곳에서의 삶이 불안정했기 때문이다.

1948년에 충북 충주에서 태어난 정민철 씨가 그런 사례이다.[5] 그가 세 살 때 아버지가 사망하자 어머니와 누나는 생계를 위해 상경했고, 그는 친척집에 남아 초등학교를 마쳤다. 졸업 후 어머니와 누나가 있는 서울로 왔다. 이후 서울에서 중학교를 다녔지만 졸업과 함께 트랜스 공장에서 일하며 실질적인 가장 노릇을 했다. 1964년에 충남 서천에서 태어난 신승호 씨와 같이 무작정 상경한 경우도 있다. 청소년기에 부모를 잃은 그는 친척집에서 지내며 인천의 체육고등학교에 진학했지만 운동에 흥미를 잃고 무작정 상경해 다방에서 일하기 시작했다.

20대에 온 사람들은 누구를 찾아온 경우와 무작정 온 경우가 절반 정도씩 된다. 그러나 대학 입학을 위해 상경한 두 사례를 제외하면, 앞의 두 경우 모두 집이나 학교에서 나온 시점이 조금 다를 뿐 거의 맨몸으로 서울에 왔다는 점에서 실질적인 차이는 없다. 10대에 상경한 사람들과 이들의 주된 차이는 고등학교 졸업 여부이다. 그러나 전반적인 상경경로는 서로 크게 다르지 않다. 1983년에 전남 나주에서 태어난 김희진 씨는 가정불화로 자주 가출하는 등 학교생활이 순탄하지 않았다. 10대 중반에 아버지가 사망하자 고등학교 졸업과 함께 농기계센터나 마트 등에서 일해야 했다. 이후 모은 돈으로 장사하려 했으나 사기를 당해 빚만 떠안고 지방 대도시를 떠돌다가 상경했다.

그러나 30대 이후에 상경한 사람들은 앞의 두 경로와 비교적 구분된다. 이들은 대부분 무작정 서울에 왔다. 해고나 이혼, 사별과 같은 사건·사고가 상경의 주된 이유라는 점에서도 공통된다. 원래 있던 곳

---

5 이하에 소개할 5명의 이름은 모두 가명이다.

에서 비교적 안정적인 삶을 살았으나 사건이나 사고로 갑작스럽게 삶이 크게 흔들렸다. '무작정'은 이런 이력을 반영한다. 1961년에 전남 여수에서 태어난 이영수 씨는 비교적 무난한 어린 시절을 보냈다. 고등학교 진학 문제로 부모와 뜻이 맞지 않아 학업에 흥미를 잃었지만 고등학교는 마쳤다. 이후 보험설계사, 타이어공장 직원, 기능직 공무원 등의 직업을 거쳤다. 결혼하고 공무원으로 일하기 시작하면서는 안산에 집도 샀다. 그러나 성격 차이로 이혼하고 마흔 중반에 집과 직장을 떠나 상경했다. 1964년에 경북 안동에서 태어나 부산에서 자란 추성훈 씨는 초등학교 2학년 때 아버지가 사망했지만 어머니와 함께 지내며 부산의 주요 대학을 졸업했다. 졸업 직후 건설 대기업에 입사하고 결혼해 15년간 안정적으로 생활했으나 자금횡령으로 실직하고 잇따라 아내가 암으로 사망하면서 자식을 어머니에게 맡겨 두고 마흔 중반에 상경했다.

서울에 왔다고 바로 노숙하지는 않지만 상경경로는 노숙경로와 어느 정도 연결된다. 정민철 씨나 신승호 씨와 같이 10대에 서울에 온 경우, 노숙하기까지 짧게는 10년, 길게는 50년의 간격이 있다. 이들은 서울에서의 생애이력에 따라 크게 두 부류로 나뉜다. 먼저 어느 정도 노동능력이 있는 30~40대까지 하층 노동시장을 전전하다가 비교적 '자연스럽게' 노숙을 시작한 사람들이 첫 번째 부류에 속한다. 이들은 대체로 공장에 딸린 허름한 기숙사나 셋방에서 지냈다. 신승호 씨는 다방에서 일한 것을 시작으로, 서울과 경기도 일대의 플라스틱 재생공장 등에서 일하며 셋방에서 지냈다. 결국 사고를 계기로 공장에서 해고된 후 고향에 잠시 머물다가 마흔 무렵 재상경해 노숙을 시작했다. 두 번째 부류의 사람들은 서울에서 나름대로 재기해 안정적인 생활을 하다가 중년에 '갑작스럽게' 노숙하게 된 경우이다. 구두닦이점이나 양복점, 인쇄소 등에서 기술을 배워 자립해 가정을 꾸렸지만 경기불황으로 인한 파산과 그에 따른 가정해체로 노숙하게 된 경우나, 정민철 씨와 같이 우여곡절 끝에 공무원 시험에 합격해 대전에서 일하면서 가정을 꾸렸으나 도박과 알코올 중독으로 가정과 직장을 잃고 쉰 후반에 재상경해 노숙을 시작한 경우가 그런 사례이다. 이러한 이력 차이에서 드러나듯 첫 번째 부류의 사람들은 마흔 무렵에, 두 번째 부류의 사람들은 쉰 무렵에 노숙을 시작하는 경우가 많다.

20대에 상경한 사람들은 상경시점과 노숙시점 사이의 간격이 앞의 경우보다 평균적으로 짧고, 개인별 편차도 크지 않다. 이들은 대개 김희진 씨와 같이 그래도 고등학교는 졸업하고 근처 대도시에서 일하다가 문제가 생겨, 또는 막연히 일자리를 찾기 위해 상경했다. 고등학교를 졸업하고 서울에 와 상경시점이 조금 늦다는 차이는 있지만 상경경로의 기본 패턴은 10대에 상경한 사람들과 유사하다. 그러나 10대에 상경한 사람들과는 달리 이들의 상당수는 상경한 지 얼마 되지 않아 노숙을 시작했고, 그래서 2010년 면담 당시 가장 젊은 층에 속했다.[6]

30대 이후에 집과 직장에서 나온 사람들에게는 상경이 곧 노숙이다. 이영수 씨는 이혼하고 집을 나와 상경해 노숙을 시작했다. 무작정 서울에 와서 친구가 운영하는 작은 공장에 잠깐 머물렀지만 그 친구를

6 이들 상당수가 면담 당시에도 20대였다는 점을 감안하면, 상경 후 바로 노숙인 지원시설을 접촉한 것으로 보인다. 노숙인 지원시설이 없었던 1998년 이전에 상경한 20대의 경우 노숙인으로 포착되기 어려웠을 것이다.

찾아 서울에 왔다기보다는 잠시 머무를 곳을 찾았다고 봐야 한다. 몇 달이 되지 않아 몸이 안 좋아지면서 그는 서울역으로 나와야만 했다. 추성훈 씨는 부산 집에서 나와 상경해 여관과 찜질방 생활을 잠깐 하다가 노숙을 시작했다. 이들의 상경 배경에는 직장과 가정에서의 관계가 동시에, 그것도 갑작스럽게 끊어졌다는 공통점이 있다. 그렇기에 원래 있던 곳에서 떠나올 수밖에 없었지만, 무엇인가를 새로 시작하기에는 너무 늦게 서울에 왔다. 이들은 10대에 상경해 점진적으로 노숙의 길로 접어든 첫 번째 부류의 사람들보다는 확실히 늦게 노숙을 시작했고, 어느 정도 안정적인 생활을 하다가 갑작스럽게 노숙을 하게 된 두 번째 부류의 사람들과는 비슷한 시기에 노숙을 시작했다.

정리하면, 연령을 기준으로 상경시점이 일렀던 사람들은 그나마 아는 사람이나 갈 곳이 있는 경우였고, 서울생활의 가능성에 따라 노숙을 시작하기까지 꽤 오랜 기간이 있었다. 그러나 30대 이후에 서울에 온 사람들은 대부분 무작정 와서 바로 노숙을 시작했다. 일찍 상경했던 사람들이 그래도 서울에서의 삶의 가능성이 더 컸다고 볼 수 있다. 그러나 거꾸로 그만큼 원래 있던 곳에서의 삶의 가능성이 낮았다고 볼 수도 있다. 결과적으로는 이들 모두 제때에 맞는 방식으로 서울에 오지 못한 사람들이라고 말할 수 있다.

3. 노숙을 시작하다

'집'에서 나왔다고 해서 바로 노숙생활을 시작하지는 않는다. 친구 집에 머무르거나 마지막으로 지닌 돈으로 여관이나 찜질방을 전전하기도 한다. 이때까지만 해도 대부분은 자신이 노숙할 것이라고 생각하지 않는다. 그러나 얼마 지나지 않아 돈이 떨어지고, '어떻게 되겠지'가 '진짜 밑바닥이다'로 바뀌면서, 노숙을 시작한다. 노숙생활을 시작하고 가장 먼저 접하게 되는 곳은 노숙인 지원시설이다. 〈그림 12-1〉에서 확인할 수 있듯이 서울의 관문인 서울역, 용산역, 영등포역, 청량리역 주변에는 상담보호센터와 노숙인 쉼터, 민간 무료급식소 등이 밀집해 있다. 이곳은 인천, 수원, 천안으로 이어지는 지하철 1호선이 지나는 구역이기도 하다.

앞서 소개한 5명 중 추성훈 씨를 제외한 4명은 지원시설을 경험했다. 정민철 씨는 비교적 적극적으로 상담보호센터를 찾아갔고, 센터를 통해 소개받은 복지관 쉼터에서 약 1년간 생활하면서 아파트 경비직을 구해 임대주택을 얻었다. 신승호 씨는 영등포 역사에서 들은 정보로 청량리에 있는 한 쉼터를 찾아가 4년째 생활하고 있었다.

> 이혼하고 집에 못 들어가니까 출퇴근은 안 되잖아요. 당연히 먹여 주고 재워 주는 데를 찾았을 거 아니에요? 그래서 절에 갔죠. 1년 6개월 있다가 힘들어서 관두고 찜질방에도 있었잖아요. 그런 데서 한 몇 개월 있었고. 거진 한 2년 정도는 그렇게 떠돌아다닌 것 같아요 …. 찜질방도 대책없어 관두고, 대전도 못 가고 그러니까 서울로 바로 올라와서 120번 다산콜센터 전화해 가지고, "내 사정이 급하게 됐다" 그랬더니, 다시서기센터

를 알려 주더라고요. 상담 받고 보현의 집으로 가게 된 거예요. 거기서 먹고 자고 있다가 ○○복지관에서 자활근로를 하다가… 프라이버시 같은 게 워낙 안 되니까 어떻게든 나가야겠다는 생각을 하고 있었는데, 서울시에서 지원하는 주택이 있으니까 응모하라 그래서 마침 돼서 나가는 거예요.

— 정민철, 61세, 10대 상경

진짜 나오긴 나왔는데, 어디 당장 일자리도 없고, 영등포역에 나와서 진짜 노숙자 아닌 노숙자가 된 거죠. 그러다가 ○○교회, 노숙자들끼리도 얘기를 많이 해요, 옆에서 가만히 듣다가 한번 거기나 가봐야겠다. 내가 신학 그거를 조금 했기 때문에, 아 교회구나 그러면 내가 적응은 좀 하겠

그림 12-1 **노숙인이 주로 있는 곳**

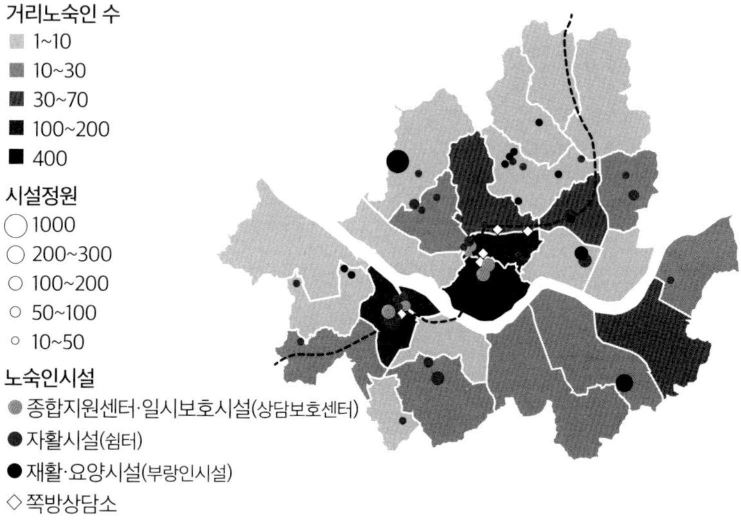

거리노숙인 수
1~10
10~30
30~70
100~200
400
시설정원
1000
200~300
100~200
50~100
10~50
노숙인시설
● 종합지원센터·일시보호시설(상담보호센터)
● 자활시설(쉼터)
● 재활·요양시설(부랑인시설)
◇ 쪽방상담소

* 거리노숙인 수: 두 차례 전국노숙인실태조사(서종균, 2011; 이정규, 2012) 결과의 평균값.
* 노숙인시설: 보건복지부(2015: 318~329). 괄호 안은 2012년 6월 이전 명칭.
* 시설정원: 각 자치구청 및 노숙인시설 홈페이지.
* 점선은 지하철 1호선 노선.

다. 단체생활도 많이 해봤기 때문에, 한번 생활을 쪼금이라도 해보자, 그래 온 게, 여기 오게 된 거예요.

—신승호, 47세, 10대 상경

둘 모두 쉼터 경험이 있다는 점은 같다. 그러나 지원시설 활용 수준에서는 좀 다르다. 정민철 씨는 집을 나와 약 2년간 떠돌이생활을 했지만 서울에 와서는 바로 상담보호센터를 찾아 쉼터에 입소했다. 이후 일자리를 찾았고, 쉼터장의 추천을 받아 임대주택에 들어갔다. 반면 신승호 씨는 소문을 듣고 직접 쉼터에 가기는 했으나 입소와 퇴소를 반복하면서 4년째 쉼터에서 지내고 있었다. 한편, 20대에 상경한 김희진 씨는 서울역 근처에서 두 달을 지내다가 상담보호센터를 접했다. 그는 쉼터에는 가지 않고 상담보호센터에서 자활근로를 하면서 7개월째 생활하고 있었다.

서울역에 도착한 게 4월 29일. 술이 많이 취해서 어떻게 하다 보니 서울까지 올라와 버렸어요. 모든 걸 포기해 버리고 올라와 버린 거예요. 한 50만 원 여윳돈 가지고 며칠 생활하면서 계속 술에 쩔다가 … (다시서기) 센터는 알지도 못했고 노가다 좀 하고 또 거리에 나와 있고 하다가 7월 달에 우연히 서울역에서 상담을 한 번 했다가 알게 됐어요. 또 서울역에서 다리 저는 형을 알게 돼서, 형이 거기서 자활했거든요.

—김희진, 28세, 20대 상경

이영수 씨는 이혼하고 아내에게 재산을 넘긴 뒤 마흔 무렵에 상경했다. 상경 직후 얼마간은 구로에서 친구가 운영하는 주형공장에서 일을 도우며 근근이 숙식을 해결했지만 곧 거리로 나와야 했다. 이후 상담보호센터 소개로 영등포에 있는 한 쉼터에 들어가 3년째 생활하고 있었다. 반면 추성훈 씨는 노숙생활 초기에 역사 주변 무료급식을 몇 번 이용한 적은 있으나 지원시설에 간 적은 한 번도 없었다. 그는 영등포역 주변 피시방에서 생활하고 있었다.

(서울에 친구 공장에서 먹고 자다가) 하루아침에 몸이 아파서 일도 못 하고 돈도 없고 그러니까 서울역에서 딱 하루 잤어요. 그때 서울역 공익이 딱, "아저씨, 아저씨 거기 나가세요". 아 계속 망가지는구나 이 생각이 들어가지고 다시서기센터인가 딱 연락해서 갈 수 있는 곳, 잠잘 곳이 없냐 그러니까 보현의 집을 소개해 줬어요. 차비 천 원만 달라니까 안 주더라고. 아따 진짜 매정하더만. 거기서 영등포까지 걸어왔어요. 진짜 밑바닥이라는 생각이 들더라고. 나는 정상적으로 생활할 때 이런 곳 몰랐거든요. 영등포역 가보면 누워 있는 사람을 거지라고 생각했지 이렇게까지는 … 일주일쯤 되니까 쉼터로 가야 한다고 그러더라고요. 그때는 믿는다는 자체를 몰랐기 때문에 (종교재단이 운영하는 쉼터에) 안 가려고 했는데, 나가라고 그러더라고요. 그래서 할 수 없이 온 거죠.

— 이영수, 49세, 30대 이후 상경

처음에는 서울 와서 서울역 근방에 있었어요. 근처에서만 왔다 갔다 하다가 왼쪽에는 지하도 있고, 오른쪽에는 식당가가 조금 있거든요. 그래서 맨날 밥 사먹고, 거기서 왔다 갔다 하다가 전철 타고 영등포로 넘어온 거지. 사람들 이야기 들어 보니까 일자리도 거기가 구하기 좋다 하길래 온 거죠.

— 추성훈, 45세, 30대 이후 상경

지금까지 살펴본 다섯 사례만 보면 노숙경로와 자리 잡은 곳 사이에 어떤 관계가 있다고 보긴 어렵다. 그러나 전체 사례를 검토하면 10대에 상경한 사람들은 상대적으로 쉼터에, 20대에 상경한 사람은 상담보호센터에, 30대 이후에 상경한 사람은 거리·피시방이나 고시원·쪽방에 모여 있음을 확인할 수 있다.[7]

이 장소들은 신체보호나 거주안정이라는 물리적 측면과 비용이라는 물질적 측면, 그리고 신체적, 심리적 프라이버시라는 관계적 측면에서 구분할 수 있다(황익주·선소영, 2012). 먼저 거리·피시방은 신체보호나 거주안정성 면에서는 열악하다. 기본적인 생활을 하려면 돈도 필요하다. 대신 '내가 누구인지'는 숨길 수 있는 곳이다. 반면 2~3년간 숙식을 해결할 수 있는 쉼터는 신체보호나 거주안정성 면에서 비교적 좋고, 돈도 거의 필요하지 않다. 그러나 단체생활을 해야 한다는 점에서, 또 입소상담을 거쳐야 하고 입소기간 내내 쉼터 실무자들의 시선에 노출된다는 점에서 프라이버시를 지키기는 어렵다. 상담보호센터는 하루 단위로 이용해야 한다는 제약이 있지만 입소상담이 없어 자신의 정보를 덜 노출시키면서 숙식을 해결할 수 있는 곳으로 거리와 쉼터의 중간에 자리한다. 한편 고시원·쪽방이나 임대주택은 비교적 독립된 공간에

---

7 상경시점과 노숙 이후 자리 잡는 곳의 관계 구도에서 30대 이후에 상경해 노숙했지만 쉼터에서 생활하던 이영수 씨는 예외 사례이다. 30대 이후 상경해 노숙을 시작한 사람들이 주로 머무르는 고시원이나 쪽방에서 지내는 사람이 아닌 이영수 씨를 소개한 것은, 바로 다음에 살펴볼 쉼터라는 노숙장소에 대한 의미부여 유형에서 하나의 구별되는 시각('운명의 장소')을 그가 예시하기 때문이다. 이러한 시각은 10대에 상경해 한때 안정적으로 생활하다가 노숙하게 된 사람 중 쉼터에서 생활하는 일부 사람에게서도 발견된다.

표 12-1 상경시점과 노숙 이후 자리 잡는 곳의 관계

숫자: 사례 수

		노숙 이후 주요 생활공간					합계
		거리 · 피시방	고시원 · 쪽방	임대주택	상담보호센터	쉼터	
상경시점	10대	-	2	2 (정민철)	3	7 (신승호)	14
	20대	1	-	3	6 (김희진)	3	13
	30대 이상	3 (추성훈)	6	2	2	1 (이영수)	14
합계		4	8	7	11	11	41

서 안정적으로 생활할 수 있다는 점에서 물리적 측면과 관계적 측면 모두에서 가장 양호하지만, 가장 많은 자원이 필요한 곳이다.[8]

앞서 10대에 상경한 사람들의 다수가 신승호 씨와 같이 하층노동시장을 전전하다가 노숙에 이르렀다고 했다. 이들은 나이로 보나 직업이력으로 보나 인적자본이 가장 떨어지는 사람들이다. 노숙하기 전에도 고아원이나 공장 기숙사, 교도소 등에서 단체로 거주한 경험이 많다. 이들이 안정적으로 몸을 보호할 수 있는 쉼터에 많은 것은 이런 생애이력을 반영한다고 본다. 한편 정민철 씨와 같이 10대에 상경했으나 한때 안정적인 생활을 했던 사람은 쉼터를 적극적으로 활용해 임대주택에 들어가기도 한다. 어린 시절에 불안정하게 생활했던 경험이

8 고시원 · 쪽방에 있는 경우 방세를 스스로 마련하는 경우도 있으나 상담보호센터로부터 임대료 지원을 받는 경우도 있다. 임대료 지원을 받을 경우 어느 정도는 심리적 프라이버시 침해를 감수해야 한다. 한편 임대주택은 지원시설의 추천을 받아야만 들어갈 수 있고 입주 이후에도 관리를 받아야 한다는 점에서, 느끼기에 따라 심리적 프라이버시 침해가 더 클 수도 있다.

있어 상대적으로 쉼터에 대한 거부감이 덜하면서도, 재기 경험에서 쌓은 인적자본으로 지원시설 자원을 적극 활용한 것이라 짐작한다.

김희진 씨와 같이 20대에 상경한 사람이 상담보호센터에 주로 많은 것은 그들 스스로 그곳을 잠시 거쳐 가는 곳으로 생각하기 때문이다. 당장에 갈 곳이 없어 머물지만, 비교적 젊기에 언제든지 떠날 수 있다고 생각하는 것이다. 실제로 일부는 적극적으로 일자리를 찾아 임대주택에 입주하기도 했다. 그러나 상당수는 인적자본이 풍부하지 않기에 떠나지 못하고 이후에는 쉼터로 가기도 한다.

30대 이후에 상경한 사람은 앞의 두 경우와 뚜렷이 구분된다. 이들은 비교적 안정적인 생활을 하다가 어떤 사건이나 사고로 상경한 사람이라 인적자본이 많고, 자신에 대한 믿음도 큰 편이다. 그러나 일종의 추락을 경험했기에 도피처로 서울을 찾은 경우가 많다. 따라서 스스로 자원을 마련해 고시원이나 거리 · 피시방 등에 머무른다고 추측할 수 있다.

4. 노숙장소의 의미

그렇다면 이들 각자는 자신이 머무는 곳에 대해 어떻게 생각할까? 사실 노숙장소 각각에 대한 그들의 생각을 확인하기는 어렵다. 모든 곳을 경험하지 않았기 때문이다. 그러나 쉼터에 대한 인식을 통해 간접적으로 살펴볼 수는 있다. 쉼터로 대표되는 노숙인 지원시설이 노숙인 세계에서 차지하는 비중이 매우 크기 때문이다. 어떤 의미에서 노숙인에게 쉼터는 그들이 접하는 정부나 민간을 포함한 '사회'의 가장 구체적인 모습이기도 하다. 이를 반영하듯 많은 이들이 각자가 머무는 곳의 의미를 노숙인시설과의 관계로 표현했다.

쉼터에 대한 노숙인의 인식은 쉼터의 역할에 대한 평가에 따라 크게 4가지로 구분할 수 있다. 첫 번째는 쉼터를 물질적 지원과 심리적 지원을 받을 수 있는 곳으로 평가하는 것이다. 이런 시각에서 쉼터는 '재기의 장소'가 될 수 있다. 정민철 씨가 그런 인식을 드러낸 사례이다. 그는 노숙하게 될 만큼 어려운 상황에 처하기는 했지만 쉼터의 지원을 받아 노숙에서 벗어날 수 있었다고 말했다.

> 대체로 그 정도면 가정생활 하던 사람은 엄청 불편하지만, 없는 사람이 한때 디딤돌로 생활하기에는 괜찮습니다. 만족이라기보다는 쉼터생활이 대동소이하니까 한군데서 빨리 자립을 해야 되겠다 했지, 뭐 여기 불편하니까 딴 데로 옮겨야겠다, 그런 생각을 못 해봤어요. … 안타까운 것은, 다는 아니지만 많은 노숙인이 쉼터 생활에 안주, 그러니까 만족은 아니고 안주하는 사람이 많다는 거예요.
>
> — 정민철, 61세, 10대 상경

물론 그 긍정은 조건부이다. 자신과 같이 의지와 노력이 있어야만 쉼터에서 벗어날 수 있다는 것이다. 그는 자신이 현재는 쉼터에 있지 않다는 점을, 즉 노숙인이 아니라는 점을 강조했다. 그러면서 쉼터에서 벗어나지 못하는 사람들을 안타까워했다. 이런 인식을 평가하는 것은 또 다른 문제이지만, 어쨌든 그는 쉼터의 지원을 통해 물질적으로도 심리적으로도 안정을 찾았다.

두 번째는 쉼터를 물질적인 면에서나 심리적인 면에서나 의미 있는

표 12-2 **쉼터에 대한 노숙인의 인식**

숫자: 대략의 비중 (%)

		심리적 지원	
		○	×
물질적 지원	○	① 재기의 장소 (10, 정민철)	③ 생존의 장소 (50, 신승호/김희진)
	×	④ 운명의 장소 (10, 이영수)	② 의존의 장소 (30, 추성훈)

곳으로 보지 않는 경우이다. 이런 태도를 보인 이들은 쉼터에 있다가 나왔거나 추성훈 씨와 같이 아예 쉼터에 간 적이 없다. 이들은 공통적으로 자신이 노숙인이 아니라고 말했다. 지원시설에 의지하지 않기 때문이다. 이런 평가는 쉼터가 노숙인을 실질적으로 도와주지 못할뿐더러 심지어 대상화한다는 부정적 인식이 깔려 있다. 그래서 쉼터에 있는 사람을 거리나 기타 장소에 있는 사람보다 더 의존적이라고 여기기도 한다. 이런 의미에서 쉼터는 되도록이면 피해야 할 '의존의 장소'이다.

> 나는 그렇게 생각해요. 진짜 용감한 전사는 필드에서 싸우고 필드에서 생활해야 된다고. 나이 많고 힘들고 아프고 해가지고 쉼터에서 잘 수도 있겠지만 내 몸이 건강하고 아직은 나름대로 돈 벌어서 찜질방에서 잘 수 있는 형편이 되는데 내가 왜 그 자리까지 차지해야 되냐. … (상담보호센터도 이용해 보신 적이 없어요?) 불행하게도 안 해봤어요. 나는 쉽게 말해서, 오리지널 노숙인은 아니고, 반 정도. 이런 말 해도 돼요? 원래 제 전문이 CAD예요, 도면 설계하는 거요. … 지금은 내가 그래요. 어느 정도 내가 갖고 있는 능력이나 그걸 조금이라도 발휘해 가지고 돈을 벌어서 영등포 남아 있으면서 봉사하겠다는 거지.
>
> — 추성훈, 45세, 30대 이후 상경

앞의 두 경우가 쉼터를 긍정하거나 부정하는 시각을 드러냈다면 나머지 두 경우는 어느 한쪽으로 분류하기 어려운 양가적 시각을 드러낸다. 먼저 쉼터를 '생존의 장소'로 보는 이들은, 최소한의 생활을 지원한다는 점에서 쉼터의 역할을 인정하면서도 실질적 희망을 주지 못한다는 점에서 마냥 긍정하지는 못하는 인식을 드러낸다. 쉼터의 통제와 대상화에 아쉬움을 느끼면서도 부정적 감정을 직접적으로 드러내지 못하는 것은 받는 입장에서 그럴 자격이 없다고 생각하기 때문이다. 그러다 보니 스스로에 대한 좌절이 깊어지고, 그런 점에서 쉼터는 '체념의 장소'이기도 하다. 보통 이런 양가적 시선을 드러낸 이들은 쉼터에 거주하고 있었는데, 대체로 스스로를 노숙인이라고 생각했다.

> 나 같은 놈이 뭐 정부에 뭐 아쉬운 거 따지겠습니까? 뭐 불만족스럽네, 우리 처지에 그런 거 따질 겨를도 없고, 사실 우리 같은 사람들이 그런 걸 따진다고 하면서 세상에 도와줄 사람 하나도 없어요. … 뭔가 갈피를 잡지 못하는 거 같아요. 어쩔 때는 시골로 차라리 내려가서, 그런 맘도 있고. 근데 한쪽으로 생각하면, 여태까지 객지생활 하다가 좀 잘돼 가지고 시골 내려가면 괜찮은데, 진짜 한마디로 거지 되다시피 해가지고 내려가면, 무슨 낯으로 내려가겠어요. 하나 건진 게 없잖아. 도시에 와서 뭐 살림을 차렸다든가, 안전한 직장이라도 잡았다든가, 하나라도 했으면! … 저녁에 잠잘 때도 하도 만 가지 생각이 드니까 잠이 안 오는 거야.
>
> —신승호, 47세, 10대 상경

> 실질적인 문제는 뭐냐면, 사람들이 머리가 멍청하진 않거든요, 그런데 노숙하면 이 생활에 물들어 버리는데, 이게 개선이, 모르겠어요. 제가 죽을 때까지 서울역에서 노숙자들 사라지지 않아요. 100만 원을 서울시

에서 노숙자들한테, 방도 주고 해도, 이 사람들은 한 달을 못 버티고 도로 거리로 나와요. 제가 장담해요. 이건 뭐 복지시설 해가지고, 생필품 주고 주거지 주고 직장 주고, 그게 문제가 아니에요. 진짜 도와주려면 이 마음, 정신이라 그러죠, 심적으로 도와줘야 돼요.

— 김희진, 28세, 20대 상경

흥미로운 것은 물질적 지원을 제공한다고 평가되는 쉼터에서 오히려 심리적 자원에 의미를 부여하는 경우이다. 자신의 상황을 (종교적인) 운명론적으로 해석하고, 그 맥락에서 쉼터를 '나보다 못한 이들을 위해 봉사하는 곳'으로 여기는 것이다. 이런 시각에서 쉼터는 '운명의 장소'가 된다. 이런 인식을 보인 사람들은 대개 쉼터 업무를 보조하는 역할을 맡고 있었고, 쉼터를 떠날 생각이 없었다. 스스로를 '돕는 사람'으로 인식하면서 노숙인 정체성과도 거리를 두고 있었다.

지금 여기가 굉장히 나한테 맞다고 생각하는 게 뭐냐 하면, 잘되면 어려운 사람을 위해서 봉사하자, 어렸을 때 친구랑 손가락 걸고 그랬거든요. 근데 실천이 안 됐잖아요, 중간에 한 번 집사람이 제동을 걸어 버렸고 그러니까 하나님이 내리쳐 버린 거 같아. 완전히 이 지경까지 만들어 놓고, '가서 너도 직접 그 상태를 겪어 봐라. 그러면 니 판단이 어떻게 바뀔지 알겠느냐'. 그래서 내가 이걸 겪으면서 보니까 '아 나보다 더 어려운 사람이 있기 때문에 내가 봉사를 해야겠다, 몸으로 말로 정으로써 봉사를 해야겠다'. 뭐 여기서 받는 거 얼마 안 돼요. 아침 9시부터 밤 12~1시까지 근무하더라도 봉사료 얼마 안 되거든요. 그런 것도 있고 지금 저 마음이 편해지기도 하고 … .

— 이영수, 49세, 30대 이후 상경

지금까지 살펴본 쉼터에 대한 시선은 결국 자신이 현재 머무는 곳을 정당화하려는 노력을 반영한다. 그리고 그 노력에는 궁극적으로 '나는 노숙인이 아니다'라는 메시지가 담겨 있다. 물론 신승호 씨나 김희진 씨와 같이 그런 정당화 시도가 성공하지 못한 경우도 있다. 또 지금은 성공한 것처럼 보여도 그 성공이 얼마나 지속될 수 있을지는 알 수 없다. 그럼에도 노숙인이라는 규정으로부터 얼마나 거리를 둘 수 있는가는 결국, 앞서 살펴본 상경경로와 노숙경로에서 드러나는 생애이력의 맥락에서 이해될 수 있다.

앞의 〈표 12-2〉와 같이 41명의 시각을 정리하면, 쉼터를 '재기의 장소'로 본 사람들이 10%, '의존의 장소'로 본 사람들이 30%, '생존의 장소'로 본 사람들이 50%, '운명의 장소'로 본 사람들이 10% 정도 된다. 다시 말해, 10명 중 1명은 이른바 '희망의 집'[9]에서 그곳을 벗어날 희망을 찾았고, 3명은 희망의 집 밖에서 희망을 찾고자 했다. 또 다른 1명은 희망의 집에서 그곳의 공식 취지와는 다른 의미의 희망을 찾았고, 나머지 5명은 그곳에서 희망을 찾지 못한 채 부유하고 있었다.

9 1998년 말에 사회복지관을 중심으로 서울시에 설립된 100여 개 쉼터를 '희망의 집'이라고 불렀다. 복지관 쉼터 수가 줄면서 요즘은 이 말을 거의 쓰지 않는다. 그럼에도 '희망'이라는 단어는 계속 쓴다. 〈노숙인 등의 복지와 자립 지원에 관한 법률〉이 시행된 2012년 6월부터는 상담보호센터를 '희망지원센터'로 부른다.

5. 노숙인의 서울

많은 사람에게 서울은 원래 있던 곳을 발판 삼아 오른 더 높은 곳이자, 다음 단계로 오르기 위한 발판이기를 바라는 희망의 공간일 것이다. 그러나 서울이 희망의 공간이 되려면 제때에 맞는 방식으로 와야 한다. 노숙인은 잘못된 때에 잘못된 방식으로 서울에 온 사람이라고 볼 수 있다. 이들에게는 원래 있던 곳과 서울을 이어 줄 고리가 튼튼하지 않았고, 때로는 그조차도 없었다. 이런 의미에서 그들은 원래 있던 곳을 발판 삼아 서울에 왔다기보다는 원래 있던 곳에 더는 있지 못해 왔다고 볼 수 있다.

그럼에도 서울에 온 이상, 서울에서 벗어날 전망이 보이지 않는 이상, 그들은 어떻게든 자신이 머무르는 곳에서 의미를 찾으려고 애쓰고 있었다. 이런 노력의 목표는 노숙인에서 벗어나는 것이었다. 그러나 그런 시도의 성공가능성은 생애이력에 의해 어느 정도 규정되는 것으로 보인다. 서울에 와서 노숙을 시작하면 가장 먼저 접하는 얼굴은 지원시설이다. 최소한의 의식주를 제공받을 수 있고, 때로는 그 이상의 지원을 받을 수도 있다. 그러나 지원시설의 지원만으로 노숙에서 벗어날 가능성은 매우 낮다. 더욱이 지원은 공짜가 아니다. 그것을 받으려면 '노숙인'이라는 치욕스러운 규정을 어느 정도 받아들여야 한다. 이것이 싫어서 지원시설의 도움에 기대지 않으려면 스스로 자원을 확보할 수 있어야 한다. 지원시설의 도움을 받아 임대주택에 들어가기 위해서라도 일정한 능력이 있어야 한다. 그래서 대다수는 지원시설을 거부하지도, 발판 삼아 나오지도 못한다.

이런 그림은 기존에 알려진 노숙인의 상황과 유사하다. 그럼에도 이 글은 노숙인이 어떤 식으로 자신이 있는 곳에 의미를 부여하는지를 확인했다는 점에서 의의가 있다. 서울의 노숙인 정책, 나아가 한국의 노숙인 정책은 '사회복귀를 전제로 한 시설보호'로 요약할 수 있다. 노숙인을 옹호하는 많은 글들이 그들을 사회로 복귀시켜야 한다고 주장하고, 그 수단으로 주거지와 일자리를 강조한다. 그러나 그들이 말하는 사회는 과연 어디인가?

정말로 그들을 복귀시킬 의지와 자원이 있는지 따지는 것을 떠나, 이들의 이야기는 그들에게 필요한 것이 과연 물질적 지원인가에 대해, 나아가 그들에게 과연 돌아갈 사회가 있는가에 대해 생각하게 한다. 그들은 무엇인가를 줄 수 있는, 그럼으로써 의미 있는 사람이 되고 싶어 한다. 그 의미는 자신과 비슷한, 혹은 자신보다 못나 보이는 사람들과의 관계 속에서 그나마 찾을 수 있는 것으로 보인다. 쉼터에 가지 않으려는 것도, 쉼터에 있으면서 좌절하는 것도 결국에는 그곳에서 자신은 못난 사람이 될 수밖에 없다는 점을 알기 때문이다. 이들 중 일부가 자신이 머무르는 곳에 애착을 보인 것을 단순한 자기합리화로 볼 수만은 없는 것도 그런 이유에서이다. 적어도 일부 사람들에게는, 그들이 있는 곳이 이미 사회일 수도 있다.

참고문헌

구인회 · 정근식 · 신명호 편 (2012). 《한국의 노숙인: 그 삶을 이해한다는 것》. 서울대 출판문화원.

김수현 · 김홍기 · 정원오 · 황운성 (2000). 《서울시 노숙자 지원사업 백서, 1998~2000》. 서울시.

박은철 · 이자은 · 김준희 (2015). 《노숙 진입서 탈출까지: 경로분석과 정책과제》. 서울연구원.

보건복지부 (2015). 2015 노숙인 등의 복지사업안내.

서종균 (2011). 2010년 거리노숙인조사 결과보고. 2010년 전국홈리스 실태조사 결과발표회(2011. 11. 27).

이정규 (2012). 2012 전국노숙인실태조사 결과보고. 2012 전국노숙인실태조사 결과발표회 및 임시주거비지원사업 방향성 모색을 위한 정책토론회(2012. 12. 20).

황익주 · 선소영 (2012). 한국 노숙인의 하위문화와 '정상적인 집'이라는 이상. 구인회 · 정근식 · 신명호 편. 《한국의 노숙인: 그 삶을 이해한다는 것》. 서울대 출판문화원.

13

'초국적 상경'과 서울의 조선족

박 우

1. 서울의 조선족, 그들은 누구인가?

> 처음에 김포공항에 딱 내려서 보니까 머리 노랗게 물들인 사람도 있지, 옷도 마음대로 입지, 참 생소한 거야. 이튿날에 서울 시내로 나왔는데 아 글쎄 모두 간판이고 뭐고 조선글로 썼는데 알아볼 수 있어야지, 몽땅 영어 발음으로 해가지고, 거기다가 한국 사람과 대화를 하는데 말귀를 못 알아듣겠더라.
>
> — 박우 외(2012a), 26쪽

1990년 서울에 입성한 조선족의 첫인상이다. 서울의 물질적 풍요로움과 자유로운 생활의 양상들이 막 시장경제의 걸음마를 뗀 중국에서 생활했던 조선족에게는 신선한 충격이었던 것 같다. 조선족, 조선 왕조의 끝자락에 출현한 집단이 자본주의 한국의 수도 서울에 입성하기 시작했다.

조선족은 서서히 서울의 한쪽을 채워 갔다. 한국 산업화의 징표 중 하나인 구로공단 주변 지역은 이들에게 삶의 터전이 되었다. 재일교포의 모국 투자가 조선족의 거주 공간을 만들어 줄 거란 생각을 누가 했을까? 아무튼 국경을 넘어 수도로 이주한 조선족의 '초국적 상경'은 이후 다문화 서울을 구성하는 중요한 집단으로서 (재한) 조선족집단을 출현시켰다.

구로공단 지역은 조선족의 집거지가 되었고, 이들은 현재 '대림동 시대'를 열고 있다. 이곳은 중국적 색채가 짙은 지역으로 부각되었고 이태원, 서래마을 등과 함께 한국의 다문화(또는 내부 세계화)를 보여 주는 공간으로 자리매김하였다.

그렇다면 서울의 조선족은 누구인가? 이들의 출현을 어떻게 볼 것인가?

조선족의 한국 노동시장에서의 역할과 한국과 중국 사이의 가교 역할은 커지고 있다. 이런 역할의 증대에 비례하듯 국내 다문화, 외국인, 재외동포 관련 연구자들은 이들에 대해 꾸준한 관심을 보인다. 하지만 서울의 조선족을 어떻게 볼 것인가에 대해서는 아직 뚜렷한 상이 없는 듯하다.

이 글은 이러한 문제의식하에서 서울의 조선족집단이 어떤 사람들로 구성되었고 어떻게 출현하였는지를 개관적 수준에서 다루고 이들의 함의를 공유해 보고자 한다.

2. '만주드림'의 잔상, '사회주의적 인간'으로 설정되다

고구려 후손의 고토 (귀환) 이주인지 조선인들의 외국(청나라) 이민인지 모르겠지만 1800년대 후반부터 수많은 사람들이 압록강과 두만강을 넘어 북상했다. 생계를 위해, 민족의 독립을 위해, 사업을 위해, 취직을 위해, 선교를 위해, 일제의 강제에 의해 다양한 유형의 조선인들이 삶의 터전을 옮겼다.

'만주드림'은 동(북)아시아의 급격한 정치경제 구조 변동 속에서 배태(胚胎)됐다. 만주는 1900년을 전후하여 철도부설권과 운영권을 둘러싼 제정러시아, 일본, 청나라의 각축장이 되었고, 청일전쟁과 러일전쟁으로 정치경제적 헤게모니는 복잡한 양상으로 구조화했다. 1910년대에 출현한 중국의 첫 근대국가인 중화민국은 만주의 사안에 적극적으로 개입하고자 했다. 1920년대의 만주는 장쭤린(張作霖)이 이끄는 펑톈(奉天) 군벌의 황금기에 진입했고, 1930년대에는 만주사변으로 일본이 만주의 압도적인 지배집단이 되었다. 1940년대 일제의 패망은 소련의 군사관제로 이어졌고, 소련의 헤게모니적 간자(間者) 역할은 만주 지배권을 둘러싼 랴오선전투(遼瀋戰役)를 시작으로 국-공 내전을 유발하기도 했다.

1945년 해방 직후 귀국하지 않았거나 못한 사람들은 1949년 이후부터 서서히 중국공(국)민이 되었다. 중화인민공화국을 탄생시킨 주력으로서 '혁명적 동지'에 만주 조선인들이 상당히 많았기 때문이다. 이들은 중국인으로서의 법적 지위를 부여받았고 중국 동북의 광활한 지역에서 산발적으로 생활하기 시작했다. 1950년대 중화인민공화국의 사회주의 건설은 동북(만주)의 산업기반을 토대로 추진되었다. 사회주의 중국의 경제발전을 견인했던 동북지역은 '공화국 맏아들'로 불렸고, 이런 지역에서 조선족은 한족, 만주족, 몽골족 등 민족과 함께 생활했다. '만주드림'의 잔상은 서서히 '사회주의적 인간'으로서 조선족의 자아로 재설정되었다. 중국에서 이들의 건국 공헌은 안정적이고 지속적인 권리의 획득으로 이어졌고, 이 권리로 중국의 주류사회를 구성하는 중요한 민족집단으로 역할 할 수 있었다.

하지만 중화인민공화국의 탄생이 정치경제적 안정을 동반한 것은 아니었다. 한국전쟁 참전, 1950년대 중후반의 급진적 공업화와 그 여파, 1960년대 중반부터 1970년대 중후반까지 이어진 공산당 내부의 좌우 노선 충돌은 중국식 '사회주의적 인간'에 회의적인 조선인(족)을 출현시켰고 이들 중 일부는 구조적 또는 이념적 폭력에 못 이겨 여러 경로를 통해 평양과 서울에 입성하였다. 1980년대 사회주의 계획경제의 한계는 탈사회주의라는 실용주의 노선으로 대체 및 보완되었다. 하지만 2000년대 동북 경제는 (국유)중화학공업의 더딘 개혁으로 사면초가였다.

불과 몇십 년 전, 만주로 북상했던 조선인들은 이 짧은 기간에 자신들을 둘러싼 정치경제 구조들이 이렇게 급박하게 변할 것이라 예상했을까? 중국 조선족은 동(북)아시아의 역동적 정치경제 구조의 변동 속에서 구성되고 재설정된 중국 국적의 한인(韓人 또는 조선인)이었다. '만주드림'의 잔상을 내재한 '사회주의적 인간'으로서 조선족은 계획경제의 실용주의적 전환 과정에서 중국의 다른 사람들과 유사하면서도 다른 정체성의 재설정을 경험하게 된다.

3. 중국식 자유주의, '코리안드림'을 배태하다

1976년 중국의 핵심 엘리트 3인이 사망하면서 문화대혁명의 원죄에 대한 문책과 평반(平反)이 시작되었다. 구원 등판한 덩샤오핑(鄧小平)은 1950년대부터 줄곧 주장했던 사회주의 계획경제의 한계를 지적하면서 탈사회주의 시대의 서막을 열었다. 하지만 중국식 자유주의는 1989년의 천안문사태와 같은 '극단적 동란'을 재현하였고, 이 트라우마를 안은 채 중국은 1990년대에 진입하였다.

세계 자본주의 체계가 강요한 것인지, 아니면 중국의 공산혁명과 사회주의 건설기에 청산하지 못한 구 자산계급과 매판계급이 요구한 것인지 논쟁적이지만, 어찌 되었든 덩샤오핑은 1992년 탈사회주의 1번지인 선전(深圳)을 보고 중국식 자유주의를 심화한다고 선포했다. 1994년부터 중국은 본격적인 국유기업 개혁에 돌입했고 도시에는 수백만 명에 달하는 실업노동자집단이 출현했다. 집단농업의 가족농 전환으로 수많은 농업 노동자들이 도시 산업부문에 편입되면서 농민공이라는 신생노동자집단을 양산했다. 이 실업자들에 대해 국가는 제한적 차원에서만 보장을 제공했다. 동시에 국가의 부담을 최소화하기 위한 방법 중 하나로 이들을 세계 자본주의 체계에 편입된 외국인 노동자로 기능할 수 있는 방안들을 강구하였다. 지방정부 주도로 추진된 노동력의 해외송출과 자발적 노동이주를 정책적으로 보장한 것들이 바로 이 방안의 구체적인 내용이었다.

중국 정치경제 구조의 변동은 조선족사회를 뒤흔들었다. 대규모 인구이동, 도시화 및 사회경제적 분화를 통한 선부(先富) 계급의 등장

(이희옥, 1994; 장경섭, 1996) 등의 현상은 200만 인구의 조선족사회에서도 출현하였다(권태환 외, 2005; 박광성, 2006; 박우, 2015; 한상복·권태환, 1993). 1990년에 50.2%였던 조선족의 도시 거주자 비율은 2000년에 62%, 2010년에 69.4%로 증가했다. 2010년 중국 평균은 50.3%였다. 중국 조선족사회는 중국의 평균보다 높은 수준의 도시화를 경험하고 있었다(박우, 2015: 95).

다른 한편 헤이룽장성(黑龍江省), 지린성(吉林省), 랴오닝성(遼宁省)과 네이멍구(內蒙古) 자치구의 동부 지역(만주) 전통 거주지 조선족들은 서서히 동남연해지역 및 대도시로 이동하기 시작했다. 전통지역 거주 조선족의 비율은 1990년 98.3%에서 2010년에는 88.8%로 감소했다. 이 인구는 호구(戶口) 인구이기 때문에 실제 거주인구를 기준으로 한다면 훨씬 큰 규모로 감소한 것으로 봐야 할 것이다. 감소인구는 베이징(北京), 상하이(上海), 산둥성(山東省)의 칭다오(青島)와 옌타이(烟台), 광둥성(广東省)의 광저우(广州)와 선전(深圳), 저장성(浙江省)의 항저우(杭州), 장쑤성(江蘇省)의 난징(南京)과 쑤저우(蘇州) 등의 지역으로 이동했다(박우, 2015: 95).

이러한 이동은 조선족사회의 탈(이)농을 동반했다. 1990년에 1차 산업 종사자는 52.8%였지만 2010년에는 26.5%로 20년 사이에 절반으로 감소했다. 2차 산업 종사자는 1990년에 22.1%였는데 2010년에는 20.2%로 소폭 변화했다. 1990년 서비스업 종사자는 23.5%였지만 2010년에는 49.7%로 증가했다. 개혁기 조선족 농업 종사자의 상당부분이 서비스업으로 편입된 것이다(박우, 2015: 95~96).

조선족은 활발한 이동과 함께 분화를 경험했다. 우선, 당·국가 부문에 있는 정치엘리트 조선족들은 탈사회주의기에도 권력의 재생산을 보장 받았다. 이들은 지역을 기반으로 중앙정부까지 이어지는 정치적 연결망을 통해 중국의 정치엘리트 그룹을 구성했다. 계획경제 시기의 민족지역 자치제도는 시장경제의 도입으로 그 한계가 드러났지만, 최소한 중국의 정치엘리트 그룹은 여러 민족이 지분을 나누어 가진 합리적 구조였기 때문에 중국은 다민족국가로서 통치의 합리성과 정당성을 유지할 수 있었다. 두 번째로, 조선족이 상대적으로 많이 거주하던 지역의 국유기업 책임자였던 조선족 간부들은 중국의 '홍색 자본가' 대열에 합류하여 개혁기의 계급적 상층부로서 선부집단에 들어갔다. 이와 동시에 신생지식인집단을 중심으로 창업을 통한 기업가들이 출현하였고, 이후 유학파를 중심으로 신흥 산업에 진출한 젊은 사업가들이 출현하였다. 세 번째는 조선족 전문가(또는 지식인) 집단이다. 사회가 분화하고 개인과 집단의 이해관계가 복잡해지면서 특정 분야의 전문성을 띤 사람들이 새로운 계급적 상층부를 구성할 수 있었다. 국가부문에 고용된 전문가가 사실상 국가의 대행자라는 측면을 차치하더라도, 시장에서 자신의 인적·사회적 자본을 활용하여 경제적 부와 사회적 명성을 쌓은 조선족 지식엘리트집단이 형성된 것이다.

1990년부터 2010년까지 조선족의 국가기관, 사회조직, 사업단위 관리자나 기업 책임자 비율은 3.7~4.1%였다. 이 비율은 같은 시기 중국 평균의 2~2.5배 수준이다. 전문기술자의 비율은 12~13.5%로 이 역시 중국 평균의 2~2.5배 수준이다. 사무직(화이트칼라) 비율도 3.1~6.5%로 중국 평균보다 높았다(박우, 2015: 99). 조선족이 중국의 평균 수준보다 빠른 분화를 경험하고, 비율적으로 많은 사람들이

당·국가간부, 기업가, 전문가가 될 수 있었던 이유 중 하나는 높은 교육 수준이었다. 2010년 기준, 고등학교 이상의 학력을 가진 조선족 비율은 41.8%로 중국 평균인 24.5%의 두 배 가까이 되었다(박우, 2015: 97).

이러한 활발한 이동과 급격한 분화는 서로 밀접하게 영향을 주고받으면서 전통적 중국 조선족 커뮤니티에 전례 없는 변화를 가져다주었다. 선부집단으로 성장할 수 있었던 사람들은 개혁기 중국의 주류집단 구성원이 되었다. 하지만 모든 조선족이 경제개혁의 혜택을 받은 것은 아니다. 농업(또는 농촌) 노동력의 도시 이동, 국유기업 개혁으로 인한 실업인구 증가 등 중국사회에서 보편적으로 나타난 현상들이 조선족사회에도 예외는 아니었기 때문이다. 사회주의적 유산은 개혁을 심화한다는 국가 주도적 이데올로기에 의해 형태가 희미해졌고 중국 공산당이 선진 생산력, 선진 문화의 대표로 재정의되면서 노동자와 농민 등 중국의 광대한 인민대중은 중국사회의 하층집단으로 고착되었다. 중국 조선족 중 개혁기 선부집단으로의 진입 기회가 박탈된 사람들은 부득이 새로운 경제적 기회를 찾아 떠나야 했다.

'사회주의적 인간'으로서 일부 조선족의 '코리안드림'은 중국식 자유주의의 불평등한 결과 속에서 배태됐다.

4. 한국의 신자유주의, '코리안드림'을 현실화하다

한국은 1980년대의 북방정책을 통해 중국 및 CIS(Commonwealth of Independent States: 1991년까지 소련 연방의 일원이던 독립국가들) 지역 국가와의 교류를 새롭게 시작했다. 더욱 가까워지고 밀접해진 이 지역 국가와의 관계는 인적 교류의 측면에서 특별한 의미가 있었다. 한국과 공산권 국가에 거주하는 이산가족이 여러 경로를 통해 만나게 된 것이다.

남한에 친척이 있는 이른바 연고동포 조선족들은 1992년 한중수교 이전까지 홍콩을 통해 한국을 방문했다. 한중수교 이후부터는 한국정부의 비자를 발급받아 제 3국(또는 지역)을 경유하지 않고 직접 방문할 수 있었다. 친척 방문을 비롯한 단기체류 자격은 1990년대 중후반까지 조선족 개인이 한국을 방문하는 주요 방법이었다. 이렇게 유입된 조선족들은 자연스럽게 한국의 노동시장에 편입되었고, 국가와 자본은 이런 현상을 묵인 또는 방임했다. 당시 이들은 〈출입국관리법〉에 의해 관리되었다.

1990년대 말 한국이 IMF 구제금융의 지원을 받을 때 재외동포 관련 정책은 획기적으로 변한다. 한국정부는 재미동포를 중심으로 재외동포의 모국에 대한 공헌을 희망하였다. 정부는 1997년 재외동포재단을 설립하고, 1999년 국회는 〈재외동포의 출입국과 법적 지위에 관한 법률〉(이하 〈재외동포법〉)을 통과시켰다. 하지만 〈재외동포법〉은 1948년 대한민국 정부 수립 이후 해외로 나간 한인(韓人)만을 재외동포로 인정하였고, 그 이전에 중국, 러시아 등의 지역으로 분산된 한인은 재외동포의 범주에서 배제했다. 이는 즉각적으로 학계, 사회계, 정계의 반대를 불러왔고 서울에 거주하는 조선족의 강력한 반대에 부딪혔다 (박우, 2012). 결국 이 법은 2004년에 개정되었고, 조선족 및 CIS 지역의 한인들도 재외동포로 인정되면서 한국 입국의 문호가 확대되었다. 한국에 친척연고가 없는 조선족들은 2007년 이후부터 공식적인 (국민에 준하는) 동포 지위로 한국사회에 편입할 수 있었다.

재외동포 정책이 변화하던 비슷한 시기에 외국인 산업인력 정책도 변화했다. 구 사회주의권 블록의 자본주의 세계체계 편입으로 한국은 새롭게 아시아 국가 간 사회적 연계구조를 형성할 수 있었다. 한국은 국제분업 구조상 지위가 상승하면서 한국 자본의 외국 진출과 함께 외국 노동력의 한국 유입을 경험하게 되었다(설동훈, 1999: 71~94). 외국 노동력의 한국 유입은 한국 노동시장의 생산직 인력부족 현상과 직결되었다. 이미 1980년대 중후반부터 한국의 농촌이 노동력 저수지로서의 기능을 상실하기 시작하였고, 청소년 인구가 절대적으로 감소하기 시작했다. 또한 노동력의 고학력화, 인문화 등의 현상이 뚜렷해지고 노동자의 2차 노동시장 부분에 대한 취업기피 현상이 확산되기 시작했다. 이러한 생산직 인력난 현상을 극복하기 위하여 기업들은 외국인 노동자를 고용(설동훈, 1999: 94~106)했다. 국내 기업의 외국인 노동자 고용은 산업연수 제도, 연수취업 제도, 취업관리 제도, 고용허가 제도, 방문취업 제도 등 정책으로 제도화되었다.

이른바 서울의 조선족은 이렇게 신자유주의 전환기 한국의 재외동포 정책과 외국인 산업인력 정책의 동시적이고 복합적인 영향을 받으면서 출현한 것이다(박우, 2012). 국민에 준하는 동포적 지위와 산업인력으로서의 지위라는 복합적 구성은 조선족을 기타 진입집단과 구분하는 법적, 제도적 근거가 되었다.

이런 정책 변화를 통해 1992년 한중수교를 기점으로 한국에 입국하거나 거주하는 조선족 규모는 꾸준히 증가했다. 국내 거주 조선족 규모는 2013년 1월 기준 55만 3,517명으로 전체 외국 국적자의 38.3%였다(동남아시아 이주민은 27.8%, 중국 국적 비한국계는 15.4%였다). 서울 거주 조선족 인구는 22만 5,201명으로 서울 거주 외국인의 57%였고, 경기도 거주 조선족은 19만 8,955명으로 경기도 거주 외국인의 45%였다(행정자치부, 2013).[1]

한국의 신자유주의가 낳은 불평등한 결과들은 중국식 자유주의가 배태한 '사회주의적 인간'인 조선족의 '코리안드림'을 현실화하는 조건들을 만들었다. 산업인력으로서의 일부 조선족과 자본 소유자로서의 일부 한국인이 초국적인 계급관계를 맺기 시작했다. 탈사회주의 전환기에 피착취의 기회조차 박탈당한 '피해자'인 조선족이 한국 신자유주의의 불평등한 구조 속에서 이 기회를 획득한 '수혜자'가 되는 역설이 출현한 것이다.

---

1 2016년 현재 이 규모와 구성은 크게 다르지 않다.

5. '코리안드림'은 서울에서 실현되고 있다

서울의 조선족은 그야말로 다양한 사람들로 구성되었다. 이들의 서울 생활은 담담하면서 희망적이었다.

시청역과 서울역 입구와 통로에 신문지를 펴놓고 우황청심환, 산삼, 녹용 등 중국산 약재를 판매하던 길거리 보부상인, 문틀목수로 일하면서 좋은 한국인 현장 책임자를 만날 수 있었던 근로자, 부모의 고향이 대구라서 친척 초청 방식으로 한국에 온 후 바로 국적을 취득하여 신문사를 창업한 언론인, 조선족 인구가 밀집 거주하는 지역에서 여행사를 창업한 조선족 사업가, '남조선'은 못사는 동네라고 생각했다가 와보고 놀랐다는 식당 종업원, 여전히 신분을 숨기고 살 수밖에 없는 불법체류자, 간병 일을 하다가 직업에 정이 들었다는 간병 도우미, 새벽부터 일용직을 나가지만 매일 돈 버는 재미가 쏠쏠하다는 일용직 근로자, 재외동포 사증으로 변경하고 프로그램 개발자가 된 고학력 프로그래머, 산업현장에서 팔이 절단되는 상해를 입었지만 개인사업을 시작하여 성공한 양꼬치 가게 사장, 일상이 고달프지만 규칙과 규정을 지키는 것이 중요하다는 것을 깨달은 젊은 근로자, 여성이지만 건설현장이 힘들지 않다는 건설업 여성 근로자, 못사는 나라에서 왔다고 남편에게 인격을 무시당한 결혼이주 여성(박우 외, 2012a) 등 다양한 조선족이 서울을 함께 구성하고 있었다.[2]

---

2 〈연합뉴스〉는 2016년 6월부터 시리즈 기사 "중국동포 성공시대"를 통해 한국에서 교수, 변호사, 사업가 등 전문분야에서 두각을 나타내는 조선족을 소개했다. 2017년 1월, 32회로 이 시리즈는 끝을 맺었다.

서울의 조선족 인구는 2007년의 방문취업 제도를 시작으로 급증했다. 이 증가한 인구는 한국의 층화된 거주환경 속에서 자신의 경제적 지위에 적합한 거주지역을 선택했다.

> 2007년에 독산동에서 대림동으로 이사 왔다. 대림동도 우리가 처음 올 때에 이렇게까지 변화하지 못했다. 가게도 빈 가게들이 많았다. 그런데요 몇 년 사이에 대림동도 엄청 사람들이 많이 들어왔다. 옛날에 비었던 지하 방이랑 지하 가게랑 지금 아예 들어갈 자리가 없다.
>
> — 박우 외(2012a), 232쪽

대림동에서 사업에 성공한 조선족 사업가의 말처럼 2007년 조선족의 동포 지위가 인정되면서 이 지역은 급격하게 팽창했다. 구로공단 인근의 독산동과 가리봉동이 초기 개인이주자들에 의해 채워졌다면, 인근 대림동으로의 확장은 법적 지위의 안정화와 활발한 가족이주가 주요 원인이었다.

서울은 조선족에게 거주의 지역이다. 이들은 서울의 25개 자치구 전역에 분포해 있다. 그중에서도 영등포구, 구로구, 금천구, 관악구가 인접한 지하철 1호선, 2호선, 5호선, 7호선이 교차하는 지역에 밀집 거주하고 있다. 이렇게 서울 남서부 지역에 밀집 거주하는 조선족 인구는 전체 서울 거주 조선족의 54.7%에 달한다. 단일 행정동을 보면 영등포구 대림2동, 구로구 구로2동, 구로구 가리봉동, 구로4동, 금천구 가산동, 영등포구 대림3동, 금천구 독산3동 등의 지역이 조선족 인구가 상대적으로 집중된 지역이다. 이 밀집 지역에서 조선족들은 짧게는 1년 미만, 길게는 16년을 생활한 경험이 있다.

또한 서울의 조선족들은 다양한 주거 양상을 보인다. 대부분이 옥탑방을 포함해서 빌라 지상층에 거주하고, 그다음으로 많은 사람들이 빌라 반지하에서 생활한다. 집거지의 아파트에 거주하는 사람들도 있고, 사업을 하는 사람들은 본인 소유 가게에서 생활하기도 한다. 또 일부는 기숙사, 쉼터, 고시원 등의 시설에서 임시로 거주한다. 이 사람들 중 전셋집을 마련한 사람은 전세 3천만~3억 원, 월셋집에 거주하는 사람은 보증금 700만~2천만 원, 월세 10만~30만 원 정도를 지불하고 산다(양한순 · 박우, 2013: 50~52).

서울은 조선족에게 생산활동의 지역이기도 하다. 서울에서 사는 조선족의 대다수는 수도권의 2차 노동시장에 편입되어 있다. 이들의 소득 수준은 직업의 다양성과 큰 상관없이 비슷하게 분포해 있다. 월 소득(개인) 150만~200만 원 구간의 비중이 직업군 모두에서 가장 높다. 그다음으로 200만~250만 원 구간의 비중이 높다. 2차 노동시장에 편입된 조선족은 일평균 9~12시간을 노동하고 있다. 건설업과 제조업 종사자 중에서는 일평균 9~10시간 노동이 가장 많고, 서비스업 종사자 중에서는 일평균 11~12시간 노동이 가장 많다. 이들은 대부분 한 달에 4일 정도 휴식한다(양한순 · 박우 외, 2013: 110~111). 비중은 크지 않지만 500만 원 이상(1천만 원 이상 포함)의 소득을 얻는 사람들도 있다. 상대적 고소득 집단에 속하는 사람들은 사업가와 전문직 종사자이다. 조선족 사업가들은 주로 밀집 지역의 상권을 구성한 사람들로, 대림동 시대의 서비스경제 중심 집단이 되어 지역 경제발전에 큰 공헌을 하고 있다. 전문직 종사자들은 한국에서 대학 교수, 변호사, 경영인 등 전문분야 사람들이다.

또한 서울은 조선족에게 소비의 지역이다. 거주지역을 구성하고 그 지역을 중심으로 서울 및 수도권에서 생산활동에 종사하는 조선족은 소득의 대부분을 그 지역에서 소비한다. 소비 규모와 수준은 일정한 변화의 패턴을 보인다. 2008년에 52만 원이었던 조선족의 월평균 소비는 2013년에는 82만 원으로 증가했다. 국내 저축은 월 48만 원에서 84만 원으로 증가했다. 대신 중국으로의 송금은 월 37만 원에서 26만 원으로 감소했다. 중국 송금 액수가 줄었을 뿐만 아니라 송금하는 인구도 줄었다. 조선족은 주거와 생활에 필요한 기본적인 부분뿐만 아니라 외식, 쇼핑 및 기타 여가활동 등 거의 모든 영역에서도 소비했다.[3] 거주, 생산, 소비를 비롯한 생활 대부분이 이뤄지는 서울은 이주를 경험한 조선족의 새로운 생활터전이 되었고, 서울의 포용성은 이들의 '서울사람'으로서의 정체성을 결정하게 되었다. 조선족의 '코리안드림'은 서울에서 이루어지고 있었다.

이 같은 서울 조선족 커뮤니티의 발전에는 이들에게 부여된 국민에 준하는 법적 지위가 큰 몫을 했다. 동포이면서 산업인력인 조선족의 법적 지위는 기타 외국인과 달리 조선족에게 한국 내에서 경제활동의 자율성을 보장하였다. 이 지위로 조선족은 2차 노동시장의 거의 모든 영역에 편입할 수 있었고, 기능적 숙련도와 공헌적 역할이 인정되면 1차 노동시장에 편입될 자격을 얻을 수 있었다. 그뿐 아니라 이 지위로 거주의 자율성도 보장받았다. 고용관계의 형성과 체류기간이 연동되

3 2008년은 "중국동포 방문취업제 실태 및 만족도 조사 연구", 2013년은 "서울 거주 중국동포 실태조사 및 정책 수립 연구" 자료이다.

었던 기타 외국인 노동자와 달리 조선족은 국민에 준하는 법적 지위로 공식적인 경제활동을 하지 않더라도 한국에서 일정 기간 거주할 수 있는 자격을 제공받은 것이다. 이처럼 노동시장에서 자율적인 고용관계 형성이 가능하고 고용관계를 맺지 않아도 거주할 수 있는 이유는 조선족이 산업인력으로서의 성격뿐만 아니라 동포적 성격도 갖고 있기 때문이다. 법적·제도적 차원의 동포성은 문항과 조항을 통해 구체화하고 실체화했다. 이와 동시에 동포적 성격은 한국인과 조선족 모두에게 문화적 동질성이라는 관념적 차원에서도 유효한 것으로 남아 있었다. 문화적 동질성에 기초한 귀속의식은 조선족들이 서울 생활을 능동적으로 개척하는 원동력이 되기도 했다. 이 문화적 귀속의식은 법적 지위의 변화에 따라 강화되기도 했고 악화되기도 했다.

다른 한편, 서울에서 이루어지는 '코리안드림'은 조선족과 한국인의 차이를 확인하는 계기이기도 했다. 이 차이는 일상생활에서 한국인 주민과 조선족 주민 사이의 갈등으로 묘사된다. 예를 들어 조선족이 밀집해 있는 곳에서 가장 많이 발생하는 문제 중 하나는 조선족들이 쓰레기를 분리수거하지 않는다는 것이다. 중국의 대부분 지역에서는 주민들이 '위생비'를 납부하면 사구(社區: 지역커뮤니티 관리기관)가 쓰레기를 분리하는 사람을 고용한다. 쓰레기 배출과 분리수거의 문화적 배경이 다른 사람들이 한곳에서 살다 보니 이런 갈등이 출현한다. 이는 하나의 작은 사례에 지나지 않지만 한국과 중국에서 정부가 개인 일상의 어떤 수준까지 영향을 미치는지, 또한 국가와의 관계 속에서 조선족 개인이 이해하는 공적 영역과 사적 영역이 어디까지인지를 알려 주는 사례이다. 이는 중국식 사회주의의 유산 또는 잔재라고 부를 수 있다.

조선족의 문화는 생산활동의 영역에서도 한국인과 차이가 난다. 현재 한국 노동시장에 편입된 대부분의 조선족은 집단농업과 국유기업을 중심으로 한 계획경제하에서 젊은 시절을 보낸 사람들이다. 사회주의사회에서 노동을 해온 이들은 그에 맞는 노동 가치관을 갖고 있다. 그 때문에 이들은 출퇴근 시간을 엄격하게 지키는 것을 원칙 중 하나로 여기고, 임금체불이나 임금미지급 등에 대한 문제제기, 나아가 분노를 자신의 권리로 여긴다. 그런데 서울은 이처럼 다른 문화에서 살아온 조선족들에게 국가가 아닌 개인사업자와의 고용관계 속에서 한국문화에 적응하도록 강요하였다. 여간 쉬운 일이 아니었다.

생활과 생산 영역에서의 이러한 부대낌을 '사회주의적 인간(인민)'으로서의 조선족이 서울에서 적응해 가는 과정으로 볼 수 있다. 이렇게 누군가를 고용해야 하는 사람과 누군가에게 고용되고자 하는 사람의 관계를 보다 효율적으로 이루어지게 하고자 추진한 재외동포 정책과 산업인력 정책은 역설적으로 조선족이 '서울사람'이 되게 하는 조건을 만들었다. 동포적 계급관계를 통한 조선족의 피착취 과정들은 어쩌면 이들의 서울, 나아가 한국의 경제발전에 대한 공헌적 인식의 경험적 기초가 될 것이다. 이러한 공헌적 인식은 '서울사람'으로서 조선족 정체성(또는 귀속성)의 한 측면을 구성한다.

이와 같이 중국의 사회주의 속에서 살아온 조선족이 신자유주의 국가 한국의 서울에서 새로운 삶을 개척했다. 서울의 조선족은 다른 사람들과 호혜적으로 또는 갈등적으로 생활하는 집단인 동시에 전환기 한국사회에 출현한 새로운 현상이기도 하다. 그렇다면 하나의 현상으로서 서울의 조선족은 어떤 의미가 있을까?

6. '초국적 상경'과 조선족의 의미

'만주드림'과 '코리안드림'은 불과 몇십 년을 사이에 둔, 동(북)아시아 정치경제 질서의 역동적 변화가 배태한 일부 조선(한)인들의 삶의 원동력이었다.

서울은 다양한 꿈을 가진 사람들이 모여 그 꿈을 실현하고자 하는 곳이고, 서울의 조선족은 '초국적 상경'으로 함축되는 이동의 경험, 문화의 역사성, 동포적 계급관계 등을 복합적으로 내재한 집단이다. 따라서 서울의 조선족은 민족의 이산, 냉전의 종식, 사회주의 진영의 자유주의 전환, 한국의 신자유주의 전환 등 동(북)아시아 정치경제 구조의 전환 속에서 설명되어야 한다.

한국사회에 편입된 외국인으로서 조선족은 다른 외국 국적자, 더 구체적으로 후진국 출신 외국인 산업인력과 함께 한국의 다문화(다양한 문화가 아닌 다른 문화) 담론의 주요 대상 중 하나가 되었다. 한국의 다문화 사회 담론은 다문화의 내용을 고민하기보다 한국인과 외국인을 구분하는, 또는 한국적인 것과 아닌 것을 구분하는 담론이다. 다시 말해, 한국이 '다문화 사회가 되었다'는 것은 한국(인)이라는 기존의 영역과 별도로 다문화적인 영역이 구성되었다는 의미로, 한국의 다문화 사회 담론은 사회통합을 저해하는 갈등 요소들의 증가를 미연에 방지해야 한다는 인식에서 출발한다. 그 때문에 현재의 시각과 논리에서 다문화 사회 한국에 대한 관심은 고유한 영역인 한국인들이 어떻게 다문화적으로 변화할 것인가가 아니라 별도의 존재로서 다문화에 어떤 문제가 있는지에 대한 관심으로 귀결되었다. 하지만 조선족은 법적으로 국민에 준하는 지위를 인정받은 상황이다.

이 집단에 대한 국가와 사회의 기능적 필요성 또는 이 집단의 공헌적 역할도 이들에게 준국민적 지위를 부여하는 중요한 근거가 되지만, 식민지배와 분단의 비극 중 하나로서 '피'와 '혈육'의 가족적 이산은 현재에도 진행형이기 때문에 한국 입장에서 누군가에 대한 국민 또는 국민에 준하는 법적 지위를 부여함에 있어 동포라는 성격은 본연의 권리로 작용하는 것 같다. 어찌 되었든 국민에 준하는 지위는 조선족을 그저 한국의 다(른) 문화를 구성하는 여러 집단 중 하나로 보기 어렵게 만든다. 동포적 성격에 기초한 준국민적 지위는 조선족의 역사적 형성 과정에 주안점을 두었다. 이들은 단순히 국경을 넘어 외국으로 이동한 집단이 아니라 고국의 수도에 입성한 '상경'의 의미가 있는 집단이었다. 서울의 조선족은 국적(또는 국가)과 민족의 이중적 구조에 의해 규정된 집단이라는 점에서 이들에 대한 역사적 접근과 이해는 현재의 '다(른) 문화' 한국사회의 내용을 되짚어 보는 시도가 될 것이다.

그럼 조선족은 한국인과 완전히 동질적인 집단인가? 그렇게 보기도 어렵다. 이들은 대부분 중국에서 태어나 중국문화의 배경을 갖고 있다. 이 문화는 우리가 흔히 생각하는 중국의 한족(漢族) 문화라기보다 '사회주의적 인간'을 구성하는 문화이다(어쩌면 이데올로기일 수도 있다). 자·타의적으로 이들은 중국 사회주의 요소를 항상 인식하고 인지해야 했다. 하지만 조선족의 문화적 요소에는 많든 적든 '만주드림'에 대한 열망이 남아 있다. 이 과거적 기억은 중국식 자유주의와 한국식 신자유주의로 전환하는 과정에서 맺어진 계급관계를 통해 지속적으로 서울(한국)에 대한 상상의 내용으로 재설정되고 재구성된다. 서울 조선족의 정체성은 이런 차원에서 구성되고 이들의 다문화적인 내용도 여기에서 기인한다. 이렇게 동포로서 조선족이 내면화한 (다른) 문화의 속성을 이해하는 것은 조선족을 바라보는 한국사회의 강력하고 배타적인 혈통적 민족(동포) 주의 시각을 되짚어 보는 시도가 될 것이다.

한국인과 국적이 다른 조선족의 동포(준국민) 적 성격과, 동포이면서 다른 (사회주의) 문화적 속성을 포괄적으로 이해하는 것은 다양한 집단과 문화가 공존하는 다문화 한국사회를 이해하는 하나의 방법이 될 수 있지 않을까? 또한 현재 진행형인 "'인민'과 '국민'이 맺은 동포적 계급관계"는 평화통일(또는 평화적 공존) 을 위한 작은 실천으로 간주할 수 있지 않을까?

서울의 조선족, 동질적이면서도 이질적인 이 집단은 공동체의 더 나은 미래를 위한 가능성과 상상력을 제공한다.

참고문헌

권태환 외 (2005). 《중국 조선족사회의 변화》. 서울: 서울대 출판부.

박광성 (2006). 세계화시대 중국 조선족의 노동력 이동과 사회변화. 서울대 사회학과 박사학위논문.

박우 외 (2011). 한국 체류 조선족 '단체'의 변화와 인정투쟁에 관한 연구. 〈경제와 사회〉, 91호, 239~265.

______ (2012a). 《우리가 만난 한국: 재한 조선족의 구술생애사》. 서울: 북코리아.

______ (2012b). 조선족의 한국이주와 정착 20년: 이주노동자와 동포 사이에서. 〈재외한인학회 국제학술회의 자료집〉, 1~13.

______ (2015). 조선족 사회의 분화에 관한 연구. 〈재외한인연구〉, 37호, 89~119.

설동훈 (1999). 《외국인노동자와 한국사회》. 서울: 서울대 출판부.

양한순 · 박우 (2013). 2013 서울 거주 중국동포 실태조사 및 정책수립 연구. 아주대 산학협력단. 서울시.

이희옥 (1994). 중국의 개혁개방정책이 정치체제개혁에 미치는 영향: 중국의 계층분화와 '중국적 부유계층' 등장의 성격과 의미. 〈중소연구〉, 19권 3호, 85~117.

장경섭 (1996). 구계급, 신계급, 선부계급: 개혁기 중국 농촌의 사회경제적 분화. 〈한국사회학〉, 30권 2호, 305~330.

한상복 · 권태환 (1993). 《중국 연변의 조선족》. 서울: 서울대 출판부.

행정자치부 (2013). 지방자치단체 외국인 주민현황.

14

이방인 아닌 이방인, 탈북자

윤여상

1. 서울의 이방인, 서울살이를 꿈꾼다

우리는 통일을 준비하는 시대에 산다. 이미 우리 사회에는 북한에서 태어났으나 남한에 사는 이들이 있다. 분단과 전쟁 시기에 북한을 떠나온 이산가족뿐 아니라 전쟁 이후에 남으로 내려온 사람도 있다. 이들은 북한이탈주민, 북한이주민, 탈북동포, 새터민 등 다양한 이름을 갖고 있으나, 남쪽 사람은 '탈북자'라 부른다. 3만여 명의 탈북자가 남한에서 남한 사람도 북한 사람도 아닌 이방인으로 산다. 이들에게 남쪽 사람과 북쪽 사람 사이에 정체성 선택을 강요하는 질문은 폭력이 될 수도 있다. 서울에 사는 함경도, 평안도 출신으로 보면 안 될까. 남한에 사는 북쪽 출신 이웃 주민으로 볼 수는 없는 것인가. 북한에서 온 분들이 남한 출신에게 자주 건네는 질문이다. 우리는 무엇이라 대답해야 할까?

표 14-1 **출신 지역별 탈북자 현황(2016년 6월 말)**[1]

단위: 명

구분	강원	남포	양강	자강	평남	평북	평양
남	214	62	1,121	66	422	350	358
여	348	69	2,828	134	568	428	276
합계	562	131	3,949	200	990	778	634
구분	함남	함북	황남	황북	개성	기타	계
남	743	4,692	257	166	44	83	8,578
여	1,858	13,503	177	238	27	89	20,543
합계	2,601	18,195	434	404	71	172	29,121

최근 입국하여 보호시설 등에 수용 중인 일부인원은 제외된 수치.

평양 출신 탈북자는 2.2%에 불과하지만 서울에 거주하는 탈북자는 25.4%로 평양 출신 탈북자 수의 10배가 넘는다. 수도권 거주자는 64%로 전체 탈북자의 3분의 2가 서울과 그 주변에 산다. 탈북자의 70% 이상이 함경도와 양강도 출신인데, 이들은 왜 서울과 서울 주변에 삶의 터전을 잡았을까? 서울에 사는 탈북자의 삶은 어떠할까? 북한에서의 삶과 어떤 차이가 있으며, 지방 거주자의 삶과는 어떻게 다를까? 이들의 꿈과 소망은 무엇일까? 서울에서 탈북자로서 살아가는 의미를 되짚어 본다.

북한 사람에게 평양은 특별한 도시이다. 북한에서 수도에 사는 것은 특별한 혜택이자 선망의 대상이다. 북한은 거주이전의 자유를 제한하기 때문에 아무나 평양에서 살 수 없다. 특별한 대상으로 인정된 사람들만의 도시가 평양이다. 그래서 평양은 지방에 사는 사람에게

1 통일부에서 발표한 탈북자 기초통계(http://www.unikorea.go.kr/content.do?cmsid=3099) 참고.

표 14-2 **지역별 탈북자 거주 현황(2016년 6월 말)**

단위: 명

지역	서울	경기	인천	부산	경북	경남	대구	충북	충남*
남	2,309	2,057	728	285	243	252	156	201	282
여	4,610	5,941	1,814	714	794	769	535	843	954
합계	6,919	7,998	2,542	999	1,037	1,021	691	1,044	1,236
지역	광주	강원	대전	전남	전북	울산	제주	계	
남	143	174	140	150	117	169	59	7,465	
여	440	510	413	452	406	383	182	19,760	
합계	583	684	553	602	523	552	241	27,225	

사망, 말소, 이민, 주소불명, 보호시설 수용자 제외.

* 세종특별시 포함.

선망과 꿈의 도시이다.

평양에서 온 탈북자는 대부분 서울 거주를 희망한다. 왜? 수도인 평양에서 왔으니 한국에서도 서울에 살아야 한다고 생각하는 듯하다. 지방 출신 탈북자도 서울 거주를 선호한다. 왜? 북한에서는 성분과 토대 때문에 평양에 살지 못했지만, 한국에 와서는 서울에서 살아 보고 싶기 때문이다. 하지만 북한의 평양과 한국의 서울은 동일하지 않다. 한국의 서울은 평양처럼 특별한 사람이 혜택을 받으면서 살아가는 곳은 아니기 때문이다. 더구나 한국은 북한과 다르게 거주이전의 자유가 있어서 누구든 마음만 먹으면 서울에 살 수 있다. 그러므로 서울에 거주하는 탈북자는 지방에 사는 탈북자에게도 선망의 대상이 아니다.

한편 서울 거주 탈북자에게 서울 시민은 비교의 대상이라기보다는 준거집단으로서 의미를 갖는다. 현재 이들은 과거에 선망의 대상으로 보았던 평양 시민이나 일반 서울 시민 대신, 오히려 조선족, 외국인 노동자와 자신을 비교한다.

> 목숨을 걸고 두만강 차가운 물을 건널 때는 중국에 가서 어떻게든 살아 보자고 했습니다. 처음부터 한국에 가자고 한 건 아니었습니다. 그런데 조선족 집에서 한국 텔레비전을 보고 말쑥하게 생긴 서울에서 오는 남한 사람들 보면서, 나도 한국에 가서 살아 보자 했습니다. 하나원 나갈 때 서울에 집을 받게 되니까 조선에서 평양 사람 부러워했던 것이 다 사라졌습니다. 근데 서울은 평양이 아니고, 특별한 혜택도 없었습니다. 우리는 임대아파트 단지에 못사는 사람들하고만 섞여 사는데, 자꾸 눈은 서울의 잘사는 사람들에만 가게 되어서, 마음이 편치 않습니다. 몇 년을 살다 보니, 우리는 조선족이나 외국인 노동자보다 사람값이 없다는 것을 알게 되었습니다.
>
> — 서울 거주 40대 북한이탈주민 여성 증언

탈북자는 스스로를 서울 시민보다는 이방인으로 인식하는 경향이 강하다. 하지만 탈북자는 서울 시민과 우리 모두에게 이방인이 아닐 뿐 아니라, 이방인이 되어서도 안 되는 존재다. 이들은 우리에게 찾아온 이웃 주민이며, 함께 살아갈 이웃이기 때문이다. 통일을 지향하는 한국, 특히 수도인 서울에서 이들이 경험하는 삶과 가치, 희망은 서울과 우리 자신의 또 다른 모습이다.

2. 남한살이, 서울살이의 현재

남한에서 살아가는 탈북자의 삶은 안정적이지도 희망적이지도 않다. 서울 거주 탈북자의 삶도 별반 차이가 없다. 경제적 지표로 볼 때, 오히려 서울 거주 탈북자의 상황이 더 열악하다. 탈북자의 사회 경제적 상황에 대한 정례적인 실태조사는 북한인권정보센터와 남북하나재단(북한이탈주민지원재단)이 실시한다. 북한인권정보센터는 2006년 이후 매년 전국의 탈북자를 대상으로 패널을 구성하여 조사를 실시하며, 남북하나재단은 2011년 출범 이후 격년으로 전수조사와 표본조사를 진행한다. 이 책에서 북한인권정보센터 조사는 2015년 조사결과[2]를, 남북하나재단 조사결과는 2014년 전수조사(2015년 12월 31일 발간)[3]와 2013년 표본조사[4] 결과를 참고하였다.

2006년부터 매년 북한이탈주민 경제사회통합 실태조사를 실시하는 북한인권정보센터의 최근 자료를 살펴보면 탈북자의 사회 경제적 현주소를 확인할 수 있다. 2015년 탈북자 실업률은 7.1%로 일반 국민 3.1%의 두 배 이상이다. 경제활동 참가율은 탈북자 59.3%, 일반 국민 62.7%, 고용률은 탈북자 55.1%, 일반 국민 60.8%로 탈북자의 경제활동 수준이 일반 국민보다 낮다. 남북하나재단은 2015년 자료에서 서울시 탈북자의 실업률이 7.2%라고 발표하였다. 같은 기간 서울시 일반 시민의 실업률은 4.3%이므로, 서울 거주 탈북자의 실업률이 일반 서울 시민에 비해 두 배 정도 높다. 조사 시기의 차이를 고려하더라

---

2 윤여상·임순희(2016). 《2015 북한이탈주민 경제사회통합 실태》. 북한인권정보센터·NK Social Research.

3 남북하나재단(2015a). 2015 북한이탈주민 사회조사 I; 남북하나재단(2015b). 2015 북한이탈주민 경제활동 실태조사; 2014년 조사결과에 대한 광역시도별 분석과 탈북청소년 조사에 대한 분석은 하나재단 홈페이지(http://www.nkrf.re.kr/nkrf archive/archive_01/kolas/kolasList.do?kind=DAS) 참고.

4 북한이탈주민지원재단(2013). 서울시 북한이탈주민 경제활동실태조사. 북한이탈주민지원재단.

도 서울 거주 탈북자의 경제적 상황은 다른 서울 시민과 차이가 크다.

특히 서울을 포함한 수도권의 탈북자와 지방 거주 탈북자의 경제 실태를 비교해 보면, 탈북자에게 서울이 특별한 선망의 도시가 될 수 없음을 알 수 있다. 지방 거주 탈북자는 경제활동 참가율 77.4%, 고용률 71.8%, 실업률 7.3%이고, 수도권 거주 탈북자는 경제활동 참가율 54.8%, 고용률 51.0%, 실업률 7.0%이다. 실업률을 제외하면 지방보다 수도권의 탈북자 경제활동 실태가 더 열악하다. 일반 국민은 수도권의 경제적 상황이 지방보다 낫다고 여기며 수도권 거주를 선호하기 때문에 수도권으로의 인구유입이 증가하는 추세이다. 하지만 탈북자의 경제사정은 이와 다르다.

북한인권정보센터의 자료에 의하면, 탈북자는 경제활동뿐 아니라 직장 안정성에서도 일반 국민과 큰 차이가 있다. 임금 근로자 중 상용 근로자 비율은 탈북자 43.2%, 일반 국민 48.7%, 일용 근로자는 탈북자 32.4%, 일반 국민 5.7%이다. 일용 근로자로 일하는 탈북자의 비율은 일반 국민 중 일용 근로자 비율의 5배 이상이다. 자영업자 비율도 탈북자 8.6%, 일반 국민 21.0%로 일반 국민이 3배 정도 높다. 탈북자는 상용 근로자 비율은 낮고 일용직 비율이 월등히 높기 때문에 평균 급여와 직장 안정성도 낮다. 특히 자영업자 비율도 3분의 1 수준이므로 창업을 통해서 자신의 꿈을 실현할 가능성도 매우 낮은 상황이다.

연구에 의하면 탈북자 전체 상황에 비해 서울 거주 탈북자가 경험하는 일자리의 질 문제는 특히 열악하다. 남북하나재단(2015년 발표) 자료를 살펴보면, 서울 거주 탈북자의 상용직 비율은 44.1%로 전국 상용직 비율 53.6%와 큰 차이가 있다. 임시직은 전국 비율 15.8%보다 높은 20.4%, 일용직은 전국 비율 20.3%보다 높은 23.0%이다. 전체적으로 서울 거주 탈북자의 직장 내 지위가 더 불안정하다. 특히 서울과 각 지방의 탈북자를 지역별로 비교하면 이러한 상황을 더욱 뚜렷하게 확인할 수 있다. 탈북 근로자 중 상용직 비율은 서울 44.1%, 경기도 59.2%, 인천 56.4%, 충청도 59.8%, 전라도 46.9%, 경상도 56.5%로 서울이 가장 낮다. 반면에 임시직 비율은 서울 20.4%, 경기도 13.5%, 인천 16.5%, 충청도 15.5%, 전라도 14.2%, 경상도 15.1%로 서울이 가장 높다. 탈북자가 직장 안정성이 높은 상용직으로 근무하는 비율은 서울이 가장 낮고, 반대로 불안정성이 높은 임시직 근무 비율은 서울이 가장 높은 것이다.

북한에서 특별대우를 받는 평양 시민의 삶을 동경하면서 서울 생활을 시작한 탈북자는 삶의 조건이 기대 수준에 미치지 못해 깊게 실망하며 낙담한다. 더욱이 서울은 일자리와 안정된 직위를 얻기 위한 경쟁이 지방보다 치열하다.

탈북자 중 취업자의 직업별 비율을 살펴보면, 전문기술 행정관리자 14.0%(일반 국민 21.3%), 사무 종사자 11.3%(일반 국민 17.0%), 서비스판매 종사자 26.1%(일반 국민 22.4%), 농림어업 종사자 1.8%(일반 국민 4.7%), 단순노무 종사자 46.8%(일반 국민 34.5%)이다. 단순노무와 서비스판매 종사자가 전체의 72.9%로 탈북 취업자 대부분을 차지하며, 전문직과 사무직에서 근무하는 비율은 현저히 낮다. 일반 국민과 비교하더라도 전문직 종사자 비율은 더 낮고 단순노무자 비율은 월등히 더 높다.

그중에서도 서울 탈북자와 지방 탈북자의 취업 분야에는 차이가 있다. 서울 거주자는 숙박 및 음식점업, 도매 및 소매업, 서비스업, 운수업에서 근무하는 비율이 지방보다 높다. 반면에 제조업 근로자 비율은 매우 낮아, 지방 32.7%의 절반 수준인 15.6%에 그친다.

탈북자 중 자영업자 비율은 8.6%에 불과하기 때문에 경제활동을 하는 절대다수는 직장의 근로소득을 통해서 생활을 영위한다. 이들의 월 평균 근로소득은 155만 원, 상용 근로자 180만 원, 임시 근로자 145만 원, 일용 근로자 155만 원으로 매우 낮은 수준이다. 남북하나재단(2015년) 자료를 살펴보면, 2012년 한국 전체 근로자의 월 급여액 평균은 220만 원 내외인데, 서울시 탈북자의 월 평균 급여는 141.8만 원이다. 서울시 탈북자의 평균 근로소득은 일반 국민의 평균 급여에 크게 못 미치며, 일반 서울 시민과 비교하면 2분의 1 수준에 그친다. 더욱이 서울시 탈북자의 월 평균 급여는 탈북자 전국 평균 급여(145.1만 원)보다도 낮았다. 그러므로 서울시 탈북자의 일반적인 만족도와, 비교를 통한 상대적 삶의 만족도는 모두 낮을 수밖에 없다.

한편, 서울 거주 탈북자의 거주 기간을 조사한 결과, 1~3년 미만 13.7%, 3~5년 미만 18.0%, 5~10년 미만 42.1%, 10년 이상 26.2%로 대부분 탈북자의 거주 기간이 10년 미만이다. 따라서 10년 이상 거주자의 비율이 증가할수록 급여 등 경제활동지표는 개선될 가능성이 있다.

탈북자의 낮은 근로소득은 생계 곤란을 야기한다. 이들은 국민기초생활보장제도에 의해 생계비를 수급함으로써 생계를 유지하는 비율이 매우 높다. 2014년 기준 일반 국민의 생계비 수급률은 2.6%에 불과

한데, 탈북자는 37.7%가 수급 대상이다. 최근 탈북자의 수급자 비율은 매년 낮아지는 추세이지만, 일반 국민의 수급자 비율과는 여전히 비교할 수 없는 수준이다. 탈북자는 〈북한이탈주민 보호 및 정착지원에 관한 법률〉에 의하여 입국 후 5년 동안 특례적으로 생계비 수급 대상이 될 수 있으며, 이러한 제도적 지원 때문에 생계비 수급률이 일반 국민보다 높게 나타나는 측면도 있다. 그러나 이 5년 이후에 수급 대상에서 벗어나는 탈북자의 비율이 높지 않다는 사실은 이들이 열악한 경제생활에서 벗어나지 못함을 보여 준다.

3. 서울 시민, 그러나 출발선이 다른 이방인

1천만 명의 서울시 인구 중 탈북자는 7천여 명 정도이다. 행정자치부의 "2007~2015년 시도별 외국인주민 현황" 통계자료에 의하면, 전국의 외국인 주민은 200만 명 규모로 전체 국민의 3%를 넘어섰다. 서울시 외국인 주민은 45만 7,806명으로 서울 인구의 4% 이상을 차지한다. 서로 다른 이주 배경을 가진 이주민 중에서 탈북자는 가장 규모가 작은 집단이다. 그럼에도 언론과 정부기관은 그 규모에 비하면 큰 관심을 탈북자에게 쏟으며, 정책적 대응 또한 높은 수준으로 이루어진다. 탈북자는 외국인 노동자나 결혼 이주자, 유학생 등과는 다른 정책 대상이기 때문이다.

제3국에서 탈북자가 한국 재외공관 및 해당 국가의 정부에 보호를 요청하고 한국행을 희망하면, 중국 등 극히 일부 국가를 제외하고는 한국행을 위해 협조를 받을 수 있다. 한국정부는 헌법과 통일 한국에 대한 국민 정서 등을 고려하여 북한 주민의 입국을 거부하거나 선별할 수 없으므로 탈북자 전원수용 원칙을 견지한다. 중국 등 제 3국과의 외교적 문제로 인해 현지에서부터 입국이 좌절되는 경우는 있어도, 한국정부가 국내 입국자의 수용을 거부한 사례는 없다. 한국에 입국한 탈북자가 원래 북한 주민임이 확인되면 즉시 국민으로서의 자격과 권리를 받는다. 외국인의 경우 내국인과의 혼인, 귀화 등 일정한 조건을 충족시켜야 국민이 될 수 있지만 탈북자는 입국 즉시 국민으로 간주된다.

탈북자는 국가기관의 조사과정을 거친 후 통일부에서 운영하는 하나원(사회적응교육훈련시설)에서 3개월간 한국사회 적응교육을 받는다. 그 후 각자의 거주지역을 선정해서 이주한다. 정부는 탈북자가 사회에 진출할 때 일정액의 정착금(1세대 기준 2천만 원)과 가산금, 임대아파트를 제공한다. 또한 지역사회 초기적응교육을 별도로 실시하고(하나센터), 직업훈련, 취업 알선, 학비 지원 및 대학입학과 병역특례, 의료 지원, 기초생활수급대상자 지정 등 다양한 특례적 지원을 제공한다. 정부는 다른 정책대상보다 탈북자에게 더 체계적이고 높은 수준의 지원과 서비스를 제공한다. 이러한 지원은 선진국의 이주민 지원정책과 비교해도 결코 낮지 않은 수준이라 평가받는다. 그럼에도 일반적으로 탈북자의 사회 적응 및 통합은 성공적이지 않다는 비판을 받는다. 이와 같은 정책적 지원에도 불구하고 정착이 성공적으로 이루어지지 않는 이유는 무엇인가? 그렇다면 서울에서는 탈북자의 정착과 사회 통합이 성공적인가? 그에 대한 답변도 긍정적이지 않다.

탈북자는 하나원을 퇴소하며 거주지역을 선택할 수 있지만, 이때

표 14-3 **서울시 자치구별 탈북자 거주 현황(2015년 3월 말)**

단위: 명

100명 이상 거주 자치구(18)									
지역	양천	노원	강서	송파	관악	강남	구로	강북	동대문
남	416	375	341	116	87	126	90	60	52
여	747	752	654	217	240	196	191	170	155
합계	1,163	1,127	995	333	327	322	281	230	207
지역	금천	중랑	마포	서대문	동작	성북	영등포	서초	강동
남	47	49	56	57	53	49	46	45	31
여	147	130	114	96	90	90	68	69	80
합계	194	179	170	153	143	139	114	114	111

100명 미만 거주 자치구(7)							
지역	성동	은평	도봉	광진	용산	중구	종로
남	28	30	23	24	20	14	11
여	69	65	48	31	27	27	18
합계	97	95	71	55	47	41	29

본인의 희망이 완전하게 반영되는 것은 아니다. 정부는 이들에게 세대 단위로 임대아파트를 제공한다. 탈북자의 거주 희망 도시에 임대아파트 여유분이 있을 때에는 희망 도시에서 살 수 있지만, 그렇지 않을 경우 2순위 또는 3순위 희망 도시를 선택할 수밖에 없다. 결과적으로 탈북자의 95% 이상은 전국에 산재한 임대아파트에서 한국 생활을 시작한다.

탈북자의 거주지는 직장의 위치 혹은 직장을 확보할 수 있는 가능성이 아니라 정부의 주택제공 지원정책에 의하여 정해진다. 외국인 노동자는 경기도 시흥, 안산, 서울 영등포 등 일자리와 관련된 지역에 밀집하여 거주한다. 그러나 탈북자는 일자리와 특별한 관계없이 거주 도시의 임대아파트 밀집지역에 집중적으로 거주한다. 서울에서는 노원구와 강서구, 양천구에 가장 큰 탈북자 밀집거주지역이 형성되었는데, 이 지역은 서울 시내에서 임대아파트가 가장 많은 곳이다.

2015년 3월 기준, 탈북자의 서울시 구별 거주 현황을 살펴보면, 총 25개 자치구 중 18개 구에는 100명 이상이, 7개 구에는 100명 미만이 거주한다. 탈북자가 가장 많이 사는 지역은 양천구로 총 1,163명이 거주하며, 노원구가 1,127명, 강서구는 995명으로 그 뒤를 이었다. 이 세 지역에서 거주하는 탈북자는 총 3,285명이다. 이는 서울시에 거주하는 탈북자 수의 48.8%이다. 서울시 탈북자의 절반에 가까운 수가 모여 살기에, 세 지역의 탈북자 밀집도는 매우 높다. 서울시 양천구의 크기(17.4평방킬로미터)는 노원구 면적(35.44평방킬로미터)의 절반 정도에 불과해, 면적 대비로는 양천구가 전국 최고의 탈북자 밀집거주지역이다. 반면 서울에서 탈북자가 가장 적게 거주하는 지역은 종로구로 총 29명이 살며, 중구 41명, 용산 47명, 광진 55명, 도봉 71명, 은평 95명, 성동 97명이 각각 거주한다. 이 7개 구에서는 탈북자 주민이 100명을 넘지 못한다. 이처럼 서울시 자치구별 탈북자 거주 분포에 큰 차이가 드러나는 이유는 탈북자가 영구임대아파트와 국민임대아파트를 최초 거주지로 배정받기 때문이다.

한국에서 임대아파트 입주자격은 제한적으로 부여된다. 자격 제한은 정부 차원의 특별대우를 의미한다. 그러나 한편으로는 제약과 분리를 의미하기도 한다.

영구임대아파트란 기초생활수급자, 국가유공자, 일본군위안부 피해자, 귀환국군포로, 북한이탈주민 등 사회보호계층의 주거 안정을 목적으로 건설된 임대주택이다. 정부는 이들에게 우선적으로 임대아파트를 제공할 것을 명시했다. 그러나 이는 탈북자가 처음부터 장애인, 한부모가정, 아동복지시설 퇴소자, 기초생활수급자와 같은 한국 사회의 저소득계층 및 정부 지원이 필요한 대상자 등과 함께 거주해야 함을 의미한다.

정부는 탈북자의 주거를 보장하기 위해 특례규정을 적용하여 임대아파트를 탈북자에게 우선적으로 제공하나, 정작 탈북자는 자신들이 특정한 지역에 분리되어 배치되었다는 인식을 갖는다. 많은 이들이 한국의 일반 주민과 격리된 지역에서 사회복지 지원대상자로서 살도록 했다는 불만을 갖는다. 주거 보장은 조선족이나 외국인 노동자에게는 주어지지 않는 특혜이지만, 탈북자는 임대아파트 밀집지역에 주거가 제한된다는 사실을 더 크게 인식한다.

이들은 서울의 새로운 이방인이지만, 외국인 노동자나 조선족과는 출발지점이 다르다. 탈북자는 국적과 주거는 물론이고 기초생활수급권 등 다양한 혜택을 누리면서 서울살이를 시작한다. 따라서 외국인 노동자와 조선족은 탈북자를 위한 지원에 선망의 눈길을 보내지만, 정작 탈북자는 자신의 삶을 이들보다는 일반 서울 시민의 삶에 견주려 한다. 그러한 차이에서 여러 가지 불만족과 갈등이 발생한다.

탈북자는 서울에 전입하는 국내지방 출신 주민, 국외 출신 이주자와는 또 다른 특징이 있다. 북한인권정보센터의 조사결과(2015년)에 의하면, 탈북자가 경제활동에 참여하지 않는 경우에 그 이유를 분석한 결과, 육체적 어려움(몸이 불편해서) 34.9%, 육아 22.8%, 통학 24.2% 순으로 나타났다. 이는 국내 정착 기간에 상관없이 동일하게 적용된다. 2013년 한국복지패널 조사결과를 바탕으로 작성된 한국보건사회연구원의 보고서에 따르면, 경제활동을 하지 않는 일반 국민 중 26.5%는 '근로 의사가 없다'를 그 이유로 꼽았다. 이는 최근 2배 이상 증가한 수치이다. 학업 중이거나 취업준비 중이라고 응답한 비율은 33.4%였다. 일반 국민이 경제활동을 하지 않는 이유로 육체적 어려움을 든 사례는 찾아보기 어렵다. 또한 탈북자가 근로 의사가 없어서 경제활동을 하지 않는다고 응답한 경우는 찾아볼 수 없다.

한국사회에서 살아가기 위해서는 근로 활동을 해야 하기 때문에, 탈북자는 대부분 근로 의지를 가졌다. 그러나 일반 국민과 다르게 북한 생활 당시의 식량난과 경제적 어려움, 탈북 과정에서 경험한 인신매매와 신체적 착취 등으로 인해 건강을 잃고 노동을 할 수 없는 경우가 매우 많다. 전체 응답자의 3분의 1 이상이 건강을 이유로 경제활동을 할 수 없다고 답한 사실은 탈북자의 상황이 다른 이주민이나 서울 거주자와는 다름을 보여 준다.

탈북자는 한국과 서울에서 살지만, 그들의 가족과 일가친척은 대부분 북한에 산다. 오늘날 탈북자는 사회로부터 배제되어 살아간다고 느끼며 서울 주민과는 거리감을 가지지만, 오히려 북한의 가족과는 상당한 연계를 유지한다. 남한과 북한의 다리 역할을 하는 것이다.

북한인권정보센터의 2015년 조사에 의하면, 탈북자 중 북한에 있는 가족과 친척에게 송금을 한 경험(대북 송금)이 있는 비율은 64%였다. 1회 송금액은 평균 210만 원 수준이었고, 최저 50만 원, 최고 1,500만 원 정도였다. 탈북자는 서울 시민의 소비지출 항목에는 없는 지출 부담을 안고 살아간다. 대북 송금 경험자 비율은 매년 증가한다. 2013년 조사에서는 50.5%였으며, 2014년에는 59.0%로 증가했다. 앞으로 남북관계가 개선되고 교류가 증가하면 탈북자의 송금과 북한 주민에 대한 접촉도 늘어날 것이다. 대북송금 경험이 없는 경우 그 사유를 조사한 결과, '보낼 돈이 없어서' 38.4%, '송금할 가족이 없어서' 31.2%, '북한 가족이 경제적으로 여유가 있어서' 4.0%, '수령자의 안전에 위험이 될까 봐' 3.2%, '브로커를 믿지 못해서' 3.2% 순서로 나타났다. 송금할 돈이 없거나, 송금할 가족이 없다고 응답한 비율이 높다. 이는 향후 이들의 경제사정이 호전되고, 잔여 가족의 소재가 밝혀짐에 따라 송금자 비율이 증가할 것임을 보여 준다.

한국에서 북한으로 송금한 경우가 대부분이었지만, 최근에는 북한에서 한국에 있는 탈북자 가족에게 생활비를 역송금하는 사례도 등장했다. 역송금 경험은 2014년 1.3%, 2015년 0.5%로 파악되었다. 북한에 남은 가족이 한국에 입국한 탈북자에게 생활비를 보내는 비율은 매우 낮다. 하지만 이러한 사례는 변화한 북한사회의 상황을 보여 준다. 역송금은 주로 북한에서 시장 장사를 통해 상당한 자금을 확보한 돈주[5]가 남한에 혼자 내려와 대학을 다니는, 혹은 경제적 능력이 없는 탈북자 자녀와 친척에게 생활비를 지원해 줄 때 이루어진다.

최근 탈북자들은 높은 비율로 북한 내의 가족과 연락을 유지한다. 조사결과, 2015년에 북한의 가족과 연락한 경험이 있는 탈북자는 47.4%였다. 북한의 가족과 계속 통신하는 목적에 대해 응답자의 45.6%는 '송금 및 전달 확인', 44.4%는 '가족 등 지인의 안부 확인'을 이유로 들

5 최근 북한에서 시장이 발달함에 따라 나타난 신흥 부자계층을 의미한다. 이들은 상당한 수준의 현금을 보유하고, 가게나 생산공장을 실질적으로 운영하거나 무역을 한다.

었다. 현재 핵실험과 미사일 시험발사 등으로 인해 유엔과 국제사회가 북한에 제재를 가하는 중이지만, 남한의 탈북자와 북한의 가족 간에 연락은 계속된다. 부모와 자녀, 배우자와 형제자매 사이의 연락과 송금은 법률적 차원을 넘어선 인륜 차원의 가장 인도주의적 사안이기 때문에 정치적, 경제적 상황에 관계없이 지속된다. 이들 간의 연락은 대부분 중국 거주자를 통해 이루어진다.

이처럼 탈북자는 한국사회의 새로운 이방인이지만, 다른 출발점에서 삶을 시작하고, 다른 방식으로 삶을 살아 낸다.

4. 북한과 제 3국 출생 탈북청소년의 서울살이

1989년까지 입국한 북한 주민은 전체 607명이었다. 이들은 대부분 군사분계선 인근에서 근무하던 현역 군인이었다. 따라서 당시에는 20~30대 군인 신분의 남성이 단독으로 입국하는 것이 탈북의 일반적 양상이었다. 남성은 탈북자의 97% 이상을 차지하였고, 미성년 탈북자는 찾아볼 수 없었다. 그러나 1987년 김만철 씨와 1994년 여만철 씨가 가족과 함께 입국함으로써 한국사회와 교육계는 새로운 도전을 맞이하였다. 김만철 씨와 여만철 씨는 북한에서 인민학교와 고등중학교 학생이었던 자녀들과 함께 입국하였으며, 이 자녀들은 서울에 있는 초등학교, 중학교에 입학하였다.

탈북청소년은 대부분 부모, 형제 등과 동반 입국하나, 먼저 입국한 가족의 도움으로 단신 입국하는 사례도 있다. 또한 입국한 탈북청소

표 14-4 탈북자 연령대별 입국 현황(2016년 6월 말)

단위: 명

구분	0~9세	10대	20대	30대	40대	50대	60세 이상	계
남	618	1,550	2,357	2,001	1,260	470	322	8,578
여	616	1,886	5,879	6,534	3,618	1,102	908	20,543
합계	1,234	3,436	8,236	8,535	4,878	1,572	1,230	29,121

입국 당시 연령 기준이며, 최근 입국하여 보호시설 등에 수용 중인 일부인원은 제외된 수치.

년 중 일부는 부모가 없는 고아이다. 탈북자의 입국 당시 연령을 살펴보면 20세 이하의 비율이 16%(4,670명)이다. 탈북청소년의 입국은 1999년에 2명, 2000년에 7명으로 연간 한 자리 수에 불과하였으나, 2001년에는 65명으로 급증하였다. 그 이후 2007년에는 232명, 2008년에 267명, 2009년에 220명이 입국했다. 2010년에 김정은이 등장한 이후 전체 입국자 수가 감소하면서 탈북청소년의 입국 규모도 다소 감소하였다. 그러나 탈북청소년의 입국은 꾸준히 이어졌으며, 2016년 상반기에는 전체 입국자 수가 증가세로 전환되면서 청소년 입국자 수도 함께 증가할 전망이다.

탈북청소년의 재북 학력, 즉 최종적으로 수료한 북한의 교육과정을 살펴보면, 취학 전 아동이 793명, 유치원은 313명, 인민학교(소학교)는 1,943명이다. 최소 3,049명은 북한에서 고등중학교를 졸업하기 이전에 입국하여 한국의 교육을 경험했다고 볼 수 있다.

2015년 4월 기준 교육부와 한국교육개발원 자료를 살펴보면, 전체 탈북학생 수는 2,717명이지만 정규학교 재학생 수는 2,475명이다. 그중 제3국 출생 자녀는 1,249명으로 50.5%이고, 이들은 초등학교에 683명, 중학교에 480명, 고등학교에 86명이 각각 재학 중이다.

표 14-5 **2015년 서울시 탈북학생 재학 현황(서울시교육청의 교육지원청 자료 기준)**

학생 단위: 명/ 학교 단위: 개

지역	동부		서부		남부		북부		중부		강동/송파	
	학생	학교	학생	학교	학생	학교	학생	학교	학생	학교	학생	학교
초	10	6	13	11	79	11	54	9	6	6	13	8
중	4	3	8	7	10	2	36	8	3	3	25	9
고	0	0	3	3	11	7	13	7	78	8	6	6
합계	14	9	24	21	100	20	103	24	87	17	44	23

지역	강서		강남		동작/관악		성동/광진		성북		계	
	학생	학교	학생	학교	학생	학교	학생	학교	학생	학교	학생	학교
초	124	19	16	4	21	9	2	2	7	4	345	89
중	92	16	2	2	12	7	3	2	8	7	203	66
고	31	18	8	5	4	3	1	1	3	3	158	61
합계	247	53	26	11	37	19	6	5	18	14	706	216

2000년대 이후부터 탈북청소년의 교육과 사회 적응은 학계와 교육계의 새로운 과제였다. 탈북청소년은 북한과 남한 간 교육과정의 차이, 북한과 제3국 체류 과정에서 경험한 학습 결손, 학교 동료와의 갈등과 적응 문제, 탈북가정의 붕괴, 가족 구성원 간의 남한사회 적응력과 적응 수준 차이 등으로 어려움을 겪으며 많은 관심과 우려를 모았다.

내가 먼저 와서 살다가 조선에 있는 아들을 내왔습니다. 학교에서 공부도 잘하고 성격도 좋았기 때문에 남쪽에 와서 좋은 공부를 시켜 보자고 데려왔습니다. 그런데 남쪽 학교 공부를 따라가지 못하고, 친구들도 북한에서 왔다고 따돌리기 때문에 가슴에 상처가 많았습니다. 과외를 하자고 해도 우리는 돈이 없으니까 해줄 수도 없고…. 나중에 울면서 왜 나를 이곳에 데려왔는가 하고 아들이 따지는데, 그 말을 듣고 밤을 꼬박 새우면서울었습니다. 지금은 다니던 학교를 옮겨서 북한에서 온 아이들만 다니는 대안학교에 있는데, 이게 좋은 것인지 아들이나 나나 생각이 많습니다.

— 서울 거주 40대 북한이탈주민 여성 증언

탈북자 학생의 규모는 매년 증가하며, 2012년 이후로는 2천 명 이상이 재학 중이다. 2015년을 기준으로 전체 탈북자 학생 2,717명 중에 91.1%인 2,475명이 정규학교에 재학 중이며, 그 외는 대안학교 또는 검정고시 전문 교육기관 등에 있는 것으로 보인다. 탈북학생의 각급 학교별 재학생 수는 초등학교 1,224명(45%), 중학교 824명(30%), 고등학교 427명(16%), 전일제 대안교육시설 242명(9%)이다.

탈북학생 중 중국 등 제3국 출생자 비율은 2011년 36.2%, 2012년 35.5%, 2013년 41.5%, 2014년 44.8%였으며, 2015년에는 50.5%로 탈북학생의 절반 이상을 차지한다. 현재의 입국 추세와 중국 내의 탈북자 자녀 수 및 연령분포를 고려하면 앞으로 제3국 출생자 비율은 계속 높아질 전망이다.

탈북학생의 지역별 분포는 전체 탈북자 거주 분포와 큰 차이가 없다. 탈북학생 전용 시설인 경기도 안성 소재 한겨레중·고등학교에 재학 중인 학생을 제외하면 대부분 부모와 동거하거나 부모가 거주하는 지역에서 생활하기 때문이다.

탈북학생의 가정 배경을 분석한 결과, 한국에 함께 사는 가족 유형으로는 양부모 가정이 53.0%, 한부모가정은 44.3%, 조손 가정과 1인 가정이 각각 0.9%로, 한부모가정의 비율이 매우 높음을 알 수 있다. 그 이유로는 잘 알려진 것처럼 탈북가정의 이혼율이 매우 높다는

표 14-6 출생지별 탈북학생 현황

구분	2011	2012	2013	2014	2015
북한 출생	63.8%	64.5%	58.5%	55.2%	49.5%
제3국 출생	36.2%	35.5%	41.5%	44.8%	50.5%

점을 꼽을 수 있다. 또한 제3국 출생 학생의 경우에 친부는 중국에 있고, 친모만 함께 한국에 입국하는 사례가 많다.

> 조선에서 결혼을 했는데 남편은 고난의 행군 때 먹지 못해 사망을 했습니다. 남편이 죽고, 살기 위해 중국에 와서 한족 남편을 만났는데, 팔려왔다는 생각 때문에 정이 들지 않았습니다. 그래도 딸을 낳아서 키우다가 남편과 시집 사람들의 눈을 피해서 딸을 데리고 브로커 도움으로 서울에 왔습니다. 여기서 한국 남편 만나 결혼하고 아들을 낳았는데, 딸은 한족 말을 배워서 여기 말도 서툰데, 북한에서 태어나지 않았다고 북한이탈주민으로 인정도 안 되고, 학비도 면제 안 되고, 대학 특례입학도 안 되는 조건이어서 걱정이 많습니다. 북한에서 낳으면 해주고, 중국에서 낳으면 안 해주고, 다 내 배로 낳았는데, 지원이 안 되니, 여기 남편 눈치 보기가 바쁩니다.
>
> — 서울 거주 30대 북한이탈주민 여성 증언

탈북가정의 경제 형편은 2000년대 이후 계속 호전되었으나, 여전히 기초생활수급 대상자가 32.3%를 차지한다. 일반 국민의 생계급여 수급률 2.6%와 비교할 때, 탈북자에게 5년간 한시적인 특별지원제도가 있음을 고려하더라도, 탈북학생이 매우 열악한 경제 상황 속에서 학교를 다닌다는 것을 알 수 있다.

표 14-7 **탈북학생 중도 탈락률**

구분	2008년	2009년	2010년	2011년	2012년	2013년	2014년	2015년
비율	10.8%	6.1%	4.9%	4.7%	3.3%	3.5%	2.5%	2.2%

탈북학생의 학교생활 중 가장 어려운 점을 조사한 결과, 학습 적응 46.7%, 문화 적응 17.1%, 친구 관계 9.4%, 교사 관계 1.4%, 없음 21.9%로 교과 내용과 학습 방법의 차이, 그리고 학습 결손으로 인한 학습 적응이 가장 큰 어려움으로 나타났다. 탈북가정의 어려운 경제 형편을 고려할 때 사교육을 통한 학습 지원은 어렵다. 따라서 방과 후 교육 등 다양한 교육 지원프로그램이 필요하다.

이렇듯 탈북학생은 학습의 어려움, 문화 적응, 동료와의 갈등 등으로 학교 중도 탈락을 선택하는 비율이 매우 높았으나, 이는 점차 낮아져 2015년에는 탈락률이 2.2%를 기록하였다. 각급 학교별 중도 탈락 학생은 초등학생 0.2%, 중학생 2.9%, 고등학생 7.3%로 고등 교육 과정일수록 탈락률이 높게 나타났다.

교육부 자료[6]를 통해서 탈북학생의 주요 학업중단 사유를 살펴보면 학교 부적응, 장기 결석, 가정 사정, 진로 변경, 건강, 취업, 이민 및 출국 등이 있다. 연도별로 구체적인 사유를 살펴보면 2010년에는 학교 부적응(56명 중 24명)이 주된 이유였으며, 2011년에는 가정 사정(67명 중 16명)이 핵심적인 학업중단 사유로 꼽혔다. 2012년에는 취업(56명 중 24명), 2013년과 2014년에는 이민 및 출국(2013년 70명 중 33

6 교육부(2016). 2016년 제1차 탈북학생 교육 지원 교사 직무연수. 〈연구자료 CRM 2016-98〉 참고.

명, 2014년 51명 중 13명), 2015년에는 장기결석(49명 중 22명)이 가장 주요한 학업중단 이유였다. 초기에는 학생들이 적응이 어려워 학업을 중단했지만, 2011~2012년에는 경제적인 이유 및 가정 사정으로, 최근 들어서는 이민 등 제3국으로 출국하며 학업을 중단하는 것이다.

특히 탈북자 대학생의 경우 입학자 대 졸업생의 비율이 매우 낮아 중도 탈락률은 기하급수적으로 증가한다. 학력 인정 대안학교나 검정고시를 통해서 고등학교를 졸업한 후 특례입학으로 대학에 진학하는 탈북학생이 대부분인데, 충분한 학업능력을 갖추지 않고 대학에 진학한 경우에는 중도 탈락을 경험하게 된다.

> 일반학교를 그만두고 탈북 대안학교를 다니면서 검정고시로 고등학교 졸업자격을 갖추고, 대학은 특례입학으로 중국어학과에 입학을 했어요. 탈북해서 중국에서 몇 년 살았기 때문에 중국어를 알고 나중에 중국과 무역일을 하고 싶었거든요. 그런데 중국말은 좀 할 수 있지만 한자를 배우지 않았기 때문에 읽고 쓰는 것은 못 하거든요. 실제로는 중국어 문맹인데, 좀 지나니까 수업을 따라가기 힘들어요. 교양수업도 있고, 다른 과목도 많은데, 입학은 특례였지만 수업과 점수는 특례가 없기 때문에 휴학과 복학을 몇 번이나 반복했어요. 입학특례 했지만 졸업도 특례 해달라고 할 수도 없고, 영어를 배우지 못해서 그거 스트레스도 많고, 남쪽에 배경 좋은 집 애들도 졸업하면 취업 잘 안 된다고 하는데, 우리처럼 북한에서 온 애들은 취업이 될지 너무 걱정이 많아요.
>
> —서울 소재 대학 재학 중인 탈북 대학생 증언

남북하나재단 탈북청소년 실태조사(2015년 발간)에 의하면, 자신이 탈북 출신이라는 것을 공개적으로 밝힌 학생은 탈북학생 58.4%, 중국 등 제3국 출생 학생 52.5%로, 학생 중 절반은 자신의 신분을 감추었다. 이는 자신의 신분을 공개적으로 밝히면 북한에서 왔다는 이유로 주위 동료가 차별과 편견을 가지고 따돌리거나 불이익을 주기 때문이다. 실제 탈북학생이 한국 학교에 편입학할 경우, 초기에 가장 많이 하는 고민은 자신의 신분을 공개할지 감출지 선택하는 문제라고 알려졌다. 이들이 신분을 감춘 경우에는 언제 사실이 공개될지 모른다는 불안감 때문에 고통을 받는다.

2000년대 이후 한국 교육계는 탈북청소년과 관련해 또 다른 새로운 과제를 갖게 되었다. 북한이 아닌 중국 등 제3국에서 출생한 탈북자 자녀가 입국했기 때문이다. 1990년대 중반 북한의 고난의 행군 시기에 수십만 명의 북한 주민이 식량을 구해 살아남기 위해서 두만강과 압록강을 넘어 중국으로 탈출했다. 이들은 대부분 여성이었으며, 인신매매와 불가피한 선택 등 다양한 이유로 현지 남성과 사실혼 관계를 가졌고, 이를 통해 은신처를 구하고 목숨을 지킬 수 있었다. 이러한 생활이 장기화되면서 탈북여성은 중국 현지에서 자녀를 출산하였고, 이 자녀들은 탈북자 어머니와 함께, 혹은 다른 방법을 통해 한국에 입국하기 시작하였다. 대규모 탈북 사태가 1990년대 중반 이후에 발생했기 때문에 초기 탈북여성의 자녀는 이미 20대에 근접하였다.

중국에서 태어난 탈북자의 자녀는 대략 5만여 명으로 추산되며, 이들은 계속하여 한국행 대열에 합류한다. 현재는 입국한 탈북자 자녀 중에 제3국 출생 자녀의 비율이 북한 출생 자녀의 비율보다 높으며, 이런 경향은 향후 상당 기간 동안 더욱 강화될 전망이다. 초등학생 연령대에서는 제3국 출생 자녀가 2010년대부터 이미 절반을 넘었으며, 중등학생 연령대의 청소년 중에서도 가파른 증가세를 보이다가 2014년에 50%를 넘었다. 고등학생 연령대에서도 빠른 증가세를 보이며, 2015년에는 20%를 넘어섰다.

북한에서 자녀를 낳은 탈북여성이 중국에서 불가피하게 현지 남성과 살면서 자녀를 낳은 후 두 자녀와 함께 한국에 입국한다면, 두 자녀는 각자의 출생지가 달라 이들을 위한 국내법적 지위와 정부의 지원이 판이하다. 북한에서 출생한 자녀는 법률에 의해 북한이탈주민 보호대상자로 지정된다. 따라서 대학 졸업 시까지 학비를 면제받고 대학특례입학 대상자가 되며, 그 외에도 다양한 지원정책의 혜택을 받을 수 있다. 그러나 중국 출생 자녀는 법률에 규정된 북한이탈주민 보호대상자가 아니라 다문화정책 지원대상일 뿐이다. 그러므로 이들에게는 학비와 대학특례 지원 등의 혜택이 주어지지 않는다. 중국 출생 자녀도 부모 중 한쪽이 한국 국적을 가지고 있다면 법률에 의해 국적을 취득할 수는 있으나, 여전히 북한이탈주민으로 규정되지는 않는다. 정부가 이들을 위한 교육 및 지원을 강화하기 위해 정책을 추진하는 중이지만, 탈북청소년과 동일한 혜택을 받기는 쉽지 않을 전망이다. 특히 이들은 대부분 중국 한족 마을에서 태어나 자랐기 때문에 한국어를 구사할 수 없는 경우가 대부분이어서 한국어 교육도 필요하다.

탈북청소년 중 초등학생과 중학생은 대부분 한국의 정규학교에 진학한다. 그러나 고등학생 연령대의 청소년은 다수가 정규학교 대신 대안학교나 검정고시를 선택함으로써 한국 정규교육의 기회를 놓친다. 학년이 높아질수록 남북 교육 내용과 수준의 차이, 동료와의 갈등

등의 문제가 심해져 정규학교 편입이 어려워지기 때문이다. 결과적으로 탈북청소년은 탈북자 자녀만을 위한 대안학교, 방과 후 학교 등에 모여들기 때문에 한국 학생과의 통합교육이 아닌 분리교육을 경험하게 된다. 이러한 탈북청소년의 분리교육은 성인 탈북자의 분리 사회화 경험과 함께 향후 탈북자와 일반 시민 간의 사회 통합에 장애요인으로 작용할 것이다.

5. 이방인에서 탈출하기, 성공할 것인가?

이방인으로 출발한 탈북자의 한국사회 및 서울에서의 생활은 성공적인가? 이들은 이방인에서 탈출하여 지역사회의 동등한 구성원으로 받아들여지는가? 현재까지의 조사결과로는 긍정적인 답변을 하기 어려울 듯하다. 통일부의 국정감사 자료(2015년)에 의하면 탈북자의 범죄율과 범죄피해율은 일반 국민보다 높은 것으로 나타난다. 특히 국내에 거주하는 탈북자의 탈남과 재입북 규모가 증가하는 추세다. 통일부 국정감사 자료(2015년)에 의하면 북한이탈주민 재입북자는 2000년 이후 16명이었다. 2001년에 1명, 2012년과 2013년에는 각 7명, 2014년에는 1명이 재입북했는데, 이들 중 4명은 국내로 재입국하여 한국에서 생활한다. 통일부 발표에 의하면, 재입북 사유는 북한의 공작과 정착 과정의 어려움, 북한의 가족에 대한 그리움 등 다양한 요인이 복합적으로 작용한 것으로 나타났다. 이주민이 부적응했다는 평가를 내릴 수 있는 대표적 지표가 범죄 연루와 재이주라는 사실을 고려한다면, 한국사회에서 탈북자가 성공적으로 정착한다고 보기 어려운 것이 현실이다.

탈북자는 고향에 남아 있는 부모와 형제, 친척에 대한 미안함과 그리움, 그리고 지역주민이나 동료의 차별과 편견, 배타적 행위와 반감으로 고통스러워하며, 사회 정착에 어려움을 호소한다. 심지어 지역주민은 탈북자를 귀찮거나 불편한 존재로 인식하고 이들이 사용하는 공공시설도 혐오시설로 치부하곤 한다.

2016년 7월경, 서울 강서구 마곡지구에 탈북자 편의시설을 건립하려는 정부 계획이 지역사회에 알려졌다. 그러자 지역주민은 '우리의 보금자리가 처참히 짓밟히고 있다'는 호소문을 뿌리며 '밀실야합 결사반대!' 현수막을 내걸었다. 통일부가 추진하는 '남북통합문화센터' 건립에 지역 대표자들이 반대하고 나선 것이다. 남북통합문화센터는 탈북자와 남한 주민이 함께 이용하는 문화 편의시설이다. 그런데 왜 이런 현상이 발생할까?

우리는 탈북자 3만 명 시대를 맞이하였다. 1990년 전까지는 휴전선에서 근무하던 소수의 군인이 입국했다. 당시는 남북 간 체제대결 상황이었기 때문에 탈북자가 국가유공자 대우를 받았다. 1990년대에는 굶주림과 '고난의 행군'을 피해서 중국을 거쳐 들어오는 탈북자가 주류가 되었다. 국내 입국자는 1999년에 100명을 넘었고, 불과 3년 후인 2002년에는 천 명을 넘는 대규모 입국이 시작되었다. 2009년에는 최대 2,914명의 탈북자가 들어왔다.

2000년대 중반까지만 해도 기아와 생존 문제가 탈북의 주된 이유였다. 최근에는 가족의 재결합, 자녀를 위한 더 나은 교육의 기회, 경제적 풍요 등이 더 주요한 동기이다. 북한의 경제사정이 호전되고 시장이 활성화되면서 굶주림 문제가 줄어들었음에도 탈북자는 계속 발생한다. 먼저 온 탈북자가 북한에 남아 있는 가족을 데려오기 때문이다.

탈북자 업무는 국방부와 국가보훈처, 보건복지부를 거쳐서, 1997년 이후로는 통일부에서 담당한다. 정부의 지원정책은 높은 평가를 받지만 실제 탈북자의 사회 정착률은 그리 높지 않다. 정부는 사회적응교육과 정착금, 주거(임대아파트), 의료, 교육, 직업훈련 및 취업알선 등 한국사회 정착에 필요한 각 영역의 지원을 아끼지 않는다. 그러나 부적응 사례는 빈발하고, 연구자와 지역주민은 차가운 시선을 보낸다. 특히 최근에는 지역주민의 배타적, 비판적 인식이 도를 넘었다. 이들은 탈북자를 위한 편의시설을 혐오시설로 인식하고 이러한 시설의 설립을 결사반대하는 실정이다.

> 탈북자들이 불쌍한 사람이라는 것은 알고 있다. 하지만 같은 아파트에서 살다 보면 그런 생각을 잊게 된다. 이 사람들한테 주는 혜택은 우리 같은 기초수급대상자와는 차원이 다르다. 명절이 되면 그 집 앞에는 김치 박스가 쌓인다. 주말이나 일요일에는 제주도다 스키장이다 여기저기 관광 데려간다는 단체가 줄을 선다. 우리는 그런 혜택 없는데 이 사람들이 와서 뭐 했다고 그리 해주어야 되는지 모르겠다. 이 사람들한테는 심지어 쓰레기봉투까지 공짜로 주는데도 분리수거도 안 하고, 밤늦게까지 떠들고, 싸우고 한다. 좀더 교육을 시켜서 내보내야 하는데, 우리한테 잘해 주라고만 하면 안 된다.
>
> ─ 서울 탈북자 집단거주지역 주민 증언

한국정부는 국제 질서의 변화, 탈북자 발생 규모와 배경 및 탈북 동기, 인구학적 특징의 변화를 반영하여 탈북자 정책을 근본적으로 개편해야 한다.

정부는 이들을 특수한 대상으로 간주하여 일반 주민과는 별도로 지원체계를 유지한다. 지역사회에 대한 적응과 통합을 강조하면서도, 실제 탈북자를 위한 지원체계는 대부분 탈북자만을 대상으로 한 교육기관과 지원센터(하나센터), 탈북청소년만을 위한 대안학교와 그룹홈 등으로 구성된다. 집에서 가까운 사회복지관이 있더라도 수십 킬로미터 떨어진 탈북자 전용 지원시설에서 교육 등의 도움을 받아야 한다. 정부가 그 기관에 배타적 지위를 부여했기 때문이다. 이러다가는 탈북자 전용 소방서나 보건소, 병원 건립까지 추진할지도 모를 일이다. 일반 주민이 이용하는 시설이 곁에 있음에도 탈북자만을 위한 시설을 굳이 만들어야 할까.

분단국가에서 통일국가로 탈바꿈한 독일의 사례는 우리에게 중요한 교훈을 준다. 서독은 동독 탈출자에게 서독 각 주의 인구와 산업 규모 등을 고려하여 거주지를 제공했고, 민간단체와 지방자치단체가 중심적 지원 역할을 수행하도록 했다. 독일정부는 민간단체의 활동을 지원했고, 민간단체는 기존의 지역주민과 새로운 이주자가 함께할 수 있는 프로그램을 개발하고 시행함으로써 사회 통합을 도모했다.

탈북자의 성공적인 정착을 위해서는 중앙정부의 의지와 노력도 필요하지만 지방정부와 지역사회, 이웃의 역할이 더욱 중요하다. 정책의 중심이 중앙에서 지방으로, 정부에서 민간으로 이동해야 한다. 탈북자가 입국할 때는 특수한 상황을 고려해야 하지만, 이제 이들이 살아가는 지역사회에서는 탈북자를 평범한 우리의 이웃 주민으로 대해야 한다. 그래야 이들도 지역사회 구성원으로서 책임과 역할을 다하며 동등한 시민으로 살아가려 애쓸 것이다. 북한이탈주민 보호 및 정착 지원에 관한 법률은 탈북자에 대한 특례적 지원과 보호기간을 정착 초기 5년으로 정했다. 이 보호기간 이후에 이들은 탈북자가 아닌 지역사회의 주민으로 간주되어야 한다.

탈북자가 거주하는 지역의 지방정부는 당사자에 대한 적정한 지원과 함께 지역주민의 배타적 인식을 해소하는 데 노력을 집중해야 할 때이다. 서울 거주 탈북자가 이방인이 아닌 동등한 지역주민으로서 생활할 수 있도록 서울시와 서울 시민의 지혜를 모아 모범 사례를 만들어야 할 시점이다. 탈북자와 지역주민이 함께 참여하는 합창단이나 조기축구회, 봉사단체 등을 탈북자와 기존 주민 간에 서로 소통하고 화합하는 좋은 사례로서 소개할 수 있다.[7]

탈북자가 성공적으로 적응하기 위해서는 정부의 합리적인 지원정책과 탈북자 자신의 적극적인 노력, 그리고 기존 지역주민의 포용적인 태도가 결합되어야 한다. 현재 서울 시민은 이들을 얼마나 포용해 왔을까. 현재까지의 조사결과로는 높은 평가를 받을 수 없을 것이다. 정부의 노력과 함께, 서울 시민 또한 탈북자를 좋은 이웃, 지역주민으로 받아들이고자 더 많이 애써야 한다.

---

7 남북하나재단 착한사례(https://www.koreahana.or.kr/cop/Hub/Platform.do)

참고문헌

교육부 (2016). 제 1차 탈북학생 교육 지원 교사 직무연수. 〈연구자료 CRM 2016-98〉, 2016년 7월 자료집.

남북하나재단 (2015a). 2015 북한이탈주민 사회조사Ⅰ. 서울: 남북하나재단.

______ (2015b). 2015 북한이탈주민 경제활동실태조사. 서울: 남북하나재단.

북한이탈주민지원재단 (2013). 서울시 북한이탈주민 경제활동실태조사. 북한이탈주민지원재단.

윤여상 (2001). 《북한이탈주민 적응과 부적응》. 서울: 도서출판 세명.

윤여상 · 임순희 (2016). 《2015 북한이탈주민 경제사회통합 실태》. 북한인권정보센터 · NK Social Research.

통일부 (2015). 국정감사 자료.

남북하나재단 홈페이지 http://www.nkrf.re.kr/nkrf/archive/archive_01/kolas/kolasList.do?kind=DAS

남북하나재단 홈페이지 착한사례 https://www.koreahana.or.kr/cop/Hub/Platform.do

통일부 홈페이지 http://www.unikorea.go.kr/content.do?cmsid=3099

에필로그

서울사회, 《서울사회학》, 그리고 지평 넓히기

조성남

1) 압축성장과 '다중복합 위험사회'

역사적으로 거슬러 가지 않고 현대의 서울만 보더라도, 지난 50여 년간 서울은 급격한 도시화 및 산업화로 인구 급증과 도시의 공간적 확대 등 도시의 양적 성장을 단시간에 경험하였다. 1960~1970년대의 '이촌향(移村向) 서울'로 서울의 인구는 폭발적으로 증가하였고, 1980년대에 들어서도 강남지역의 개발과 함께 인구증가는 지속되어 우리나라 인구가 약 2배 증가할 동안 서울의 인구는 6배 증가하였다. 서울 인구의 과밀화와 신도시 개발로 서울을 중심한 수도권이 형성되었고, 서울의 인구, 경제, 정치, 사회, 문화 지형의 확장을 경험하였다.

그동안 서울은 짧은 기간 동안 압축성장을 겪으면서 개발 주도의 패러다임이 만연했다. 이제 서울의 지속가능한 도시발전과 도시문제 해결을 위해 성숙한 도시화 단계로 나아가야 할 때임을 주목하며, 많은 도시정책이 제안되고 새로운 계획이 수립되어 도시발전과 관리의 패러다임도 전환하고 있다. 그럼에도 불구하고 실정은 여전히 개발 주도의 패러다임으로 도시문제에 접근한다 해도 과언은 아니다.

현대사회의 역설은 전 인류가 역사상 유례없는 생산력과 부를 축적하고 풍요의 시대를 이룩한 시점부터 거대한 지구적 체계 위험과 구조적 위협으로 가득 찬 '위험사회'의 역사가 새로이 시작되었다는 점이다. 독일의 사회학자 울리히 벡(Ulrich Beck)이 주장하듯이, 이미 현대사회의 안전과 위험의 문제는 근대적인 합리화 과정으로 대별되는 산업화 과정 속에서 대두되기 시작하여 인간의 일상적 지각 능력을 완전히 벗어나는 수준에서, 압도적인 폭발력을 가지고 우리의 삶을 주도해 나가고 있다.

현대사회는 생태위기와 환경문제를 포함하여 인류의 생존을 위협하는 글로벌 생존경쟁과 위험분배의 불평등성으로 인한 소외와 차별, 존재론적 안전의 문제에 이르기까지 광범위하게 삶을 위협하는 요소들을 포함하는 거대한 위험성에 여과 없이 노출되어 있는 불안정한 장(場)이라 해도 과언이 아니다.

사회적 위험의 증가라는 개념이나 문제의식을 근간으로 한 이른바 '위험사회 테마'는, 유사한 제반 조건 및 발전 단계적 특성을 보이는 한국사회와 '서울사회'에서도 충분히 설득력을 지닌다. 위험사회 테마가 갖는 보편성과 타당성의 차원에서 서울사회는 고도화된 근대성, 개인주의화, 성찰성 등에 바탕을 둔 서구적 위험사회의 시각으로 해석될 수 있는 측면 이외에도, 압축적이고 파행적인 근대화 과정에서 기인하는 특수성을 함께 지닌 '이중적 복합 위험사회'(*dual complex risk society*)의 면모를 보이고 있다(임현진 외, 2002).

최근 한국사회 내에서 건전사회, 지속가능한 발전, 참여사회, 복지사회 등의 다양한 개념들을 필두로 새로운 사회발전의 패러다임을 모색하려는 시도들이 활발히 이루어지는 것은 양적 성장에 걸맞은 질적 성장과 내실화를 통해 팽창하는 위험성을 극복해야 한다는 일종의 위기의식과 자각의 결과라 할 수 있다. 서로 상이한 수사(修辭)들을 사용할지라도 이러한 노력들의 지향점은 결국 동일하다. 증폭되고 있는 사회의 위험성을 감소시키고, 이를 통해 실천적으로 보다 나은 삶의 질을 보장할 수 있는 사회환경이나 개개인의 동등한 행복과 안녕이 가능한 사회를 만들어 보고자 하는 것이다.

2) 서울사회, 15편의 풍경

한국 사회학자들도 이러한 새로운 패러다임들이 지향하는 바를 '서울사회'의 연구에 조명하여 보고자 시도하였다. 먼저 서울의 성장과정에서 나타나는 다중적이고 복합적인 서울의 다양한 면모를 짚어 보고자 한국사회학회가 서울연구원과 뜻을 같이하여 서울사회 연구를 기획하였고, 《서울사회학》은 이제 그 첫걸음을 떼었다.

서울의 급성장과 팽창과정에서 나타난 다양한 모습을 이 《서울사회학》 한 권의 책에 전부 담아낼 수는 없었지만, 우선 개괄적인 서울사회의 그림을 그린다는 의의를 담아 '서울사회학 시리즈' 그 첫 번째 책이 기획되었고 필진이 구성되었다. 각각의 필자들이 만난 15조각의 풍경을 모은 서울사회의 변주곡이 바로 이 책이다. 15편의 글이 서울사회 구석구석의 이야기를 풀어 나가는 시각과 방법, 그려 내는 결은 각 필진의 개성만큼 다르다. 그러나 자세히 들여다보면 익숙한 서울의 풍경이 펼쳐지고, 노동, 불평등, 강남, 문화, 소비, 욕망, 소수자 등 사회학자들이 즐겨 쓰는 말들이 각 글에서 변주하며 등장한다. '서울의 사회학'이라기보다 '서울사회학'이란 분야를 개척하는 계기로 삼고, 단순한 도시문제만을 다루는 책이 아니라 서울사회와 서울의 사회문제를 바라보는 사회학적인 시선을 담고자 하였다.

다양한 연구영역의 논문을 쓰고, 독특한 개성과 스타일의 필체를 가진 필자들의 글을 한데 엮어 구성한 책이라 모양새 있게 잘 짜일 수 있을 것인지 처음에는 약간의 우려도 있었다. 하지만 여러 필자들의 열정과 지혜가 모여서인지, 오히려 서울사회의 다양한 풍경들이 느슨하게 묶이면서 공통된 주제가 날줄 씨줄로 멋지게 엮이고 짜이며, 서울사회의 다양한 스토리들이 처음부터 끝까지 잘 이어지고 있다. 이들을 주제별로 크게 4부분으로 나누어 구성하였다.

1부 "격차사회의 불평등과 삶의 질"에서는 서울 구성원들의 생로병사(生老病死)에 대한 인구현황(1장)을 시작으로, 서울의 노동과 사회불평등을 소득, 일, 계층 등의 축으로 다루었다(2장). 또한 서울의 어느 동네 누가 건강한지, 지역별, 동별 서울 시민의 건강지표들이 꼼꼼히 비교되고(3장), 청년세대들에 대한 '수저 계층론'과 함께 행복과 종교의 이슈가 연결된 스토리텔링이 이어진다(4장).

2부 "도시공간과 일상생활의 변화"에서는 먼저 과거로부터 현재까지의 광장문화를 짚어 보았다(5장). 또한 강남·강북의 공간적 경계를 시작으로 형성된 강남스타일과 강북스타일의 금 긋기가 학생들의 교복과 강남아줌마들의 일상생활세계 문화코드로서 깊숙이 자리 잡은 서울만의 독특한 문화윤곽과 경계에 대해서 논했다(6장). 또한 밤과 낮의 구별 없이 시민의 일상적 삶 속에 깊숙이 침투한 소비공간으로서의 편의점(7장)에 대한 논의에 이어, '욕망의 분출구'로서의 러브호텔(8장)에 대해 다루었다.

3부 "도시경제와 소비문화"는 문화산업과 뷰티산업으로 연결되는 강남경제와 소비문화(9장)를 다루는 것을 시작으로, 서울의 공간을 씬(*scene*) 개념으로 바라보며, 드라마 한류 씬, K-POP 한류 씬, 화장품 한류 씬, 음식 한류 씬 등 서울의 다양한 한류 씬을 소개했다(10장). 이어서 '있어빌리티'의 공간으로 상징되는 '도시의 창'으로서의 호텔이 주제로 다루어졌다(11장).

한편, 4부 "소수자들의 생활세계"에서는 집을 나와 서울역을 집으로 살고 있는 사람들의 이야기(12장)를 다루고, '코리안드림'으로 초국적 상경을 한 서울의 조선족(13장)에 대해서도 짚었다. 그뿐 아니라 '이방인이 아니면서 이방인의 삶을 살아가는' 이 시대 탈북자들의 서울살이, 특히 탈북 청소년과 학생들의 삶과 실태도 담아냈다(14장).

마지막 15번째 조각은, '서울에서 서울의 삶'을 살아가고 있는 다양한 구성원들의 삶과 생활세계를 감안한 삶의 질에 초점을 둔 '살기 좋은 도시'(*livable city*)로서의 '시민 친화적 건강성 커뮤니티 모델'을 찾기 위한 기초연구와 심층적 연구의 필요성을 제기하며, 서울사회 연구의 지평 넓히기를 제안했다. 이 장은 '에필로그'이나 '서울사회학 시리즈' 제 2권의 문을 여는 '프롤로그'의 소망을 담고 있다.

3) 《서울사회학》 지평 넓히기

서울사회의 다양한 특징을 포착해 이 책에 그리려 한 시도에도 불구하고, 서울이라는 공간이 역사적 시간의 축으로 달려오며 변모한 모습을 모두 담아내기에는 미진해 아쉬움이 많이 남는다.

더구나 초거대도시 서울에는 다양한 생활세계의 장(場)에서 다양한 풍경들을 그려 내는 각양각색의 군상들이 살고 있다. 매일 출퇴근 교통전쟁을 치르며 달리고 있는 직장인들, 지방에서 상경하여 고시원에서 기거하는 청년들, 방 한 칸 마련이 부담되어 혼인을 미루는 젊은이들, 출산을 위해 직장을 그만두어야 하는지 고민하는 신혼부부들, 아이를 유치원에 맡기고 헐레벌떡 출근하는 맞벌이 부부들, 병든 노부모를 간병하고 부양하는 가족들, 쪽방에 기거하는 독거노인들, 공원에 모여 소일하는 남성 노인들 등 실로 다양하다.

사회경제적 상태, 문화, 생활환경, 주거 및 고용형태 그리고 지역사회 서비스 등 사람들이 사는 지역은 매우 다양하며 주거환경의 격차 또한 심하다. 주상복합건물과 고층빌딩이 밀집된 지역, 아파트 대단지 주거지역, 노후 주거지 밀집지역, 고령화지수가 높은 지역, 젊은 유동인구 집중지역, 녹지공원이 많고 주변환경이 깨끗한 지역, 다문화가족이 밀집하여 사는 지역, 산에 가까운 지역, 강에 가까운 지역 등 지역에 따라 일상생활의 모습 역시 매우 다르다. 교육시설, 안전시설, 공공시설, 사회복지시설, 문화, 의료, 공공도서관 등의 공급정도 역시 도심과 지역 간 차이가 크다. 최근 주민들의 관심은 여성 친화적 지역, 노령인구 친화적 커뮤니티 등으로 확장되고 있다.

(1) 서울사회 연구의 '통합적 사회 건강성과 삶의 질' 모델

이처럼 다양한 모습의 서울사회를 제대로 이해하고 심도 있게 연구하기 위해서는 앞으로도 지속적으로 서울 구성원들의 삶의 질을 향상시켜 나가는 과정과 결과를 포함하는 '통합적 사회 건강성과 삶의 질'을 모델로 삼아 그 구체적인 실체를 경험적인 차원에서 규명해 나가야 할 것이다. 특히 '서울사회' 내의 다양한 커뮤니티의 질적 수준과 건전성, 그 안에 거주하는 사람들의 다양한 특성, 즉 성별, 연령별, 세대별, 생애주기별, 생활수준별 등으로 삶의 질을 실질적으로 가늠할 수 있는 평가지표도 모색되어야 할 것이다.

전근대적 개발수법을 탈피한 환경 친화적이고 지속가능한 개발이나 도시재생(*regeneration*) 및 활성화, 뉴 어버니즘(New Urbanism)을 통한 TOD(Transit Oriented Development), 스마트 성장(*smart growth*), 창조시티(*creative city*) 등 새로운 도시개념에 입각하여 삶과 일상생활에 대한 새로운 패러다임을 모색하는 것은 이미 세계적인 트렌드가 되었다. 한국사회에도 전반적인 소득 수준의 향상과 웰빙에 대한 관심의 증대 등, 사회 전반적 분위기와 맞물려 이러한 신 가치(*new value*)의 도입이 어느 정도 용이하게 이루어졌고, 그 결과 사회발전이나 개발의 지향점 또한 점진적으로 변화해 나가는 양상을 보이고 있다.

한국사회에서 이러한 새로운 사회 건강과 건전성을 평가하는 준거로 가장 즐겨 사용되는 것이 바로 세계보건기구(WHO)가 명시하고 있는 '건강도시'(*healthy city*, *healthy community*)의 개념이다. 기존의 정의에 따르면 건강도시란 "시민들의 상호 협조하에 시민들이 일상적인 삶의 모든 기능을 수행하고 그들의 잠재력을 최대한으로 발휘할 수 있도록 물리적·사회적 환경을 끊임없이 창출하고 개선하며, 지역사회 자원을 확대해 나가는 도시"를 의미한다(Hancock and Duhl, 1988). 원칙적으로 건강도시의 목적은 "시민의 생활영역별로 건강위험요소를 효율적으로 개선하고, 시민의 건강증진 및 삶의 질을 향상시키기 위한 새로운 도시건강정책의 틀을 마련하기 위한 것"(서울시, 2005)으로서, 육체적 건강을 위한 의료 및 구조, 시설과 체계의 물리적 구축뿐 아니라 안심하고 생활할 수 있는 환경과 네트워크 형성, 건강하고 쾌적한 작업환경 조성 등의 광범위한 삶의 패러다임 변화를 함축한다. 한국사회에서도 사회적, 자연적인 환경에 활력 있는 능력을 전반적으로 제고시켜 가는 건강사회, 건강도시 건설을 향한 사회적 공감대가 형성되었다. 이미 서울시는 건강도시로 지정되었고, 특히 도시계획 및 설계의 차원에서는 이 개념 자체가 공공과 개인을 위한 지속가능한 개발의 한 방안으로 간주되고 있다.

그런데 단순히 '질병이 없는 상태'로부터 '신체적, 정신적, 사회적으로 보다 좋은 상태'와 '건강한 생활양식'까지를 모두 포괄하는 건강도시의 광범위하고도 이상적인 의미에 비해, 건강도시에 대한 기존의 학술적 연구들이나 정책과제들은 이 개념의 스펙트럼 중에서 주로 도시계획이나 설계, 보건의료서비스 차원에서의 개선 등에 초점을 기울이는 편향성을 보여온 것이 사실이다. 쾌적한 환경의 조성, 보건의료의 방향 전환, 건강한 공적 프로그램과 정책 개발, 환경과 획일화된 지원전략 전개, 스트레스 및 범죄 등의 다양한 병리현상에 대한 해결책 마련 등이 모두 건강도시 창출의 직접적인 내용들인 만큼, 건강도시의 이상(理想)은 도시조성전략이나 의료서비스를 넘어서 우리의 삶을 디자인하고, 방향 잡아 나가는 하나의 거대한 사회과학적 프로젝트가 되어야 한다. 그럼에도 불구하고 기존의 건강도시와 연계된 계획안이나 측정지표들은 이러한 총체성을 담아내지 못하였다.

(2) 《서울사회학》: 살 만한(livable) 서울살이 연구 시리즈

서울이라는 구체적인 삶의 현장에서 '서울사람으로 살아가기'라는 면에 주목하며, 구성원 개개인의 삶에 영향을 미치는 보다 광범위한 요인들에 대한 적극적인 개입을 통해 총체적으로 건강성을 증진시키는 것이 궁극적인 지향점이라 할 때, 이를 위해서는 그 수혜 주체가 되는 '개인'의 차원에서 객관적인 측면뿐 아니라 주관적인 면까지 포함하는 '건강'의 개념이 도출될 수 있어야 하고 이에 기반을 두어 보다 많은 다수를 만족시키는 'livable city'(살기 좋은 도시/살고 싶은 도시/살 만한 곳)로서의 건강한 도시 커뮤니티의 창출이 모색되어야 한다.

그러나 그동안 서울을 비롯한 도시에 대한 접근이나 연구가 커뮤니티 전체의 '건강성'을 측정하고 개선시키고자 하는 목표하에, 그 안에 존재하는 실제 거주 주체들 개개인에 대한 관심은 공백으로 남겨 놓은 채, 도시를 하나의 뭉뚱그려진 '총체'로서 그려 왔다는 사실도 한계로 지적되어야 한다. 더구나 기존의 접근들은 사회구성원의 생애주기별로 각기 다른 주요 생활세계의 장에서 발생하는 요구나 수요에 대한 관심이라든가 타깃(*target*) 집단별 시선과 주관성을 간과한 채, 일률적인 개념으로 건강성에 접근하는 공통된 양상을 보여 왔다.

이러한 한계점들을 극복하기 위하여, 먼저 기존의 커뮤니티 단위의 접근과 개인 수준의 접근을 통합적으로 교차시키는 방식으로 '서울의 커뮤니티 건강성'의 개념을 보다 풍부한 내용들로 채워 나갈 수 있길 기대해 본다.

우선 커뮤니티의 생활세계를 구성하는 영역을 가정과 일터/학교, 문화·여가를 포함하는 것으로 구조화하여 이를 거주 주체의 생활반경에 포함되는 일상생활의 요소들과 삶의 질을 포함할 수 있도록 구체화하며 접근할 수 있을 것이다. 또한 건강의 개념은 포괄적이고 광범위한 범위를 포함하되 주체의 연령과 생애주기에 따라 다르게 정의되어야 하는 특수성이 있는 만큼, 주체별로 각 개인의 생애주기별, 세대별로 주요 생활세계의 장과 연관된 건강성의 의미를 재정립하여, 정교화된 커뮤니티 건강성 개념에 기반한 '세대 통합형 모형과 지표'를 계속 개발할 수 있을 것이다. 즉, 서울사회에 속한 인구 구성에 따라 커뮤니티 건강성의 내용과 구조 자체가 달라질 수 있는 가능성을 전제하고, 각 세대별 구성원에 대한 깊이 있는 이해와 다양한 요구에 따른 수요를 기반으로 공존과 상생, 통합이 가능한 서울 발전 패러다임이 다시 제시될 수 있도록 기대해 볼 수 있을 것이다.

그뿐 아니라, 지역사회의 건강지표를 주로 도시 관리나 환경, 교통, 안전, 문화 인프라 등 정량적인 요소들을 통해 건강도시의 기준을 적용하고 평가하려 했던 기존의 접근들과 차별화된 정성적인 지표들, 즉 지역사회 구성원 개개인의 주관적인 인식과 평가를 반영할 수 있는 질적인 지표 개발에 장기적으로 초점을 맞추어야 할 것이다. 사회적 삶의 질을 구성하고 평가할 수 있는 지표는 정량적이고 집합적으로 제시되는 차원을 넘어 일상생활세계의 장에서 사회구성원들의 눈높이로 인식되는 주관적이고 질적인 평가가 전제되어야 한다. 이러한 건강성의 질적 지표들은 건강도시의 보편적 기준과 함께 연령대별, 생애주기별로 특화된 건강 커뮤니티의 필수요건들을 보다 심층적이고 포괄적인 차원에서 측정할 수 있도록 하는 실용적인 도구로의 개발을 가능케 할 것이다.

이와 같은 질적 접근의 핵심은 구성원들의 특수성은 물론 공동체성과 지역성 등을 감안한 것일 뿐만 아니라, 건강성이란 내용의 분석차원별로 횡적으로나 종적으로 비교 가능케 하는 보편성을 지녀야 한다. 그러므로 향후 서울사회 연구는 탄탄한 기반연구가 바탕이 되고, 구성원의 생애주기별 특수성을 이해하는 심화연구와 풍부한 사례연구를 전제로, 지역 간 비교는 물론 나아가 국내 및 국제비교가 가능토록 객관화하여 그 현실적합성과 실용성을 검증해 나가는 절차까지 염두에 두어야 한다. 또한 유사한 기존의 연구와는 차별화되는 독창성을 지니고 있어야 할 것이다.

서울사회 연구는 생애주기의 사회학, 의료보건사회학, 문화사회학 및 도시사회학 등의 사회학 내 다양한 전공과 사회과학을 아우르는 다학제 간 접근은 물론, 인문사회와 자연과학의 융합을 시도하는 장기 공동연구의 타당성을 지니는 주제라고 할 수 있다. 《서울사회학》의 지속적 연구의 중심에 서울연구원과 한국사회학회가 우뚝 설 수 있기를 기대해 본다.

참고자료

강현수 (2010). 《도시에 대한 권리: 도시의 주인은 누구인가》. 서울: 책세상.

김은정 (2012). 건강도시 지표 및 지수 개발과 수도권 지역의 적용에 관한 연구. 〈국토연구〉, 72권, 161~180.

김헌민·조성남·진기남 (2013). 살고 싶은 도시 요건의 중요도와 만족도에 대한 도시별 비교연구. 〈한국지방자치학회보〉, 25권 2호, 191~208.

서울시 (2005). 《건강도시 파트너십 구축을 위한 국제 건강도시 심포지엄》.

임현진 외 (2003). 《한국사회의 위험과 안전》. 서울대 출판부.

조성남·황은정 (2014). 살고 싶은 도시(*livable city*) 요건 비교연구. 〈사회과학연구논총〉, 30권 2호, 235~266.

Douglass, M. (2013). Livable cities for community wellness: Quantitative and qualitative measures in comparative perspective. Symposium on Community Wellness and the Future of Cities(2013. 09. 27). Research Institute for Social Science, Ewha Womans University.

Douglass, M. et al. (2008). The livability of mega-urban regions in Pacific Asia. Jones, G. & Douglass, M. (eds.), Ch. 10. *The Rise of Mega-Urban Regions in Pacific Asia-Urban Dynamics in a Global Era*. Singapore University Press. 288~325.

Euro & WHO (1995). *Healthy City*. Oxford Univ Press

Hancock, T. & Duhl, L. (1988). Promoting health in the urban context, Healthy Cities Series. Copenhagen: FADL.

찾아보기

저자 소개

가나다 순

김미영

현재 서울연구원 초빙부연구위원으로 재직 중이다. 서울대에서 도시계획학 박사학위를 받았다. 관심분야는 도시의 문화예술공간, 공간의 문화사, 공간의 사회학 등으로 물리적 실체로서 공간을 넘어 그것의 문화사회적 기능과 의미를 발견하는 연구를 진행 중이다. 최근 주요 저작으로는 "호텔과 '강남의 탄생'", "'오감(五感) 도시'를 위한 연구방법론으로서 걷기", 《옥상의 공간사회학》 등이 있다.

김백영

현재 광운대 인제니움학부대 부교수로 재직 중이다. 서울대에서 사회학 박사학위를 받았다. 한국사회사학회 운영위원장, 도시사학회 편집위원장, UCSD 방문학자 등을 역임했다. 관심분야는 역사사회학, 비교도시사, 일본지역연구 등이다. 주요 저작으로는 《지배와 공간: 식민지도시 경성과 제국 일본》, "Korean studies between the social sciences and historical studies", "철도제국주의와 관광식민주의", 《사회사/역사사회학》 등이 있다.

김지영

현재 이화여대 박사후과정연구원으로 재직 중이다. 일본 히토쓰바시대에서 사회학 박사학위를 받았으며 서울대 사회발전연구소 선임연구원을 역임하였다. 관심분야는 이주/이동을 경험한 사람들의 종족 정체성과 사회통합, 도시 사회학, 일본 지역연구이다. 최근 주요 저작으로는 "재일코리안의 뿌리의식과 호칭 선택", "전환기 일본의 지역정책 전개 양상에 대한 탐색적 분석", 《동아시아 세 도시의 희망과 절망》 등이 있다.

박 우

현재 한성대 상상력교양교육원 조교수로 재직 중이다. 서울대에서 사회학 박사학위를 받았다. 관심분야는 이주와 시민권, 도시공간의 구성 등이다. 특히 동아시아 한인 이주와 이주 한인을 사례로 동아시아적 시민권(성) 성격을 규명하고자 노력하고 있다. 최근에는 '간도 한인과 도시화 및 근대화'에 주목하고 있다. (사) 재외한인학회 이사로 활동하고 있다. 주요 연구로는 "재한 '조선족' 집거지 사업가에 대한 사회학적 연구: 시민(권) 적 지위와 계급적 지위의 상호작용을 중심으로", "중국 동북지역 도시사 연구", "중국의 도시: 동북(만주) 의 도시" 등이 있다.

변미리

현재 서울연구원 글로벌미래연구센터장으로 재직 중이다. 서울대에서 사회학 박사학위를 받았다. 미국 매사추세츠대 앰허스트에서 초빙교수를 역임했으며 한국사회학회, 미래학회 이사로 활동 중이다. 관심분야는 도시의 사회문화와 도시구조의 변화를 둘러싼 원인과 결과 분석, 서울시와 세계도시의 삶의 질 비교연구, 미래사회 발전전략 등이다. 발표논문으로는 "Neighborhood satisfaction and community governance", "Living alone, is it unique or special?: Single person household and urban policy in Seoul metropolitan city", "베이비붐 세대의 행복과 신앙", 《서울의 인문학》, 《도시의 잃어버린 시간을 찾아서》 등이 있다.

서우석

현재 서울시립대 도시사회학과 교수로 재직 중이다. 독일 쾰른대에서 사회학 박사학위를 받았다. 주요 저작으로 "도시 성매매 공간의 사회적 생산과 구성: 청량리 588 지역의 '미스방' 사례 분석", "문화여가활동이 경제적 빈곤층의 행복과 사회자본 형성에 미치는 영향", "도시인문학의 등장: 학문적 담론과 실천", 《청소년문화론 제 2판》, 《사이버공간의 문화코드》, 《서울의 인문학》 등이 있다.

신인철

현재 성균관대 사회학과 겸임교수로 재직 중이다. 성균관대 사회학과에서 교육사회학으로 박사학위를 받았다. 한국노동연구원 고령화패널팀 연구원, 성균관대 서베이리서치센터 연구원 등을 역임하였다. 한국사회학회 섭외이사로 활동 중이다. 관심분야는 교육불평등, 청년고용 및 노동시장 불평등, 사회지표 개발 등이다. 최근 주요 저작으로는 "초·중·고교 학생들의 학업중단율 변화에 대한 연령-기간-코호트 효과 분석", 《한국인의 일자리선택과 직업가치》 등이 있다.

심재만

현재 서울시립대 도시사회학과 조교수로 재직 중이다. 미국 시카고대에서 사회학 박사학위를 받았다. 사회적 행위를 모양 짓는 혹은 사회적 행위를 통해 드러나는 행위의 원칙(*logics*)을 이론화하는 것에 관심이 있다. 특히 행위준칙의 복합성과 이질성 가운데 이뤄지는 사회적 행위의 다양한 양태·동기·결과를 다룬다. 현재까지 의료를 경험적 영역으로 설정해 연구해 왔고, 최근 몇 해 동안 한국, 중국, 일본 등 동아시아 3개국의 전통의학과 현대의학의 관계 맺음에 대해 연구 중이다. 동아시아 국가를 대상으로 종교 등 다른 경험적 영역 또한 살피고자 한다.

오세일

현재 가톨릭교회의 예수회 사제이며, 서강대 사회학과 교수 겸 학과장이다. 미국 보스턴 칼리지에서 사회학 박사학위를 받았다. 관심분야는 종교·영성·문화 사회학, 사회운동, 사회통계 및 방법론 등이며, 특히 '신자유주의 체제에서 청년세대의 삶의 질'(종교성, 영성, 세속성의 함의, 자기계발, 연애, 노동시장 등)에 관해 연구하고 있다. 주요 논문으로는 "대학생의 연애와 행복: 문화레퍼토리로서 사랑, 진정성과 성찰성", "한국천주교회와 사회 참여: 제2차 바티칸 공의회로 인한 성찰적 근대화", "공공영역에서 종교의 역할: '세월호 특별법' 제정에 대한 그리스도교 찬반 논쟁" 등이 있다.

윤여상

현재 북한인권기록보존소장, 국민대 법무대학원 통일융합전공 교수로 재직 중이다. 영남대에서 정치학 박사학위를 받았다. 미국 존스 홉킨스대 국제대학원(SAIS) 객원 연구원을 역임했다. 관심분야는 인권 및 민주주의, 통일 대비 및 남북한 사회통합, 평화와 소수자 인권, 인도주의 사안 등이다. 주요 논문으로 "유엔 북한인권결의안과 남북한 사회통합", "통일 후 북한정권에 의한 반인도범죄 청산방안" 등이 있다.

이나영

현재 중앙대 사회학과 교수로 재직 중이다. 미국 메릴랜드대 여성학과에서 박사학위를 받았다. 조지메이슨대 여성학과 조교수를 역임하였다. 젠더 관점에서 섹슈얼리티, 민족주의, 포스트식민주의 연구에 천착하고 있다. 최근 주요 저작으로 "민족주의와 젠더: 도전과 변형을 위한 이론적 지형도 그리기", "페미니스트 인식론과 구술사의 정치학: 일본군 '위안부' 문제를 중심으로", "여성혐오와 젠더차별, 페미니즘: '강남역 10번 출구'를 중심으로" 등이 있다.

이상직

현재 서울대 사회학과 박사과정 수료생이다. 관심분야는 관계론적 시각에 기초한(조직 및 개인) 생애사 연구이다. 주요 저작으로는 "남녀 중학생의 학업성적과 사회적 관계, 그리고 행복감", 《동네 안의 시민경제》, 《한국의 노숙인: 그 삶을 이해한다는 것》 등이 있다.

장원호

현재 서울시립대 도시사회학과 교수로 재직 중이다. 미국 시카고대에서 사회학 박사학위를 받았다. 관심분야는 도시 씬을 통한 도시문화연구, 한류의 확산과 아시아 문화공동체의 형성 등이다. 사이버커뮤니케이션학회 회장, 한국사회학회 부회장, 한국지역사회학회 회장 등을 역임하였다. 주요 논문과 저서로는 "Educational inequality among Chinese urban schools: The business ethics of private schools", 《한류와 아시아 팝문화의 변동》, 《레드퀸 레이스와 한국 교육》 등이 있다.

전상인

현재 서울대 환경대학원 교수로 재직 중이다. 미국 브라운대에서 사회학 박사학위를 받았다. 한림대 사회학과 교수와 한국미래학회 회장 등을 역임하였다. 계획이론, 도시사회론, 공간의 문화사회학 등의 과목을 가르치고 있다. 최근의 주요 저작으로 《아파트에 미치다: 현대한국의 주거사회학》, 《옥상의 공간사회학》, 《편의점 사회학》, 《공간으로 세상 읽기: 집 · 터 · 길의 인문사회학》 등이 있다.

조성남

현재 이화여대 사회학과 교수, 이화리더십개발원장, 한국가족문화원 이사장으로 재직 중이다. 미국 하와이대에서 박사학위를 받았다. 대내적으로는 이화여대 국제교육원장과 사회과학연구소장을, 대외적으로는 한국사회학회장, 전국여교수연합회장, 한국사회과학협의회 부회장, 평화의료재단 총재를 역임했다. 연구분야는 의료보건사회학, 고령화와 노인문제, 글로벌 시대의 다문화사회 및 생애주기별 커뮤니티 건강성 연구 등이다. 주요 저작으로는 《에이지 붐 시대: 고령화사회의 도전과 전망》, 《질적 연구방법과 실제》, "살고 싶은 도시(*livable city*) 요건의 중요도 인식에 대한 성별 차이 연구", "Citizenship and migration in the era of globalization" 등이 있다.

조영태

현재 서울대 보건대학원 교수로 재직 중이다. 미국 텍사스대(오스틴)에서 인구학 박사학위를 받았다. 미국 유타주립대에서 조교수를 역임했으며, 베트남 정부 인구 및 가족계획국 정책자문으로 활동 중이다. 관심분야는 인구변동과 미래사회, 인구와 경제, mHealth, 건강의 사회적 결정요인 등이다. 주요 저작으로 《정해진 미래》, "Designing a sustainable noise mapping system based on citizen scientists' smartphone sensor data", "Changes in under-5 mortality rate and major childhood diseases: A country-level analysis", "스마트센서스의 가능성 모색: 스마트폰 위치정보를 통한 사용자의 거주지 파악" 등이 있다.

최설아

현재 서울대 환경대학원 박사과정에 재학 중이다. 코오롱글로벌(주)에서 엔지니어와 디자인매니저로 일하였고, 건축도시공간연구소(AURI)에서 연구원으로 일했다. 관심분야는 일상적 공간문화와 공간의식, 공간실천 등이다. 최근 주요 저작으로는 "어포던스와 패턴 랭귀지를 활용한 공간디자인 유형화 연구"가 있으며, 옮긴 책으로 《메이크 스페이스: 창의와 협력을 이끄는 공간디자인》이 있다.

한신갑

현재 서울대 사회학과 교수로 재직 중이다. 미국 컬럼비아대에서 사회학 박사학위를 받았다. 관심분야는 네트워크와 사회계층을 포함하는 사회조직과 경력/생애사, 문화소비/소비문화, 사회사/역사사회학, 방법론과 이론구성 등이다. 최근의 주요 저작으로 "협동조합의 조직생태학: 혼종성의 공간, 혼종성의 시간", 《사회조사 자료의 질》, "빅데이터와 사회과학하기: 자료기반의 변화와 분석전략의 재구상", 《함께 산다는 것》 등이 있다.

한 준

현재 연세대 사회학과 교수로 재직 중이다. 미국 스탠퍼드대 사회학과에서 박사 학위를 받았다. 관심분야는 불평등과 교육 및 노동시장, 사회이동, 예술과 사회, 프래그머티즘, 삶의 질 등이다. 주요 논문으로는 "사회적 관계의 양면성과 삶의 만족", "빈곤의 특성과 결정요인: 차상위계층을 중심으로" 등이 있다.